sous la direction de
Dominique Chagnollaud

La vie politique en France

Éditions du Seuil

OUVRAGE PUBLIÉ SOUS LA DIRECTION
ÉDITORIALE DE JACQUES GÉNÉREUX

EN COUVERTURE :

Illustration D. Siegelbaum

ISBN 2-02-015978-3

© ÉDITIONS DU SEUIL, JUIN 1993

Avant-propos

A François Goguel

L'observateur de la vie politique est de plus en plus invité, parfois de manière pressante à prévoir l'avenir, à concevoir scénarios, hypothèses à la faveur de la multiplication d'indices fournis au jour le jour. Tout se passe comme si, à la manière des pronostiqueurs, il devait se plier au jeu qui consiste à courir après l'actualité, en essayant de temps à autre de la devancer. A l'inverse, l'analyste pourrait être tenté de s'extraire totalement. Et le risque est grand qu'il adopte des schémas de réflexion de plus en plus raffinés avec le temps mais incapables de rendre compte de la réalité.

Le présent ouvrage s'attache d'abord à restituer les données de base de la vie politique en France. Ni manuel ni simple descriptif, il replace en perspective les institutions, les groupes et les acteurs politiques de la V\u1d49 République. Conçu dans un souci pédagogique, ce livre souhaite renouer simplement avec une tradition d'études toujours soucieuse non d'opposer les écoles, mais de croiser les regards, d'aiguiser – dans tous les sens ! – l'esprit critique, de parfaire le citoyen dans sa connaissance de la République.

DOMINIQUE CHAGNOLLAUD

PREMIÈRE PARTIE

Les institutions

Droit et politique sous la Ve République

I. Le droit contre la politique ?

La publication de cet ouvrage collectif est en elle-même paradoxale au moment où semble s'affirmer l'hégémonie d'un droit constitutionnel « saisissant la politique ». Ainsi la juridicisation de pans entiers du jeu politique par le biais de la jurisprudence du Conseil constitutionnel, en fait l'élargissement du champ d'application du droit en lieu et place des luttes politiques, s'observe-t-elle ailleurs qu'en France. Mais, sauf à croire en une sorte de déterminisme surnaturel qui pousserait toutes les démocraties vers la constitutionnalisation du politique, il n'existe en la matière que des cycles.

A. Penser les constitutions

Comme le rappelait jadis Michel Troper, la France a vécu, au XVIIIe siècle et au début du XIXe siècle, sous l'influence d'une conception réaliste des institutions. Celles-ci étaient pensées comme une mécanique dans laquelle les autorités « ont des moyens d'action mutuels si bien équilibrés qu'elles ne pourraient pas, même si elles le voulaient, outrepasser leurs pouvoirs[1] ». C'est dans une

1. Michel Troper, « La Constitution et ses représentations sous la Ve République », *Pouvoirs*, no 4, 1978, p. 62.

perspective de l'interaction que nos ancêtres, avec ou sans perruque, concevaient les constitutions. Il s'agissait moins d'invoquer des obligations auxquelles ils ne croyaient guère, mais des contraintes, notamment par la division des pouvoirs, entendue par Montesquieu – pionnier de l'« interactionnisme » – comme une règle d'art politique, non comme une théorie juridique empreinte de métaphysique constitutionnelle. Par la suite, s'est affirmée progressivement une conception juridique et idéaliste de la Constitution entendue comme un ensemble de normes obligatoires et dont la seule lecture devait suffire à dicter la conduite des acteurs politiques. Cette vision dominante dans la classe politique et chez maints juristes a été quelque peu malmenée, en particulier par la pratique de la Ve République. Celle-ci a opéré en effet un retour partiel à la lecture « mécaniste » des institutions. Les « violations » du texte constitutionnel, dénoncées par la doctrine et les politiques formés à l'ancienne école, ont été « rationalisées », qu'il s'agisse de la domination du président, de la révision de la Constitution par la voie de l'article 11, de la non-convocation du Parlement en session extraordinaire, etc. Aujourd'hui, la doctrine n'est plus aussi unanime pour condamner la pratique gaullienne, preuve que la compréhension du texte constitutionnel ne s'épuise pas dans une interprétation « littérale » et statique de la règle de droit.

« Ainsi, dépourvus de textes constitutionnels minutieusement agencés, mais en vertu d'un irrécusable consentement général, trouvez-vous le moyen d'assurer, en chaque occasion, le bon rendement de la démocratie, sans encourir, cependant, ni l'excessive critique des ambitieux ni le blâme des juristes », déclarait le général de Gaulle à Westminster Hall en avril 1960. Le premier chef de l'État de la Ve République aurait-il été plus heureux à gouverner en Grande-Bretagne, la « mère » des parlements ?

Pour de Gaulle, le droit – même « constitutionnel » – ne doit pas régler de manière définitive, et surtout contraignante, les rapports entre les pouvoirs publics. Faut-il penser que « face au monument que représentait Charles de Gaulle, on conçoit qu'il n'était guère facile à nos maîtres de se cacher derrière leur petit doigt et de prétendre trouver dans l'exégèse la justification théoriquement irréfutable d'états d'âme irrésistiblement partisans – bien que dissimulés sous des toges que 1968 a recousues en peau de chagrin[2] » –, ou que les temps ont vraiment changé ? Rien n'est moins sûr[3].

B. La force du droit

Dans le rapport de force symbolique qui subordonne l'interprétation finale du texte, de Gaulle dispose à l'évidence de ressources politiques autrement supérieures à celles de ses adversaires ou anciens associés à l'élaboration de la Constitution. Il peut d'abord se prévaloir de sa « paternité ». Surtout, outre l'exégèse de tel ou tel article comme le fameux article 5 qui le charge de « veiller au respect de la Constitution », de Gaulle pouvait se prévaloir du fait qu'en dernière instance il restait le seul à pouvoir, en droit, interpréter le texte. Ainsi, sur la question de savoir s'il pouvait réviser la Constitution par la voie de l'article 11, on pouvait après tout souligner que la Constitution n'organise aucun contrôle du recours à cet article, ce qui donne un monopole d'interprétation au chef de l'État. Face à cette conception mécanique, les opposants pouvaient bien invoquer la seule exégèse de l'article 89 consacré à la révision mais étaient incapables de l'imposer comme la seule interprétation juste.

Cet exemple souligne déjà la pertinence d'une analyse interactionniste ou « stratégique » des institutions qui considère le jeu constitutionnel comme un échiquier. Le mouvement potentiel de chacune des pièces est aussi

2. Claude Emeri, « Les déconvenues de la doctrine », *Revue française de science politique*, « La Constitution de la Ve République », n° spécial, n° 4-5, août-octobre 1984, p. 673.
3. Daniel Gaxie, « Jeux croisés. Droit et politique dans la polémique sur ce refus de signature des ordonnances par le président de la République », *in* Daniel Gaxie *et al.*, *Les Usages sociaux du droit*, PUF, 1989, p. 209-339.

essentiel que leur figure. Cette conception s'attache donc à renverser la perspective juridique et idéaliste. Il met l'accent sur les rapports mutuels entre les acteurs, leurs stratégies possibles et les contraintes dans lesquelles ils évoluent[4].

Georges Vedel, au fond, ne disait pas autre chose quand il analysait la Constitution dans les années soixante : celle-ci « n'effectuait pas seulement une répartition des attributions mais opérait une distribution des armes entre les divers protagonistes du jeu politique. Or, si la répartition des attributions pouvait paraître équilibrée, en revanche, la distribution des armes dont devaient disposer les divers joueurs faisait apparaître une supériorité écrasante et inconditionnelle, non pas de l'exécutif comme on l'a dit parfois mais d'un homme, d'un seul homme, le président de la République[5] ». L'analyse stratégique des institutions permet donc de concevoir la dynamique de cette distribution. Aussi, les logiques potentielles que l'observateur tend à découvrir ou les « scénarios » envisagés sont utiles à condition de percevoir que la règle ne possède pas une seule nature qu'il suffirait de révéler. C'est ici qu'apparaît, comme complémentaire et non antagoniste, l'approche « constructiviste » des institutions[6]. Pour prendre une autre métaphore, le jeu constitutionnel est celui d'une pièce de théâtre où les acteurs interprètent un texte et la mise en scène est l'enjeu de luttes qui permettent de comprendre son déroulement. Peut-être aussi, cette analyse à prétention globalisante vise-t-elle secrètement les coulisses que figuraient les forces sociales, procurant parfois aux comédiens un souffleur. Le rapport de force quant à l'interprétation du texte est fonction des ressources dont disposent les acteurs. Pour reprendre l'exemple de l'article 11, de Gaulle

4. Cf. Jean-Luc Parodi, « Éléments constitutifs et combinatoires institutionnelles », *Revue française de science politique*, « La Constitution de la Vᵉ République », *op. cit.*, p. 628 et s.
5. Georges Vedel, *Introduction aux études politiques*, Paris, Les Cours de droit, 1965-1966, p. 169.
6. Jacques Lagroye, « La construction politique de l'institution (Le conflit de l'automne 1962) », « La construction de l'institution présidentielle », Congrès de l'AFSP, Bordeaux, octobre 1988.

a fait prévaloir la sienne moins parce qu'il disposait *de facto* d'un monopole d'interprétation faute de concurrents – comme aurait pu l'être de nos jours le Conseil constitutionnel – mais compte tenu de sa légitimité historique confortée par la résolution du conflit algérien et un large soutien populaire. C'est aussi, après tout, l'analyse que font les historiens du droit.

II. Pour une lecture génétique de la Ve République

« Nombre de règles juridiques, écrit le doyen Vedel, sont submergées par la réalité politico-sociale mais certaines ont une charge d'efficacité qui modèle les structures politico-sociales, sans que ce soit d'ailleurs dans le sens voulu par leurs auteurs[7]. » On plaidera ainsi pour la complémentarité – qui n'exclut pas la confrontation – des approches. Et s'il est une perspective qui rassemble inégalement les analyses, c'est bien celle qui s'interroge sur la genèse de la Ve République. A courir en effet après la prospective, on oublie de s'attacher aux conditions historiques qui ont donné naissance aux phénomènes qu'on étudie. Sans doute, l'« archéologie » constitutionnelle est-elle plus suggestive que spectaculaire. Sans faire des fondations l'élément explicatif de la Ve République ni induire que les variations qui se produisent reconstituent sans cesse la structure génotype, cette approche éclaire maints développements du « régime » et peut aider à la synthèse des analyses qu'on a mentionnées plus haut. On l'illustra d'abord par la pratique politique de la République gaullienne, « incompréhensible » au regard du texte.

---

7. Georges Vedel, « Rétrofictions » in *Revue française de science politique*, « La Constitution de la Ve République », *op. cit.*, p. 750.

A. La conception gaullienne de l'État

La plupart des discours constitutionnels du général de Gaulle débutent par une réflexion sur l'État. Elle donne la toile de fond du dispositif institutionnel qui ne lui est finalement que subordonné. La Constitution, de ce point de vue, est d'abord l'expression d'un *régime* conforme à la « nature » du peuple français et aux temps modernes. Cet « esprit » du texte signifie d'abord l'efficacité, la stabilité, la responsabilité des pouvoirs publics et finalement celle de l'État. C'est ensuite son chef qui veille au respect de la Constitution conformément à cet « esprit » qui s'embarrasse peu finalement de l'exercice exégétique. L'État, clef de voûte de sa pensée constitutionnelle, doit donc être bâti sur la séparation des pouvoirs. Si ce thème étaye toutes ses interventions en la matière, on risque quelques déconvenues à l'appréhender à la manière de la doctrine[8]. « S'il n'y a pas d'autre solution au problème du gouvernement que de séparer complètement ce qui est législatif (les partis) et ce qui est exécutif », c'est que le pouvoir ne saurait procéder du Parlement « qui réunit la délégation des intérêts particuliers[9] ». Dès lors, la ligne de démarcation est moins entre le « pouvoir exécutif » et le « pouvoir législatif » qu'entre l'intérêt général et les intérêts particuliers, le politique et la politique, le continu et le contingent, l'État et les partis... On comprend mieux, par exemple, l'article 23 de la Constitution qui déclare incompatibles les fonctions de ministre et de parlementaire. S'éclaire aussi la pratique dite des « ministres techniciens » qui a tant étonné – et parfois choqué – les observateurs. Pas plus, l'association de nombreux hauts fonctionnaires, voire des administrations, à l'action politique n'est-elle étrangère à ce principe de base. De même, c'est dans cette perspective qu'il faut comprendre le refus du Général de convoquer, en

---

8. Charles de Gaulle, « Lettre à Michel Debré du 3 juillet 1946 », *Lettres, notes et carnets*, 8 mai 1945-18 juin 1951, Plon, 1984, p. 204.
9. *Mémoires de guerre*, t. III, Plon, 1959.

mars 1960, le Parlement en session extraordinaire. Et de stigmatiser les demandes parlementaires comme résultant des « démarches pressantes dont ils ont été l'objet de la part des dirigeants d'un groupe professionnel [10] ».

La Constitution de 1958 est certes l'expression d'un compromis entre de Gaulle et la classe politique issue de la Ve République. Mais la mouture *initiale* du texte en dit long sur les idées du Général en la matière [11] : « Le président de la République peut, après consultation du Premier ministre et des présidents des assemblées, prononcer la dissolution de l'Assemblée nationale ou celle du gouvernement », ajoute le général de Gaulle au projet Debré du début juin 1958. Lors de la réunion constitutionnelle du 23 juin à Matignon, il doit faire face aux objections de taille de Guy Mollet et Pierre Pflimlin. Et de Gaulle concède que cette « dissolution » du gouvernement n'aura lieu qu'en cas de « circonstances exceptionnelles »... En matière de référendum, il est question à l'origine, dans le texte proposé par les experts rassemblés autour de Michel Debré, qu'il puisse porter sur « tout projet de loi que ce Parlement aurait refusé d'adopter, ainsi que toute question fondamentale pour la vie de la nation »... Même la fameuse notion d'arbitrage qui suscitera un déluge de commentaires fut le fruit d'un compromis où chacun s'était mis d'accord avec ses arrière-pensées.

« Ce qui est écrit, fût-ce sur un parchemin, ne vaut que par l'application », aimait à souligner de Gaulle. Si le fondateur a dû consentir d'importants compromis avec les partisans du régime parlementaire, il a appliqué la Constitution telle qu'il l'avait pensée. On ne saurait imputer cette *évolution première* à cette simple idée – idéologie ? – de l'État et à la personne du Général. Les circonstances historiques, dominées par la guerre d'Algérie, ont à l'évi-

---

10. Charles de Gaulle, « Lettres à Jacques Chaban-Delmas du 18 mars 1960 », *Lettres, notes et carnets*, juin 1958-décembre 1960, Plon, 1985, p. 341.
11. Dominique Chagnollaud, « De Gaulle, l'État, la Constitution et le droit », in *De Gaulle en son siècle*, Plon-La Documentation française, 1992, t. II, p. 167 et s. Voir aussi François Hamon, *Regards nouveaux sur la Ve République*, RDP, 1975, p. 4-6 et s.

dence pesé sur la pratique du régime et le consensus provisoire qui entoure celle-ci au regard des urgences du « provisoire ». Quant à l'élection du président au suffrage universel à partir de 1962, est-elle inscrite dans cette espèce de code génétique de 1958 ? Seul Léon Blum, comme l'a souligné le premier Jean-Louis Quermonne, avait perçu que « la conclusion logique du système » proposé par de Gaulle dans son fameux discours de Bayeux de 1946 était le suffrage universel. A regarder de plus près, de Gaulle l'envisage implicitement en 1948 dans un discours méconnu aujourd'hui où il appelle de ses vœux un État « dans lequel le peuple aura institué au-dessus de tout, en toutes matières, un arbitrage [...] en désignant le chef de l'État qui, lui, aura la charge, la mission, le devoir d'arbitrer au nom du peuple[12] ». La révision de 1962 s'inscrit donc, d'un point de vue structurel, dans la conception gaullienne de l'État où le bien commun ne peut procéder des corps intermédiaires. Le consentement populaire fonde l'autorité de ce monarque républicain, incarnant l'« intérêt général ». Et les référendums précédant 1962, dans la mesure où ils engagent le sort du chef de l'État, constituent déjà une quasi-élection populaire. Continuité plus que rupture par rapport à l'idée du régime, la réforme de 1962 n'induit pas *a priori* de transformations radicales sur la vie politique mais prend acte de celles opérées.

B. Une « idée d'œuvre »

Cette idée d'œuvre, pour paraphraser Hauriou qui a présidé à la naissance de la Ve République, ne pouvait durer qu'en vertu des pratiques fondatrices, poursuivies dans leurs modalités d'exercice du pouvoir par les successeurs du général de Gaulle. Routinisées, celles-ci prendront l'allure de véritables conventions de la Constitution, fai-

12. Charles de Gaulle, « Allocution prononcée devant les comités professionnels du RPF le 31 août 1948 », *Lettres, notes et carnets, op. cit.*, p. 307.

sant l'objet d'une large acceptation par les acteurs du champ politique et les citoyens.

Il reste que l'élection du chef de l'État au suffrage universel avait été fondée contre les partis. Non seulement celle-ci installait la bipolarisation – bien éloignée de l'idée gaullienne de rassemblement –, mais elle devait contribuer à remodeler le système des partis sur un mode binaire tout en permettant l'investissement partiel du processus de désignation des candidats par les formations politiques. Le candidat de Gaulle le pressentait à sa manière en 1965 [13]. L'élection présidentielle a aussi conduit à façonner les principales formations politiques sur le modèle présidentiel. Si cette « présidentialisation des partis » (Hugues Portelli) a tendu à transformer certaines formations en machines tournées vers la désignation d'un « présidentiable », elle n'a pas été sans effets paradoxaux. Elle a mis à mal la cohésion des partis en aiguisant les concurrences internes et a aidé à la mise en place de stratégies individuelles de contournement des procédures partisanes. Si les partis sont nécessaires aux candidats, il n'est pas sûr qu'ils puissent dans l'avenir peser de façon décisive dans la désignation du chef de l'État. Le système des « primaires » à droite, la personnalisation extrême des tendances au Parti socialiste augurent que, loin de commander le processus, les partis politiques sont plus conduits à l'accompagner. Leurs racines, qu'elles soient locales, indirectes (organisation en catégories socio-professionnelles) et surtout historiques, sont faibles, comparées aux autres démocraties occidentales. Les citoyens s'en méfient même s'ils leur apportent leurs suffrages, plus souvent d'ailleurs aux candidats qu'à l'étiquette sous laquelle ils se présentent. La représentation dominante de l'homme politique reste d'abord celle d'un médiateur chargé d'un rôle social, non celle du mandataire d'une organisation politique. De ce point de vue, la Ve République, par le biais de l'élection présidentielle, a, d'une certaine manière, ajusté cette spécificité historique de la culture politique française au système

13. Charles de Gaulle, « Entretien avec Michel Droit du 15 décembre 1965 », *Discours et Messages IV*, Plon, 1969, p. 367.

politique national. Même la décentralisation conduite à partir de 1982, si elle est aussi paradoxale au regard de l'hostilité du général de Gaulle aux « féodalités locales », malgré le projet avorté de 1969, a modelé le système local sur le système présidentiel national. Non seulement certains prétendants à l'élection suprême pensent asseoir leur prétention sur leur position locale, mais leur statut de grand notable les rend, en certaines occurrences, plus puissants dans leur ville, leur Conseil général ou régional que ne l'est le chef de l'État en France.

III. La refondation de la Ve République

Ces quelques traits paradoxaux n'ont pas remis en cause, tout au contraire, la prééminence structurelle du chef de l'État qui continue de modeler le régime tout entier. Seule l'émergence du Conseil constitutionnel a constitué une sorte de « refondation » de la Ve République, voire une seconde mort de son fondateur.

A. La disparition du fondateur

C'est d'abord la disparition du général de Gaulle qui a créé les conditions de l'émancipation du Conseil constitutionnel, en fait du droit par rapport à la politique. Le chef de l'État s'était en effet opposé aux demandes du président Gaston Palewski, nommé en 1965, visant à élargir la compétence du Conseil. Il s'était vu répondre qu'une telle modification risquait de porter en elle « le germe d'une atteinte aux prérogatives du président de la République telles qu'elles sont définies notamment à l'article 5 de la

Constitution[14] ». Ayant constamment revendiqué un monopole d'interprétation de la Constitution, on imagine mal le général de Gaulle rester sans réagir face à un « coup » analogue à celui de 1971. On se souvient notamment dans un autre style de sa réaction lors de l'arrêt Canal du Conseil d'État. Avant son départ, les probabilités étaient donc faibles que le Conseil s'émancipe de son tuteur ou qu'un « fidèle » du Général lui explique comment il fallait interpréter la Constitution...

On ne dira jamais assez combien la décision du 16 juillet 1971 fut un acte « refondateur » de la Ve République. A sa manière et comme en réponse à la « violation » de la Constitution par le général de Gaulle en 1962, cette décision fut aussi un « coup d'État juridique[15] ». On cherchera en vain dans les « travaux préparatoires », si souvent opposés au premier président de la Ve République dans sa lecture du texte, l'idée que le préambule avait valeur constitutionnelle. On y lit d'ailleurs le contraire. Peu importe. Rien en effet n'autorisait le Conseil à censurer la fameuse loi Marcellin, rien non plus ne lui interdisait de faire cette étonnante « découverte » selon laquelle la liberté d'association était à ranger parmi les « principes fondamentaux reconnus par les lois de la République ».

Nonobstant le bien-fondé juridique de cette décision, elle fut d'abord l'occasion historique pour le Conseil de manifester son indépendance politique[16]. Les exégètes de la décision ne disaient d'ailleurs pas autre chose quand ils notaient que « l'affaire a été *l'occasion* pour le Conseil constitutionnel d'affirmer de manière éclatante et l'élargissement de son contrôle par l'inclusion du préambule dans la conformité à la Constitution et son indépendance. Il fera de même dans la décision du 28 novembre 1973 et l'acroba-

14. Charles de Gaulle, *Lettres, notes et carnets*, juillet 1966-avril 1969, Plon, 1977, p. 277.

15. Bernard Chantebout, *La Constitution française : propos pour un débat*, Dalloz, 1992, p. 108.

16. Dominique Chagnollaud, « L'avènement d'une cour souveraine : le Conseil constitutionnel », *R.P.P.*, septembre-octobre 1991, p. 22 et s.

tie (*sic*) sera encore plus audacieuse, le prétexte saisi par le Conseil étant bien mince [17] ».

Dans le jeu d'interprétation du texte, un deuxième acteur émergeait donc du néant pour concurrencer le chef de l'État. On connaît la suite : la réforme de 1974 étendait la saisine du Conseil à soixante députés ou soixante sénateurs et les représentants de la nation ne s'aperçurent pas immédiatement qu'ils se dépouillaient avec ardeur de leur souveraineté en confiant par leurs multiples saisines un pouvoir croissant d'interprétation au Conseil. Puis vinrent l'alternance et enfin la cohabitation qui propulsa au rang d'arbitre des conflits politiques les « sages » du Palais royal. Conçues comme des armes politiques, les saisines parlementaires avaient eu comme effet induit de limiter progressivement le champ de la lutte. *In fine*, « la Constitution normative, si longtemps servante un peu bousculée de la Constitution politique, devait prendre sa revanche en révélant les virtualités insoupçonnées du contrôle de conformité attribué au Conseil constitutionnel [18] ».

B. La « victoire » du droit ?

Cette « victoire » du droit tient aussi à l'air du temps ou plutôt à des courants d'idées dominants qui façonnent les représentations qu'ont les acteurs de la réalité constitutionnelle. Elle a ainsi été permise par une diffusion accrue des thèses libérales et une remise en cause, amorcée en 1968, du dogme gaullien de l'État-puissance. La célébration du moi a finalement rencontré, singulièrement après 1974, l'ère d'un autre État, déjà plus œcuménique envers les intérêts privés. Cette réconciliation entre le public et le

---

17. Louis Favoreu et Loïc Philip, *Les Grandes Décisions du Conseil constitutionnel*, Sirey, 1979, p. 244 (cette mention a disparu des éditions suivantes).

18. Pierre Avril, « De Gaulle, interprète de la Constitution, une paradoxale leçon de droit constitutionnel », in *De Gaulle en son siècle*, *op. cit.*, p. 179.

privé a été le prélude à la défense et à l'illustration d'un « moins d'État » qu'est aussi l'« État de droit ».

L'« État de droit » ne se résume plus à l'idée simple que l'État et les collectivités publiques sont soumis au respect du droit positif – heureusement en extension – et qu'il existe des juridictions aptes à sanctionner toute atteinte à celui-ci. Il s'identifie désormais peu ou prou dans sa « perfection » au contrôle de constitutionnalité. Et il demeure pensé à tort comme concurrent de l'État-puissance, non comme complémentaire [19]. Inconsciemment (?), l'avancée du contrôle de constitutionnalité est considérée comme un recul de la puissance régalienne au bénéfice des citoyens. Étonnant paradoxe d'une République qui se voulait populaire et qui doit désormais compter avec une sorte de troisième chambre, pensée jadis comme un frein possible aux excès de l'expression démocratique... Ces organes non élus (Sénat, Chambre des lords) ont progressivement décliné au bénéfice d'instances légitimées par le suffrage universel. Ils prétendaient – comme les Secondes Chambres – faire de la politique. Les cours constitutionnelles, aujourd'hui, s'attachent à dire le droit et à opérer en partie une gestion des conflits politiques. Leur rôle modérateur par leur faculté d'empêcher rappelle au fond la crainte persistante des élites, dans notre histoire constitutionnelle, pour l'expression directe de la volonté populaire. Montesquieu n'en finit pas de prendre sa revanche sur Rousseau.

DOMINIQUE CHAGNOLLAUD,
professeur des universités,
à l'IEP de Lyon et à Paris-I Sorbonne.

19. Jacques Chevallier, *L'État de droit*, Clefs, Montchrestien, 1992.

Genèse et évolution du régime

La Vᵉ République a trente-quatre ans. Ce qui la place au deuxième rang pour la longévité, dans le palmarès des régimes politiques qui se sont succédé en France depuis la Révolution. Elle a connu quatre présidents (le dernier en date a battu le record de présence à l'Élysée), dix législatures (dont quatre écourtées par la dissolution), treize Premiers ministres (dont un en charge à deux reprises) et sept référendums. Et si la Constitution du 4 octobre 1958 a été révisée six fois (dont quatre fois par le Congrès), son équilibre n'en a pas été altéré. Surtout, la Vᵉ République a réussi, jusqu'à présent, à maîtriser les obstacles qui se sont dressés sur sa route : la guerre d'Algérie assortie des tentatives de putsch, la crise de mai 1968 suivie du retour du général de Gaulle à Colombey, trois alternances au pouvoir dont une aurait pu provoquer une rupture, l'épreuve de la « cohabitation » et la guerre du Golfe. En faut-il davantage pour asseoir aujourd'hui sa légitimité ?

Observons, d'abord, que contrairement aux démocraties anglo-américaines, la vie politique française a été longtemps marquée par l'instabilité constitutionnelle. Ce qui a valu à la France d'être classée par les théoriciens américains du « développement » parmi les démocraties instables[1]. Or, malgré les acquis de trois décennies, il faudrait peu de chose à l'heure actuelle – les sirènes du révisionnisme aidant – pour qu'elle y retrouve sa place.

Rappelons aussi qu'à ses origines le régime politique

1. On pense, en particulier, aux analyses de S.M. Lipset. Cf. sur ce point l'ouvrage désormais classique de Bertrand Badie, *Le Développement politique*, Économica, 1988, 4ᵉ éd.

instauré par la Ve République fut amplement contesté. Né de la guerre d'Algérie, il apparut comme la conséquence indirecte de l'activité des factieux, avant d'être présenté comme un habit taillé à la mesure du général de Gaulle. Il fallut attendre la présidence de Georges Pompidou pour que, perdant le caractère d'un consulat provisoire, il s'adapte au déroulement des jours ordinaires. Et ce n'est qu'après l'alternance de 1981 qu'il sera pleinement reconnu par tous les Français.

Par conséquent, depuis une dizaine d'années – comme les sondages effectués pour son vingt-cinquième anniversaire l'ont montré – la Ve République peut prétendre sans conteste à la légitimité. Encore que son enracinement ne suffise pas toujours à surmonter le déficit démocratique qui lui est imputé, ni à exorciser les faveurs qu'une fraction de la classe politique accorde périodiquement au mythe d'une VIe République !

Aux hésitations de celle-ci répondent, d'ailleurs, les incertitudes de la doctrine. Accueillante à l'égard du constitutionnalisme, que la jurisprudence du Conseil constitutionnel a contribué à diffuser, elle éprouve de la difficulté à classer le mode de gouvernement de la France parmi les catégories établies. Succédant à maintes tentatives infructueuses, la notion de régime semi-présidentiel proposée par Maurice Duverger ne semble pas, elle-même, avoir emporté la conviction. Faut-il, pour autant, se résoudre à voir dans la Ve République un régime mixte, mi-présidentiel mi-parlementaire ? Ce qui était admissible de la part de Georges Pompidou, qui y décelait un gage de pérennité[2], ne le serait pas au regard d'une analyse scientifique relevant du droit constitutionnel et de la science politique. Cela d'autant moins que la Constitution de 1958, telle qu'elle a été appliquée, témoigne de la singularité française dans la mesure où elle est une réponse spécifique à un type de société que la faiblesse de son système de partis distingue des autres pays occidentaux.

2. A l'appui de son plaidoyer en faveur des régimes bâtards, il n'hésitera pas à écrire que « les corniauds sont souvent plus intelligents que les chiens de pure race ». Cf. *Le Nœud gordien*, Plon, 1974, p. 68.

Car s'il est un trait permanent de la vie politique en France, c'est bien celui-là. Le diagnostic a été établi par le général de Gaulle le 16 juin 1946 dans son célèbre discours de Bayeux, en une phrase : « La rivalité des partis revêt chez nous un caractère fondamental, qui met toujours tout en question et sous lequel s'estompent trop souvent les intérêts du pays. » D'où le corollaire qu'il en tire en 1958, mais qu'il annonce douze ans auparavant : « Du Parlement, composé de deux chambres et exerçant le pouvoir législatif, il va de soi que le pouvoir exécutif ne saurait procéder, sous peine d'aboutir à cette confusion des pouvoirs dans laquelle le gouvernement ne serait bientôt plus rien qu'un assemblage de délégations... C'est donc du chef de l'État, placé au-dessus des partis, que doit procéder le pouvoir exécutif[3]. »

Ainsi, quoi qu'en pensent les tenants de la banalisation de la société française, l'impossibilité du système de partis à servir de clef de voûte, à travers une majorité parlementaire, au gouvernement de la France explique la singularité d'un régime édifié de manière à en tenir compte. Certes, pendant presque deux décennies, la bipolarisation des formations politiques et l'existence d'un parti dominant ont pu occulter de façon exceptionnelle ce particularisme et faire croire que la majorité parlementaire était la ressource principale d'un pouvoir présidentiel en harmonie avec elle. Mais, depuis l'alternance de 1988, l'absence de véritable majorité parlementaire et les perspectives de recomposition du système de partis font apparaître que la stabilité du régime doit plus à ses institutions qu'à la configuration de ses forces politiques. Et cette nouvelle conjoncture aide à comprendre, *a posteriori*, le poids exercé tout au long de la Ve République par le pouvoir présidentiel, tant pendant les périodes où l'Assemblée nationale a compté dans ses rangs un parti dominant qu'au cours des années où a sévi la « cohabitation ».

L'on ne s'étonnera donc pas d'observer que la thèse

---

3. Le discours de Bayeux est reproduit en annexe *in* Quermonne Jean-Louis, Chagnollaud Dominique, *Le Gouvernement de la France sous la Ve République*, Dalloz, 1991, 4e éd., p. 649-652.

implicite à cette analyse conduit à reconnaître à la Vᵉ République le caractère d'un régime inédit. On cherchera à en déceler l'originalité à travers l'examen successif de ses origines ambiguës, de sa mise en œuvre fondatrice, de ses dérives partisanes et de ses interprétations incertaines, avant d'en proposer la qualification et, par conséquent, la dénomination.

I. Des origines ambiguës

L'on ne retracera pas les origines de la Vᵉ République. Elles l'ont été fort bien par les historiens. L'on se contentera de rappeler l'ambiguïté du contexte dans lequel elle est née, tant du point de vue politique que procédural et institutionnel.

A. L'ambiguïté politique

Elle tient aux circonstances et au comportement du général de Gaulle. Les circonstances furent celles de la guerre d'Algérie à mi-chemin de son long parcours et, plus précisément, de son épisode du 13 mai. Face à l'insurrection du forum d'Alger et à la formation des « comités de salut public », le gouvernement de la IVᵉ République ne pouvait qu'assurer la défense du régime. Or chaque jour qui passait démontrait son impuissance, dans le désarroi de la classe politique et le détachement de l'opinion. Aussi se plaça-t-il en contradiction avec lui-même en réprouvant les menées factieuses qui se développaient en Algérie et qui s'étendaient déjà à la Corse tandis qu'il déléguait dans le même temps son autorité au général commandant les forces armées outre-Méditerranée.

Confronté à cette situation, le général de Gaulle ne pouvait ni cautionner les factieux, ni prendre fait et cause pour un gouvernement émanant du « régime des partis » qu'il avait condamné. D'où l'impression d'ambiguïté laissée par sa déclaration du 15 mai, quand il annonce au pays : « Aujourd'hui, devant les épreuves qui montent de nouveau vers lui, qu'il sache que je me tiens prêt à assumer les pouvoirs de la République. » La référence à la République ne sera pas de trop lorsqu'il déclarera dix jours après : « J'ai entamé le processus régulier nécessaire à l'établissement d'un gouvernement républicain... » Face à la menace d'une intervention des parachutistes sur le territoire métropolitain, qui peut savoir alors, avec certitude, de quel côté il penchera ? Le message du président René Coty au Parlement donne alors l'impression d'un pari[4].

B. L'ambiguïté procédurale

Une deuxième ambiguïté provient du fait que l'élaboration de la Constitution de 1958 s'inscrit dans le cadre d'une procédure de révision. Certes, il ne s'agit pas de la répétition de la loi du 10 juillet 1940. Ayant pris conscience de la fragilité du régime, les parlementaires de la IVe République avaient engagé dès 1955 le premier acte d'une révision constitutionnelle. Par deux résolutions concordantes du 24 mai et du 19 juillet, l'Assemblée nationale et le Conseil de la République avaient, en effet, décidé de réviser plusieurs articles de la Constitution de 1946, dont l'article 90 fixant la procédure de révision.

Il ne restait donc plus au général de Gaulle, investi le 1er juin 1958, que de monter dans le train en marche. C'est ce qu'il fit en proposant le lendemain aux deux assemblées d'adopter le projet, devenu loi constitutionnelle du 3 juin,

4. Outre les documents pour servir à l'histoire de l'élaboration de la Constitution du 4 octobre 1958, publiés à la Documentation française sous la direction de François Luchaire et de Didier Maus, on se référera principalement aux deux livres de René Rémond (*Le Retour de De Gaulle*, Éd. Complexe, 1983) et d'Odile Rudelle (*Mai 58, de Gaulle et la République*, Plon, 1988).

visant à établir une procédure de révision dérogatoire. Ce qui permettra au fondateur de la Ve République de déclarer plus tard : « C'est dans la légalité que moi-même et mon gouvernement avons assumé le mandat exceptionnel d'établir une nouvelle Constitution et de la soumettre au peuple. » En effet, malgré la présence au gouvernement de ministres d'État représentant les principaux partis de la IVe République – le Parti communiste excepté –, la procédure retenue écarte l'intervention directe du Parlement. Tout au plus, les commissions compétentes des deux chambres sont-elles représentées au sein d'un Comité consultatif constitutionnel dont elles forment les deux tiers des membres. La loi constitutionnelle du 3 juin confiera donc la révision constitutionnelle au seul gouvernement, après avis dudit comité et du Conseil d'État et sous réserve de l'approbation populaire. Or réviser la Constitution reviendra à en établir une nouvelle.

Ainsi, le général de Gaulle pourra-t-il présenter au peuple, le 4 septembre 1958, dans un discours prononcé place de la République à Paris, la charte de la Ve République. Mais, du fait de cette procédure expéditive, malgré le consentement d'une large majorité de citoyens exprimé lors du référendum du 28 septembre, ce texte restera pendant longtemps, aux yeux des républicains les plus rigoureux, entaché d'illégitimité. Telle sera, encore six ans après, l'opinion exprimée dans *Le Coup d'État permanent*[5], ce qui n'empêchera pas son auteur de se porter candidat l'année suivante à la présidence de la République.

C. L'ambiguïté institutionnelle

Plus grave – et plus durable – sera l'ambiguïté qui résultera de la divergence d'appréciation concernant la nature du régime. Certes, comme l'a fait aussitôt remarquer Georges Burdeau, le changement ne s'est opéré que

5. François Mitterrand, *Le Coup d'État permanent*, Plon, 1964.

par une modification des techniques gouvernementales :
« Ni la philosophie sociale, ni l'idéologie politique antérieures n'ont été atteintes. De cette continuité, le préambule de la Constitution apporte un témoignage officiel en
confirmant tous ensemble les principes de 1789 et ceux de
1946[6]. » Et la jurisprudence du Conseil constitutionnel
confirmera plus tard ce jugement. Mais, derrière les
dispositions relatives à l'organisation des pouvoirs publics
et à leurs rapports, se révélera progressivement une opposition irréductible entre la IVe et la Ve République qui
mobilisera, quatre ans plus tard, la majorité de la classe
politique contre le général de Gaulle et qui ne pourra être
arbitrée que par le peuple. Or cette opposition porte sur
l'essentiel puisqu'elle a trait à la nature du pouvoir et au
rôle du président de la République, déjà décrit par Michel
Debré devant le Conseil d'État le 27 août 1958 comme « la
clef de voûte du régime[7] ».

Pour l'ancienne classe politique, qui était représentée au
gouvernement formé le 1er juin 1958 par les ministres
d'État, la nouvelle Constitution établissait, en effet, un
régime parlementaire rationalisé, assorti d'un président-
arbitre, illustration du « pouvoir neutre » imaginé naguère
par Benjamin Constant. Et la présentation que Michel
Debré en avait fait au Conseil d'État semblait en témoigner
lorsqu'il avait déclaré : « Le président de la République,
comme il se doit, n'a pas d'autre pouvoir que celui de
solliciter un autre pouvoir : il sollicite le Parlement, il
sollicite le Comité constitutionnel, il sollicite le suffrage
universel. Mais, cette possibilité de solliciter est fondamentale. »

Or, malgré les concessions de forme qu'il avait dû
consentir, le général de Gaulle n'avait pas adhéré à cette
doctrine. Francis Hamon et Dominique Chagnollaud ont
rappelé que sa propre conception figurait dans l'avant-
projet de Constitution quand celui-ci déclarait : « Assisté

6. Georges Burdeau, « La conception du pouvoir selon la Constitution du 4 octobre 1958 », *Revue française de science politique*,
mars 1959.

7. Jean-Louis Quermonne et Dominique Chagnollaud, *op. cit.*,
p. 652 et s.

du gouvernement, [le président de la République] définit l'orientation générale de la politique intérieure et extérieure du pays et en assure la continuité. » Or si ce texte fut écarté au profit des articles 5 et 20 de la Constitution, il est resté gravé dans la mémoire du fondateur de la Ve République qui, une fois installé à l'Élysée, ne manquera pas de l'appliquer[8].

Tant que durera la guerre d'Algérie, la classe politique mettra cette interprétation sur le compte de circonstances exceptionnelles. Et, hormis les factieux, personne ne disputera au chef de l'État la responsabilité de régler le problème algérien. Si quelques escarmouches se dessinent à propos de la convocation du Parlement en session extraordinaire ou concernant l'usage prolongé de l'article 16, personne ne s'en indignera. Mais, après la fin du conflit, l'ambiguïté pesant sur le rôle du président de la République deviendra contradiction. Et il faudra que, par la voie du référendum, le peuple tranche. Comme l'avait pressenti dès 1946 Léon Blum[9], dans la mesure où prévaudra la solution en faveur d'un président qui gouverne, il deviendra indispensable que le suffrage universel direct confère à celui-ci la légitimité démocratique sans laquelle il ne saurait exercer sa mission.

Il n'empêche que le temps de l'ambiguïté dura quatre ans. Or, encore aujourd'hui, malgré trente années de présidentialisation du régime, les tenants d'un pouvoir élyséen ramené au rang de chef d'État parlementaire n'ont toujours pas désarmé. Ce qui explique, en partie, l'embarras dans lequel s'épuisent encore, malgré une pratique fondatrice non équivoque, un certain nombre d'analyses de la Ve République.

---

8. Francis Hamon, « Regards nouveaux sur les origines de la Ve République », *Revue de droit public*, 1975, p. 416 et s. ; Dominique Chagnollaud, « La conception gaullienne de l'État : une monarchie républicaine ? », *Mélanges Duverger*, PUF, 1989.

9. Dans un article publié dans *Le Populaire*, le 21 juin 1946, au lendemain du discours de Bayeux.

II. Une mise en œuvre fondatrice

A peine mises en place, les institutions de la Vᵉ République sont confrontées à leur première épreuve : la guerre d'Algérie. Elles y ont été préparées ; et personne ne s'étonne que le général de Gaulle ait recours aux pouvoirs exceptionnels prévus par la Constitution. Mais ce n'est pas le seul test de résistance que devra subir le régime au cours des onze ans de République gaullienne. Il devra également affronter le « cartel des non » et les événements de mai 1968 avant de survivre au retour à Colombey de son président fondateur.

A. Deux constitutions en une seule ?

C'est ainsi que réagiront les premiers observateurs à l'emploi des pouvoirs de crise face à la guerre d'Algérie. Outre les dispositions propres à la Communauté franco-africaine que recèle le titre XIII du texte de 1958, on découvre à l'usage que celui-ci contient en fait deux constitutions : l'une pour les jours ordinaires, fondée sur le parlementarisme rationalisé, et l'autre, pour les circonstances exceptionnelles, qui fait la part belle au président. Or, pendant quatre ans, les circonstances justifieront l'application de la seconde. Et, progressivement, le général de Gaulle en fera plein emploi.

D'abord, il doit faire face à l'« affaire des barricades » et, devant l'insurrection qui gronde à Alger, il s'adresse directement au pays et prescrit à son Premier ministre de recourir à l'article 38. Or, en autorisant le gouvernement à procéder par voie d'ordonnances, le Parlement précise qu'elles devront être prises sous la signature du chef de l'État. De son côté, le président convoque à l'Élysée un Comité des affaires algériennes ; en évoquant le dossier à son niveau, il dessaisit à son profit le gouvernement. Désormais, le président de la République arrêtera lui-même la politique d'autodétermination qu'il fera approuver par référendum, sur la base de l'article 11 de la Constitution, le 8 janvier 1961.

Puis le général de Gaulle doit affronter le « putsch des généraux ». Pour être en mesure de le maîtriser, il prend les grands moyens et fait application, le 23 avril, de l'article 16. Et pour imposer à l'armée qui hésite et aux forces politiques qui s'obstinent l'indépendance de l'Algérie, il fait une deuxième fois appel au peuple en lui demandant de ratifier lui-même par référendum les accords d'Évian que les électeurs approuveront à une écrasante majorité le 8 avril 1962.

Eût-il été possible alors de mettre en œuvre la Constitution des jours ordinaires ? C'est ce que paraît penser Michel Debré, sous réserve de prononcer la dissolution. Mais, tel n'est pas le parti que prend à l'automne le général de Gaulle ; ce qui l'amène à révoquer, de manière à peine déguisée, son Premier ministre. Dans un monde dangereux, le président de la République estime qu'un président-arbitre n'aurait pas l'autorité suffisante pour gouverner la France à qui il faut donner un « guide ». Le 22 août 1962, l'attentat du Petit-Clamart semblant lui donner raison, il se décide à précipiter les échéances et à faire prévaloir sa propre conception du pouvoir présidentiel. Mais, pour qu'elle résiste à l'usure du temps, il juge indispensable que ses successeurs, qui ne disposeront pas de sa légitimité historique, tiennent leur autorité directement du suffrage universel. D'où le recours à un nouveau référendum pour réviser la Constitution.

B. Le corollaire de la Constitution de 1958

La loi constitutionnelle du 6 novembre 1962 est souvent présentée comme la vraie Constitution de la V\ :sup:`e`\ République. Elle seule établirait une rupture avec la tradition des républiques précédentes. La thèse nous paraît très exagérée. Car si la réforme a permis aux successeurs du général de Gaulle de recueillir du suffrage des Français l'autorité dont ils n'auraient pas naturellement disposé, celle-ci s'inscrit comme le corollaire du projet constitutionnel voulu par l'ancien chef de la France libre dès le discours de Bayeux et mis en œuvre en 1958.

Il est exact que l'âpreté de la bataille engagée à la fin de 1962 entre le chef de l'État et le « cartel des non » regroupant des partis de la IVᵉ République donne à la victoire du « oui » le sens d'un choix sans équivoque en faveur d'un président qui gouverne, même si le texte référendaire n'a pas porté sur l'étendue de ses pouvoirs. Mais, après le référendum du 28 octobre, ceux-ci ne seront pas d'une nature différente et ils ne seront pas exercés autrement par le général de Gaulle. La vérité est clairement énoncée par le doyen Vedel lorsqu'il écrit à propos de la pratique gaullienne et de la réforme constitutionnelle de 1962 : « C'est la conjonction de ces deux facteurs qui explique en tout premier lieu le chemin pris par la Vᵉ République. Si le général de Gaulle n'avait pas forgé un pouvoir présidentiel ou ne l'avait pas ancré dans une durée suffisante, ses successeurs n'auraient pas pu se réclamer d'un modèle institutionnel. Si leur désignation ne s'était pas faite au suffrage universel, le modèle gaullien aurait dessiné un habit trop grand pour eux [10]. »

Tel est le verdict que, de manière abrupte, le général de Gaulle rend dans sa conférence de presse du 31 janvier 1964, en proclamant que « l'autorité indivisible de l'État est confiée tout entière au président par le peuple qui l'a élu, qu'il n'en existe aucune autre, ni ministérielle, ni civile, ni militaire, ni judiciaire, qui ne soit conférée et maintenue par lui, enfin qu'il lui appartient d'ajuster le domaine suprême qui lui est propre avec ceux dont il attribue la gestion à d'autres... ».

Ainsi, l'ambiguïté originelle qui pesait sur la nature du

10. Georges Vedel, « La Cinquième République », in *Dictionnaire constitutionnel* (sous la direction d'Olivier Duhamel et Yves Mény), PUF, 1992.

pouvoir présidentiel se trouve-t-elle levée. Du moins, le général de Gaulle le croit-il, même si Gaston Defferre et Alain Poher, en 1969, continueront à se réclamer, à l'occasion de l'élection présidentielle, de la thèse du président-arbitre !

Certes, la première expérience de l'élection au suffrage direct, intervenue en décembre 1965, sera pour le général de Gaulle une source de déconvenue. Et le nombre important de voix recueillies au premier tour par François Mitterrand et par Jean Lecanuet lui donnera l'impression qu'il a ouvert la voie à un cheval de Troie au profit du « régime des partis ». Mais l'avenir montrera que le suffrage direct a constitué la ressource essentielle qui permettra à ses successeurs de tenir tête à la dérive que, sans elle, le retour offensif des partis politiques – y compris le parti gaulliste – n'aurait pas manqué d'imposer à la Ve République.

III. La logique institutionnelle et la dérive partisane

Cependant rien n'est irréversible. Et, une fois son fondateur disparu de la scène politique, la Ve République aurait pu dériver autrement si Gaston Defferre, ayant maintenu sa candidature, avait été élu à l'Élysée en 1965, ou si Alain Poher l'avait emporté en 1969 sur Georges Pompidou. Mais il ne s'agit pas de réécrire ici, avec moins de talent, l'exercice de rétrofiction auquel Georges Vedel s'est livré à l'occasion du vingt-cinquième anniversaire de la Ve République [11]. D'ailleurs, la logique institutionnelle imposée par son deuxième président a maintenu celle-ci dans la direction qui avait été imprimée par le général de Gaulle, même

---

11. Georges Vedel, « Rétrofictions : si de Gaulle avait perdu en 1962... si Alain Poher avait gagné en 1969... », in *La Constitution de la Ve République* (sous la direction d'Olivier Duhamel et Jean-Luc Parodi), Presses de la FNSP, 1988, p. 133 et s.

si une certaine inflexion s'est produite du fait de l'influence exercée par le système de partis.

Cette inflexion s'était déjà amorcée sous la République gaullienne. Sans jamais se référer à la notion de majorité présidentielle, le fondateur de la Ve République avait, en effet, prétexté du succès remporté lors du référendum du 28 octobre 1962 pour demander aux électeurs qui avaient condamné ce jour-là « le régime des partis » de faire en sorte que, à la faveur des élections législatives anticipées des 18 et 25 novembre, leur « deuxième condamnation n'aille pas à l'encontre de la première ». Ce n'est donc pas impunément que, à partir de cette date, le pouvoir présidentiel s'est nourri d'une ressource que l'auteur de la Constitution de 1958 n'avait ni prévue, ni voulue.

Ainsi, ce sera sous le septennat écourté de Georges Pompidou que la légitimité partisane sera indirectement invoquée sous la forme d'une référence à la majorité présidentielle et à sa nécessaire harmonie avec la majorité parlementaire. Or, répercutée par la plus grande partie de la doctrine, cette référence bénéficiera, pendant près de vingt ans, d'un assez beau succès de librairie [12].

A. La présence de deux majorités convergentes

Est-il besoin de rappeler que le général de Gaulle avait toujours récusé le rôle de chef de la majorité qu'on avait tenté de lui faire jouer ? Dès 1945, à René Mayer qui lui suggérait d'accorder son patronage à des candidats de son choix aux élections à l'Assemblée nationale constituante, il avait vertement répondu : « Quand comprendrez-vous, Mayer, que mon ambition n'a jamais été d'être chef de la majorité ! » Elle était, en effet, de rassembler les Français. Et lorsque, en décembre 1965, il verra les partis investir des candidats à la présidence de la République, il s'indignera

12. Pierre Avril, « Les chefs de l'État et la notion de majorité présidentielle », in *La Constitution de la Ve République, op. cit.*, p. 166 et s.

de découvrir l'effet pervers ainsi produit par le suffrage universel doutant alors de sa capacité à dégager un homme d'État.

Telle ne peut pas être, en 1969, l'attitude de Georges Pompidou, dont la marge de manœuvre est étroite. Aux prises avec la candidature d'Alain Poher, il lui faut ménager les forces qui le soutiennent, ce qui le conduit à mesurer l'appoint d'une fraction des centristes. Aussi est-il naturel qu'une fois élu, il cherche à se prévaloir de la majorité parlementaire. C'est l'époque où émerge la pesanteur d'un parti dominant, l'UDR, qui conduit le président à se séparer d'un Premier ministre novateur. C'est celle où se dessine, à la faveur de la bipolarisation du système des partis, la montée en puissance d'un « quadrille bipolaire », la signature en 1972 du « programme commun de gouvernement de l'union de la gauche » visant à reproduire, entre le Parti socialiste et le Parti communiste, le type de rapport existant à droite entre le parti gaulliste et les républicains indépendants. Bref, la dérive de la Ve République tend à corriger les rigueurs du modèle institutionnel initial qui avait écarté les partis politiques du pouvoir en les confinant, selon l'article 4 de la Constitution, dans l'« exercice du suffrage ».

Jean-Claude Colliard percevra à travers cette conjoncture le réveil parlementaire du régime. Et, sur cette base, Maurice Duverger greffera en 1977 sa théorie du régime semi-présidentiel, l'un et l'autre retenant comme variable indépendante le système des partis[13]. Mais, si Georges Pompidou reste à mi-chemin entre la pratique fondatrice de son prédécesseur – essayant même de rompre la prescription du référendum – et la dérive partisane ainsi décrite[14], la suite des événements révélera l'importance de l'emprise des partis politiques. Elle est déjà sensible à travers la tentative entamée en 1973 par Georges Pompi-

13. Jean-Claude Colliard, *Les Régimes parlementaires contemporains*, Presses de la FNSP, 1978 ; Maurice Duverger, *L'Échec au roi*, Albin Michel, 1977.

14. Ce qui autorisera Françoise Decaumont à qualifier la pratique pompidolienne de « présidentialisme », in *La Présidence de Georges Pompidou*, Économica, 1979.

dou pour instituer le quinquennat. Elle le sera plus encore à travers les difficultés que rencontrera plus tard Valéry Giscard d'Estaing à faire prévaloir sur la classe politique l'autorité présidentielle du leader de la minorité de la majorité ! Et lorsque, à la veille des élections législatives de 1978, les sondages donnent l'union de la gauche gagnante, le chef de l'État se croira obligé de mettre en garde les électeurs en déclarant à Verdun-sur-le-Doubs : « Vous pouvez choisir l'application du programme commun. C'est votre droit. Mais, si vous le choisissez, il sera appliqué. Ne croyez pas que le président de la République ait, dans la Constitution, les moyens de s'y opposer... »

Cela explique que, théorisant cette pratique, Maurice Duverger ait pu construire avec vraisemblance sa théorie du régime semi-présidentiel. Institutionnellement fondée sur la coexistence entre l'élection directe du chef de l'État et la responsabilité politique du gouvernement devant l'Assemblée, celle-ci conduit à faire du régime des partis, source de la configuration de la majorité parlementaire, la variable indépendante du régime. D'où la grille de transformation proposée, qui permettra de rendre compte d'un pouvoir présidentiel à géométrie variable, renforcé ou affaibli selon le degré de congruence entre la majorité présidentielle et la majorité parlementaire.

Une fois passé le septennat giscardien, finalement dispensé d'affronter en 1978 l'épreuve de la cohabitation, l'élection anticipée, en 1981, d'une majorité absolue socialiste conforme à la nouvelle majorité présidentielle aurait dû confirmer l'hypothèse de Maurice Duverger, d'autant plus que le président élu le 10 mai est l'auteur du *Coup d'État permanent*. Mais la théorie des rôles se vérifiant, François Mitterrand ne se contentera pas de déclarer : « Les institutions n'ont pas été faites à mon intention, mais elles sont bien faites pour moi. » Il en démontrera la pratique, en indiquant pour commencer que ses engagements constituent non seulement la charte de l'action gouvernementale, mais aussi celle de l'action législative. Jamais pouvoir présidentiel, sous la Ve République, n'aura été plus fort. Et la cohabitation fera découvrir plus tard que cette force ne tient pas seulement à la majorité parlementaire issue du système des partis, mais à une logique institutionnelle consubstantielle au régime politique. En attendant, l'alternance au pouvoir affectera, à trois reprises, l'évolution de celui-ci [15].

B. La dynamique de l'alternance

La logique de l'alternance parlementaire, manquée en 1978, eût voulu que le pouvoir présidentiel se trouve diminué par l'avènement d'une majorité parlementaire hostile. Or l'alternance surgit le 10 mai 1981 à la faveur de l'élection présidentielle. La gauche découvre alors que le scrutin qu'elle avait contesté en 1962 devient pour elle, vingt ans après, la voie d'accès au pouvoir. Un tel retournement de conjoncture ne pourra que conforter l'institution présidentielle, en élargissant son audience.

Par conséquent, de 1981 à 1986, la logique partisane s'accordant avec la logique présidentielle, le régime fonctionnera comme entre 1968 et 1973, la présence d'une majorité absolue socialiste à l'Assemblée nationale occultant sa véritable nature. Certes, à divers signes, l'on mesure la distance que prend progressivement l'ancien premier secrétaire du Parti socialiste vis-à-vis de son ancienne formation. Tantôt, celui-ci impose son propre programme et ses propres arbitrages au groupe parlementaire en utilisant les arcanes du parti ; tantôt, il n'hésite pas à recourir, par Premier ministre interposé, aux mécanismes du parlementarisme rationalisé. C'est ainsi que, le 23 novembre 1982, le Conseil des ministres autorise le chef du gouvernement à utiliser l'article 49-3 pour faire passer en force les mesures de clémence accordées aux anciens généraux rebelles d'Algérie. Et si François Mitterrand s'efforce de revenir à des relations plus équilibrées entre le gouvernement et le Parlement, il n'hésite pas, notamment dans les domaines réservés de la diplomatie et de la

15. Jean-Louis Quermonne, *L'Alternance au pouvoir*, PUF, coll. « Que sais-je ? », 1988.

défense, à faire prévaloir les choix du chef de l'État. D'où le tournant fondamental pris en 1983 en faveur du maintien du franc dans le Système monétaire européen, à l'occasion duquel il donne priorité, en son for intérieur, à l'homme d'État sur l'ancien dirigeant socialiste. D'où aussi, en 1984, le retrait du projet de loi Savary sur les rapports de l'État avec l'enseignement privé, prolongé par la démission de Pierre Mauroy de l'hôtel Matignon, dans la plus pure tradition gaullienne. Malgré cela, la classe politique continuera à intérioriser de tels comportements par référence à la logique partisane qui fait de la majorité parlementaire l'instrument du soutien apporté au gouvernement. Jean-Pierre Chevènement, lui-même, rappelle à l'occasion que les « godillots » sont de « bels et bons souliers »...

Il faut dire que le début de la législature a longtemps marqué le gouvernement de l'union de la gauche. Non seulement, jusqu'en 1984, des ministres communistes sont restés au pouvoir, mais des éléments essentiels du programme commun ont été appliqués, allant des nationalisations à la décentralisation. Et, par rapport aux décennies précédentes, les années 1981 à 1983 ont opéré, à travers la mise en œuvre de plusieurs politiques publiques, une rupture effective avec l'ordre ancien. À tel point que cette nouvelle conjoncture suscitera par réaction l'émergence de véritables contre-pouvoirs. Rodé sous la République gaullienne, le Sénat était naturellement préparé à jouer ce rôle. Mais il sera rapidement relayé par le Conseil constitutionnel qui, saisi par soixante députés ou soixante sénateurs, fixera des limites à l'action législative, montrant ainsi, selon l'expression de Louis Favoreu, qu'en certaines circonstances la « politique peut être saisie par le droit [16] ».

16. Louis Favoreu, *La Politique saisie par le droit*, Économica, 1988.

C. L'épreuve de la cohabitation

Attendue – et redoutée à la fois – depuis 1973, l'épreuve de la cohabitation survient, enfin, le 16 mars 1986. La logique partisane du modèle semi-présidentiel eût conduit au transfert au profit du Premier ministre et du gouvernement de l'essentiel des pouvoirs exercés par le président de la République depuis 1959. Sans condamner celui-ci à « inaugurer les chrysanthèmes », elle l'eût contraint à circonscrire ses activités dans la limite des prérogatives dispensées du contreseing par l'article 19 de la Constitution. Telle est, du moins, l'interprétation que cherchera à imposer Jacques Chirac du message adressé par François Mitterrand au Parlement, le 8 avril, en appelant à l'application de « la Constitution, rien que la Constitution, toute la Constitution ».

Mais par-delà l'article 19, s'exerce le poids de la pratique constitutionnelle antérieure – ce qu'Yves Mény désignera sous le nom de « conventions de la Constitution [17] ». Et, parmi ces conventions figure notamment la maîtrise par le chef de l'État du « domaine réservé ». Or, dans le prolongement de la politique étrangère et de la défense s'inscrit nécessairement la politique européenne. Dans ce *no man's land* entre la politique extérieure et la politique intérieure, François Mitterrand a pris la précaution de nommer à la tête du SGCI un membre de son entourage, Élisabeth Guigou, qui cumule les deux rôles. Cela lui permettra de garder le contrôle de la préparation des conseils européens et des sommets des sept pays les plus industrialisés où le respect du protocole lui donnera la possibilité de rester le chef de la délégation française. De même, en matière de défense, sa qualité de chef des armées et de président du Conseil de défense lui conféreront la faculté de présider à la préparation de la nouvelle loi de programmation militaire. Enfin, en politique intérieure, si la cohabitation

17. Yves Mény, « Les conventions de la Constitution », in *Pouvoirs*, n° 50, 1989, p. 53 et s.

oblige le président de la République à prendre du champ vis-à-vis des problèmes économiques et sociaux, cette situation lui offrira l'avantage de se dissocier des mesures impopulaires et d'opposer son refus à la signature de plusieurs ordonnances.

Par conséquent, pris en défaut par la pratique suivie de 1986 à 1988, le modèle semi-présidentiel ne pourra pas expliquer de manière satisfaisante le fonctionnement de la première cohabitation. Et les interprétations tendant à donner une lecture exclusivement parlementaire du régime, voire à présenter le président de la République dans un rôle de chef de l'opposition, tomberont à plat. Force est aujourd'hui d'observer que pendant cette période la France a vécu sous un système provisoire de dyarchie, en attendant que la victoire de François Mitterrand à l'élection présidentielle de 1988 rétablisse la primauté incontestée du chef de l'État.

Le rétablissement ainsi opéré le 8 mai 1988 n'a pas été, pour autant, une restauration du mode de gouvernement antérieur. Car, malgré la dissolution de l'Assemblée nationale intervenue dès le 16 mai, la majorité présidentielle n'a pas recueilli la majorité absolue des sièges au Palais-Bourbon. Et les gouvernements Rocard, Cresson et Bérégovoy ont dû se résigner à des « majorités d'idées » ou recourir aux mécanismes du parlementarisme rationalisé. En effet, l'ouverture manquée n'a pas rallié les centristes, en dehors de quelques débauchages et de la coopération apportée par des personnalités issues de la « société civile ». D'où un déséquilibre accentué en faveur de l'Élysée que cherche à conjurer une révision constitutionnelle annoncée[18].

18. Jean-Louis Quermonne, « Faut-il changer de République ou changer la République ? », _Études_, oct. 1992.

D. La double révision constitutionnelle
et la deuxième cohabitation

En fait, deux révisions constitutionnelles ont été successivement engagées. La première constituait un préalable à la ratification du traité de Maastricht. Elle fut entreprise sur la base de l'article 89 de la Constitution et donna lieu à la loi constitutionnelle du 25 juin 1992. Celle-ci fut adoptée par le Congrès à une très forte majorité, la plupart des parlementaires RPR ne prenant pas part au vote.

Paradoxalement, l'appartenance de la République à la Communauté européenne n'avait jamais reçu la sanction constitutionnelle. Le nouvel article 88-1 comble désormais cette lacune. En outre, le nouveau texte rend compatible le traité de Maastricht avec la Constitution en reconnaissant aux ressortissants communautaires le droit de vote et d'éligibilité aux élections municipales, en autorisant le transfert de compétences nécessaire à la réalisation de l'Union économique et monétaire et en permettant la « communautarisation » des mesures réglementant la délivrance des visas aux personnes étrangères aux pays membres de la Communauté.

L'idée d'une deuxième révision avait été annoncée par le président de la République à la fin de 1991. Elle devait avoir pour objet de rééquilibrer les pouvoirs publics au bénéfice du Parlement. François Mitterrand ayant considéré que la Constitution de 1958 aurait pu être dangereuse avant lui et qu'elle pourrait le redevenir après lui, il peut sembler étonnant qu'il ait attendu la veille d'une seconde cohabitation pour enclencher le processus. Ayant enfin rendu publiques ses propositions le 30 novembre 1992, il a fait adopter le 2 décembre suivant la composition d'un Comité constitutionnel consultatif présidé par le doyen Vedel. L'avis de ce comité d'experts ayant été rendu le 15 février 1993, le Conseil des ministres a décidé le 10 mars de déposer deux projets de révision sur le bureau du Sénat.

Le premier concerne la réforme du Conseil supérieur de la magistrature et de la Haute Cour de justice, rendue urgente par l'affaire du sang contaminé, ainsi que l'institution de l'exception d'inconstitutionnalité devant le Conseil constitutionnel, déjà proposée en 1990. Le second, plus conflictuel, sans modifier la durée du mandat présidentiel, a trait à l'accroissement des pouvoirs du Parlement et à la suppression de l'article 16. Ni l'un ni l'autre ne sauraient suffire, cependant, à combler le « déficit démocratique » causé par la carence des partis politiques.

En effet, de l'élection présidentielle de 1988 aux élections législatives de 1993, faute d'ouverture menant à une conjonction des centres, le système de partis ne cessera de se dégrader, sous le poids des « affaires », de l'incapacité de la gauche comme de la droite à résorber le chômage et des divisions sur l'Europe provoquées par le traité de Maastricht et le référendum de ratification du 20 septembre 1992. Aussi le régime fonctionnera-t-il davantage « aux institutions ».

Poursuivra-t-il dans cette voie sous une deuxième cohabitation ? La majorité parlementaire écrasante obtenue par la coalition RPR-UDF aux élections législatives des 21 et 28 mars 1993 devrait offrir au gouvernement d'Édouard Balladur un soutien plus large que celui des années 1986-1988. Ce soutien peut permettre de rééquilibrer la nouvelle dyarchie dans un sens favorable au gouvernement et au Premier ministre. Il pourrait même, comme l'a réclamé Jacques Chirac, entamer la prééminence du président de la République en politique extérieure.

L'amoindrissement du rôle dévolu au chef de l'État par la Constitution et surtout par la pratique constitutionnelle ne saurait, cependant, franchir un certain seuil sans provoquer une crise politique grave. En effet, dans son allocution du 29 mars, François Mitterrand n'a pas seulement confirmé qu'il veillerait à la continuité de la politique extérieure et de la politique de défense. Il a également insisté sur la nécessité de préserver les acquis du traité de Maastricht et du système monétaire européen.

Ainsi peut-on provisoirement conclure que le dualisme de l'exécutif établi par la Vᵉ République est appelé à persister sous la deuxième cohabitation, sous réserve de crise ouverte, même si la dyarchie qu'elle entraîne doit davantage profiter, cette fois, au gouvernement. S'il en va de la sorte, on pourra avancer l'hypothèse selon laquelle la cohabitation jouerait un rôle de révélateur quant à la nature du régime en confirmant la primauté des institutions sur le système de partis.

IV. Un régime présidentiel dualiste

La richesse des événements qui ont illustré, au cours d'un tiers de siècle, l'histoire de la Ve République contribue à expliquer les qualifications successives qui en ont été proposées et, dans une moindre mesure, ses interprétations incertaines. Il ne saurait être question, ici, de les passer en revue ni d'analyser à travers elles ce que Claude Emeri a appelé, avec humour, les « déconvenues de la doctrine[19] ». On s'en tiendra, par conséquent, aux seules « lectures » du régime qui ont résisté au temps, en excluant celles qui apparaissent aujourd'hui contingentes, parce que se référant au pouvoir personnel, à l'orléanisme ou au principat, et celles qui furent fondées sur des facteurs exogènes comme le « pouvoir des monopoles » ou les contraintes de la « modernisation ».

A. Le régime semi-présidentiel

Comme on l'a déjà observé, la théorie du régime semi-présidentiel a rendu compte de la dérive partisane qui a marqué pendant près de vingt années la Ve République. Et c'est elle qui a, sans doute, reflété le plus fidèlement l'un des plus longs épisodes du régime. Elle avait l'avantage de tenir compte de deux facteurs d'explication conjugués : un

19. Claude Emeri, « Les déconvenues de la doctrine », in *La Constitution de la Ve République, op. cit.*, p. 75 et s.

facteur institutionnel, l'élection présidentielle au suffrage universel, et un facteur partisan, l'ampleur et l'orientation de la majorité parlementaire. Elle a eu le tort de retenir le système de partis comme seule variable indépendante [20].

Différents auteurs ont critiqué la notion de régime semi-présidentiel de façon pertinente. Au regard des expériences portugaise et finlandaise, Olivier Duhamel a fait remarquer que la domination de la majorité parlementaire rapproche singulièrement le modèle semi-présidentiel d'un régime semi-parlementaire et qu'il l'éloigne, par conséquent, de la pratique française [21]. Et, de façon saisissante, Georges Vedel a démontré qu'en France ce modèle conduit à occulter la réalité de la puissance du pouvoir présidentiel. Il lui a donné le coup de grâce en écrivant qu'« il est difficile de qualifier de semi-présidentiel (sinon dans un sens exclusivement juridique) le régime de la V⁰ République », alors que « le président français cumule dans ses mains les prérogatives et les armes du président des États-Unis et celles d'un Premier ministre britannique » et que, par conséquent, un tel régime « est ultraprésidentiel tout comme celui de la IV⁰ République fut ultrareprésentatif » [22]. Enfin, nous croyons avoir démontré que la « grille de transformation » proposée par Maurice Duverger n'avait pu rendre compte de l'équilibre des pouvoirs pendant la période de la cohabitation et pendant celle qui l'a suivie.

B. La notion de pouvoir d'État

Laissée pour compte par la majorité des auteurs, la référence à la notion de pouvoir d'État a été inspirée à

20. Sur ce rôle attribué au système des partis, on se reportera à l'ouvrage de Pierre Avril, *Essai sur les partis*, LGDJ, 1990, 2⁰ éd.

21. Olivier Duhamel, *Mélanges Duverger*, PUF, 1988, p. 581.

22. Georges Vedel, « La Cinquième République », in *Dictionnaire constitutionnel, op. cit.*, p. 138-139.

Georges Burdeau à la simple lecture du texte constitutionnel. Mais, comme naguère Carré de Malberg, l'auteur du
Traité de science politique a su dégager d'un document
juridique un concept politique qui rend compte, mieux que
d'autres, de la nature profonde du pouvoir présidentiel, tel
qu'il a été conçu et exercé par le général de Gaulle et
maintenu, à quelques nuances près, par ses successeurs.
L'originalité de l'analyse procède du constat de la coexistence, sous la Ve République, d'un pouvoir démocratique
médiatisé par la majorité parlementaire issue du système
de partis et d'un pouvoir d'État en charge de la continuité
de la nation placé entre les mains du président de la
République. Or le premier, plus sensible aux exigences de
la demande sociale à court terme, ne saurait prévaloir sur
le second, comptable de l'intérêt général à long terme. Et
si, en 1958, le pouvoir d'État, bien qu'assimilé par Burdeau
au pouvoir de la République, pouvait manquer de légitimité démocratique, la révision constitutionnelle de 1962 a
levé l'objection.

Demeurent, pourtant, une réserve et une critique. La
réserve tient au fait que l'auteur a semblé occulter la
relation unissant, du fait de l'élection au suffrage universel,
le président de la République aux forces politiques qui l'ont
fait roi. Ce qui conduit, depuis 1965, le chef de l'État à
occuper une position ambiguë qui fait de lui à la fois le
leader de la majorité présidentielle et le président de tous
les Français. Or – et là réside la critique – la réponse
apportée par Burdeau en se fondant sur l'« apolitisme
présidentiel » pour mesurer la distance qui sépare le chef
de l'État de la politique politicienne ne suffit pas à
convaincre de son « impartialité [23] ».

Il n'en reste pas moins que la notion de pouvoir d'État
conserve l'immense mérite de souligner le profil d'homme
d'État qui sied à toute candidature crédible à l'Élysée et qui
répond aux exigences de la fonction, telle qu'elle résulte

23. Georges Burdeau, *Traité de science politique,* t. x, Économica,
1986, 3e éd., p. 440.

de l'article 5 de la Constitution[24]. Ce qui devrait écarter, sauf à changer de régime, toute velléité d'intégrer le quinquennat aux institutions de la Ve République, au risque contradictoire de ramener la présidence française au rang de la présidence portugaise ou de la présidence finlandaise ou d'introduire dans le système le cheval de Troie qui l'amènerait fatalement à se muer en régime présidentiel.

C. Un régime politique inédit

Reste un ultime effort à fournir pour tenter d'établir la nature de la Ve République aujourd'hui, dans la perspective comparatiste à laquelle nous invite le contexte européen et occidental dans lequel elle s'insère.

Avant de progresser dans cette voie, il est nécessaire de rappeler que la majorité des pays membres de la Communauté européenne demeurent profondément attachés au régime parlementaire et que les deux seuls parmi eux, hormis la France, dont le mode de gouvernement est susceptible de se rattacher à la catégorie des régimes semi-présidentiels – l'Irlande et le Portugal – se sont sensiblement rapprochés, au cours des dernières années, du parlementarisme. Or, traditionnellement, deux sortes de régimes parlementaires ont été distingués en Europe. Le premier, de type dualiste, tend à conjuguer un pouvoir parlementaire fort avec un pouvoir exécutif disposant à l'égard de celui-ci d'une réelle autonomie. Le second, de type moniste, conduit à estomper la séparation des pouvoirs soit au profit d'un parti majoritaire dominant à la fois l'activité du Parlement et du gouvernement, soit au bénéfice de l'une des chambres du Parlement d'où il résulte un système proche du gouvernement d'assemblée.

24. Didier Maus, « La Constitution jugée par sa pratique : l'article 5 fondement de la prépondérance présidentielle », in *La Constitution de la Ve République, op. cit.*, p. 298.

Comme il se doit, cette typologie classique a été moder-
nisée par la combinaison des variables institutionnelles et
des systèmes de partis. On se propose de s'en inspirer pour
tenter de positionner la Ve République par rapport aux
systèmes politiques occidentaux en la transposant dans le
champ d'analyse du régime présidentiel. Chacun s'accorde,
en effet, à considérer que depuis 1958 la pratique politique
française – Yves Mény parle de « conventions de la
Constitution » – a singulièrement renforcé la composante
présidentielle du régime, au point même de provoquer
aujourd'hui un « déficit démocratique ».

Or, par rapport à cette pratique, le système américain,
assorti d'une séparation rigide des pouvoirs et d'un bipartisme souple, peut être qualifié de *régime présidentiel
moniste*. En effet, au niveau fédéral, l'unité de la fonction
gouvernementale, tout entière confiée au président, cumule
à son profit les deux rôles qu'attribue le régime parlementaire au chef de l'État et au chef du gouvernement. Et la
séparation des pouvoirs étant ce qu'elle est, le Congrès ne
saurait intervenir directement, en l'absence de ministres
politiquement responsables devant lui, dans l'exercice du
pouvoir exécutif.

Par opposition à cette situation, il n'est donc pas interdit
de qualifier le système politique de la Ve République
de *régime présidentiel* dualiste. Car si le chef de l'État
assume effectivement la plénitude de son rôle, sans être
soumis pour l'essentiel au contreseing du Premier ministre,
il partage avec celui-ci l'exercice de la fonction gouvernementale. Et la responsabilité politique du gouvernement
devant l'Assemblée nationale confère au chef du gouvernement une marge d'autonomie par rapport au président
qui est d'autant plus grande que la majorité qui le soutient
s'écarte de celle qui a élu le chef de l'État. Sans doute, cette
marge est-elle faible dès lors que la majorité parlementaire
coïncide exactement avec la majorité présidentielle, ce qui
conduit le président à exercer la fonction gouvernementale
par Premier ministre interposé. Il n'empêche que l'existence d'un pouvoir exécutif à deux têtes entraîne même en
dehors des périodes de cohabitation, une différence de
nature entre le régime politique français et le régime

américain. Faut-il rappeler, ici, la réponse apportée, lors du débat parlementaire du 24 avril 1964, par Georges Pompidou, alors Premier ministre, à François Mitterrand :

> Est-ce à dire que le Premier ministre soit réduit au rôle de modeste conseiller, d'exécutant subalterne, de soliveau ?
> Vous me permettrez de dire que je n'en crois rien.
> D'abord, pour agir, le président de la République a besoin d'un gouvernement. Sauf exceptions énumérées limitativement par la Constitution, aucun acte du président de la République n'est valable sans la signature du Premier ministre. Et je vous demande de croire que j'attache à cette signature la même importance que le président de la République attache justement à la sienne.
> Ceci veut dire précisément que toutes les décisions politiques engagent pleinement le gouvernement et d'abord le Premier ministre. Ceci veut dire que les décisions ne sont prises, quel qu'en soit l'initiateur, qu'après accord entre le président de la République et le Premier ministre [25].

On ne saurait en dire autant des relations entre les secrétaires d'État et le président américain.

Demeure une objection. L'opposition que nous venons de proposer entre un régime présidentiel moniste à l'américaine et un régime présidentiel dualiste à la française semble négliger le Parlement, alors même que la distinction établie entre parlementarisme moniste et dualiste s'ordonnait, précisément, par rapport à celui-ci. L'observation est, certes, pertinente ; mais elle ne rend pas compte de l'évolution survenue en un demi-siècle qui a conduit à déplacer le centre de gravité des régimes politiques occidentaux du législatif vers l'exécutif ? On en trouve l'illustration dans l'abandon, aux États-Unis, après la présidence de Woodrow Wilson, de l'expression « régime congressionnel » au profit de celle – aujourd'hui généralisée – de « régime présidentiel ».

Dès lors, en qualifiant la pratique de la Ve République de régime présidentiel dualiste, nous ne faisons que refléter

---

25. *J.O.*, Assemblée nationale, 24 avril 1964.

une telle évolution. Régime présidentiel dualiste, avons-nous dit, et non pas « présidentialisme dualiste ». On n'ignore pas, pour autant, que, depuis les travaux de Françoise Decaumont[26], plusieurs auteurs et non des moindres tendent à qualifier la Ve République de « présidentialiste ». Tel est le cas de Dimitri-Georges Lavroff, de Jean Gicquel et, plus récemment, d'Olivier Duhamel. Or il ne nous semble pas possible de nous rallier à l'expression dans la mesure où elle désigne, comme Gérard Conac l'a parfaitement montré à la suite de l'œuvre classique de Jacques Lambert, une dérive du régime présidentiel qui a pris corps en Amérique latine avant de s'étendre à l'Afrique[27]. Aussi, devant les analyses sommaires qui ont amené certains promoteurs américains du « développementalisme » à classer la France de la IVe République parmi les démocraties instables, il ne nous paraît pas pertinent de qualifier la Ve de « présidentialiste », ce qui tendrait à conforter le préjugé.

Posons, par conséquent, l'hypothèse selon laquelle au terme d'une évolution plus que trentenaire, la Ve République aurait enfin révélé sa nature : celle d'*un régime présidentiel dualiste*, engendrant ainsi un régime inédit. Certes, il n'apparaît pas jusqu'à présent qu'il ait suscité, sauf de façon sporadique en Afrique, beaucoup d'imitations. Il n'empêche que, récemment, Mikhaïl Gorbatchev en Russie et certains hommes politiques en Italie ont cherché à travers ce régime une source d'inspiration. Et lorsque, à la fin des années soixante-dix, l'état de santé du chancelier Helmut Schmidt suscitait l'inquiétude en Allemagne, il n'a pas manqué d'observateurs pour vanter les mérites du « modèle français » qui en répartissant la charge gouvernementale entre deux titulaires en rend l'exercice plus aisé.

26. Françoise Decaumont, *La Présidence de Georges Pompidou, op. cit.*

27. Gérard Conac, « Pour une théorie du présidentialisme – Quelques réflexions sur les présidentialismes latino-américains », *Mélanges Burdeau*, LGDJ, 1977. Sur les aspects contemporains du sujet, cf. Hubert Gourdon, *Violence ou Politiques en Amérique latine*, Quatrième Congrès de l'AFSP, Paris-Sorbonne, 1992, table ronde n° 6.

Demeure l'objection selon laquelle la Ve République, au long de son histoire, aurait couvert de son appellation plusieurs modes de gouvernement successifs, dépourvus d'unité. Elle ne nous convainc pas. Car, à travers les vicissitudes, le régime est toujours parvenu à rétablir l'équilibre entre les deux têtes sur lesquelles repose le pouvoir exécutif, même si à certains moments la primauté de l'un des titulaires éloigne pour un temps le dualisme présidentiel du type idéal de la dyarchie. Aussi pouvons-nous conclure, avec le doyen Vedel, qu'« en dépit de la variété des conjonctures et des hommes, malgré la parenthèse de 1986-1988 et les oscillations de second rang, il s'agit bien du même régime[28] ».

JEAN-LOUIS QUERMONNE,
professeur des universités à l'IEP de Grenoble,
directeur d'étude et de recherche à la FNSP.

*

ÉLÉMENTS DE BIBLIOGRAPHIE

Pierre Avril, *Le Régime politique de la Ve République*, PUF, 1987.

Jacques Chapsal, *La Vie politique sous la Ve République*, PUF, 2 vol., 1990.

Charles Debbasch *et al., La Ve République*, Économica, 1988, 2e éd.

Olivier Duhamel, Jean-Luc Parodi, *La Constitution de la Cinquième République*, Presses de la FNSP, 1985.

Maurice Duverger, *La République des citoyens*, Ramsay, 1982.

Dimitri-Georges Lavroff, *Le Système politique français : la Ve République*, Dalloz, 1990, 5e éd.

François Luchaire, Gérard Conac, *La Constitution de la République française*, Économica, 1987, 2e éd.

Hugues Portelli, *La Vie politique en France sous la Ve République*, Grasset, 1989, 2e éd.

Jean-Louis Quermonne, Dominique Chagnollaud, *Le Gouvernement de la France sous la Ve République*, Dalloz, 1991, 4e éd.

---

28. Georges Vedel, « La Cinquième République », in *Dictionnaire constitutionnel, op. cit.*, p. 138.

Le président de la République et le Premier ministre

Il faudrait la verve d'un Cyrano pour répertorier les registres sur lesquels, depuis les débuts de la Vᵉ République, ont été décrits les rapports entre les deux têtes de notre exécutif bicéphale. On pourrait dire, en somme, sur le mode :

– *architectural :* « Le président est la clef de voûte de l'exécutif » ; utilisée à plusieurs reprises au cours de l'entretien télévisé du président Mitterrand, le 12 avril 1992, cette image figurait déjà dans le discours de Michel Debré devant le Conseil d'État le 27 août 1958 ;

– *monarchique :* « On ne saurait accepter qu'une dyarchie existât au sommet. Mais, justement, il n'en est rien » ; la formule du général de Gaulle dans sa conférence de presse du 31 janvier 1964 trouve un écho aussi bien dans la rubrique « la cour » du *Canard enchaîné* que dans les très sérieux ouvrages de Maurice Duverger, *La Monarchie républicaine* (1974) et *Échec au roi* (1978) ;

– *nautique :* « Tout de même qu'à bord du navire l'antique expérience des marins veut qu'un second ait son rôle à lui à côté du commandant, ainsi, dans notre nouvelle République, l'exécutif comporte-t-il, après le président voué à ce qui est essentiel et permanent, un Premier ministre aux prises avec les contingences » (de Gaulle *Mémoires d'espoir*, t. ɪ ; *Le Renouveau*, p. 288) ;

– *hippique :* « S'il n'y a pas une convergence sur les objectifs à poursuivre et les actions à mener, s'il n'y a pas la même conception des institutions et de leur fonctionnement, s'il n'y a pas la même conscience des objectifs fondamentaux à poursuivre, *l'attelage* ne peut pas tenir longtemps » (Raymond Barre, entretien avec la presse ministérielle, 28 novembre 1978) ;

– _sportif :_ L'_Arbitre et le Capitaine_, titre de notre ouvrage de 1987 consacré au président de la République [1], est repris de la controverse parlementaire Pompidou-Mitterrand de 1964 et du duel de la campagne électorale de 1967 entre le même Georges Pompidou et Pierre Mendès France ;

– _électrique :_ à chaque départ d'un Premier ministre provoqué par le président, le chef du gouvernement est décrit comme un fusible, voire un paratonnerre ;

– _synergique :_ Michel Rocard, avant de constater amèrement qu'il s'était fait « virer », revenait fréquemment sur le thème du travail d'équipe. Ce fut le « sacré coup de main » et l'affirmation qu'« à travailler quotidiennement avec lui, on s'enrichit, on apprend tous les jours » ;

– _psychanalytique :_ la mort du père, le bouc émissaire ont toujours été des images familières pour saluer le départ du président dans le premier cas, du Premier ministre dans le second. Rien d'étonnant dès lors qu'un journaliste ait intitulé _Œdipe à Matignon_ l'analyse des rapports entre père et fils au sein de notre exécutif (Pierre Servent, 1989) ;

– _conjugal :_ c'est finalement l'image du couple qui revient le plus souvent. Nous y avions recouru en 1979 [2] : « Le couple chef de l'État-chef du gouvernement fait irrésistiblement penser à ces ménages où l'épouse croit, selon l'humeur ou la conjoncture, être le véritable chef ou au contraire l'esclave. » Avec l'invention du terme cohabitation par Valéry Giscard d'Estaing (dans une interview à _L'Express_ en 1983), on est passé à une relation moins légitime. Depuis lors, les images de « mariage blanc » (Colombani, Lhomeau, 1986) ou de « divorce » ont été couramment utilisées.

Laissons là cette tirade et soyons, comme le vicomte de Valvert, sinon un peu court, du moins platement prosaï-

1. Jean Massot, _L'Arbitre et le Capitaine_, Flammarion, 1987.
2. Idem, _Le Chef du gouvernement en France_, La Documentation française, 1979, p. 163.

que. Notre description des rapports président-Premier ministre tiendra en trois propositions :

– *l'existence* du Premier ministre dépend du président de la République, l'inverse n'est pas vrai ;

– le partage des *compétences* est surtout une collaboration qui profite normalement au président ;

– *les moyens d'action* du chef de l'État sont beaucoup moins importants que ceux du chef du gouvernement ; dans leur mise en œuvre commune, la prépondérance revient à Matignon.

I. L'existence du Premier ministre dépend du président de la République, l'inverse n'est pas vrai

Cette proposition se vérifie lors de la naissance et de la mort (politique s'entend) des gouvernements aussi bien qu'à l'arrivée et au départ des présidents.

A. Naissance et mort des gouvernements

Divers cas de figure peuvent se présenter. Tous illustrent la prééminence présidentielle.

1. L'élection présidentielle entraîne au moins la nomination d'un nouveau gouvernement

Sans qu'aucune disposition constitutionnelle l'impose, au nom d'une tradition républicaine d'origine incertaine et remise en cause sous la IVe République[3], le Premier ministre s'estime tenu de présenter au président la dé-

3. Cf. *Le Chef du gouvernement en France, op. cit.*, p. 76.

TABLEAU 1 : **Nomination d'un nouveau**

Date	Premier ministre	Cause	
		Élection présid.	Élections légis.
08.01.59	Debré	Charles de Gaulle I	
14.04.62	Pompidou I		
28.11.62	Pompidou II		
08.01.66	Pompidou III	Charles de Gaulle II	
06.04.67	Pompidou IV		X
10.07.68	Couve de Murville		
20.06.69	Chaban-Delmas	Georges Pompidou	
05.07.72	Messmer I		
02.04.73	Messmer II		X
27.02.74	Messmer III		
27.05.74	Chirac	V. Giscard d'Estaing	
25.08.76	Barre I		
29.03.77	Barre II		
03.04.78	Barre III		X
21.05.81	Mauroy I	François Mitterrand I	
22.06.81	Mauroy II		X
22.03.83	Mauroy III		
17.07.84	Fabius		
20.03.86	Chirac		X
10.05.88	Rocard I	François Mitterrand II	
23.06.88	Rocard II		X
15.05.91	Cresson		
02.04.92	Bérégovoy		
29.03.93	Balladur		X
Total	24	6	7

N.B. Dans le cas de 1968, le remplacement de Georges Pompidou par Maurice mesure où les résultats de ces élections sont très favorables, on doit bien attribuer ce

mission de son gouvernement. Dès lors, tous les cas de figure sont possibles : changement de Premier ministre, de gouvernement et de majorité (1981, 1988), changement de Premier ministre et de gouvernement avec la même majorité (1969, 1974) ou confirmation du Premier ministre avec un gouvernement renouvelé (1966). Jamais il n'y a eu reconduction du même gouvernement[4] et cela constitue une première preuve que le gouvernement procède du président.

2. Les élections législatives ont les mêmes conséquences

Ici encore, dans tous les cas, le Premier ministre présente au président la démission de son gouvernement. Mais cette

4. Alors que c'était la tradition sous les IIIᵉ et IVᵉ Républiques, au moins lors des élections présidentielles à terme normal.

gouvernement sous la Ve République

Cause		
Censure	Volonté du président	Volonté du Premier ministre
X	X	
	X	
	X	
	X	
	X	X
	X	
	X	
	X	
	X	
1	9	1

Couve de Murville se produit à l'occasion d'élections législatives. Mais, dans la changement à la volonté présidentielle.

fois la pratique est directement contraire à la tradition de la IIIe République (où le gouvernement ne démissionnait qu'en cas de changement de majorité, comme en 1924 et en 1936). Elle est d'autant plus remarquable que la lettre de la Constitution ne l'impose pas (contrairement à l'article 45 de la Constitution de 1946 qui prévoyait la nomination d'un président du Conseil au début de chaque législature). Aucun Premier ministre de la Ve République n'a manqué à cette nouvelle pratique et c'est toujours un nouveau gouvernement qui a été désigné, soit avec le même Premier ministre après dissolution (1962, 1981, 1988), soit avec le même Premier ministre après élections à terme normal (1967, 1973, 1978), soit avec un nouveau Premier ministre après dissolution (1968), soit avec un nouveau Premier ministre après élections à terme normal (1986 et 1993).

TABLEAU 2

Changement de Premier ministre sous la Ve République

Date	Premier ministre		Cause			
		Élection présidentielle	Élections législatives	Censure	Volonté du président	Volonté du Premier ministre
08.01.59	Debré	X				
14.04.62	Pompidou				X	
10.07.68	Couve de Murville	X			X	
20.06.69	Chaban-Delmas	X				
05.07.72	Messmer				X	
27.05.74	Chirac	X				
25.08.76	Barre					X
21.05.81	Mauroy	X				
17.07.84	Fabius				X	
20.03.86	Chirac		X			
10.05.88	Rocard	X				
15.05.91	Cresson				X	
02.04.92	Bérégovoy				X	
29.03.93	Balladur		X			
Total	14	5	2	0	6	1

3. Le président a la faculté de changer de gouvernement en dehors de tout événement électoral ou parlementaire

On connaît ici la tradition entièrement originale de la Ve République, inaugurée par le général de Gaulle en avril 1962 : le président a la possibilité de demander au Premier ministre de lui présenter la démission de son gouvernement, simplement parce qu'il estime opportun de tourner une page ou de remplacer une équipe plus ou moins prématurément usée.

En 1958 les auteurs de la Constitution avaient affirmé que le gouvernement ne serait pas responsable devant le président de la République[5] et rien dans la Constitution ne prévoit cette hypothèse. Mais, tous les Premiers ministres de la Ve République se sont, par avance, lié les mains en s'engageant, soit par écrit sous forme de démission en blanc[6], soit verbalement en déclarant, à l'instar de Georges Pompidou et de Jacques Chaban-Delmas, qu'ils ne se maintiendraient pas au pouvoir du jour où ils auraient perdu la confiance du président[7]. Les récents départs de Michel Rocard et d'Édith Cresson, même s'ils ont provoqué des réactions d'humeur des intéressés, n'ont pas failli à cette tradition.

Au total, les deux tableaux ci-joints font apparaître que, pour la nomination d'un nouveau gouvernement comme pour le choix d'un nouveau Premier ministre, la volonté présidentielle est bien l'élément le plus souvent déterminant.

---

5. Voir à ce sujet les déclarations de M. Janot et du général de Gaulle devant le comité consultatif constitutionnel – volume II des *Documents pour servir à l'histoire de l'élaboration de la Constitution*, La Documentation française, p. 96 et 300.

6. Ce fut le cas, semble-t-il, au moins pour Georges Pompidou, Pierre Messmer et Jacques Chirac en 1974.

7. Il est savoureux que, dans les deux cas, en 1964 et 1970, cela ait été dit en réponse aux critiques d'un opposant nommé François Mitterrand.

B. Arrivée et départ des présidents

On l'a dit plus haut, le seul cas, à ce jour, de démission d'un président est celui du général de Gaulle en 1969. Il est dû à l'échec d'un référendum sur la réforme du Sénat et la participation. On peut, certes, chercher la responsabilité de ses Premiers ministres successifs dans cet échec et notamment attribuer l'échec de la « participation » au refus persistant de Georges Pompidou entre 1962 et 1968, ou, plus directement, l'échec du référendum au caractère trop technocratique du gouvernement dirigé par Maurice Couve de Murville. Personne pourtant ne songe à nier que ce soit avant tout un échec du général de Gaulle devant la conjonction des oppositions et des ambitions, mais surtout devant la volonté de changement exprimée en 1968 à laquelle répondait mal un projet de référendum complexe et ambigu. Le référendum sur Maastricht concernait, lui aussi, un projet qui portait plus la marque du président que celle du Premier ministre, mais, de toute façon, François Mitterrand avait, par avance, refusé de lier son sort au résultat, confirmant ce que nous avions appelé le déclin du référendum-question de confiance[8].

Pour conclure cette première analyse « existentielle » des rapports du chef de l'État et du chef du gouvernement, rappelons que sept des quatorze Premiers ministres ont été candidats à l'élection présidentielle, même si un seul, Georges Pompidou, a réussi à ce jour[9]. Aucun ancien

8. Cf. *L'Arbitre et le Capitaine, op. cit.*, p. 207.
9. Michel Debré en 1981, Georges Pompidou en 1969, Jacques Chaban-Delmas en 1976, Jacques Chirac en 1981 – alors qu'il avait été Premier ministre de 1974 à 1976, puis, à nouveau en 1988 alors qu'il était Premier ministre en fonction depuis 1986 –, Raymond Barre en 1988. Quant à Michel Rocard, il avait été candidat en 1969 bien avant de devenir Premier ministre. Ajoutons qu'il fut candidat à la candidature en 1981 et 1988, comme Pierre Messmer en 1974 et qu'il est, depuis le conseil national du PS en juillet 1992 à Bordeaux, son candidat « naturel ».

TABLEAU 3

Répartition des compétences

DOMAINE PROPRE DU PRÉSIDENT	DÉCISIONS DU PR SEUL	Démission du PR. Nomination des collaborateurs du PR. Choix d'un nouveau PM. Dissolution de l'Assemblée nationale. Messages au Parlement. Mise en œuvre de l'article 16. Adoption des décisions prises en vertu de l'article 16. Nomination d'un tiers des membres du CC. Saisine du CC d'un traité ou d'une loi.
	DÉCISIONS DU PR EN DERNIER RESSORT	Chef des armées. Conduite des opérations militaires. Engagement de forces de dissuasion. Conduite des relations internationales.
	DÉCISIONS DU PR SUR PROPOSITION DU PM	Acceptation de la démission du gouvernement. Nomination des ministres. Fixation de l'ordre du jour du CM. Révision de la Constitution. Référendum. Convocation du Parlement en session extraordinaire.
	DÉCISIONS DU PR AVEC CONTRESEING DU PM	Promulgation des lois. Demande de nouvelle délibération. Signature des ordonnances et décrets en CM. Nomination aux emplois civils et militaires. Accréditation des ambassadeurs. Ratification des traités. Exercice du droit de grâce. Garantie de l'indépendance de l'autorité judiciaire.
DOMAINE PARTAGÉ	DÉCISIONS DU PM AUX LIEU ET PLACE DU PR	Suppléance du PR pour un CM ou pour un Conseil de défense. Saisine du CC pour faire constater l'empêchement du PR.
	DÉCISIONS DU PM APRÈS DÉLIBÉRATION DU CM	Initiative des lois. Engagement de la responsabilité du gouvernement. Initiative d'une loi d'habilitation.
	DÉCISIONS DU PM SI LE PR N'EST PAS INTERVENU	Exécution des lois et exercice du pouvoir réglementaire autonome. Nomination aux emplois civils et militaires.
DOMAINE PROPRE DU PREMIER MINISTRE	DÉCISIONS DU PM CHEF DU GOUVERNEMENT	Arbitrage entre les positions des différents ministres. Disposition de l'administration et de la force armée. Responsabilité de la défense nationale. Usage de diverses procédures du parlementarisme rationalisé : fixation de l'ordre du jour des assemblées, irrecevabilités opposées aux propositions ou amendements, réunion d'une commission mixte paritaire.
	DÉCISIONS DU PM SEUL	Exécution des lois. Pouvoir réglementaire. Saisine du CC d'un traité ou d'une loi.

PR : président de la République. PM : Premier ministre. CM : Conseil des ministres. CC : Conseil constitutionnel.

président de la République n'est redevenu chef de gouvernement, comme avaient pu le faire un Poincaré ou un Doumergue sous la IIIe République. Et l'élection de 1988, dans laquelle s'affrontaient, au second tour, le président de la République et le Premier ministre en fonction, s'est normalement terminée par la victoire du premier : la hiérarchie a été respectée.

II. Le partage des compétences est surtout une collaboration qui profite normalement au président

Le tableau précédent classe l'ensemble des compétences du président de la République et du Premier ministre en fonction de l'autonomie de chacune de ces deux autorités.

A. Le domaine propre du président

Deux dispositions constitutionnelles sont à l'origine de cette « chasse gardée » : l'une, dont tous les observateurs avaient, en 1958, souligné la singularité, est l'article 19, qui accorde au président des pouvoirs dispensés du contreseing du Premier ministre et des ministres responsables.

L'autre qui avait moins attiré l'attention, car sa signification est moins juridique, est l'article 5 qui confie *à l'arbitrage* présidentiel le soin, d'une part, de veiller au respect de la Constitution, au fonctionnement régulier des pouvoirs publics et à la continuité de l'État ce qui recoupe la liste de l'article 19 et, d'autre part, de garantir l'indépendance nationale, l'intégrité du territoire et le respect du traité, ce qui va bien au-delà et s'est révélé lourd de conséquences.

1. Les décisions du président seul

Cette première catégorie ne se confond pas tout à fait avec la liste de l'article 19 : il est en effet des pouvoirs du président qui s'exercent sans contreseing, mais seulement sur proposition du Premier ministre et qui ne sont donc pas inconditionnés : on les retrouvera plus loin. Inversement, deux prérogatives au moins du président, exercées de façon parfaitement souveraine, ne lui viennent pas de l'article 19.

La première, qui n'est évoquée que très implicitement et pudiquement par l'article 7 de la Constitution, sous la forme de la « vacance de la présidence pour quelque cause que ce soit », est la démission du président. Si l'on songe au nombre de fois où le général de Gaulle a brandi cette arme (notamment lors des référendums) avant d'y recourir effectivement en 1969, si l'on se reporte aux supputations récentes sur l'attitude du président Mitterrand en cas d'adoption du quinquennat, en fonction des résultats du référendum sur Maastricht ou, face à une nouvelle cohabitation, on conviendra que ce n'est pas une prérogative mineure.

La deuxième, qui appelle moins de commentaires, est la désignation des collaborateurs du président. Nous en reparlerons dans la troisième partie.

La troisième prérogative présidentielle expressément dispensée du contreseing en vertu de l'article 19 est le choix, sur le fondement de l'article 8, 1er alinéa, du nouveau Premier ministre. En réalité, le contreseing ne fait rien à l'affaire : sous les Républiques précédentes, le président du Conseil « sortant » devait contresigner la nomination de l'« entrant » ; mais c'était évidemment une simple et désagréable formalité. La tradition française est depuis toujours rebelle au système britannique d'appel automatique à Downing Street du leader de la formation victorieuse aux élections. A chaque changement, quelle qu'en soit la cause, le choix de l'hôte de Matignon reste, jusqu'au dernier moment, le secret du roi [10]. Même en cas de cohabitation,

---

10. Qu'on ait pu, lors de la démission d'Édith Cresson, évoquer l'appel à Matignon de Raymond Barre doit laisser nos amis britanniques assez rêveurs.

le président, s'il ne peut nommer qu'un Premier ministre assuré d'une majorité, conserve une marge de manœuvre.

La quatrième prérogative présidentielle essentielle est la dissolution de l'Assemblée nationale qui, en vertu de l'article 12, n'est subordonnée qu'à la consultation du Premier ministre et des présidents des assemblées et à la condition qu'il n'y ait pas eu une dissolution au cours de l'année précédente. Il ne faut pas se laisser abuser ici par le fait qu'il n'y ait eu que quatre dissolutions depuis 1958 : la dissolution est une arme de dissuasion. Cela s'est tout particulièrement vérifié dans les périodes de majorité divisée, notamment de 1976 à 1981, ou de majorité relative de 1988 à 1993[11]. En cas de cohabitation, c'est également l'arme absolue pour le président soucieux de défendre son « pré carré ».

Les deux dernières prérogatives qui appartiennent en propre au président, en vertu de l'article 19, nous amènent déjà sur le territoire de l'article 5, car elles mettent en cause les prérogatives présidentielles d'arbitrage.

Il y a peu à dire du pouvoir présidentiel de nommer tous les trois ans, en vertu de l'article 56, un tiers des membres du Conseil constitutionnel, si ce n'est que, du fait de la durée du mandat présidentiel, trois membres de cette institution en fonction en 1993 ont été nommés par François Mitterrand et trois autres par des présidents d'Assemblée nationale qui partageaient ses options politiques. En revanche, si le président n'a jamais usé, depuis 1958, du droit de saisir le Conseil constitutionnel d'un projet de loi avant promulgation, en vertu de l'article 61, il l'a à plusieurs reprises saisi d'un traité en vertu de l'article 54 : lorsque le président Giscard d'Estaing le fit en 1976 pour l'élection au Parlement européen ou lorsque le président Mitterrand usa de ce pouvoir en 1992 pour l'accord de Maastricht, ce ne fut pas sans importance politique, d'autant que, dans ce dernier cas, c'est la décision du Conseil qui a déterminé l'étendue de la réforme constitutionnelle nécessaire.

---

11. La menace de la dissolution est alors très efficace pour rallier les hésitants, tel le RPR entre 1976 et 1981, ou certains opposants, tels les communistes entre 1988 et 1993.

Enfin, l'article 16 qui, dans des conditions bien déterminées de menace, permet au président de cumuler tous les
pouvoirs n'est subordonné qu'à des consultations du
Premier ministre, des présidents des assemblées et du
Conseil constitutionnel. Pour n'avoir joué qu'une fois en
1961, il n'en a pas moins une importance telle que, seul,
parmi ceux qui l'avaient critiqué, le Parti communiste en
demande encore l'abrogation. Aussi la décision présidentielle d'inclure cette abrogation dans la réforme constitutionnelle déposée sur le bureau du Sénat le 11 mars 1993
a-t-elle constitué une surprise.

2. Les décisions du président en dernier ressort

On touche ici à ce que, depuis un discours célèbre de
Jacques Chaban-Delmas, on appelle le « domaine réservé »
du président de la République : la défense et les relations
extérieures.

Sur le premier point, ni la formule de l'article 5 : « il est
le garant de l'indépendance nationale et de l'intégrité du
territoire », ni celle de l'article 15 : « il est le chef des
armées », ne laissaient prévoir, en 1958, les développements ultérieurs de la Ve République. Aussi bien, l'article 15 ne figure-t-il pas dans la liste des pouvoirs dispensés
du contreseing. Mais la mise en place d'une force de
dissuasion, les crises internationales et, en dernier lieu, la
guerre du Golfe, les affirmations réitérées de François
Mitterrand pendant la cohabitation enfin, ont dissipé toute
ambiguïté : même si les décisions du président dans ce
domaine passent par tous les relais nécessaires de l'appareil
d'État civil et militaire[12], elles n'appartiennent en dernier
ressort qu'à lui.

Sur le second point, la formule de l'article 52 de la
Constitution, selon laquelle le président de la République
négocie et ratifie les traités, pouvait, elle aussi, en 1958,
laisser présager un usage purement protocolaire à l'instar
des régimes précédents. Les grandes initiatives gaulliennes,
la création des sommets européens et mondiaux dans

12. Ce que traduit la phrase de l'article 21 : le Premier ministre est
responsable de la défense nationale.

lesquels la France est toujours représentée par le chef de l'État, accompagné du ministre des Affaires étrangères, alors que la présence du Premier ministre y est beaucoup plus épisodique, le rôle personnel joué par le président Mitterrand dans les ultimes négociations précédant la guerre du Golfe ou dans la négociation et la ratification du traité de Maastricht ont montré que, là aussi, la décision ultime était bien l'apanage d'un président, certes fortement appuyé par l'appareil gouvernemental, mais tranchant en dernier ressort.

B. Le domaine partagé

Dans la vie gouvernementale quotidienne, ce domaine est de très loin le plus vaste. C'est aussi celui qui, au gré des majorités, est le plus susceptible d'évoluer dans un sens favorable à l'une ou l'autre des deux têtes de l'exécutif.

1. Les décisions du président sur proposition du Premier ministre ou du gouvernement

On touche là à des domaines essentiels où, même si ses décisions sont dispensées du contreseing, le président ne peut rien sans l'accord du Premier ministre.

La première de ces prérogatives concerne justement l'acceptation de la démission du gouvernement ; nous ne revenons pas ici sur ce qui a été dit plus haut : la convention constitutionnelle qui s'est établie depuis 1958 (sauf entre 1986 et 1988) ne repose que sur la bonne volonté des Premiers ministres. Juridiquement, rien ne peut les contraindre à démissionner, hormis le vote de la censure.

Dans l'hypothèse de la constitution d'un nouveau gouvernement, le président, en vertu de l'article 8, 2e alinéa, nomme les autres membres du gouvernement sur proposition du Premier ministre et avec son contreseing. Là encore, la pratique de la Ve République a fait prévaloir le rôle du président[13].

---

13. Cf. *L'Arbitre et le Capitaine, op. cit.*, p. 236.

Deux autres prérogatives présidentielles, essentielles pour le travail gouvernemental et parlementaire, relèvent de la même catégorie : la fixation de l'ordre du jour du Conseil des ministres [14] et la convocation du Parlement en session extraordinaire interviennent sur proposition du Premier ministre. Là encore, la cohabitation change les données du problème : mais en exigeant à plusieurs reprises le report de certaines inscriptions à l'ordre du jour du Conseil et en obtenant, à la fin de 1986, que le gouvernement Chirac renonce à une session extraordinaire, notamment sur la réforme du code de la nationalité, le président Mitterrand a voulu signifier qu'il n'était pas tenu d'accueillir toutes les propositions qui lui étaient faites.

Restent deux prérogatives présidentielles majeures qui impliquent une proposition de Matignon : le référendum qui, en vertu de l'article 11, doit être proposé au président par le gouvernement ; la réforme constitutionnelle dont, selon l'article 89, l'initiative n'appartient au président de la République que sur proposition du Premier ministre. De nombreux exemples ont montré que, la plupart du temps, le Premier ministre ou le gouvernement se pliaient au souhait du président de voir de telles propositions lui être présentées [15], à l'exception du référendum sur la Nouvelle-Calédonie, véritablement proposé par Michel Rocard : c'est le seul qui ait été annoncé à Matignon avant de l'être à l'Élysée.

2. Les décisions du président avec le contreseing du Premier ministre

Dans le domaine législatif, le président de la République exerce, en vertu de l'article 10 de la Constitution, la

14. Qui découle de l'article 9, selon lequel « le président de la République préside le Conseil des ministres ».
15. Cf. *L'Arbitre et le Capitaine, op. cit.*, p. 260, pour la révision. Ajoutons que la réforme constitutionnelle du 24 juin 1992 procède directement de l'initiative présidentielle de saisir le Conseil constitutionnel du traité de Maastricht. Quant aux projets de réforme constitutionnelle consécutifs aux travaux du comité Vedel, ils procèdent eux aussi d'une pure initiative présidentielle, même s'il y fallait l'appui d'un gouvernement consentant.

prérogative traditionnelle de la promulgation. Nul ne conteste qu'il s'agisse ici d'une compétence liée : le président ne peut pas refuser. Tout au plus peut-il attendre l'ultime moment (quinze jours au maximum) [16].

Beaucoup plus importante, sans doute, est la disposition de l'article 13 selon laquelle le président signe les ordonnances et les décrets délibérés en Conseil des ministres.

D'une part, en effet, l'expérience de la cohabitation a montré que le président Mitterrand avait retenu sur ce point la leçon de ses prédécesseurs : il n'y a pas ici de compétence liée ; le chef de l'État peut refuser sa signature et, dans le cas des ordonnances, obliger le gouvernement à retourner devant le Parlement. D'autre part, l'absence de définition constitutionnelle du domaine du décret en Conseil des ministres a conduit à des interprétations contradictoires que le Conseil d'État a finalement clarifiées par une décision de son assemblée du contentieux Meyet, du 10 septembre 1992, à propos des décrets d'organisation du référendum : tout décret inscrit en partie A de l'ordre du jour du Conseil des ministres, et donc délibéré en Conseil des ministres, devient, de ce fait, un décret en Conseil des ministres, signé par le président de la République, et qui ne peut plus être modifié que par un texte de même niveau : c'est la conséquence logique de l'article 13.

Le même article 13 prévoit que le président nomme aux emplois civils et militaires de l'État. Cette disposition, combinée avec l'ordonnance du 28 novembre 1958, a pour résultat paradoxal que le président intervient pour des milliers de nominations chaque année, le Premier ministre beaucoup plus rarement [17]. Mais, ici encore, le contreseing rend indispensable un accord entre l'Élysée et Matignon, fût-ce, comme au temps de la cohabitation, au prix de certains marchandages.

On peut passer sur les prérogatives présidentielles d'ordre protocolaire ou formel en matière diplomatique (ac-

---

16. Voir sur l'article 10, notre commentaire in *La Constitution de la République française*, sous la dir. de Luchaire et Conac, Économica, 1987, 2ᵉ éd., p. 397.

17. Cf. *L'Arbitre et le Capitaine*, *op. cit.*, p. 108 et 290.

créditation des ambassadeurs, ratification et publication des traités) [18].

Restent enfin, au titre de cette catégorie, les attributions dans le domaine judiciaire, droit de grâce et garantie de l'indépendance de l'autorité judiciaire. Dans le premier cas, si une tradition ancienne veut que le contreseing du Premier ministre et du garde des Sceaux soit automatique, les propositions faites par la Chancellerie déterminent, en réalité, une politique gouvernementale des grâces [19]. Dans le second cas, il en résulte notamment qu'à travers le Conseil supérieur de la magistrature, qu'il préside et dont il désigne les membres et le secrétaire administratif [20], le chef de l'État excerce un rôle non négligeable dans le choix des plus hauts magistrats, mais que le Premier ministre et le garde des Sceaux ont évidemment leur mot à dire.

3. Les décisions du Premier ministre en lieu et place du président

L'article 21 de la Constitution prévoit que le Premier ministre peut suppléer le chef de l'État dans la présidence du Conseil des ministres et des conseils de défense : cette disposition n'a joué que deux fois sous le général de Gaulle, une fois sous Georges Pompidou et une fois, le 16 septembre 1992, sous François Mitterrand.

Quant à l'article 7, qui permet au gouvernement de saisir le Conseil constitutionnel aux fins de faire constater l'empêchement du président de la République, il n'a, heureusement jamais eu à s'appliquer. La décision du Conseil conduirait d'ailleurs à un intérim assuré par le président du Sénat et, seulement si celui-ci était empêché, par le gouvernement.

---

18. *Ibid.*, p. 104.
19. *Ibid.*, p. 94. Mais l'affaire de la grâce de Paul Touvier en 1971 a bien montré que le président pouvait évoquer les dossiers qui lui étaient particulièrement signalés.
20. Pour les premiers en vertu de l'article 65 de la Constitution et de l'ordonnance du 22 décembre 1958, pour le second en vertu de l'article 7 du décret du 19 février 1959.

4. Les décisions du Premier ministre après délibération du Conseil des ministres

On a évoqué plus haut les décisions, ordonnances et décrets pris par le président de la République en Conseil des ministres. Il s'agit ici de décisions qui sont prises par le seul Premier ministre, mais après délibération du Conseil des ministres, donc sous la présidence du président de la République.

Deux très importantes catégories d'actes relèvent de cette rubrique :

– d'une part, en vertu de l'article 39, l'initiative des lois qui appartient au Premier ministre et aux membres du Parlement et qui, dans le cas des projets gouvernementaux, doit se traduire par un décret du Premier ministre adopté après délibération du Conseil des ministres ;

– d'autre part, en vertu des alinéas 1 et 3 de l'article 49, ce n'est également qu'après délibération du Conseil que le Premier ministre peut engager la responsabilité du gouvernement soit sur son programme, soit sur un texte.

Dans tous les cas, l'expérience de la cohabitation comme la pratique des divers présidents ont conduit à une application libérale : jamais le chef de l'État n'a refusé au Premier ministre l'usage de ces armes sans lesquelles aucun gouvernement n'est possible ; mais il ne s'est pas interdit, en cas de coïncidence des majorités présidentielle et parlementaire, de s'arroger une partie du droit d'initiative [21].

5. Les décisions du Premier ministre dans le champ laissé libre par le président

Nous renvoyons à ce que nous avons dit plus haut à propos des nominations aux emplois civils et militaires : le champ est ici presque entièrement occupé.

En ce qui concerne le partage du pouvoir réglementaire, les choses sont plus complexes que ce qui a déjà été évoqué

---

21. Cf. *L'Arbitre et le Capitaine*, op. cit., p. 288.

à propos des décrets en Conseil des ministres : en vertu de ce que l'on a appelé la doctrine Tricot, l'usage s'est établi, dès les origines de la Ve République, de faire signer au président des décrets non délibérés en Conseil des ministres[22]. Il résulte de tout ceci que l'exercice du pouvoir réglementaire est fort enchevêtré.

Pour les deux années 1990 et 1991, il se répartit de la manière relatée dans le tableau 4[23].

TABLEAU 4

Le pouvoir réglementaire

	1990	1991
Nombre total de décrets réglementaires	1 113	1 320
Répartition selon l'autorité signataire		
• Décrets du président délibérés en Conseil des ministres	70	72
• Décrets du président non délibérés en Conseil des ministres	118	119
(dont publication d'accords internationaux)	(106)	(86)
• Décrets du Premier ministre	1 043	1 248
Répartition selon le processus d'élaboration		
• Décrets en Conseil des ministres	70	72
(dont décrets en Conseil d'État)	(68)	(38)
• Décrets en Conseil d'État mais non en Conseil des ministres	425	562
• Décrets simples (ni en Conseil d'État ni en Conseil des ministres)	618	686

22. Ce qui, en dehors du cas des décrets de publication des accords internationaux, est considéré, par une jurisprudence traditionnelle du Conseil d'État, comme sans valeur mais aussi sans inconvénient juridique, dès lors que le Premier ministre figure au nombre des signataires.

23. Nous actualisons ici un tableau établi par J. Fournier pour les années 1984-1986 dans son ouvrage, *Le Travail gouvernemental*, Presses de la FNSP-Dalloz, 1987.

C. Le domaine propre du Premier ministre

L'article 21 de la Constitution, selon lequel le Premier ministre dirige l'action du gouvernement, n'est pas un vain mot : de nombreux pouvoirs attribués par la Constitution au gouvernement lui reviennent de ce chef. En revanche, les pouvoirs propres du Premier ministre, qui lui sont directement attribués en cette qualité, sont beaucoup plus rares.

1. Les pouvoirs du Premier ministre, chef du gouvernement

Ces pouvoirs s'exercent, les uns vis-à-vis de ses collègues du gouvernement, les autres dans la procédure parlementaire.

La première catégorie, qui comporte le pouvoir d'arbitrer entre les points de vue divergents et le pouvoir de coordonner le travail des différents départements ministériels, notamment par la voie d'instructions, n'est même pas mentionnée dans la Constitution tant elle paraît inhérente à la fonction de chef de gouvernement.

C'est bien la Constitution, en revanche, qui attribue au gouvernement, et donc à son chef, les principales prérogatives ressortissant à ce que l'on a appelé le parlementarisme rationalisé : priorité dans l'ordre du jour des assemblées (article 48), droit de s'opposer aux propositions et amendements ayant des incidences financières (article 40) ou sortant du domaine législatif (article 41), vote bloqué (article 44), droit de recourir à la procédure de la commission mixte paritaire et de demander à l'Assemblée nationale de statuer définitivement (article 45)[24]. A la différence

---

24. Si l'article 45, 1er alinéa, attribue au Premier ministre et non au gouvernement le soin de provoquer la réunion d'une commission mixte paritaire, il semble que ce soit pour une simple raison de style et afin de ne pas répéter deux fois le mot gouvernement dans la même phrase.

de l'article 49-3, précédemment évoqué, le Premier ministre n'a ici nul besoin de la bénédiction du Conseil des ministres.

2. *Les pouvoirs propres du Premier ministre*

Il n'y en a guère que deux : tout d'abord c'est au Premier ministre et non au gouvernement que l'article 21 de la Constitution confie le soin d'assurer l'exécution des lois et d'exercer, sous réserve des dispositions de l'article 13, c'est-à-dire de l'intervention de décrets en Conseil des ministres, le pouvoir réglementaire. Cette disposition est capitale, car elle conforte la jurisprudence traditionnelle du Conseil d'État qui dénie aux ministres, sauf pour l'organisation de leurs services, tout pouvoir réglementaire autonome [25].

L'autre pouvoir propre du Premier ministre lui appartient en concurrence avec le président de la République et les présidents ou membres des assemblées parlementaires : c'est celui de saisir le Conseil constitutionnel d'un traité, en vertu de l'article 54, ou d'un texte de loi voté, en vertu de l'article 61. En pratique, on a assisté ici à une division du travail, le président usant de l'article 54, le Premier ministre de l'article 61 comme il l'a fait, par exemple, au début de 1992 et avec des conséquences imprévues, à propos de l'amendement Marchand sur les centres de rétention des étrangers expulsés.

Pour conclure cette analyse de la très complexe répartition des compétences au sein de l'exécutif, on peut poser la question classique : l'article 20 de la Constitution, selon lequel le gouvernement détermine et conduit la politique de la nation, est-il respecté ? On répondra à l'évidence différemment selon que l'on inclut ou non le Conseil des

---

25. Pour une appréciation critique de l'opportunité de cette jurisprudence, cf. Jean Massot, « La place du gouvernement et du Premier ministre dans les institutions de la Ve République », *Les Petites Affiches*, 4 mai 1992, p. 15.

ministres, donc le président de la République, dans le gouvernement. Pour notre part, ayant toujours soutenu que le gouvernement, au sens de la Constitution, ne pouvait se comprendre que comme l'ensemble des ministres, à la tête duquel se trouve le Premier ministre et non le président, nous pensons que, du fait de l'élection du président de la République sur un programme, la vérité politique, notamment après l'élection d'un nouveau président, s'écarte sensiblement de la lettre de l'article 20 qui doit alors se lire : « Le président de la République détermine la politique de la nation. Le gouvernement la conduit conformément aux orientations du chef de l'État et sous le contrôle du Parlement [26]. » En revanche, plus on s'éloigne de l'élection présidentielle, et notamment en cas de cohabitation, plus on revient à l'application littérale de la Constitution, ce qui n'exclut nullement une intervention de l'arbitre présidentiel, mais transfère au Premier ministre une partie du rôle de capitaine.

III. Les moyens d'action du chef de l'État sont beaucoup moins importants que ceux du chef du gouvernement ; dans leur mise en œuvre commune la prépondérance revient à Matignon

L'analyse détaillée des moyens de l'Élysée et de Matignon dépasse le cadre de cette étude [27]. Nous nous bornerons ici à rappeler que, du point de vue administratif, c'est-à-dire du point de vue de l'organisation, des moyens en personnel et des dotations financières, la présidence de la République reste un « super cabinet » ministériel sans budget réaliste ni services propres, tandis que le « Premier

26. Cf. notre article, in *Revue administrative*, mars-avril 1980, p. 125.
27. Nous nous permettons, une fois encore, de renvoyer ici à nos travaux antérieurs.

ministère » est bien organisé comme un département ministériel, même s'il tient de ses fonctions de coordination une structure particulière. Mais, au-delà de ces différences essentielles, toute la mécanique du travail gouvernemental repose sur une étroite coopération des deux maisons dans laquelle, cette fois, la prépondérance revient incontestablement à Matignon.

A. La disproportion des moyens

Du fait que le premier président de la Ve République n'a, sur ce point, introduit aucune innovation par rapport aux régimes précédents, la présidence de la République demeure ce qu'elle a toujours été : un état-major composé de collaborateurs directs du chef de l'État sans services administratifs au sens usuel du terme[28]. Certes, six cents personnes environ travaillent dans les « services de l'Élysée », mais ce sont des services « intérieurs » qui n'ont d'autre finalité que d'assurer la bonne marche des différentes fonctions de la « maison » (garde du Palais, sécurité, protocole, intendance, courrier, PTT, finances). En dehors de ces personnels d'intendance au sens large, le personnel de l'Élysée se résume à moins de deux cents personnes dont une soixantaine de collaborateurs de niveau supérieur[29], ce qui est très comparable à la structure du cabinet du Premier ministre, jusque dans la répartition des attributions de ces collaborateurs entre grands secteurs de l'activité gouvernementale.

Mais le Premier ministre, et c'est toute la différence, dispose, quant à lui, de services administratifs divers,

---

28. Le seul service rattaché à la présidence, le secrétariat général pour la communauté, a été supprimé par V. Giscard d'Estaing le 21 juin 1974.

29. Pour une description de cet état-major à la mi-92, cf. Alain Rollat, « Les vigies de l'Élysée », *Le Monde*, 29 juillet 1992.

nombreux et dotés d'emplois budgétaires[30]. Les uns, les plus importants car ils constituent le cœur du dispositif, sont des organes relativement légers de coordination du travail gouvernemental : secrétaire général du gouvernement, SGCI[31], SGDN[32], ou des organes plus lourds chargés de l'information des citoyens (au premier rang desquels on trouve le *Journal officiel* et ses mille cent collaborateurs).

D'autres sont des services dont la vocation interministérielle justifie le rattachement à Matignon, mais qui sont très souvent mis à la disposition d'un ministre délégué, voire d'un ministre à part entière, notamment dans le domaine de la fonction publique et de la politique économique (direction générale de la fonction publique dans le premier cas, Commissariat général du plan dans le second). D'autres, enfin, sont des organismes parfois dotés de la personnalité morale (ENA) ou constitués en autorités administratives indépendantes (médiateur, CADA[33]), parfois de simples services, que l'on rattache à Matignon, faute de meilleure implantation administrative.

Au total, et sans compter les quelque cinq cents personnes travaillant pour le cabinet du Premier ministre, des ministres délégués et des secrétaires d'État qui lui sont rattachés ou les services intérieurs (commandement militaire, intendance), l'effectif du « Premier ministère » dépasse cinq mille personnes.

La comparaison des budgets fait apparaître un déséquilibre encore plus accentué : 4,4 milliards en dépenses ordinaires pour le Premier ministre au budget de 1992 contre 18 millions pour le président de la République. Nous avons expliqué dans nos précédents ouvrages combien ce dernier budget était factice, puisqu'il fallait y

---

30. Pour leur description, nous renvoyons à notre ouvrage, *Le Chef du gouvernement en France, op. cit.*, et à l'ouvrage plus actuel de Jacques Fournier, *Le Travail gouvernemental, op. cit.*
31. Secrétariat général du Comité interministériel pour les questions de coopération économique européenne, qui coordonne les positions de toutes les délégations françaises à Bruxelles.
32. Secrétariat général de la Défense nationale.
33. Commission d'accès aux documents administratifs.

ajouter les dépenses prises en charge par d'autres administrations (notamment la quasi-totalité des frais de personnel, les dépenses liées aux voyages à l'étranger du président et l'entretien du palais de l'Élysée). Mais, tout compris, le budget de l'Élysée ne doit pas dépasser 250 millions,
soit guère plus de 5 % du budget de Matignon.

B. La mise en œuvre des moyens et la prépondérance de Matignon

Une décision gouvernementale comporte en pratique
quatre phases : préparation, décision proprement dite,
annonce, exécution. C'est bien Matignon qui, tenant les
deux bouts de la chaîne, joue ici le rôle essentiel.

Au stade de la préparation, c'est le secrétariat général du
gouvernement qui élabore le programme de travail du
gouvernement par référence au calendrier des Conseils des
ministres[34]. C'est lui qui organise ensuite les innombrables
réunions interministérielles au cours desquelles les membres du cabinet du Premier ministre arbitrent entre les
positions des différents départements ministériels. C'est lui
aussi qui assure le secrétariat des comités interministériels
au cours desquels les positions des ministres eux-mêmes
sont arbitrées par le Premier ministre. C'est lui enfin qui,
après avoir organisé la procédure d'examen du texte par le
Conseil d'État, en propose l'inscription à l'ordre du jour du
Conseil des ministres. Si l'on a vu plus haut qu'il pouvait
être juridiquement possible au président de refuser cette
inscription, un tel refus ne peut se prolonger sans ouvrir
une crise politique grave[35].

---

34. Nous avons relaté, dans de précédentes études, comment, sous
le septennat de Valéry Giscard d'Estaing et surtout du temps du
ministère Chirac, la publicité donnée par l'Élysée à ce calendrier était
devenue un instrument d'encadrement de Matignon. Il n'en va plus de
même sous F. Mitterrand.

35. Le 17 avril 1991, le président Mitterrand a refusé d'inscrire à
l'ordre du jour la réforme du scrutin régional préparée par le gouvernement Rocard : moins d'un mois après, Michel Rocard était « viré ».

Les différentes réunions gouvernementales

Conseil des ministres : réunion hebdomadaire de tous les ministres sous la présidence du président de la République. En principe, les secrétaires d'État n'y participent pas.

Conseil de cabinet : réunion de tous les ministres sous la présidence du Premier ministre. La pratique en avait complètement disparu depuis les débuts de la Ve. Elle a repris pendant la cohabitation, mais guère plus d'une douzaine de fois en deux ans.

Conseil interministériel ou Conseil restreint : réunion sous la présidence du président de la République, de ministres et de hauts fonctionnaires. Certains de ces conseils ont un caractère permanent, le Conseil de défense par exemple. D'autres peuvent être convoqués par le chef de l'État sur un sujet spécifique, par exemple en cas de crise intérieure (terrorisme) ou extérieure (événements dans le Golfe qui, dans la période d'opérations militaires en janvier-février 1991, ont conduit à la tenue quotidienne d'un Conseil d'état-major). La pratique de la Ve République a fortement évolué entre la présidence de V. Giscard d'Estaing qui, au moins pendant le gouvernement Chirac, se traduisait par un nombre très considérable de Conseils restreints (deux conseils pour trois *comités*) et la présidence de F. Mitterrand qui, pratiquement, à partir de mai 1983, a vu la quasi-disparition des Conseils restreints formalisés par un ordre du jour et un compte rendu établi par le *secrétariat général du gouvernement*.

Au stade de la décision proprement dite, dès lors qu'elle doit être prise en Conseil des ministres (projet de loi, ordonnance, décret en Conseil des ministres), le rôle du président est, comme on l'a vu, essentiel. Il peut être accentué par la multiplication de Conseils restreints, sous la présidence du chef de l'État destinés à préparer la décision finale [36]. Certes, tous les témoignages concordent : le passage en Conseil des ministres a le plus souvent un caractère formel, l'essentiel des choix politiques ayant été fait auparavant, au besoin lors des ultimes entretiens que

---

36. Là encore, les débuts du septennat de Valéry Giscard d'Estaing ont marqué une telle tendance à la présidentialisation.

sous la Ve République

Comité interministériel : réunion, sous la présidence du Premier ministre, de ministres et de hauts fonctionnaires, dont le secrétariat est assuré par le *secrétaire général du gouvernement.*

La pratique et la terminologie ont fluctué sous la Ve République. L'appellation de comité interministériel est aujourd'hui réservée aux réunions d'organismes créés par un texte réglementaire appelées à revenir périodiquement (comités interministériels à l'aménagement du territoire, de la qualité de la vie, à la sécurité routière, des villes et du développement social, à l'intégration, etc.). Les réunions convoquées par le Premier ministre sur un sujet *ad hoc* sont appelées *réunions de ministres,* mais il peut arriver que, sur un sujet important, plusieurs réunions successives soient nécessaires, par exemple sur la préparation du grand marché intérieur. Certaines de ces réunions, auxquelles le Premier ministre veut donner un éclat particulier, prennent le nom de *séminaire gouvernemental.*

Toutes appellations confondues, on ne peut que constater une diminution très nette du nombre des comités interministériels présidés par le Premier ministre : une quarantaine en 1989, 1990 et 1991, soit guère plus de trois par mois, contre plus de douze en 1970 au temps du gouvernement Chaban-Delmas (1969-1972) et encore plus de onze en 1982 sous le gouvernement Mauroy.

le président et le Premier ministre ont avant le Conseil. Mais l'approbation présidentielle demeure l'élément juridiquement et politiquement décisif à ce stade et il y a eu à toute époque, sauf en période de cohabitation, des cas d'arbitrage ultime du président contre la position du Premier ministre[37].

L'annonce des décisions et positions arrêtées en Conseil comporte plusieurs aspects : c'est d'une part le communiqué préparé avant le Conseil par le secrétariat général du

37. Dernier exemple en date, à propos de la lutte contre la corruption, le 9 septembre 1992, quand François Mitterrand a fait prévaloir l'interdiction des dons d'entreprises aux partis politiques.

gouvernement en liaison avec le cabinet du Premier ministre et le secrétariat général de la présidence et corrigé, en cours de Conseil, par les deux secrétaires généraux, notamment pour y intégrer les points de vue exprimés par le chef de l'État. C'est d'autre part le commentaire de ce communiqué qui peut être le fait d'un ministre porte-parole du gouvernement, hypothèse la plus fréquente, ou d'un collaborateur direct du président (aux temps extrêmes de la présidentialisation, dans les débuts du septennat de V. Giscard d'Estaing et du premier septennat de F. Mitterrand), voire de chacun d'entre eux, comme au temps de la cohabitation. Indépendamment du Conseil des ministres, le président se réserve incontestablement la primauté pour annoncer de grands projets avant même que leur préparation ne soit entamée. Mais c'est à un service relevant du Premier ministre, le service d'information et de diffusion, que revient la gestion quotidienne de la politique de communication du gouvernement et les actions, qu'il faut bien appeler de « propagande », à l'occasion des grands scrutins, comme ce fut encore le cas pour le référendum sur Maastricht en juillet 1992.

Reste le stade essentiel du travail gouvernemental, qui est l'exécution : ni le verbe présidentiel, ni le vote du Parlement ne suffisent, la plupart du temps, à changer les mœurs administratives ou les comportements sociaux et l'on connaît de nombreuses réformes paralysées par l'absence de publication des textes d'application, voire par l'absence d'application effective au niveau des services. Là encore, on retrouve le rôle essentiel du Premier ministre qui, seul, dispose, avec le secrétariat général du gouvernement, de l'instrument approprié pour faire préparer les décrets et arrêtés d'application, veiller à leur signature et à leur publication et même rendre compte périodiquement de leur mise en œuvre effective.

Plutôt que de tenter d'apporter une nouvelle réponse à la question que, dès 1976, posait Francis de Baecque : « Qui gouverne la France ? », question excellemment traitée dans les éditions successives du *Gouvernement de la France* de Jean-Louis Quermonne[38], nous préférons conclure par un dernier tableau qui a le mérite de faire apparaître une hiérarchie dans la continuité sous la Ve République. Sans vouloir affirmer que le pouvoir est à la proportion de ces durées respectives, il nous paraît intéressant que le rapport de un à trois entre la stabilité présidentielle et la stabilité gouvernementale soit compensé par un rapport de un à deux, mais de sens contraire, entre la longévité des secrétaires généraux du gouvernement et des secrétaires généraux de la présidence de la République :

TABLEAU 5

Secrétaire général de la présidence de la République			Secrétaire général du gouvernement		
Date de nomination	Nom	Corps d'origine	Date de nomination	Nom	Corps d'origine
			28.01.58	Roger Belin	CÉ
08.01.59	Geoffroy de Courcel	AÉ			
14.02.62	É. Burin des Roziers	AÉ			
			14.03.64	Jean Donnedieu de Vabres	CÉ
15.07.67	Bernard Tricot	CÉ			
02.05.69	Bernard Beck[a]	CC			
20.06.69	Michel Jobert	CC			
05.05.73	Édouard Balladur	CÉ			
08.04.74	Bernard Beck[a]	CC			
27.05.74	C.-P. Brossolette	IGF			
			09.08.74	Jacques Larché[b]	CÉ
			15.02.75	Marceau Long	CÉ
27.06.76	Jean-François Poncet	AÉ			
19.11.78	Jacques Wahl	IGF			
21.05.81	Pierre Bérégovoy				
30.06.82	Jean-Louis Bianco	CÉ			
			30.06.82	Jacques Fournier	CÉ
			26.03.86	Renaud Denoix de Saint-Marc	CÉ
17.05.91	Hubert Védrine	CÉ			
	13[c]			6[d]	

a. Pendant les intérims assurés par M. Poher.
b. A titre d'intérimaire.
c. 11 sans compter les intérims.
d. 5 sans compter un intérim.

AÉ = Affaires étrangères
CÉ = Conseil d'État
CC = Cour des comptes
IGF = Inspecteur des Finances

38. La dernière en 1991 avec le concours de Dominique Chagnol-laud.

cela nous paraît, parmi d'autres éléments, une excellente illustration de la prééminence politique de l'Élysée et de la prééminence administrative de Matignon.

JEAN MASSOT,
conseiller d'État.

*

BIBLIOGRAPHIE

Philippe Ardant, *Le Premier ministre en France*, Montchrestien, 1991.

Francis de Baecque, *Qui gouverne la France ?*, PUF, 1976.

Maurice Duverger (sous la dir. de), *Les Régimes semi-présidentiels*, PUF, 1986.

Pierre Favier et Michel Martin-Rolland, *La Décennie Mitterrand*, Éd. du Seuil, t. I, 1990 ; t. II, 1991.

Jacques Fournier, *Le Travail gouvernemental*, FNSP-Dalloz, 1987.

Valéry Giscard d'Estaing, *Le Pouvoir et la Vie*, Cie Douze, t. I, 1988 ; t. II, 1991.

Charles de Gaulle, *Mémoires d'espoir*, Plon, 1970-1971.

François Luchaire et Gérard Conac (sous la dir. de), *La Constitution de la République française*, Économica, 1979, 2e éd., 1987.

Jean Massot, *L'Arbitre et le Capitaine*, Flammarion, 1987.

–, « La Place du gouvernement et du Premier ministre dans les institutions de la Ve », *Les Petites Affiches*, 4 mai 1992, p. 15.

–, *La Présidence de la République en France*, La Documentation française, 1977, 2e éd., 1986.

–, *Le Chef du gouvernement en France*, La Documentation française, 1979.

–, *Chef de l'État et Chef du gouvernement*, La Documentation française, à paraître, 1993.

François Mitterrand, *Le Coup d'État permanent*, Plon, 1964.

Georges Pompidou, *Pour rétablir une vérité*, Flammarion, 1982.

Jean-Louis Quermonne et Dominique Chagnollaud, *Le Gouvernement de la France sous la Ve République*, Dalloz, 4e éd., 1991.

Le Parlement

Les pères de la Constitution de 1958 n'ont jamais dissimulé leur intention : assainir le parlementarisme à la française auquel, à tort ou à raison, on imputait très généralement la responsabilité de la paralysie du « système » de la IVe République. Les « princes qui nous gouvernent » – à vrai dire, des princes qui ne nous gouvernaient pas –, dénoncés en 1957 par Michel Debré se rencontraient au Palais-Bourbon. Une première lecture des dispositions constitutionnelles épousait cette idée simple dont la logique s'exprimait en un syllogisme élémentaire : les partis politiques sont incapables de gouverner ; l'Assemblée nationale est le site de leur impéritie ; le gouvernement de la France doit échapper à l'Assemblée nationale.

Cet objectif passait nécessairement par l'abandon de la souveraineté parlementaire. Née en 1877 de la « Constitution Grévy », dénoncée dans les années trente mais récupérée en 1946 par les partis politiques pour être portée à son point ultime, le « non-gouvernement des partis », cette toute-impuissance s'exprimait à travers deux indicateurs incontestables : la paralysie du processus législatif et l'instabilité ministérielle, deux maux dont ont péri la IIIe et la IVe République. Aussi bien, la révolution constitutionnelle de 1958, quand elle concernait le Parlement, s'inscrivait-elle d'abord dans les articles 34 et 49 : la délimitation du domaine assigné à la loi et le principe de la confiance implicite. Le Parlement ne peut plus tout faire.

Pourtant, par ethnocentrisme, on n'a pas suffisamment relevé que cette tendance n'était pas purement hexagonale mais correspondait à une renégociation du principe représentatif assez générale dans les systèmes polyarchiques. Partout, l'emprise des partis, la professionnalisation de la politique, les contraintes de la technique et de l'environnement extra-sociétal pèsent sur le marché politique au point que les acteurs y sont à la recherche de leurs rôles ; et que le Parlement, placé à la charnière des processus normatif et communicationnel, constate plus que d'autres le déficit de légitimité des vecteurs traditionnels de la représentation (Cotteret, 1992).

La langueur du Parlement français peut être également imputée à la valse-hésitation que pratique le système politique entre deux modèles incompatibles. Celui qui inspirait le constituant de 1958, de type consociatif, multipartisan, dominant en Europe occidentale continentale (Lijphart, 1984) : sa version française est celle du multipartisme échevelé de la IV\ :superscript:`e` République, que l'on retrouve avec quelques nuances en Belgique ou en Italie. Et celui que la novation constitutionnelle de 1962 a installé, que cinq élections présidentielles au suffrage universel direct ont cimenté, de type majoritaire puisqu'il réduit à deux les acteurs potentiels de l'alternance ; très proche du modèle de Westminster. Or la fonction du Parlement n'est pas la même dans les deux cas de figure : dans le premier, c'est en son sein que se noue le contrat de majorité ; il est au cœur de la coalition qu'il consacre, dont il dessine les contours, dont il sacralise et légitime l'action. Dans le second, la détermination des politiques lui échappe, elle est effectuée dans les officines gouvernementales où se retrouvent les « éléphants » du parti majoritaire. Le Parlement devient alors la tribune de l'opposition, le site préférentiel, fondamental, de son expression. Faute d'entrer dans l'un ou l'autre des modèles – ou à vouloir entrer dans les deux – le Parlement français décide peu et contrôle mal.

Statut des parlementaires

Éligibilité. Sont éligibles les citoyens français de plus de 23 ans pour l'Assemblée nationale, et de plus de 35 ans pour le Sénat, dégagés des obligations militaires, et n'ayant pas été frappés d'une condamnation.

Incompatibilités. Le mandat de parlementaire est incompatible avec la fonction de ministre (article 23, §1).

Le mandat parlementaire est incompatible, entre autres, avec la fonction de magistrat, l'exercice de tout emploi public (sauf professeur d'université titulaire) ou la direction d'une entreprise ou d'un établissement public national. Les fonctionnaires d'autorité ne peuvent être candidats dans le cadre de leur circonscription électorale.

Depuis 1972, l'incompatibilité s'étend à la direction d'un certain nombre d'entreprises privées.

Les cumuls entre le mandat de sénateur et de député, de parlementaire et de suppléant de parlementaire, de député et de membre du Conseil constitutionnel, du Conseil économique et social, et d'un conseil du gouvernement d'un TOM sont interdits.

Les parlementaires élus ont quinze jours pour choisir entre leurs fonctions ou leur mandat.

Mandat. Il est représentatif (article 27). Le parlementaire est absolument libre de ses opinions et de ses votes.

Il est général (article 3, §2). Les parlementaires représentent la nation dans sa globalité.

Il est irrévocable et ne se termine qu'à la fin du mandat (cinq ans pour le député, neuf ans pour le sénateur) ou en cas de dissolution pour le député. Seuls le décès, la démission volontaire, la déchéance ou l'acceptation de fonctions incompatibles y mettent fin.

Immunités. Le parlementaire est irresponsable (article 26) des opinions ou votes émis dans l'exercice de ses fonctions. Sa personne est inviolable (article 23). En cas de poursuite correctionnelle ou criminelle, la levée de l'immunité parlementaire préalable à toute poursuite sera prononcée pendant les sessions par l'assemblée concernée, hors session par le bureau de cette assemblée.

I. De la fonction normative

Voici deux précisions indispensables pour la compréhension du propos, relatives à son encadrement constitutionnel :

Le bicamérisme est déséquilibré : la restauration du Sénat ne va pas jusqu'à lui rendre le veto qu'il exerçait sous la IIIe République en matière législative et que la IVe lui avait retiré. S'il participe à la procédure législative, il ne la maîtrise pas : par le jeu de la commission mixte paritaire (Constitution, article 45) le gouvernement s'appuie sur l'Assemblée nationale pour emporter la décision, le Sénat n'en peut mais. On conçoit alors que son intervention se situe essentiellement dans le domaine de l'amendement ou de l'opposition tranchée ; dans le premier cas, on rend hommage à la compétence technique des « pères conscrits » ; dans le second, leur hostilité s'appuie sur la défense de l'État de droit dont ils se considèrent comme l'ultime rempart : depuis la décision mémorable du Conseil constitutionnel en date du 16 juillet 1971 et la révision de l'article 61 de la Constitution (1974) qui en est la suite logique, le Sénat, tel Zorro, défend les libertés menacées en initiant le veto des sages. En matière normative, il aide à redresser ou cherche à bloquer.

Les compétences du Parlement sont sanctionnées : jusqu'en 1958, le droit parlementaire était pour l'essentiel de nature conventionnelle, édicté par chacune des assemblées pour ce qui la concernait et en tout cas insusceptible de recours contentieux ; c'est la théorie juridique de l'acte parlementaire « acte de gouvernement ». L'assainissement du parlementarisme est passé par la voie de la soumission effective du droit parlementaire à la Constitution, exprimée par la sanction que lui donne le Conseil constitutionnel : celui-ci est obligatoirement saisi des règlements que chaque assemblée se donne et vérifie qu'ils sont conformes au « bloc de constitutionnalité ». Surtout, à chaque étape de la procédure législative, la censure qu'il est en mesure d'exercer sur les dévergondages éventuels du Parlement est incontournable : « les décisions du Conseil constitutionnel [...] s'imposent aux pouvoirs publics » (article 62).

Ces contraintes juridiques – au contenu et à la finalité politique incontestables – pèsent alors sur le processus normatif avec d'autant plus de force qu'elles sont entre les mains du gouvernement, désormais maître du jeu. On peut hasarder l'hypothèse : plus la majorité parlementaire est large – et elle est directement conditionnée par la majorité présidentielle – et plus étroite est la capacité de négociation du Parlement. Celui-ci ne détermine plus le champ de son intervention et ne maîtrise plus les procédures.

A. Le domaine de la loi n'est pas déterminé par le Parlement

On a pu dire, en 1958, que la véritable révolution constitutionnelle réalisée par la Ve République était inscrite dans l'article 34 de la Constitution qui renverse le principe antérieurement admis selon lequel le Parlement trace lui-même les limites éventuelles du champ de son intervention. On doit ajouter aujourd'hui que la construction européenne issue du traité de Rome, plus insidieusement, s'est ajoutée à cette opération de rétrécissement. Au bloc de constitutionnalité s'ajoute le bloc de supranationalité ; et le gouvernement s'appuie sur le Conseil constitutionnel pour empêcher le Parlement de les grignoter.

1. *Le domaine de la loi est clos*

Une double limite qui ne peut être franchie si le gouvernement l'interdit ; il est en mesure de l'interdire.

a) La première clôture a été fort contestée dans les années soixante parce qu'elle était électrifiée par le Conseil constitutionnel ; on en trouvait les contours dans les articles 34, 40, 41 et 47 de la Constitution, dont l'idée directrice pouvait être ainsi résumée : le Parlement décide

du fondamental, pas du subalterne ; de la politique politi-
fiante, pas des politiques politiciennes. Elle s'exprime à
travers l'énumération des chapitres ouverts à la loi par
l'article 34 et les restrictions à l'initiative des parlementaires en matière financière prévues à l'article 40 et par
l'ordonnance organique du 2 janvier 1959 – « la constitution financière ». Elle est mise en œuvre par le biais de
l'exception d'irrecevabilité, soulevée par le gouvernement
et susceptible d'aboutir à une décision du Conseil constitutionnel.

La pratique a évolué dans le temps en fonction de la
lecture des textes et des rapports de force ; quand il s'agit
des autorités parlementaires, la tendance générale a été
marquée par une grande sévérité originelle destinée à
imposer des comportements nouveaux, suivie d'une certaine indulgence tenant compte du caractère symbolique et
gratuit de certaines propositions condamnées en tout cas à
demeurer sans suite pratique. Quand il s'agit du Conseil
constitutionnel, sa jurisprudence s'inscrit dans une politique équilibrée par deux préoccupations complémentaires :
1) Tout ce qui n'est pas expressément permis au Parlement
par la Constitution lui est interdit. 2) Pour autant, toute
loi votée non conforme aux dispositions de l'article 34 n'est
pas inconstitutionnelle. Dans le marché normatif, on peut
alors noter la vigilance avec laquelle le Conseil traque les
cavaliers budgétaires – interdits par l'ordonnance du
2 janvier 1959 – et, en sens inverse, la décision du 30 juillet
1982 par laquelle il renvoie au gouvernement le soin de
provoquer la délégalisation des mesures à contenu réglementaire qu'il a laissées se glisser dans la loi.

Restent toutefois inscrites dans la mémoire collective des
parlementaires contrariés les données statistiques qui font
apparaître une nette diminution quantitative de leur droit
d'initiative, pourtant consacré par la Constitution. Inexac-
tes dans la mesure où l'irrecevabilité des articles 40 et 41
n'est pour ainsi dire plus opposée par le gouvernement aux
propositions de loi depuis bientôt quinze ans (Maus,
1993) ; plus justifiées, en revanche, quand il s'agit de
l'initiative indirecte que réalise l'amendement et plus irri-

tantes puisque l'irrecevabilité est invoquée et sanctionnée en séance.

b) La seconde clôture n'apparaît pas dans les documents statistiques et sa portée ne peut être appréciée qu'approximativement : en 1993, M. Jacques Delors estime que 80 % de la législation économique et peut-être sociale et fiscale sera européenne, échappant ainsi au marché normatif national. Cette montée en puissance du droit communautaire a longtemps laissé le législateur français indifférent ; quelques velléités en forme de poussée de fièvre qui visaient son information plus que son pouvoir de décision. Ainsi a-t-il laissé passer sans broncher l'Acte unique des 17-20 février 1986 qui confie à des règlements et directives communautaires directement applicables à l'intérieur des États membres et juridiquement supérieurs à leurs législations internes le soin de réaliser le grand marché intérieur à compter de 1993. C'est au moment où le Conseil d'État a consacré l'applicabilité directe des règlements (arrêt Boisdet, 24 septembre 1990) et des directives (arrêts Sociétés Arizona Tobacco Products et Philip Morris, 28 février 1992), alors même que la loi nationale postérieure leur serait contraire, que le législateur s'est rendu compte que la machine normative nationale tourne à vide puisqu'il vote des lois inapplicables.

On comprend mieux alors les velléités de réinsertion dans le processus normatif (Pierré-Caps, 1990) qui se sont manifestées à l'occasion de la révision constitutionnelle provoquée par la ratification du traité de Maastricht : par amendement adopté sans difficulté, il a été adjoint à l'article 88 de la Constitution une disposition prévoyant que les propositions d'actes communautaires comportant des mesures de nature législative seront désormais soumises à l'Assemblée et au Sénat qui pourront les assortir d'une résolution qui n'aura donc que la valeur d'un vœu donné dans le cadre de l'exercice d'un droit de regard.

2. *Le franchissement de la clôture est très difficile*

On vient de dire la vigilance du Conseil constitutionnel à l'endroit du Parlement législateur ; on doit préciser les conditions dans lesquelles elle se manifeste.

Lorsque la loi concerne l'organisation des pouvoirs publics (loi organique), le Parlement est littéralement placé sous tutelle puisque l'intervention du Conseil est obligatoire, automatique. La clôture est infranchissable.

Lorsque par connivence ou faiblesse le gouvernement laisse passer une disposition contestable – initiée par sa majorité – l'ouverture du recours à soixante députés ou soixante sénateurs aboutit à ce paradoxe que les parlementaires participent eux-mêmes au renforcement de la clôture (Favoreu, 1988). En fin de compte, le bilan statistique fait apparaître la croissance de l'encadrement constitutionnel de la loi, incontestable malgré un léger fléchissement en période de cohabitation : très régulièrement, plus de 10 % des lois adoptées, et toujours celles dont le contenu politique est le plus important, sont soumises au veto des sages (*Pouvoirs*, 1991). Au point qu'il est devenu aujourd'hui évident que « la formation de la loi est le produit de trois institutions concurrentes » : le gouvernement qui initie ; le Parlement qui « discute, amende et vote » ; le Conseil constitutionnel, enfin, qui la complète, en précise les modalités d'application, supprime certaines de ses dispositions ou les déclare dépourvues d'effet juridique. Dans le nouveau « régime d'énonciation concurrentiel des normes » (Rousseau, 1992), le Parlement n'est plus qu'un rouage. Le plus important ?

B. La confection de la loi est dirigée par le gouvernement

L'examen du processus normatif, du « jeu de loi » (Muselier, 1956 ; Avril et Gicquel, 1988), fait apparaître qu'à toutes les étapes de la procédure législative le gouvernement de la Ve République dispose des moyens de pousser son projet jusqu'à son terme et de freiner, voire d'interdire la naissance de propositions qui ne lui conviendraient pas. Il s'agit là des règles les plus sophistiquées du parlementarisme assaini dont l'usage est délicat – qui justifie selon nous la création du ministère chargé des relations avec le Parlement – puisque tout excès dans la rigueur est reçu comme une atteinte aux (sacro-saints) droits du Parlement, une infraction au (sacro-saint) principe de séparation des pouvoirs. L'économie générale du titre v de la Constitution en est la cause ; elle procède de l'idée tout à fait juste, en régime parlementaire, selon laquelle le gouvernement, parce que et tant qu'il bénéficie de l'investiture et de la confiance du Parlement, doit être mis en mesure de réaliser son programme par le biais de la loi et du budget – que le Parlement vote. Pour cette raison, qui est d'efficacité politique et parfaitement conforme à l'idée démocratique (par son intermédiaire, la majorité gouverne), il dirige le travail parlementaire ; on dira qu'il gouverne par majorité parlementaire interposée. Tant que cette dernière se plie aux contraintes que lui impose le contrat de gouvernement, la machine tourne – avec des grincements parfois. C'est au moment où le contrat est rompu parce que devenu insupportable à une partie de la majorité – qui déserte – que la machine bloque et que le gouvernement tombe.

Mais on doit noter que seule l'Assemblée nationale souscrit le contrat de majorité, le gouvernement n'est pas responsable devant le Sénat. Alors, au palais du Luxembourg, peu importe que l'opposition soit majoritaire : le gouvernement y dirige la procédure législative, avec moins d'autorité qu'au Palais-Bourbon, mais avec une double assurance que lui donne la Constitution : 1) Le Sénat ne peut pas le renverser. 2) Son opposition à la loi n'est pas un veto : il ne peut en interdire l'adoption.

Cette logique recèle une dose apparente de cynisme naturellement déplaisante pour l'opposition – toujours vaincue dans sa guérilla dilatoire – et surtout pour le segment sensible de la majorité, soumis aux « pesanteurs sociologiques » d'un électorat qu'il sent réticent à l'égard de certaines politiques gouvernementales ; c'est sur cette

frange hésitante, souvent tentée de se réfugier dans l'abstention, que pèse un dispositif qui limite sa marge de
manœuvre et sa capacité à corriger légèrement le cap
affiché, qui la contraint en sens inverse à prendre... ou à
laisser en mettant sac à terre.

De cet attirail contraignant, on retiendra les armes les
plus importantes, qui sont alors à l'origine des litanies les
plus fréquentes quand elles ne sont pas nécessairement les
plus justifiées.

1. Il s'agit d'abord de la priorité accordée au gouvernement dans la fixation de l'ordre du jour des assemblées
(article 48 de la Constitution) ; les propositions de loi
– d'origine parlementaire – ne viennent en discussion que
si le gouvernement le veut bien, ou elles sont inscrites à un
« ordre du jour complémentaire » dont le contenu est fixé
par la Conférence des présidents – dont le couple gouvernement-majorité maîtrise les délibérations, à l'Assemblée
nationale au moins. Au Sénat, l'efficacité de ce premier
filtre est moins grande, mais il n'importe puisque la
proposition pourra être bloquée au Palais-Bourbon à
l'occasion de la navette.

La pratique est alors, pour le gouvernement, de remplir
autant que faire se peut l'ordre du jour prioritaire par ses
projets – au risque d'une inflation normative malencontreuse – et par des propositions déposées par des parlementaires de sa propre majorité. Les statistiques sont éloquen-
tes ; en règle générale, près ou plus de 90 % des lois votées
émanent du couple gouvernement-majorité. L'opposition
s'insurge parce que n'est pas encore entrée dans nos mœurs
politiques la convention du modèle majoritaire, selon
laquelle elle n'est pas porteuse d'un mandat normatif : les
propositions dont elle était nantie n'ont pas été retenues
par le corps électoral.

2. A-t-elle vocation à amender ? On ne lui contestera
pas le droit d'appuyer ou de provoquer des propositions
d'amendements en provenance ou en direction du segment
sensible de la majorité ; dans le marché politique, débau-
cher voire corrompre le personnel de l'entreprise concur-

rente n'est pas criminel. Là encore la Constitution protège le gouvernement ; à aucune étape de la procédure, il ne perd la main :

a) le débat en commission, préalable à la séance publique, lui permet de tester les amendements – il peut (article 44) s'opposer à leur examen quand ils n'ont pas été « antérieurement soumis à la commission » – et de mesurer le rapport des forces tel que la commission saisie l'exprime au fond. De toute façon, cette dernière ne saurait substituer son propre projet à celui du gouvernement (article 42) ;

b) la délibération en séance plénière est très largement conduite par le gouvernement. Certes, pour ce qui le concerne, le Sénat considère que si le gouvernement maîtrise l'ordre du jour il ne dispose pas du repos des sénateurs et ne saurait leur imposer des journées de travail trop longues. Mais cette pratique dilatoire ne joue pas pour les lois de finances dont le vote doit intervenir dans un délai maximum de soixante-dix jours, la première lecture étant au plus de quarante jours à l'Assemblée et de quinze jours au Sénat (article 47). La « flibuste » sénatoriale ne peut que retarder l'échéance, elle ne saurait aboutir à l'exercice d'un droit de veto. D'autant que, si elle se poursuit jusqu'au terme de la session ordinaire, le gouvernement peut provoquer la réunion de sessions extraordinaires (article 29) et il ne s'en prive pas. Le plan de charge des parlementaires s'en ressent ; ils revendiquent alors des sessions plus longues intégrant des séances plus courtes, mais en vain, et on comprend pourquoi.

Au cours du débat, le gouvernement protège son projet : par l'irrecevabilité des amendements, tirée de l'article 40 ou du principe selon lequel ils doivent être en relation directe avec le texte de discussion. Il peut demander la réserve du vote de certains articles menacés de rejet et, surtout, dispose du « tout ou rien » de l'article 44 : le vote bloqué, qui lui permet d'effectuer un tri parmi les amendements votés, d'en conserver certains, d'en expulser d'autres, bref de reconstruire son texte et d'en demander l'adoption par un seul vote d'ensemble. Cette arme est d'une efficacité conséquente puisqu'elle peut donner un caractère purement symbolique, voire onirique, au débat parlementaire.

On conçoit alors que les parlementaires ne l'apprécient guère et récriminent contre son usage ; les statistiques (Maus, 1993) font apparaître un usage plus fréquent au Sénat quand il est dans l'opposition et à l'Assemblée nationale quand la majorité gouvernementale est précaire (entre 1986 et 1993, par exemple).

3. Car deux armes absolues demeurent entre les mains du gouvernement :

a) Face au Sénat, celle de l'article 45 : la commission mixte paritaire. Réunie (facultativement) à l'initiative du gouvernement, elle permet à celui-ci, s'appuyant sur l'Assemblée nationale, de faire sauter les amendements ou le veto du Sénat. La procédure semble être de conciliation entre les deux chambres, la recherche d'un texte identique. Bien souvent – 8 cas sur 10 en 1988, 20 sur 36 en 1989, 16 sur 33 en 1991 – on échoue et l'Assemblée nationale dit le dernier mot en faveur d'un projet qu'elle a voté.

b) Ou qui a été adopté sans qu'elle le vote explicitement. Car le très célèbre article 49-3 permet de contraindre l'Assemblée nationale, plus précisément de lier le vote de la loi et la confiance au gouvernement.

L'économie générale de l'article 49-3 repose sur la notion de contrat de majorité implicite : le gouvernement gouverne tant qu'une opposition majoritaire ne l'a pas explicitement révoqué ; le vote de la loi est une des occasions données à cette opposition de se compter. La procédure est simple :

Au terme de la discussion du projet de loi, en règle générale en exigeant le vote bloqué de l'article 44, le Premier ministre – après délibération du Conseil des ministres et donc sous le regard du président de la République – pose la question de confiance sur le texte dont il demande le vote ; la balle est alors dans le camp de l'opposition.

Celle-ci peut répondre au défi lancé par une motion de censure ; déposée et discutée, si elle est votée par la majorité absolue des députés, elle emporte le rejet du projet de loi et la révocation du gouvernement. A défaut de majorité absolue hostile, la confiance au gouvernement est considérée comme acquise et la loi considérée comme adoptée. Sans que soient comptés les votes favorables.

Cette seconde solution peut résulter également de la dérobade de l'opposition qui ne répond pas au défi : faute de motion de censure déposée dans les vingt-quatre heures qui suivent l'engagement de la responsabilité du gouvernement par le Premier ministre, le « texte est considéré comme adopté ». Sans aucun vote.

On conçoit alors que ce mécanisme inspiré d'un principe d'acquiescement – « qui ne dit mot consent » – ait soulevé les critiques des adeptes traditionalistes du parlementarisme (à leur tête, en 1958 : Paul Reynaud) pour qui le vote de la loi, élément clef du mandat représentatif, doit s'exprimer par un acte positif qu'implique l'article 34. « La loi est votée par le Parlement. » A cette contradiction, il était répondu que l'article 49-3 serait d'usage exceptionnel, limité aux textes engageant le programme gouvernemental et exprimant pleinement le contrat de majorité. En fait, on constate une certaine banalisation de son usage ; plus exactement qu'il est plus souvent mis en œuvre lorsque le rapport des forces politiques à l'Assemblée nationale est plus proche du schéma qui avait inspiré ses auteurs : une fraction de la majorité composite est près de se réfugier dans l'abstention face à un projet de loi qui la hérisse et risque de provoquer son rejet. Le 49-3 lui permet de ne pas déserter la majorité – en ne votant pas la censure – tout en se donnant bonne conscience : elle n'a pas voté la loi. En contraignant l'opposition à se compter majoritaire, l'article 49-3 protège les gouvernements de minorité.

Dès lors, s'il est plus souvent utilisé depuis 1986, c'est parce que les gouvernements Chirac (de la période de cohabitation), Rocard, Cresson, Bérégovoy (issus des élections de 1988) correspondent à ce cas de figure. Et il serait alors périlleux de porter atteinte à ce stabilisateur des majorités composites en en réservant l'usage à quelques projets limitativement énumérés dans le temps : « le jeu de loi » n'est pas assimilable au strip-poker.

Le gouvernement de coalition – le modèle consociatif – ne s'imagine qu'à l'aide des procédures normatives qui dissimulent sa fragilité.

Assemblée nationale

Amendements

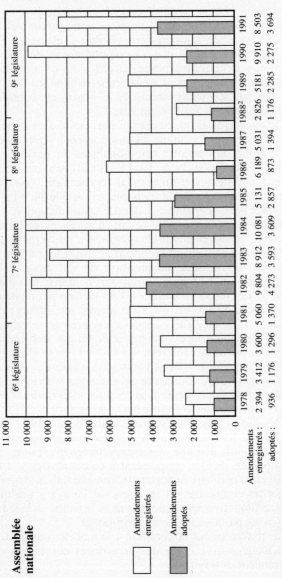

	1978	1979	1980	1981	1982	1983	1984	1985	1986¹	1987	1988²	1989	1990	1991
Amendements enregistrés :	2 394	3 412	3 600	5 060	9 804	8 912	10 081	5 131	6 189	5 031	2 826	5 181	9 910	8 503
adoptés :	936	1 176	1 296	1 370	4 273	3 593	3 609	2 857	873	1 394	1 176	2 285	2 275	3 694

6ᵉ législature — 7ᵉ législature — 8ᵉ législature — 9ᵉ législature

1. *Pour 1986* – Dont 9 amendements enregistrés et adoptés au titre de la 7ᵉ législature.
2. *Pour 1988* – Amendements enregistrés : 8ᵉ législature, 298 ; 9ᵉ législature, 2 528. Amendements adoptés : 8ᵉ législature, 78 ; 9ᵉ législature : 1 098.

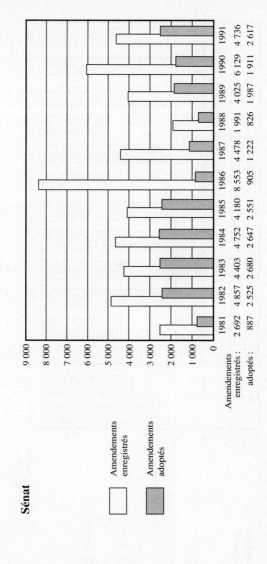

Sénat

□ Amendements enregistrés

▨ Amendements adoptés

	1981	1982	1983	1984	1985	1986	1987	1988	1989	1990	1991
Amendements enregistrés :	2 692	4 857	4 403	4 752	4 180	8 553	4 478	1 991	4 025	6 129	4 736
adoptés :	887	2 525	2 680	2 647	2 551	905	1 222	826	1 987	1 911	2 617

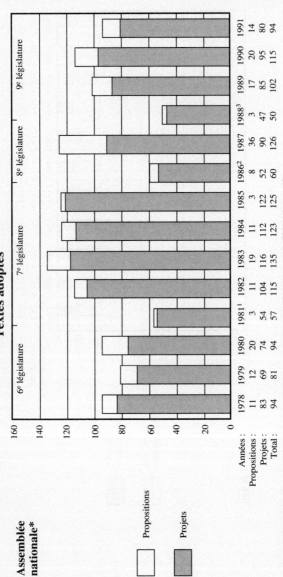

Textes adoptés

Assemblée nationale*

Années :	1978	1979	1980	1981[1]	1982	1983	1984	1985	1986[2]	1987	1988[3]	1989	1990	1991
Propositions :	11	12	20	3	11	19	11	3	8	36	3	17	20	14
Projets :	83	69	74	54	104	116	112	122	52	90	47	85	95	80
Total :	94	81	94	57	115	135	123	125	60	126	50	102	115	94

6e législature — 7e législature — 8e législature — 9e législature

 Propositions

Projets

1. *Pour 1981* – Propositions : 6e législature, 3. Projets : 6e législature, 5 ; 7e législature, 49.
2. *Pour 1986* – Propositions : 7e législature, 0 ; 8e législature, 8. Projets : 7e législature, 1 ; 8e législature, 51.
3. *Pour 1988* – Propositions : 8e législature, 0 ; 9e législature, 3. Projets : 8e législature, 2 ; 9e législature, 45.

Sénat*

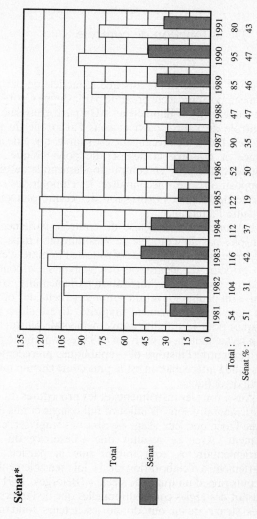

	1981	1982	1983	1984	1985	1986	1987	1988	1989	1990	1991
Total :	54	104	116	112	122	52	90	47	85	95	80
Sénat % :	51	31	42	37	19	50	35	47	46	47	43

☐ Total

■ Sénat

* Textes déposés en première lecture au Sénat.

II. De la fonction de contrôle

Il y a plus de trente ans que le modèle de parlementa-risme majoritaire a été présenté par le doyen Georges Vedel sous une formule lumineuse : « Un parti gouverne, sous le contrôle de l'autre parti et sous l'arbitrage du peuple » (Vedel, 1961). Le mécanisme est simple, qui aide à l'alternance et renforce la démocratie polyarchique ; mais il implique une prise en compte fondamentale des droits de l'opposition [1]. Les méconnaître, les chipoter, les contester risque de bloquer l'expression des contre-pouvoirs et de détruire l'alternance.

La conception française du contrôle parlementaire ne s'inspire pas du « modèle de Westminster » mais de l'article 16 de la Déclaration des droits de l'homme, c'est-à-dire du principe de séparation des pouvoirs : le contrôle est imaginé au profit de l'institution parlementaire – représentative du peuple souverain – non pas à celui de l'opposition au couple gouvernement-majorité. Il est alors plein de risques pour la stabilité gouvernementale puisqu'il trouve son terme dans la mise en jeu de la responsabilité politique de l'exécutif : l'histoire des républiques précédentes enseigne que l'interpellation est le plus court chemin menant au vote de défiance.

Aussi tous les instruments et les procédures du contrôle parlementaire sont-ils aujourd'hui conçus et mis en œuvre avec l'idée que leur usage ne doit pas fragiliser le gouvernement. Avec ce résultat que « l'exercice du contrôle parlementaire a, tout autant que la participation du Parlement à l'élaboration de la loi, sensiblement, dépéri depuis près d'un quart de siècle » (Belorgey, 1991). Moins du fait des règles constitutionnelles que de l'interprétation très stricte qu'en ont donné les acteurs fondamentaux,

---

1. Symbolique, la coutume qui confie à « l'opposition de Sa Majesté » la direction de la Chambre des communes : son président (*speaker*) est fréquemment choisi en son sein. Inimaginable en France.

Conseil constitutionnel, bureau de l'Assemblée nationale et gouvernements successifs, de quelque tendance politique qu'ils soient. Aucun n'a compris qu'il était de bonne régulation du système politique de donner à l'opposition parlementaire le maximum de compétences en matière de contrôle afin de rendre plus significatif l'arbitrage rendu par le suffrage universel à l'occasion des élections générales : c'est ainsi que l'on voit le Conseil constitutionnel censurer une disposition du règlement de l'Assemblée nationale qui instaurait une amorce de *question time* à l'anglaise. Et que toute tentative pour modifier l'ordonnance 58-1100 du 17 novembre 1958, régulièrement vilipendée, est vouée à l'échec depuis cette date – le gouvernement et sa majorité en craignant les effets « d'une machine à se donner des coups de pied dans les fesses » (Belorgey, 1991).

On doit, pédagogiquement, distinguer les modalités du contrôle des fins qu'il permet de poursuivre.

A. Les modalités du contrôle parlementaire

Elles gravitent assez généralement autour de la notion d'information, pratique en ce qu'elle ne sous-entend pas de sanction de la part de l'informé. En fait, si le dialogue se noue difficilement, si l'information circule mal, c'est bien parce que la crainte de l'informateur réticent est aussi forte que la curiosité de l'enquêteur tatillon.

1. On sortira de notre domaine le cas des parlementaires auxquels une mission particulière est confiée par le gouvernement ; il leur est proposé – en vertu de l'article 144 de l'ordonnance organique précitée – d'élaborer un rapport sur tel ou tel problème d'actualité ou de société – construction d'un tunnel sous la Manche, activité des sectes religieuses – ou d'assurer une mission paragouvernementale – haut-commissaire à la Jeunesse et au Sport, haut-commissaire en Nouvelle-Calédonie. Pro-

rogée au-delà de six mois, la mission emporte l'abandon du mandat ; elle n'est donc pas fondamentalement exercée dans le cadre parlementaire.

2. Beaucoup plus importantes sont les activités menées dans le cadre des commissions ou des délégations.

a) Peu connues, et c'est dommage, les compétences dévolues aux rapporteurs spéciaux des commissions des finances de l'Assemblée et du Sénat, chargés d'examiner les projets de budget d'un département ministériel et habilités, à ce titre, à enquêter sur pièces et sur place ; leurs pouvoirs d'investigation peuvent rendre l'administration transparente. En fait, elle l'est plus ou moins ; plutôt moins du fait de certains facteurs : brièveté du délai accordé à la confection du rapport, largeur du créneau ouvert ou, parfois, au contraire, orientation progouvernementale ou tout simplement inexpérience administrative du rapporteur, etc. Une solution serait sans doute de nommer ces rapporteurs pour la durée de la législature ; elle est irréaliste.

b) Plus connues, les compétences exercées collectivement. Il s'agit tout d'abord des délégations qui attirent une attention particulière quand elles concernent la politique européenne. Créées en 1979, elles ont connu une certaine somnolence jusqu'à ce qu'une loi du 10 mai 1990 conforte leurs compétences : tous documents établis par les institutions communautaires, tous projets de règlements et de directives qui touchent au domaine de la loi doivent leur être communiqués avant leur adoption par le Conseil des communautés ; elles peuvent entendre et être entendues des ministres concernés et communiquer leurs informations aux commissions parlementaires.

Surtout, et très classiquement, il s'agit des commissions d'enquête et de contrôle, instituées par une assemblée pour traiter d'un problème particulier ; on les compare traditionnellement à leurs homologues des États-Unis pour regretter leur relative inefficacité ; elle est incontestablement provoquée par la maîtrise que le gouvernement, relayé par la majorité de l'Assemblée nationale, exerce sur elles (la preuve en étant qu'elles sont plus « vivantes », plus actives, plus mordantes au Sénat).

Elles ne sont pas créées à l'initiative de l'opposition mais de l'Assemblée considérée, donc de sa majorité ; par un réflexe bien naturel, celle-ci évite de scier la branche sur laquelle elle est assise et ne vote en faveur de la création de la commission que lorsqu'elle vise des activités du précédent gouvernement ou des événements échappant à tout choix politique accusé. Par législature – on devrait dire par mandature présidentielle –, on les compte sur les doigts d'une main. Ajoutons à ce premier obstacle tous ceux qui procèdent d'une réglementation destinée à protéger l'administration contre un Parlement supposé vétilleux : les documents couverts par le secret d'État leur échappent, de même que les fonctionnaires protégés par le secret professionnel... et leur ministre leur ont longtemps échappé. Surtout, les commissions ne peuvent intervenir dans des domaines couverts par une instruction judiciaire ; d'où la boutade : le meilleur moyen d'étouffer un scandale politique est encore d'ouvrir une information judiciaire ; le Parlement devra l'ignorer.

Depuis une loi du 20 juillet 1991, les commissions sont obligatoirement composées à la proportionnelle des groupes – mais, au Palais-Bourbon, la minorité y demeure... minoritaire – et surtout, les auditions qu'elles organisent sont publiques – sauf si elles décident, à la majorité, d'appliquer la règle du secret. Enfin, on n'oubliera pas que le rapport de la commission et sa publication sont adoptés et décidés par elle.

La statistique confirme la pertinence du constat : depuis 1959, l'Assemblée nationale a institué vingt-trois commissions d'enquête – la première en 1971 ! – et six commissions de contrôle ; le Sénat neuf commissions d'enquête et dix-huit commissions de contrôle ; le nombre est croissant dans les dernières années, du fait d'une forte « suspicion » sénatoriale à l'égard du gouvernement et d'une politique conventionnelle nouvelle au Palais-Bourbon qui donne désormais à l'opposition le droit (?) de « tirer » une commission annuelle. On soulignera également, à l'Assemblée, la nomination récente, dans chaque commission permanente, d'un rapporteur chargé de suivre l'application des lois. Elle se situe dans l'esprit qui avait présidé à la création, en 1983, de l'Office parlementaire d'évaluation des choix scientifiques et technologiques ou, auparavant, du médiateur – dont on rappelle qu'il ne peut être saisi que par l'intermédiaire d'un parlementaire.

3. On a déjà dit la sévérité malencontreuse du Conseil constitutionnel face à la pratique des questions. Au prétexte que l'article 48 de la Constitution est rédigé ainsi : « Une séance par semaine est réservée par priorité aux questions des membres du Parlement et aux réponses du gouvernement », une décision rendue le 21 janvier 1964 interdit le recours à la formule anglo-saxonne de l'heure des questions au début de chaque séance ; le Conseil a lu « une séance *au plus* », alors que rien ne lui interdisait de lire « une séance *au moins* »... L'obstacle n'a pu être contourné qu'au prix d'une petite égratignure infligée à la Constitution en n'inscrivant pas dans le règlement des assemblées le contrat passé avec le gouvernement, qui a donné naissance, depuis les années 1970-1974 aux « questions au gouvernement ». En tout cas, il demeure que cette procédure, partagée entre la majorité et l'opposition, comme les autres, n'est pas satisfaisante.

a) Les questions peuvent être écrites, ce qui signifie qu'il leur est répondu par écrit. Inintéressantes. Des consultations juridiques au profit d'électeurs demeurés dans l'anonymat et rendues la plupart du temps par le ministre du Budget sur des litiges de nature fiscale.

b) Les questions orales sont posées, elles aussi, par écrit. Leur mise à l'ordre du jour est effectuée par la Conférence des présidents, protectrice du gouvernement à l'Assemblée nationale. Elles n'intéressent que leur auteur ; pas forcément le ministre interrogé qui se décharge de la réponse sur un collègue disponible le vendredi. Elles peuvent initier un débat ; elles ne l'initient plus depuis nombre d'années puisqu'elles ne sont assorties d'aucune sanction véritable – dès 1959, le Conseil constitutionnel a refusé (et il a eu raison) qu'elles puissent être suivies du vote immédiat d'une résolution susceptible de mettre le gouvernement en difficulté.

c) Restent les « questions médiatiques », posées le mercredi après-midi à l'Assemblée nationale dans des conditions juridiques réprouvées, comme on l'a dit, par le droit constitutionnel positif ; retransmises par le réseau de télévision public (France 3), elles sont, en partie, comparables aux corridas portugaises, sans mise à mort ; dans un désordre organisé, majorité et opposition congratulent ou vitupèrent des ministres pas forcément très à l'aise sous les quolibets de l'opposition ou les applaudissements de la majorité. « De là la tristesse du spectacle » (Belorgey, 1991). Le président Fabius a tenté de l'améliorer par la formule des « questions-cribles » : un seul ministre, tel saint Sébastien, soumis aux flèches décochées avec plus ou moins d'ardeur de toutes parts de l'hémicycle ; peu médiatique et peu mobilisatrice.

B. Les finalités du contrôle parlementaire

A ce niveau encore, le malaise parlementaire est entretenu en France par l'équivoque. La tradition est celle de la *corrida de muerte* – en respectant les trois phases (*tercios*) rituelles : mise à l'ordre du jour, interpellation, estocade. A trop vouloir la combattre, on n'est pas encore parvenu à satisfaire un autre besoin, parfaitement légitime celui-là, l'information des gouvernés.

1. Tel que la procédure classique de l'interpellation l'exprimait, le contrôle parlementaire trouvait son terme dans la mise en jeu de la responsabilité politique du gouvernement. Il était donc, jadis, facteur d'instabilité gouvernementale puisque, face à la critique, le président du Conseil devait rameuter ses amis et apporter la preuve qu'ils étaient majoritaires – ce qui n'était pas facile, le « soutien sans participation » pouvant s'exprimer depuis l'Aventin de l'abstention. Depuis 1958, la charge de la

preuve est inversée : le gouvernement, qui peut informer le Parlement par une déclaration de politique générale (article : 49-1 et 49-4) n'est pas tenu d'en demander l'approbation en comptant ses soutiens au Palais-Bourbon ou au Luxembourg. C'est (à l'Assemblée nationale seulement) à l'opposition d'apporter la preuve que la majorité absolue des députés est hostile à la politique du gouvernement, qu'il est minoritaire et révoqué à ce titre. La procédure est celle de la motion de censure spontanée, déposée par un dixième des députés (article 49-2), discutée et votée par ceux qui réprouvent la politique conduite par le Premier ministre. Cette arme n'est pas d'usage quotidien, les initiateurs de la censure ne peuvent l'engager qu'une fois par session.

De fait, elle est plus souvent employée quand la majorité gouvernementale est faible (relative, comme ce fut le cas entre 1988 et 1993) ou fragile (le gouvernement de M. Raymond Barre en 1979). Le contrôle parlementaire ne trouve pas son sens dans le harcèlement. On rappellera surtout que cette procédure n'a abouti positivement qu'une seule fois en plus de trente ans, le 2 octobre 1962, lors de la censure du gouvernement Pompidou provoquée par le débat sur la révision de la Constitution.

2. Le système de la Vᵉ République rencontrerait finalement la logique du parlementarisme majoritaire si l'information du Parlement était plus largement initiée par l'opposition et articulée en priorité dans sa direction. Les efforts entrepris depuis quelques années dans ce domaine ne sont pas négligeables quand ils concernent la documentation des élus et l'ouverture du Parlement vers l'extérieur, singulièrement l'Europe des Douze, ou quand elle prend la forme de « grands débats » sur des questions de société. Mais, comme toujours en France, l'absence de sanction, faute de vote, tient les députés éloignés de l'hémicycle, plus attachés à une fonction d'assistant social, de vecteur des attentes sectorielles de leurs électeurs – renforcée par le cumul des mandats – qu'à une fonction nationale de représentation politique. Celle-ci

remonte à un autre niveau : sans doute celui des partis – qui font et défont les élus, mais aussi les coalitions majoritaires, investissant Matignon et l'Élysée – et l'univers médiatique ou télématique du gouvernement par sondage (Cotteret, 1992).

CLAUDE EMERI,
professeur au Département de science politique
de la Sorbonne, directeur du Centre d'analyse
comparative des systèmes politiques
(université Paris-I Panthéon-Sorbonne)

*

BIBLIOGRAPHIE

Pierre Avril et Jean Gicquel, *Droit parlementaire*, Montchrestien, 1988.

Jean-Michel Belorgey, *Le Parlement à refaire*, Le Débat/Gallimard, 1991.

Pierre Birnbaum, Francis Hamon, Michel Troper, *Réinventer le Parlement*, Flammarion, 1978.

Jean-Marie Cotteret, *Gouverner c'est paraître. Réflexions sur la communication politique*, PUF, 1992.

Justin Daniel, Claude Emeri, « L'Assemblée nationale et son devenir », *Revue du droit public et de la science politique*, p. 1245-1272.

Louis Favoreu, *La Politique saisie par le droit. Alternances, cohabitation et Conseil constitutionnel*, Économica, 1988.

Adolf Kimmel, *L'Assemblée nationale sous la Ve République*, préface de Laurent Fabius, Presses de la FNSP, 1991.

Arend Lijphart, *Democracies. Patterns of Majoritarian and Consensus Government in Twenty-One Countries*, Yale University Press, 1984.

Didier Maus, *Les Grands Textes de la pratique institutionnelle de la Ve République*. La Documentation française, 1993.

François Muselier, *Regards neufs sur le Parlement*, Éd. du Seuil, 1956.

Dominique Pelassy, *Qui gouverne en Europe ?*, Fayard, 1992.

Stéphane Pierré-Caps, « L'adaptation du Parlement français au

système communautaire », *Revue française de droit constitutionnel*, n° 6, p. 233-274.

Pouvoirs, n° 13, « Le Conseil constitutionnel », nouvelle éd.,
PUF, 1991.

Pouvoirs, n° 64, « Le Parlement », PUF, 1993.

Dominique Rousseau, *Droit du contentieux constitutionnel*,
Montchrestien, 1992, 2ᵉ éd.

Georges Vedel, *Cours de droit constitutionnel et institutions
politiques*, Les Cours de droit, 1961.

Le Conseil constitutionnel

Le Conseil constitutionnel est une institution qui apparaît pour la première fois dans l'histoire politique et constitutionnelle française en 1958. Créé en effet par la Constitution du 4 octobre de cette année-là, il reçoit une triple mission : donner un avis au chef de l'État quand celui-ci met en œuvre et utilise les pouvoirs exceptionnels en cas de menace grave sur la République et d'interruption du fonctionnement régulier des pouvoirs publics ; juger les contestations nées des élections politiques nationales – élections législatives, sénatoriales, présidentielles et référendum ; se prononcer sur la conformité des lois à la Constitution. Il ne sera question ici que de cette seule fonction. Non que les autres et en particulier la seconde ne soient pas importantes ; mais mettre au-dessus du Parlement, au-dessus des élus du peuple une institution chargée de juger la loi et dont les décisions, susceptibles d'aucun recours, s'imposent à tous les pouvoirs publics a provoqué une telle révolution dans la structure du droit et le déroulement de l'activité politique qu'il est logique d'accorder à cette fonction la place qui lui revient. Une anecdote résume cette révolution : en 1981, un député de la nouvelle majorité socialiste lance à l'un de ses collègues de l'opposition « vous avez juridiquement tort parce que vous êtes politiquement minoritaire ». Faux ! Être politiquement majoritaire ne suffit plus aujourd'hui pour faire « passer » des lois, il faut encore qu'elles soient constitutionnellement correctes ; et la minorité, en saisissant le Conseil constitutionnel, peut faire donner juridiquement tort à la majorité politique ; bref, une loi votée par une majorité peut être censurée par le Conseil à la demande de la minorité.

Comment en est-on arrivé là ? Par une lente mais régulière progression du juge constitutionnel dans le jeu politique (I) et par un développement consécutif de ses moyens de contrôle de la loi (II). Avec, à l'arrivée, une réflexion obligée sur l'exigence démocratique moderne.

I. La montée en puissance du Conseil constitutionnel

A. La découverte du Conseil constitutionnel

1. *Les circonstances de la création du Conseil constitutionnel*

a) Une volonté politique : mettre fin à l'hégémonie parlementaire

Il a fallu des circonstances politiques exceptionnelles pour que soit créé, pour la première fois en France, un Conseil constitutionnel chargé de se prononcer sur la conformité des lois à la Constitution. En effet, depuis 1789, et en souvenir des parlements de l'Ancien Régime qui avaient progressivement conquis le pouvoir d'empêcher l'exécution des décisions du roi, aucune Constitution n'avait accepté d'instituer un contrôle juridictionnel de la loi ; et l'expérience d'un contrôle de constitutionnalité des lois par un organe politique, le Sénat conservateur des constitutions bonapartistes, s'est soldée par un échec total ! Bref, il résultait de cette histoire politique particulière de la France que la loi était l'expression de la nation souveraine et, comme telle, insusceptible d'être contrôlée.

La remise en cause de cette tradition a été rendue possible par les conditions politiques de 1958. A cette date, les constituants ont directement présente à l'esprit la pratique des IIIe et IVe Républiques qui a fait « des représentants de la nation souveraine les représentants souverains de la nation », pour reprendre une formule célèbre. La souveraineté parlementaire s'est substituée à la souveraineté nationale et la République des députés a produit ses effets : instabilité gouvernementale, déclin de l'autorité de l'État, impuissance à définir des politiques durables, scandales financiers... De sorte qu'en 1958 le mot d'ordre et de rassemblement des constituants est simple : mettre fin à l'hégémonie des assemblées parlementaires.

Ainsi se comprend la majeure partie des dispositions constitutionnelles de 1958 : la maîtrise de l'ordre du jour parlementaire par le gouvernement, la limitation du nombre des commissions, la « rationalisation » de la responsabilité gouvernementale et, bien sûr, la délimitation précise du domaine de compétence du Parlement. L'institution d'un contrôle de la constitutionnalité de la loi s'inscrit dans cette logique.

b) Un instrument : le Conseil constitutionnel

« La création du Conseil constitutionnel, déclare Michel Debré le 27 août 1958, manifeste la volonté de subordonner la loi, c'est-à-dire la décision du Parlement, à la règle supérieure édictée par la Constitution. La Constitution crée ainsi une arme contre la déviation du régime parlementaire. » Le Conseil est donc conçu comme un des éléments de rationalisation du régime parlementaire, celui qui est chargé de maintenir le Parlement dans le cadre de ses attributions. D'où le contrôle obligatoire des lois organiques pour s'assurer que le Parlement ne profitera pas de ce moyen pour transformer le sens de la Constitution ; d'où le contrôle également obligatoire des règlements intérieurs des assemblées pour empêcher que le Parlement ne tente de récupérer par ces règlements les pouvoirs que la Constitution lui a enlevés.

Mais s'il est une arme contre la déviation du régime parlementaire, le Conseil n'est pas pensé, en 1958, comme l'instrument d'un contrôle de la constitutionnalité des lois au service de la protection des droits et libertés des citoyens. Il est clair, en effet, pour les constituants, que les déclarations des droits – 1789 et 1946 – n'ont pas valeur constitutionnelle et que, en conséquence, le contrôle ne pourra pas porter sur le fond, sur le contenu de la loi. L'examen de la loi se limitera, selon eux, à vérifier si les règles de compétence et de procédure fixées par la Constitution ont été respectées : la matière sur laquelle le Parlement a légiféré relève-t-elle effectivement du domaine de la loi défini par l'article 34 de la Constitution ? La disposition législative entraîne-t-elle ou non une diminution des ressources publiques ou l'aggravation d'une charge publique ?

Le Conseil qui est créé en 1958 est « un organe régulateur de l'activité des pouvoirs publics », comme il se définira lui-même dans sa décision du 6 novembre 1962 ; c'est-à-dire un organe chargé d'arbitrer les conflits de compétence entre le Parlement et le gouvernement, de faire respecter les frontières entre le domaine de la loi et celui du règlement. La suite des événements allait montrer qu'il deviendrait tout autre chose : le gardien des droits et libertés des citoyens.

2. *La composition du Conseil constitutionnel*

a) *La désignation des membres du Conseil*

Le Conseil est composé de neuf membres nommés, trois par le président de la République, trois par le président de l'Assemblée nationale et trois par le président du Sénat ; le renouvellement ayant lieu par tiers tous les trois ans, chacun des présidents désigne donc un membre nouveau tous les trois ans. A côté de ces membres nommés, « font de droit partie à vie du Conseil constitutionnel les anciens présidents de la République ». Enfin, le président du Conseil, actuellement le professeur Robert Badinter, est nommé par le président de la République.

Ce système de désignation suscite depuis l'origine, et plus encore depuis la position dominante acquise par le Conseil dans le jeu politique, de nombreuses critiques qui se résument en réalité en une seule : la politisation. Pour le remplacer, nombreux s'inspirent des systèmes en vigueur en Allemagne, en Espagne ou en Italie : exigence d'une compétence, d'une qualification ou d'une expérience juridique pour accéder aux fonctions de juge constitutionnel afin de limiter la nomination d'amis politiques ; élection des juges par le Parlement et à la majorité des deux tiers pour assurer une présence équilibrée de tous les courants politiques et juridiques au tribunal constitutionnel ; élection du président par les juges constitutionnels eux-mêmes pour éviter le jeu d'une main politique extérieure. Ces modalités sont certainement préférables au système français et assurent, comme le pensait Kelsen, une légitimité démocratique plus forte au contrôle de la constitutionnalité des lois. Mais elles n'en restent pas moins, comme en France, très politisées : l'exigence de la majorité qualifiée oblige, par exemple, les partis politiques à se livrer à des « marchandages » pour la répartition des postes au tribunal constitutionnel.

Au demeurant, les compositions successives du Conseil constitutionnel français ont toujours été marquées par la présence et l'influence d'une majorité de juristes à la compétence et à l'indépendance indiscutables. Depuis février 1992, le Conseil est composé de la manière suivante :

– nommés par le président de la République : Robert Badinter (1986), Maurice Faure (1989), Georges Abadie (1992) ;

– nommés par le président de l'Assemblée nationale : Robert Fabre (1986), Jacques Robert (1989), Noëlle Lenoir (1992) ;

– nommés par le président du Sénat : Jacques Latscha (1986), Jean Cabanes (1989), Marcel Rudloff (1992).

Plusieurs constatations s'imposent : le rajeunissement (moyenne d'âge : 65 ans), l'arrivée d'une femme, la domination des membres nommés par des autorités de « gauche » (6 sur 9), la formation juridique de 7 membres sur 9 et le cumul – autorisé – de la fonction de membre du Conseil et de fonctions politiques électives aujourd'hui importantes (Maurice Faure, président du Conseil général du Lot, Marcel Rudloff, président du Conseil régional d'Alsace).

b) Le statut des membres du Conseil

Les membres du Conseil sont nommés pour neuf ans et le non-renouvellement de leur mandat [1] est présenté comme une garantie de leur indépendance puisqu'ils n'ont aucun intérêt à rechercher les faveurs des autorités nommantes. Devenir membre du Conseil n'implique pas de quitter son activité professionnelle – ni son activité politique sous réserve de trois exceptions : la fonction de conseiller est incompatible avec celle de ministre, de parlementaire – français et européen – et de membre du Conseil économique et social. Exceptions justifiées dans la mesure où le Conseil ayant à connaître des lois préparées par le gouvernement et votées par le Parlement, le cumul ferait les conseillers à la fois juge et partie. Mais, pour le reste, rien n'interdit à un juge constitutionnel de détenir ou de rechercher un mandat politique local – maire, président du Conseil régional, etc. – ni d'adhérer à un mouvement politique à condition toutefois de n'occuper aucune fonction de direction ou de responsabilité.

Avant de prendre leurs fonctions, les membres nommés doivent prêter serment devant le président de la République. Par ce serment, ils s'engagent à respecter un certain nombre d'obligations : garder le secret des délibérations et des votes, ne pas prendre une position publique sur les questions ayant fait ou susceptibles de faire l'objet de décisions du Conseil, ne pas donner de consultation sur les affaires relevant de la compétence du Conseil, ne pas laisser mentionner la qualité de membre du Conseil dans tout document susceptible d'être publié et relatif à toute activité publique ou privée. Le Conseil est juge du respect de ces obligations et peut prononcer une sanction allant du simple avertissement à la démission d'office.

---

1. Une exception : lorsqu'un conseiller quitte ses fonctions – décès, démission, nomination au gouvernement – dans les trois dernières années de son mandat, son successeur termine le mandat en cours et peut, à nouveau, être nommé pour neuf ans.

B. Le développement du Conseil constitutionnel

1. L'action jurisprudentielle

a) La « grande » décision du 16 juillet 1971

Le 16 juillet 1971 est généralement considéré, et à juste titre, comme la date de la véritable naissance du Conseil constitutionnel qui a, ce jour-là, censuré une loi modifiant le régime juridique des associations. Suite aux événements de mai 1968 et à la multiplication consécutive d'associations « gauchistes », le gouvernement a fait voter, en juin 1971, une loi modifiant celle du 1er juillet 1901 : la création d'association ne sera plus libre mais soumise à un contrôle préalable de l'autorité judiciaire à l'initiative du préfet. Adoptée malgré l'opposition de la Seconde Chambre, cette loi est déférée au Conseil constitutionnel par le président du Sénat, Alain Poher.

Sur quelle base apprécier la loi ? Le texte de la Constitution sans doute, mais il ne contient aucune disposition relative à la liberté d'association, l'article 4 étant uniquement consacré à la libre formation des partis et groupements politiques. Le Conseil va donc « sortir » du texte constitutionnel *stricto sensu* – et c'est là la révolution politique – pour chercher son étalon de contrôle dans le préambule de la Constitution qui renvoie à la Déclaration de 1789 et au préambule de 1946. Et, dans ce dernier, il trouve la catégorie des « principes fondamentaux reconnus par les lois de la République ». Il lui suffit alors de considérer que, la loi du 1er juillet 1901 étant une loi de la République, « il y a lieu de ranger le principe de la liberté d'association » qu'elle énonce « au nombre des principes fondamentaux reconnus par les lois de la République ». S'étant ainsi donné à lui-même le fondement de son contrôle, il confronte le principe de la loi contestée et déclare que la subordination de la capacité juridique d'association au contrôle *a priori* de l'autorité judiciaire est contraire au principe de liberté qui implique qu'une association puisse se constituer valablement sans « l'intervention préalable de l'autorité administrative ou même de l'autorité judiciaire ».

La nouveauté fondamentale de la décision du 16 juillet 1971 est l'attribution par le Conseil de la qualité constitutionnelle au préambule de 1958 et, par conséquent, à la Déclaration de 1789 et au préambule de 1946 qui y sont cités. Jusque-là, ces textes avaient une valeur philosophique, morale et, au mieux, une valeur juridique inférieure ou égale à la loi, mais non une qualité constitutionnelle. Cette doctrine, réaffirmée encore en 1958, est remise en cause par la décision du 16 juillet 1971 : 1789 et 1946 sont des textes de valeur constitutionnelle qui s'imposent désormais au législateur.

b) Les conséquences de la décision du 16 juillet 1971

De cette décision découlent plusieurs conséquences qui, conjuguées, vont contribuer à modifier et promouvoir le rôle du Conseil constitutionnel dans le jeu politique.

D'abord, la transformation de la notion de Constitution qui ne recouvre plus seulement les articles organisant une modalité particulière de la séparation des pouvoirs mais comprend désormais les grands textes des déclarations des droits et libertés des hommes et des citoyens adoptées en 1789 et 1946.

Ensuite, l'engagement du Conseil dans la voie d'un contrôle interne de la loi. Jusqu'à cette décision, et pour l'essentiel, il vérifiait la régularité externe de la loi : a-t-elle été votée conformément aux règles de la procédure, porte-t-elle sur une manière relevant de la compétence du Parlement... Désormais, avec pour référence les déclarations des droits, il peut entrer dans le cœur même de la loi pour vérifier si son contenu respecte le droit de propriété, la liberté d'opinion, le droit de grève, les droits de la défense, etc. Ainsi en est-il dans la décision du 16 juillet 1971.

Enfin, le Conseil se pose, par cette décision, en gardien des droits et libertés. Il n'est plus seulement celui qui fait respecter la frontière entre le domaine législatif et le règlement ; il devient l'institution qui protège les droits de l'homme et du citoyen en vérifiant qu'une majorité parlementaire ne profite pas de sa situation arithmétique pour voter des textes qui y portent atteinte. C'est pour protéger la liberté du citoyen de constituer une association que le Conseil censure ainsi la loi établissant un contrôle *a priori* de l'autorité judiciaire.

Pour que cette décision produise tous ses effets, encore fallait-il que l'accès au Conseil, et par conséquent son contrôle, soit facilité. Ce fut l'œuvre de la réforme constitutionnelle du 29 octobre 1974.

2. *L'action du constituant*

a) *L'extension du droit de saisine : la réforme de 1974*

Pour limiter l'intervention du Conseil, les constituants de 1958 avaient limité le nombre des autorités habilitées à le saisir à quatre : le président de la République, le Premier ministre, le président de l'Assemblée nationale et le président du Sénat. Les circonstances politiques ayant fait que les trois premières appartiennent au même parti politique – coïncidence des majorités présidentielle et parlementaire, domination politique des gaullistes de 1962 à 1974 – aucune d'elles n'avait de raison de contester devant le Conseil une loi dont chacune était, à un titre ou à un autre, l'auteur. Seul le président du Sénat, alors centriste d'opposition, pouvait avoir un intérêt à saisir le Conseil, comme il le fit par exemple en 1971. Mais, globalement, le système restait fermé et, de fait, durant la période 1958-1974, le Conseil n'a été appelé à se prononcer que sur neuf lois.

Le 29 octobre 1974, à l'initiative du nouveau président de la République, Valéry Giscard d'Estaing, le Congrès adopte, conformément aux dispositions de l'article 89, une révision de la Constitution qui a pour objet d'étendre à soixante députés ou soixante sénateurs le droit de saisir le Conseil constitutionnel. Geste en faveur de l'opposition battue de justesse à l'élection présidentielle ? Volonté de favoriser une évolution libérale des institutions conçues par les gaullistes ? Souci de ménager l'avenir ? Toujours est-il que cette réforme, mal accueillie par la gauche, a provoqué une rapide et croissante intervention du Conseil dans le jeu politique. En effet, soixante députés ou soixante sénateurs, c'est la ou les minorités parlementaires ; et la logique – le « truc » – de la réforme repose sur l'intérêt politique de l'opposition à faire usage de ce droit de saisine : battue au Parlement, elle peut espérer une censure partielle ou totale de la loi par le Conseil ; annonçant son intention de saisir le Conseil, elle peut contraindre le gouvernement à des concessions lors des débats parlementaires. Sans doute à son corps défendant, le Conseil devient ainsi, pour l'opposition, le point de passage quasi obligé de sa stratégie de contestation de la politique gouvernementale ; elle « doit » saisir le Conseil pour montrer la détermination et le sérieux de sa contestation.

Ainsi, depuis 1974, les saisines se sont multipliées – plus de trois cents décisions –, aucune loi importante n'échappe au contrôle du Conseil (avortement, nationalisation, privatisation, décentralisation, loi électorale, régime de la presse, etc.) et le Conseil est devenu « un rouage presque permanent du pouvoir législatif ».

b) Vers une nouvelle extension : l'exception d'inconstitutionnalité

Même élargi, le droit de saisir le Conseil constitutionnel reste aujourd'hui le monopole de la « classe politique ». Or cette dernière, pour de multiples raisons, peut décider de ne pas user de son droit à l'égard de textes qui soulèvent des problèmes de constitutionnalité. C'est pourquoi le président du Conseil, Robert Badinter, a émis, en 1989, l'idée de donner aux individus eux-mêmes le pouvoir de contester la constitutionnalité des lois, idée reprise par le président de la République et transformée en projet de révision constitutionnelle dont les deux assemblées ont discuté au printemps 1990, sans parvenir à se mettre d'accord.

De quoi s'agissait-il ? De donner au justiciable le droit de soulever, lors d'un procès et devant toute juridiction, la question de la constitutionnalité de la loi que le juge doit lui appliquer. Ce dernier doit vérifier si cette question n'a pas déjà été tranchée par le Conseil, si elle commande l'issue du procès et si elle est manifestement fondée ; dans l'hypothèse où ces trois conditions sont réunies, le juge de base doit transmettre l'exception à sa Cour suprême – Conseil d'État pour le juge administratif, Cour de cassation pour le juge judiciaire – qui dispose d'un délai de trois mois pour apprécier son caractère sérieux ; si tel est le cas, elle saisit le Conseil constitutionnel qui doit rendre, dans un délai de trois mois, la décision : ou la loi est déclarée inconstitutionnelle et le procès comme les procédures juridictionnelles en cours sur la base de cette loi sont arrêtés, ou elle est déclarée conforme à la Constitution et le procès reprend devant le juge de base.

Mécanisme complexe dans la mesure où le double filtrage entraîne les juridictions ordinaires dans une première appréciation de la constitutionnalité de la loi – ce à quoi elles se refusent actuellement – qui permet d'éviter l'encombrement du Conseil constitutionnel et les recours en inconstitutionnalité destinés seulement à ralentir le cours de la justice. La principale critique formulée à l'encontre de ce projet porte sur l'insécurité juridique qu'introduirait le contrôle *a posteriori*, une loi promulguée et appliquée pendant des années pouvant, à tout moment, être déclarée contraire à la Constitution à la suite d'une exception soulevée par un justiciable. Sans doute ; mais le contrôle *a priori* a l'inconvénient plus grave encore pour les libertés constitutionnelles de laisser sans sanction une loi qui, jugée conforme à la Constitution au moment de sa conception, se révélerait porter atteinte à tel ou tel droit fondamental lors de son application. Et donner aux individus le pouvoir de défendre leurs droits, y compris contre leurs représentants, n'est-ce pas faire vivre et donner son plein effet à la Déclaration de 1789 rédigée « afin que les réclamations des citoyens, fondées sur des principes simples et incontestables, tournent toujours au maintien de la Constitution et au bonheur de tous » ?

C'est pourquoi il faut souhaiter que cette réforme, bloquée par le Sénat en 1990, soit rapidement reprise et adoptée.

Principales décisions du

1. C.C. 62-20 D.C., 6 novembre 1962, R. p. 27 : Saisi par le président du Sénat, Gaston Monnerville, de la loi relative à l'élection du président de la République au suffrage universel direct, adoptée par le peuple le 28 octobre 1962, le Conseil se déclare incompétent pour contrôler les lois « adoptées par le peuple à la suite d'un référendum », car elles « constituent l'expression directe de la souveraineté nationale ».

2. C.C. 71-44 D.C., 16 juillet 1971, R. p. 29 : La Déclaration des droits de l'homme et du citoyen de 1789 et le préambule de 1946 acquièrent un rang égal à la Constitution et peuvent donc servir comme elle de textes de référence pour contrôler et, le cas échéant, sanctionner les lois. En l'espèce, la libre constitution d'associations est qualifiée de principe fondamental reconnu par les lois de la République et, à ce titre, justifie la censure de la loi subordonnant la création d'association à l'intervention préalable de l'autorité judiciaire.

3. C.C. 74-54 D.C., 15 janvier 1975, R. p. 19 : Le Conseil juge que la loi relative à l'interruption volontaire de grossesse n'est contraire à aucune disposition ayant valeur constitutionnelle, et qu'il n'est pas compétent pour apprécier la conformité de la loi aux traités ou accords internationaux, en l'espèce, la Convention européenne des droits de l'homme.

4. C.C. 81-132 D.C., 16 janvier 1982, R. p. 18 : Le Conseil contrôle si le législateur n'a pas commis une erreur manifeste d'appréciation en décidant de nationaliser certaines entreprises et banques privées. Sur le plan du principe, il juge que le Parlement n'a pas commis d'erreur, a respecté le droit de propriété dans la mesure où l'étendue des nationalisations n'est pas assez importante pour restreindre le champ de la propriété privée et de la liberté d'entreprendre ; en revanche, le Conseil considère que le législateur a commis plusieurs erreurs dans le calcul des indemnités à verser aux anciens actionnaires et censure en conséquence la loi.

5. C.C. 85-187 D.C., 25 janvier 1985, R. p. 43 : Modifiant sa jurisprudence, le Conseil juge qu'il peut désormais apprécier la constitutionnalité d'une loi promulguée « à l'occasion de dispositions législatives qui la modifient, la complètent ou affectent son domaine ».

Conseil constitutionnel

6. C.C. 89-271 D.C., 11 janvier 1990, R. p. 21 : Le Conseil considère que « le pluralisme des courants d'idées et d'opinions constitue le fondement de la démocratie » et qu'en conséquence le Parlement ne peut retenir un mode de répartition de l'aide publique aux partis politiques qui soit « de nature à entraver l'expression de nouveaux courants d'idées et d'opinions ». Dans des décisions précédentes, le Conseil avait déjà fait référence à l'exigence constitutionnelle du pluralisme pour contrôler les différentes lois relatives à la presse écrite et audiovisuelle (C.C. 82-141 D.C., 27 juillet 1982, R. p. 48 ; C.C. 84-181 D.C., 10-11 octobre 1984, R. p. 78 ; C.C. 86-210 D.C., 29 juillet 1986, R. p. 110 ; C.C. 86-217 D.C., 18 septembre 1986, R. p. 141 ; C.C. 88-248 D.C., 17 janvier 1989, R. p. 18).

7. C.C. 89-269 D.C., 22 janvier 1990, R. p. 33 : Le Conseil pose le principe de l'égalité des droits entre Français et étrangers en jugeant que « les libertés et droits fondamentaux de valeur constitutionnelle sont reconnus à tous ceux qui résident sur le territoire de la République » et qu'ainsi « l'exclusion des étrangers résidant régulièrement en France du bénéfice de l'allocation supplémentaire méconnaît le principe constitutionnel d'égalité ».

8. C.C. 91-290 D.C., 9 mai 1991, R. p. 50 : Le Conseil censure la disposition de la loi reconnaissant le peuple corse comme composante du peuple français au motif que « la Constitution ne connaît que le peuple français, composé de tous les citoyens français sans distinction d'origine de race ou de religion ». Mais il reconnaît au Parlement, conformément à sa jurisprudence antérieure (C.C. 82-137 D.C., 25 janvier 1982, R. p. 38 ; C.C. 82-149 D.C., 28 décembre 1982, R. p. 76), le pouvoir de doter la Corse d'un statut propre, respectueux de son particularisme.

9. C.C. 92-308 D.C., 9 avril 1992, J.O., 11 avril 1992, p. 53-54 : Clarifiant sa jurisprudence antérieure, le Conseil pose un principe, la France peut consentir des transferts de compétences, et le soumet à une condition, que les engagements internationaux qui les prévoient ne contiennent pas de clause contraire à la Constitution ou ne portent pas atteinte aux

→

conditions essentielles d'exercice de la souveraineté nationale. En l'espèce, la reconnaissance aux citoyens de la
Communauté européenne du droit de vote et d'éligibilité
aux élections municipales est jugée contraire à la Constitution, et l'établissement d'une monnaie unique et la définition de la politique de visas par le traité de Maastricht sont
jugés affecter les conditions essentielles d'exercice de la
souveraineté nationale. En conséquence, décide le Conseil,
conformément à l'article 54 de la Constitution de 1958,
l'autorisation de ratifier le traité ne peut intervenir qu'après
révision de la Constitution. (Sur les décisions du Conseil
relatives au principe de la souveraineté nationale, C.C.
70-39 D.C., 19 juin 1970, R. p. 15 ; C.C. 76-71 D.C.,
30 décembre 1976, R. p. 15 ; C.C. 85-188 D.C., 22 mai
1985, R. p. 15 ; C.C. 91-294 D.C., 25 juillet 1991, R. p. 91.)

II. La logique politique du contrôle de constitutionnalité

A. Les principes du contrôle de constitutionnalité

1. La formation du « procès » constitutionnel

a) La détermination jurisprudentielle des textes de référence

Les textes de référence, c'est-à-dire les textes auxquels le
Conseil confronte les lois soumises à son contrôle sont,
depuis la décision du 16 juillet 1971, la Constitution de
1958 *stricto sensu*, la Déclaration de 1789 et le préambule
de 1946 ; ce dernier comprend l'énoncé des « principes
particulièrement nécessaires à notre temps » – égalité des
hommes et des femmes, droit au travail, liberté syndicale,

droit à la protection de la santé, etc. – et affirme l'existence de « principes fondamentaux reconnus par les lois de la République » sans en donner cependant la liste. Cet ensemble constitutionnel se caractérise par quatre traits principaux.

Il a d'abord un contenu qui fait de lui une véritable charte des droits et libertés. Les dispositions relatives à l'organisation des pouvoirs publics occupent en effet une place moins importante du fait de l'intégration dans la charte des droits aussi bien de la première génération – liberté d'aller et venir, liberté d'opinion, liberté individuelle, etc. – que de la deuxième génération – les droits socio-économiques de 1946.

Il est ensuite composé uniquement de textes nationaux. Les accords internationaux, comme la Convention européenne des droits de l'homme, n'ont pas, jusqu'à présent, été intégrés au bloc de constitutionnalité par le Conseil qui refuse régulièrement, depuis sa décision du 15 janvier 1975, « d'examiner la conformité d'une loi aux stipulations d'un traité ou accord international ». Cette compétence est renvoyée aux juges ordinaires qui l'ont accueillie, dès 1975 pour la Cour de cassation et seulement en 1989 pour le Conseil d'État (arrêt Nicolo).

Il est aussi un bloc en formation continue. La liste des droits constitutionnels n'est en effet pas fermée ; chaque année le Conseil consacre de nouvelles libertés constitutionnelles. Soit en déduisant de certains principes de nouveaux droits : ainsi de la libre communication des idées et des opinions, il fait découler le principe du pluralisme ; du principe général d'égalité, l'égalité des conditions de jugement, l'égalité dans l'expression du suffrage, l'égalité devant l'impôt, etc. Soit, puisque le préambule de 1946 n'en donne pas la liste, en « découvrant » des principes fondamentaux reconnus par les lois de la République : la liberté d'association (1971), de l'enseignement (1977), la liberté individuelle (1977), le respect des droits de la défense (1976), l'indépendance des professeurs d'Université (1984)...

Il est enfin construit par le juge constitutionnel lui-même. Ce dernier ne trouve pas en effet devant lui des principes constitués dont il aurait à faire seulement application. Il doit, pour faire produire un effet contentieux à chaque droit, lui donner un sens, le définir, c'est-à-dire se livrer à une interprétation de texte qui le conduira à retenir une signification particulière parmi toutes les autres possibles. Ainsi décide-t-il que les dispositions de l'article 53 de la Constitution « doivent être interprétées comme étant applicables non seulement » dans les hypothèses de cession de territoire mais aussi de sécession, alors même que le texte écrit est muet sur cette question (C.C. 75.59 D.C., 30 décembre 1975, R. p. 26) ; que le principe d'égalité doit s'interpréter comme valant non seulement entre nationaux mais aussi entre nationaux et étrangers (C.C. 89.269 D.C., 20 janvier 1990, R. p. 33).

b) La détermination des textes contrôlés

Les textes soumis au contrôle du Conseil sont principalement les lois. Il convient de distinguer trois hypothèses.

Pour les lois ordinaires, le contrôle se fait *a priori* et est facultatif. *A priori*, en ce qu'il ne peut intervenir qu'après le vote définitif de la loi par les deux assemblées mais avant sa promulgation par le président de la République ; celle-ci faite, aucune contestation de sa constitutionnalité n'est plus possible sauf, depuis la décision du 25 janvier 1985, « à l'occasion de l'examen de dispositions législatives ultérieures qui la modifient, la complètent ou affectent son domaine ». Facultatif, en ce que le contrôle ne s'exerce qu'à la suite d'un recours formulé par les autorités habilitées à cet effet.

Pour les lois organiques, et aussi pour les règlements des assemblées qui ont pour objet l'organisation de leur fonctionnement interne et de leur procédure de délibération, le contrôle est également *a priori* mais il est surtout obligatoire. Seul le Premier ministre est ici habilité à saisir le Conseil, et tant qu'il ne l'a pas fait et que le Conseil ne s'est pas prononcé, lois organiques et règlements d'assemblées ne peuvent être promulgués. Cette différence s'explique par les matières particulièrement importantes concernées par ces textes et, plus encore peut-être, par la volonté des constituants d'empêcher le Parlement de retrouver par ces instruments une liberté d'intervention que la Constitution lui avait enlevée.

Pour les engagements internationaux, le contrôle peut s'exercer selon deux modalités. Soit, en application de l'article 54 de la Constitution, le président de la République, le Premier ministre, le président de l'une ou l'autre assemblée ou soixante députés ou sénateurs peut demander au Conseil d'apprécier, avant la ratification ou l'approbation parlementaire, si un engagement international comporte une clause contraire à la Constitution ; si oui, la ratification ne peut intervenir qu'après une révision de la Constitution. C'est ce mécanisme qui a joué pour le dossier Maastricht : le Conseil, dans sa décision du 9 avril 1992, a considéré que, sur trois points – le droit de vote et d'éligibilité des ressortissants communautaires, la monnaie unique et le régime des visas –, il portait atteinte aux conditions essentielles d'exercice de la souveraineté nationale définie par la Constitution ; et le chef de l'État a dû en conséquence engager une procédure de révision constitutionnelle, préalable nécessaire à la ratification du traité. La seconde modalité de contrôle est celle du recours contre la loi autorisant la ratification ou l'approbation d'un engagement international par l'une des autorités habilitées à saisir le Conseil d'une loi ordinaire.

Dans toutes ces hypothèses, le Conseil dispose d'un mois pour statuer, délai bref assurément mais compensé en pratique par une « préparation » préalable du dossier dès qu'il apparaît au Conseil, notamment lors des débats parlementaires, que la loi fera l'objet d'un recours.

2. Les « techniques » de contrôle

a) L'interprétation des textes

Le législateur doit mettre en œuvre les principes constitutionnels, non les mettre en cause, non leur porter atteinte ; le Conseil doit donc vérifier que la loi s'inscrit dans le cadre autorisé par ces principes. Simple dans sa description, ce travail est complexe dans sa réalisation dans la mesure où il implique pour le juge de dire ce qu'est une interprétation correcte d'un principe constitutionnel, opération délicate s'il en est et toujours quelque peu subjective. L'égalité, décrète ainsi le Conseil dans sa décision du 18 novembre 1982, interdit toute disposition législative prévoyant la présence d'au moins 25 % de personnes du même sexe sur les listes municipales ; mais le principe d'égalité ne peut-il pas aussi s'interpréter comme autorisant les discriminations positives, c'est-à-dire celles qui tendent à assurer une égalité réelle, en l'espèce celle des hommes et des femmes dans l'exercice des mandats politiques ?

L'affaire se complique encore lorsque la loi met en jeu non pas un mais plusieurs principes constitutionnels. Ainsi, celle interdisant la propagande et la publicité en faveur du tabac et des boissons alcoolisées met en cause la liberté d'entreprendre et le droit de propriété mais met en œuvre le principe constitutionnel de protection de la santé publique ; la loi prévoyant les vérifications d'identité et la conduite au poste de police en cas de refus de justifier sur place son identité met en cause la liberté individuelle et la liberté d'aller et venir mais met en œuvre le principe de sauvegarde de l'ordre public. Dans toutes ces hypothèses, et elles sont nombreuses, le Conseil vérifie, cas par cas et sans prétention théorique, que l'arbitrage réalisé par le législateur ne fait pas supporter à l'un des principes des sacrifices trop importants. Et se repose la question de la subjectivité du juge dans l'appréciation de la conciliation par le législateur des principes constitutionnels...

Mais la décision du Conseil n'est pas seulement déterminée par son interprétation des textes constitutionnels ; elle l'est aussi par son interprétation de la loi contestée, comme le Conseil le reconnaît expressément dans sa décision du 24 juillet 1991. Pour effectuer ce travail-là, il a dégagé trois techniques particulières : la première est l'interprétation neutralisante, qui a pour objet de priver d'effet juridique les dispositions législatives litigieuses ; la deuxième est l'interprétation constructive, qui a pour objet d'ajouter à l'écrit législatif les considérations nécessaires pour le rendre

conforme à la Constitution ; la troisième est l'interprétation directive qui a pour objet de préciser les modalités
selon lesquelles la loi doit être appliquée pour être
conforme à la Constitution. Sans ce travail d'interprétation, les lois seraient censurées ; elles ne deviennent constitutionnellement valides que par et si ces techniques sont
utilisées par le Conseil. Ce dernier précise d'ailleurs toujours, lorsqu'il en fait usage, que la loi n'est pas contraire
à la Constitution « sous réserve de l'interprétation énoncée » dans sa décision.

b) L'appréciation des situations

A l'origine de toute loi se trouve une double appréciation : celle faite par le gouvernant-législateur sur la situation en cause et celle sur la solution à lui apporter. Par
exemple, l'arrivée en France d'étrangers sans les papiers
nécessaires – passeports, visas – est considérée, à un
moment donné, comme un problème important auquel il
faut apporter comme solution la création de zones de
transit dans les aéroports où les détenir pendant trente
jours – loi Marchand de janvier 1992. Le Conseil constitutionnel peut-il faire porter son contrôle sur ces apprécia-
tions ? Sa réponse a évolué. Dans sa décision du 15 janvier
1975, il affirmait qu'il n'avait pas « un pouvoir général
d'appréciation et de décision identique à celui du Parlement ». Mais, à partir de sa décision des 19 et 20 janvier
1981, il a considéré qu'il ne lui appartenait pas de substituer sa propre appréciation à celle du législateur *sauf si ce
dernier a commis une erreur manifeste.* Ce qui implique en
pratique qu'il se reconnaît toujours le pouvoir de contrôler
l'appréciation du législateur pour décider si elle repose ou
non sur une erreur manifeste. Ainsi, dans le cas de la loi
Marchand, le Conseil a jugé que le législateur avait commis
une erreur manifeste en estimant qu'une durée de rétention
de trente jours était raisonnable ; c'est « évidemment » trop
long. De même, le juge vérifie que la loi n'établit pas une
disproportion manifeste entre l'infraction et la peine en-
courue, qu'elle ne crée pas des écarts de représentation
entre secteurs électoraux disproportionnés de manière

manifeste, qu'elle n'apporte pas au principe d'égalité une atteinte qui dépasse manifestement ce qui est nécessaire.

Un seul exemple pour montrer la puissance que ce contrôle de l'erreur manifeste donne au Conseil constitutionnel. En 1984, le législateur juge que le groupe de presse Hersant est arrivé à une position de domination qui porte une grave atteinte au pluralisme – appréciation de la situation – et qu'en conséquence les dispositions de la loi anti-concentration doivent lui être appliquées – appréciation de la solution. Dans sa décision des 10 et 11 octobre 1984, le Conseil juge, lui, « qu'il ne peut être valablement soutenu que le nombre, la variété de caractères et de tendances, les conditions de diffusion de ces quotidiens méconnaîtraient actuellement l'exigence de pluralisme de façon tellement grave » – contrôle de la première appréciation parlementaire – « qu'il serait nécessaire, pour restaurer celui-ci, de remettre en cause les situations existantes » – contrôle de la seconde appréciation parlementaire.

Un tel contrôle, qui, par l'examen de la constitutionnalité de la loi, touche son opportunité même, introduit directement à la question, tant débattue, du rôle politique du juge constitutionnel.

B. La légitimité du contrôle de constitutionnalité

1. *L'influence politique du contrôle*

a) *L'influence du juge dans la fabrication des lois*

Par son contrôle, le Conseil participe, directement ou indirectement, au processus de fabrication de la loi. Directement, dans la mesure où, par les différentes techniques d'interprétation de la loi, il a le pouvoir de priver de portée juridique certaines dispositions législatives, de compléter le travail du législateur ou de dicter aux pouvoirs publics les modalités d'application constitutionnelle de la loi. Dans la mesure aussi où, lorsqu'il sanctionne une loi ou supprime certains de ses articles, il indique souvent au législateur, dans la motivation de sa décision de censure, le contenu qu'il doit donner à la loi pour qu'elle soit constitutionnelle. Et, régulièrement, le législateur suit les conseils du juge. Ainsi, dans sa décision du 29 décembre 1983, le Conseil a censuré les dispositions relatives aux modalités des perquisitions fiscales aux motifs que la loi ne précisait pas les types d'infractions ouvrant aux perquisitions, ne donnait pas au juge le pouvoir de vérifier le bien-fondé de ces investigations, ne prévoyait pas la présence du juge pendant le déroulement des opérations et ne définissait pas les locaux pouvant faire l'objet de perquisitions ; quelques mois plus tard, le Parlement a réécrit la loi en suivant les conseils donnés par le juge et celui-ci, à nouveau saisi, a pu alors déclarer que le législateur avait respecté « les exigences explicitées par la décision du 29 décembre 1983 ». De même, le Conseil ayant censuré, le 18 septembre 1986, la loi favorisant les concentrations des entreprises de presse, le ministre de la Culture et de la Communication, François Léotard, déposera un nouveau projet limitant ces concentrations, en déclarant publiquement qu'il n'exprime pas sa volonté mais celle du Conseil ; « le Parlement légifère sous l'ombre portée du Conseil constitutionnel », affirme-t-il.

Mais le Conseil pèse également, de manière indirecte, sur la fabrication de la loi. En effet, la menace d'un recours contre la loi conduit le gouvernement lors de la préparation du projet et les parlementaires lors du débat à intégrer préventivement les recommandations, conseils ou enseignements contenus dans la jurisprudence constitutionnelle. A ses ministres, Michel Rocard écrit, dès sa prise de fonction en mai 1988 : « il convient de tout faire pour éliminer les risques d'inconstitutionnalité susceptibles d'entacher les projets de loi même dans les hypothèses où une saisine du Conseil constitutionnel est peu vraisemblable ».

Le Conseil est donc devenu un des éléments principaux de l'ensemble complexe qui forme aujourd'hui la loi, expression de la volonté générale.

b) L'influence du juge dans le jeu politique

Toujours par son contrôle, le Conseil participe à la « normalisation » du jeu politique. Il permet de maintenir l'opposition dans le système de décision en lui offrant le pouvoir de faire censurer les lois votées par la majorité : et de fait, souvent, l'opposition obtient satisfaction – suppression par exemple de la notion de « peuple corse » dans la loi sur le nouveau statut de l'île – ce qui lui permet de mieux accepter le pouvoir d'une majorité dont elle sait pouvoir arrêter les décisions. La majesté reconnue aux sentences prononcées par la justice et dont bénéficie le Conseil a également pour effet de pacifier la vie politique dans la mesure où, quand il a tranché le litige, la polémique s'éteint et chacun des protagonistes politiques du procès accepte de se ranger aux arguments du Conseil. Ainsi, à propos de la loi Marchand sur les zones de transit qui a suscité une ample controverse politique et des manifestations de rue, le Premier ministre explique qu'elle « a donc décidé, pour éviter la poursuite de polémiques fâcheuses et pour préserver la cohésion sociale, de faire trancher la question par le Conseil constitutionnel » ; et ce dernier ayant donné tort au gouvernement, elle affirme tout aussitôt sa « volonté de se conformer scrupuleusement à la décision du juge ».

Le Conseil a aussi un rôle d'amortisseur des alternances politiques. Sans doute n'interdit-il pas l'expression de choix politiques différents : les uns peuvent nationaliser, les autres privatiser ; les uns choisir la représentation proportionnelle, les autres rétablir le scrutin majoritaire ; les uns créer l'impôt sur les grandes fortunes, les autres le supprimer... Mais il oblige les majorités politiques successives à limiter leurs ambitions de réforme en leur rappelant le respect de l'ordre constitutionnel existant : la droite n'a pas pu, comme elle le voulait, réformer l'audiovisuel dans un sens favorable à la concentration des entreprises de presse, car le Conseil lui a opposé le principe du pluralisme : la gauche n'a pas pu réformer l'enseignement supérieur comme elle le souhaitait, car le Conseil lui a opposé le principe d'indépendance des professeurs d'Université.

Désormais, pour des réformes alternatives, la loi ordinaire ne suffit plus ; pour aller par exemple vers une véritable décentralisation qui donnerait aux régions un pouvoir normatif, il faudrait au préalable voter une loi constitutionnelle qui modifierait l'actuel principe d'unité de la République. Il faut enfin ajouter que le Conseil interdit à une majorité nouvelle de supprimer les dispositions législatives adoptées par l'ancienne si cette abrogation a pour effet de porter atteinte à l'exercice d'un droit ou d'une liberté constitutionnelle ; cette jurisprudence dite de l'« effet cliquet » a évidemment pour conséquence de réduire l'amplitude des changements politiques.

2. *Le dilemme politique du contrôle*

a) Le juge constitutionnel, figure de la mort du politique ?

Ce double rôle politique du Conseil a suscité, et suscite toujours, des critiques qui toutes se résument à celle de sa légitimité : comment neuf juges nommés peuvent-ils avoir le droit et le pouvoir de peser de manière aussi déterminante sur l'activité des représentants du peuple souverain, élus au suffrage universel direct ?

Les critiques viennent de tous les horizons politiques. De la gauche d'abord, lorsque François Mitterrand écrit en 1964 que « le Conseil constitutionnel n'a jamais eu d'autre utilité que de servir de garçon de courses au général de Gaulle » et qui continue en 1978 d'affirmer que « le Conseil est une institution dont il faudra se défaire ». Quant au Parti communiste, partisan d'une conception parlementaire des institutions, il réclame la suppression du Conseil et le transfert du contrôle de constitutionnalité aux... parlementaires.

Mais la droite également, et en particulier les « gaullistes » critiquent le Conseil pour être devenu « tout autre chose que ce pourquoi il avait été fait », ainsi que l'écrit en août 1986, le garde des Sceaux, Albin Chalandon ; il est devenu l'arbitre entre la majorité et l'opposition ; ce rôle-là est, selon le ministre gaulliste, une anomalie, d'autant qu'il

s'accompagne d'un pouvoir discrétionnaire dans l'appréciation de la constitutionnalité des lois.

La doctrine elle-même, qui est et reste dans sa grande
majorité favorable au Conseil, s'inquiète de la place prise
dans le jeu politique par le juge constitutionnel, accusé de
détruire l'invention politique, de défendre des principes
d'un autre temps et de favoriser l'instauration d'un nouvel
ordre moral, d'une nouvelle dogmatique juridique, d'un
nouvel âge théologico-politique.

De toutes ces critiques, il faut faire la part des choses.
Celles des hommes politiques reposent souvent sur des
considérations tactiques : elles interviennent soit après une
décision qui leur est défavorable et elles expriment alors
leur mécontentement, soit avant une décision et elles
expriment alors leur volonté de peser sur la formation du
jugement du Conseil en lui rappelant sa fragile légitimité.
Mais globalement, aujourd'hui, et à l'exception du Parti
communiste et du Front national, toutes les formations
politiques acceptent le principe d'un contrôle de constitutionnalité des lois par un juge constitutionnel même si,
régulièrement, les hommes politiques manifestent un certain « agacement » à l'égard d'une institution qui limite
leurs pouvoirs.

b) *Le juge constitutionnel, figure d'une nouvelle forme démocratique ?*

La question de la légitimité est en effet essentielle, et elle
n'intéresse pas seulement le Conseil constitutionnel français mais le principe même de la justice constitutionnelle
quelles que soient ses modalités d'organisation. Elle ne
trouve un début de réponse qu'à la condition d'admettre
une remise en cause des deux critères qui fondent actuellement la légitimité démocratique. Remise en cause d'abord
de l'idée selon laquelle la volonté des citoyens, du peuple
n'est pas autre chose que la volonté exprimée par leurs
représentants élus. Si la dissociation est refusée, le contrôle
de la constitutionnalité s'oppose au principe démocratique
car en contrôlant la volonté des élus le Conseil touche à la
volonté du peuple ; si la dissociation est acceptée, il n'y a

aucune atteinte au principe démocratique puisque contrôler la volonté des représentants n'est pas contrôler la volonté du peuple. Or, il semble bien que l'idée de dissociation doive être admise.

Remise en cause ensuite de l'idée selon laquelle la démocratie se définit uniquement par l'origine du pouvoir. Si le suffrage universel et l'élection sont les seuls critères admissibles de la légitimité démocratique, le contrôle de constitutionnalité des lois doit être effectivement refusé et combattu, car, exercé par des personnes nommées, il relève d'une légitimité « aristocratique ». Mais si, comme le pensait Alain, la démocratie se définit aussi par l'existence d'un contrôle permanent et efficace des gouvernés sur les gouvernants, le contrôle est conforme au principe démocratique puisqu'il permet au Conseil de vérifier, dans l'intervalle des élections, que les élus respectent dans leur travail législatif les droits et libertés des citoyens.

Il ne s'agit sans doute pas de faire du juge constitutionnel, comme autrefois du député, la figure parfaite de l'idéal démocratique enfin réalisé. Il s'agit seulement d'attirer la réflexion – philosophique, politique, juridique – sur les mutations que son introduction et sa rapide promotion dans le jeu politique font subir à la notion de démocratie : avec le juge constitutionnel la raison axiologique ne l'emporte-t-elle pas sur la raison instrumentale ? Le contenu du droit ne l'emporte-t-il pas sur le formalisme positiviste ? Le principe de communication ne l'emporte-t-il pas sur le principe d'autorité ? Le droit à avoir de nouveaux droits ne reste-t-il pas constamment ouvert à la discussion publique ? Autant de questions pour inviter le lecteur à rêver les chemins d'un au-delà de la démocratie représentative qui reste démocratique. Bon voyage !

DOMINIQUE ROUSSEAU
professeur à l'université Montpellier-I,
directeur du Centre d'études
et de recherche comparative
constitutionnelles et politiques.

*

BIBLIOGRAPHIE

Pierre Avril et Jean Gicquel, *Le Conseil constitutionnel*, Mont-chrestien, 1992.

Dominique Chagnollaud, « L'avènement d'une cour souveraine : le Conseil constitutionnel », *RPP*, septembre-octobre 1991, p. 22 et s.

Louis Favoreu et Loïc Philip, *Le Conseil constitutionnel*, PUF, coll. « Que sais-je ? », 1991, 5ᵉ éd.

Bruno Genevois, *La Jurisprudence du Conseil constitutionnel*, STH, 1988.

Léo Hamon, *Les Juges de la loi*, Fayard, 1987.

François Luchaire, *Le Conseil constitutionnel*, Économica, 1980.

–, *La Protection constitutionnelle des droits et libertés*, Économica, 1987.

Bernard Poullain, *La Pratique française de la justice constitution-nelle*, Économica, 1990.

Dominique Rousseau, *Droit du contentieux constitutionnel*, Mont-chrestien, 1992, 2ᵉ éd.

–, *La Justice constitutionnelle en Europe*, Montchrestien, 1992.

Henry Roussillon, *Le Conseil constitutionnel*, Dalloz, 1992.

Dominique Turpin, *Contentieux constitutionnel*, PUF, 1986.

La justice

La structure de l'appareil judiciaire, l'organisation du système, la carrière de la magistrature n'appartiennent pas au droit constitutionnel. Pour les connaître, un étudiant devra aller examiner les ouvrages de droit privé. Étrange paradoxe qui, dans un pays où les théoriciens de la science politique ont réfléchi sur les trois pouvoirs, voit l'un d'entre eux être largement absent des réflexions des constitutionnalistes. Ce paradoxe tient d'abord à la réserve dont la Constitution elle-même fait preuve vis-à-vis de la justice. C'est du texte de la loi suprême dont il faut partir pour tenter de comprendre la place de la justice dans la société. Il importera ensuite de décrire largement l'organisation de la justice en France et de constater la diversité de ses formes. Il sera temps alors de s'interroger sur ce qu'il est convenu d'appeler son malaise, de tenter d'en comprendre les causes, et d'indiquer quelques remèdes.

I. L'autorité judiciaire

Le titre VIII de la Constitution porte en effet sur « l'autorité judiciaire » et non sur le pouvoir judiciaire.

Cette formule proposée par le Conseil d'État, lors de l'examen du texte constitutionnel en 1958, recouvre l'ensemble des juridictions de l'ordre judiciaire. Elle ne comprend pas en revanche les juridictions de l'ordre administratif qui n'apparaissent pas dans la Constitution.

Pourquoi le constituant de 1958, qui n'a pas repris le titre « du Conseil supérieur de la magistrature » figurant dans la Constitution de 1946, a-t-il délibérément refusé de faire de la justice un troisième pouvoir ? Les spécialistes de droit public ont depuis longtemps émis des réserves sur la dénomination « pouvoir judiciaire » : pas plus que les fonctionnaires, les magistrats ne tirent de l'élection leur légitimité. Si l'indépendance qui leur est reconnue, qui correspond à la nature même de leur fonction, fait d'eux un corps à part, elle n'interdit ni leur recrutement par concours, ni l'existence d'un statut, ni le déroulement d'une carrière : autant d'éléments qui caractérisent les agents publics français et qui interdisent de leur conférer, *stricto sensu*, un pouvoir. Dans la tradition française, en outre, la suprématie de la loi, qui, le cas échéant, vient interférer avec les affaires judiciaires en cours, implique, avec des nuances et des évolutions, la soumission du magistrat à la norme législative. Juges du respect de la loi, ceux-ci ne sauraient s'ériger en juges de la loi. Nommé par l'exécutif, soumis à la volonté du législatif, le juge qui, en vertu de la loi des 16-24 août 1790, ne saurait interférer dans les affaires de l'administration ne constitue pas à lui seul un pouvoir.

Le constituant a donc préféré à la rigueur des principes la solution réaliste : conférer à la justice une « autorité » qui appelle de la part des pouvoirs exécutif et législatif le respect ; et garantir son indépendance, c'est-à-dire lui donner les moyens de juger sans autre souci que de dire le droit ; lui donner la formation nécessaire pour comprendre les questions sans dépendre des seules informations données par les parties aux litiges ; lui éviter de faire dépendre la carrière du souci de plaire ; lui assurer les moyens nécessaires pour résister aux pressions d'où qu'elles viennent. « Souverain soumis uniquement à sa conscience et à la loi » : telle est, selon Balzac, la mission du juge. Il appartient à la Constitution de lui donner les moyens d'y parvenir.

Les articles 64 et 65 en décrivent le mécanisme, alors que l'article 66 confie à l'autorité judiciaire la tâche essentielle de veiller au respect de la liberté individuelle. Clef de voûte des institutions, il incombe au président de la République de garantir l'indépendance de l'autorité judiciaire. Ce choix surprenant et qui, on y reviendra, donne lieu aujourd'hui à de nombreuses contestations se justifie par la mission que celui-ci tire de l'article 5 de la Constitution : assurer par son arbitrage le fonctionnement régulier des pouvoirs publics ainsi que la continuité de l'État. Le président voit ici mis en valeur non son rôle de chef de l'exécutif mais bien celui d'ultime recours, chargé d'intervenir lorsque l'indépendance est menacée. Mais son pouvoir est limité par trois règles rappelées aux alinéas suivants :

1. Il est assisté par le Conseil supérieur de la magistrature. L'article 65 de la Constitution en précise la composition : le président de la République le préside ; il est assisté par le garde des Sceaux qui en est vice-président de droit et peut, le cas échéant, le suppléer. Conformément au second alinéa, l'ordonnance portant loi organique du 22 décembre 1958 est venue préciser sa composition : il comprend neuf membres, trois sont magistrats de la Cour de cassation, dont un avocat général, trois sont choisis sur une liste établie par le bureau de la Cour de cassation, un est membre du Conseil d'État. Dans tous ces cas, le président de la République dispose d'un réel pouvoir de choix puisqu'il désigne des personnalités figurant sur des listes comportant trois fois plus de noms que de places à pourvoir. Deux personnalités extérieures à la magistrature sont choisies par lui en raison de leur compétence. Les membres du Conseil supérieur sont désignés pour quatre ans. Leur mandat est renouvelable une fois. Un magistrat, désigné également par le président de la République, assure le secrétariat administratif du Conseil.

Traditionnellement, le Conseil supérieur de la magistrature se réunit à l'Élysée ; l'ordre du jour est arrêté par le président de la République ou par le garde des Sceaux. L'article 65, alinéas 3 et 4, de la Constitution lui confie quatre attributions essentielles : il fait des propositions pour les nominations de magistrats du siège à la Cour de cassation et pour celles de premier président de cour d'appel : cette disposition concerne environ cent vingt magistrats, pour lesquels l'intervention du Conseil est alors essentielle. Le terme « proposition » a ici en effet une signification très précise : le président de la République ne peut s'écarter des choix mis en avant par le Conseil supérieur de la magistrature. Son seul pouvoir éventuel est de demander à celui-ci, qui n'est pas tenu de s'incliner, une nouvelle délibération.

S'agissant de l'ensemble des autres postes de magistrats du siège, le pouvoir du Conseil supérieur est réduit à un pouvoir d'avis : le garde des Sceaux est alors chargé de proposer les noms au président de la République.

La Constitution confie en outre au Conseil supérieur de la magistrature le soin de fournir au président de la République un avis sur les grâces que l'article 17 lui donne le pouvoir d'accorder. Un tel avis revêtait une forme particulièrement solennelle lorsque la peine de mort était en vigueur. S'agissant de l'ensemble des recours en grâce, le Conseil supérieur désigne parfois un de ses membres pour examiner les dossiers. Lorsque le cas paraît délicat, le Conseil peut se réunir pour donner un avis.

Enfin, le Conseil supérieur est, en vertu du 4e alinéa de l'article 65, le conseil de discipline des magistrats du siège. Dans ce cas, le président de la République n'intervient plus. Le premier président de la Cour de cassation assume la présidence du Conseil qui se réunit alors à la Cour de cassation : assez paradoxalement, s'agissant de magistrats judiciaires, les décisions prises en la matière par le Conseil supérieur de la magistrature sont soumises par la voie de la cassation au contrôle du Conseil d'État statuant au contentieux (12 juillet 1969, L'Étang).

2. La Constitution renvoie à la loi organique le soin de fixer le statut des magistrats. Une telle disposition est une innovation : sous la IVe République, il n'y avait pas *stricto sensu* de statut. Celui-ci devait donc constituer la principale garantie de l'indépendance. Alors que l'article 34 de la Constitution renvoie à la loi ordinaire le soin de fixer les « garanties fondamentales » accordées aux fonctionnaires, c'est la loi organique qui détermine les principaux éléments

du statut des magistrats. Celle-ci est intervenue sous forme d'ordonnance le 22 décembre 1958 ; elle a été plusieurs fois modifiée depuis.

Le principal apport de l'ordonnance organique est d'affirmer l'unité du corps des magistrats : unité du siège et du parquet, unité entre les différents niveaux de juridiction ; un peu plus de cinq mille magistrats forment un seul corps. Le statut reste cependant pris entre les exigences propres à la carrière dans la magistrature et la volonté de simplification.

Aux cinq grades existant depuis 1953, la loi substitue deux grades. Mais chaque grade est lui-même divisé en deux groupes, auxquels il faut ajouter les magistrats hors hiérarchie : soit l'ensemble des conseillers à la Cour de cassation, les présidents de cour d'appel, et les chefs ou adjoints de juridictions de la région parisienne et de tribunaux de province particulièrement importants. La constitution de tableaux d'avancement conditionne le passage d'un grade à l'autre.

3. Enfin l'article 64, alinéa 4, affirme comme principe l'inamovibilité des magistrats du siège. L'article 4 de l'ordonnance organique explicite cette formule en précisant qu'un magistrat ne peut par conséquent recevoir sans son consentement une affectation nouvelle, même s'il s'agit d'un avancement. Échappent cependant à cette règle les magistrats du parquet qui sont, eux, placés sous l'autorité hiérarchique du garde des Sceaux, même si, comme le rappelle l'ordonnance organique, à l'audience leur parole reste libre.

II. La justice administrative

Tel est donc brièvement résumé le système mis en place par la Constitution de 1958 pour assurer aux magistrats l'autorité qui doit être la leur dans un État de droit. On remarquera que la Constitution ne dit rien, en revanche, de l'autre branche de la justice de France, à savoir la justice administrative. Si le Conseil d'État est mentionné, c'est uniquement dans son rôle de conseiller du gouvernement, non dans ses fonctions juridictionnelles. Assez paradoxalement, alors que les principes d'une justice libre sont aussi fondamentaux s'agissant du juge administratif que du juge judiciaire, c'est pour une large part par voie réglementaire que sont réglées les questions statutaires relatives aux membres des juridictions administratives. On se souvient que, rendu mécontent par l'arrêt Canal (19 octobre 1962) annulant la création d'une Cour militaire de justice par voie réglementaire, le général de Gaulle entreprît de réformer le statut des membres du Conseil d'État. Si la réforme n'aboutit finalement qu'à des modifications sans grande portée s'agissant du respect de l'indépendance de ses membres, elle fut menée par la seule voie réglementaire.

On peut considérer cependant que cette situation a été très largement modifiée par l'intervention du Conseil constitutionnel. Dans sa décision n° 80-119 DC du 22 juillet 1980 relative à la loi portant validation d'actes administratifs, le Conseil constitutionnel a affirmé que l'indépendance de la justice devait être regardée comme un principe à valeur constitutionnelle : s'agissant de l'autorité judiciaire, il s'est évidemment référé à l'article 64 de la Constitution ; s'agissant de la juridiction administrative, le Conseil a fait de son indépendance un principe fondamental reconnu par les lois de la République, principe qui garantit tant l'indépendance des magistrats administratifs que le caractère spécifique de leurs fonctions sur lesquelles ne peuvent empiéter ni le législateur ni le gouvernement. Cette décision fut particulièrement remarquée par la doctrine et saluée par son importance. D'une part, elle contenait en germe, par l'allusion qu'elle faisait au caractère spécifique des fonctions de la juridiction administrative, les principes qui seront expressément dégagés par la décision du 23 janvier 1987 consacrant la valeur constitutionnelle de l'existence de la juridiction administrative. D'autre part, parce qu'en affirmant le caractère constitutionnel de l'indépendance de la juridiction, le Conseil rappelait au législateur qu'il devait apporter le même soin à garantir cette indépendance s'agissant des membres de cette juridiction qu'il en apportait, explicitement invité à le faire par la Constitution, à la garantir à l'autorité judiciaire.

Deux ordres de juridiction coexistent dans notre organisation juridictionnelle, mais tous deux doivent offrir aux citoyens les mêmes garanties s'agissant de l'indépendance de leurs juges.

Le législateur a d'ailleurs directement tiré les conséquences de cette décision lors de l'élaboration de la loi du 11 janvier 1984 portant diverses dispositions statutaires relatives à la fonction publique de l'État. En effet, alors que la loi renvoie, en son article 8, à des décrets le soin de fixer les statuts particuliers des différents corps de fonctionnaires, l'article 9 réserve expressément le cas des membres des tribunaux administratifs : « Toutefois la loi fixe les règles garantissant l'indépendance des membres des tribunaux administratifs. » Une telle disposition est au demeurant parfaitement conforme à la répartition des matières telle qu'elle est prévue par les articles 34 et 37 de notre Constitution : les garanties données aux membres des tribunaux administratifs s'agissant de leur indépendance doivent être regardées comme des règles concernant les garanties fondamentales accordées aux fonctionnaires civils et militaires de l'État. En revanche, fonctionnaires et non magistrats, les membres des tribunaux administratifs verront toutes les règles particulières qui relèvent de leur statut sans lien direct avec les garanties d'indépendance fixées par le pouvoir réglementaire.

La loi garantissant l'indépendance des membres du corps des tribunaux administratifs est intervenue le 6 janvier 1986 ; elle modifie plus que sensiblement le fonctionnement du corps et l'organisation de la carrière ; elle s'inspire tout à la fois des règles en œuvre dans la magistrature en général et plus spécifiquement des choix opérés par le législateur pour un corps particulier de magistrats, les membres des chambres régionales des comptes. Nommés et promus par décret du président de la République, ils bénéficient dorénavant d'une inamovibilité de fait, la loi disposant qu'ils ne peuvent, lorsqu'ils sont en fonction, recevoir une nouvelle affectation sans leur consentement. La modification essentielle introduite par la loi de 1986 réside dans l'institution à l'article 13 de la loi du Conseil supérieur des tribunaux administratifs, qui exerce les fonctions traditionnellement exercées par les commissions administratives et techniques paritaires, ainsi que de la commission chargée de donner un avis sur le tour extérieur : ainsi la totalité de la carrière des magistrats des tribunaux administratifs est-elle gérée par un organisme que le législateur a entendu rendre indépendant du pouvoir exécutif et qui est présidé par le vice-président du Conseil d'État. La loi du 31 décembre 1987 portant réforme du contentieux administratif a entre autres pour objet de confier dorénavant la gestion du corps non plus au ministère de l'Intérieur, en vertu de la fidélité à un rattachement ancien mais symboliquement douteux, mais au Conseil d'État en affirmant mieux ainsi les liens qui unissent l'ensemble des degrés de la juridiction administrative, même si à la différence de la magistrature subsistent deux corps distincts : les membres du Conseil d'État d'une part, les membres des tribunaux administratifs et des cours administratives d'appel de l'autre. Elle modifie surtout profondément l'architecture de la justice administrative en France en créant un degré de juridiction intermédiaire entre les tribunaux administratifs et le Conseil d'État, les cours administratives d'appel, juges d'appel de droit commun des jugements des tribunaux administratifs.

Ainsi structurée, la justice française répond-elle aux exigences à la fois d'un État de droit et d'un État moderne ? On peut en douter à lire les multiples réflexions qui, depuis 1958, reviennent périodiquement sur le désarroi des magistrats et la crise de la justice. Le début des années soixante-dix fut marqué par l'opposition croissante entre le pouvoir et « les juges rouges », membres du Syndicat de la magistrature, réclamant pour la magistrature plus d'indépendance effective. Les années quatre-vingt-dix ont commencé par la multiplication des affaires qui ont vu s'opposer publiquement les magistrats au pouvoir. Le public assiste à ces joutes en sentant combien tout cela est malsain. Indépendance insuffisamment garantie ? Misère de la justice ? Crise sociale dont la justice ne peut assumer plus que sa part ? Tous ces facteurs expliquent sans doute largement la crise dont nous sommes contemporains.

III. Indépendance et moyens de la justice

La description même du statut des magistrats mis en place sous la Ve République montre les limites du principe d'indépendance figurant dans la Constitution. Trois critiques peuvent lui être directement adressées :

1. En subordonnant entièrement le Parquet au garde des Sceaux, la Constitution laisse au pouvoir exécutif un très large pouvoir d'intervention dans la mise en mouvement de l'action publique et, par voie de conséquence, dans le fonctionnement même de la justice : ce ne sont pas seulement les réquisitions *stricto sensu* que le garde des Sceaux peut diriger, mais c'est plus largement le rythme des poursuites voire les choix d'opportunité.

2. L'intervention du président de la République dans le processus de nomination et d'avancement, son rôle dans le choix des membres du Conseil supérieur de la magistrature permettent là encore à l'exécutif d'influencer, sinon de manière claire du moins indirectement, le comportement des magistrats. Pour de nombreux auteurs, la place donnée au président ne se concevait que si celui-ci avait effectivement exercé le rôle traditionnel d'un chef d'État. La place prééminente prise par le président au sein même du jeu politique rendrait suspect le système ainsi mis en place.

3. Enfin l'inamovibilité n'apparaît que comme une garantie relative. Il importe pour les magistrats de faire carrière, ce qui suppose à la fois d'être remarqué et d'être apprécié. Les études menées sur la carrière des magistrats montrent à cet égard l'importance de certains engagements : les postes en administration centrale sont souvent des tremplins pour des présidences de juridictions importantes ou pour des fonctions à la Cour de cassation.

En outre, la question de l'indépendance des magistrats ne se limite pas au seul rapport entre le juge et le pouvoir politique. La place prise par la presse dans la vie judiciaire, s'agissant au moins de certaines affaires sensibles, place le magistrat sous les feux des projecteurs et sous les yeux de l'opinion : de sa capacité à résister aux attraits de la scène médiatique dépend pour une large part la crédibilité de son action. Bien des gardes des Sceaux ont, sans succès, pensé qu'en matière d'instruction par exemple, à tout le moins en ce qui concerne les pouvoirs relatifs à la liberté individuelle confiés au juge d'instruction, la collégialité assurait mieux cette indépendance. Aucun jusqu'à présent n'a réussi à faire bouger un système largement marqué par l'inertie.

Plus peut-être encore que l'indépendance, c'est la situation matérielle de la justice aujourd'hui qui ne cesse d'inquiéter. Un ancien bâtonnier au barreau de Paris pouvait, parlant de la justice, la qualifier « d'institution délabrée ». Un rapport de la commission de contrôle du Sénat chargée d'examiner les modalités d'organisation et les conditions de fonctionnement des services relevant de l'autorité judiciaire pouvait parler d'un « sinistre annoncé ». Tous deux soulignaient le désintérêt successif des divers gouvernements pour le fonctionnement quotidien de la justice. Alors que chaque Français consacre sept francs par an à la justice, les Allemands y consacrent trente francs et les Anglais quatre-vingt-huit francs. Or, cette modestie des crédits ne correspond nullement à l'évolution du travail de la justice : en vingt ans le nombre des affaires enregistrées à la Cour de cassation et devant les cours d'appel a triplé, et le stock ne cesse d'augmenter même si les juridictions sont parvenues jusqu'à présent à maintenir un délai moyen convenable. La même tendance, avec, il est vrai, des délais plus longs, s'observe devant les juridictions administratives. Cet afflux contentieux, qui n'a pas été relayé par un accroissement des moyens, rend proche le seuil de rupture.

A ces considérations, il faut ajouter la misère matérielle qui caractérise nombre de palais de justice, pour ne pas parler du délabrement des immeubles eux-mêmes, dont attestent les mouvements sociaux qui ont perturbé les années judiciaires 1990 et 1991 : retards à juger, insuffisance de personnels concernant aussi bien les magistrats que les greffes, qui atteignent parfois des proportions criantes. Le plus grave réside peut-être dans la crise de recrutement qui affecte aujourd'hui l'École nationale de la magistrature : la baisse du nombre des candidats s'accompagne, selon les rapports des jurys d'entrée, d'une baisse de leur niveau : chaque année, des postes mis aux concours ne sont pas pourvus. Et il est arrivé aux jurys de sortie de mettre en garde contre le trop faible niveau de magistrats appelés à exercer rapidement le rôle et les fonctions de magistrats instructeurs, par exemple.

IV. Vers une réforme ?

Face aux constats désabusés que chacun s'accorde à dresser, quelles solutions permettront de dresser demain les contours d'une justice adaptée à son temps ? Les magistrats eux-mêmes, d'après toutes les enquêtes conduites sur ce thème, s'ils s'accordent sur l'existence d'un profond malaise, lié à la dévalorisation de leur profession, ne parviennent nullement à décrire clairement les objectifs d'une administration moderne de la justice. Le rapport déjà cité de la commission sénatoriale et les projets de l'ancien garde des Sceaux, Henri Nallet, présentaient quelques points communs. Peut-on espérer qu'ils constituent les bases d'une réforme à venir de la justice de notre pays ?

– Une réforme de la justice passe d'abord par une revalorisation de la fonction de magistrat : en termes de rémunération tout d'abord mais aussi en termes de responsabilité : à cet égard, la pratique de la collégialité, y compris à certains stades de l'instruction, apparaît à beaucoup comme un moyen nécessaire pour faire échapper les magistrats aux reproches de « splendide isolement ».

– Un effort substantiel de moyens et de crédits doit être

consenti par la nation tout entière en faveur de l'ensemble des juridictions : on ne peut à la fois vanter sans cesse les mérites de l'État de droit et refuser à ceux qui sont ses principaux acteurs les moyens de défendre cet État. Amélioration des conditions de travail par un effort de réhabilitation du patrimoine, recrutement de personnels non magistrats, plans de recrutement pluriannuels apparaissent aujourd'hui nécessaires pour revaloriser la justice dans toutes ses composantes.

– Au-delà, il n'est de projet ou de proposition qui ne suscite débats et polémiques : la départementalisation de la justice judiciaire souhaitée par Henri Nallet s'est heurtée à l'hostilité de la plupart des organisations de magistrats, l'indépendance du Parquet par rapport au ministre de la Justice est loin de faire l'unanimité. Quant à la réforme du Conseil supérieur de la magistrature, elle suscite beaucoup de craintes chez eux qui craignent à cette occasion de voir resurgir des formes toujours présentes de corporatisme syndical. Les rapports entre le pouvoir et la justice apparaissent aujourd'hui tellement tendus que toute réforme est lue comme l'expression à peine masquée d'un désir de reconquête de la justice. Proposée par le président de la République, cette réforme prévoit aujourd'hui l'élection des magistrats membres du CSM et la suppression du garde des Sceaux comme vice-président de droit. Le gouvernement de M. Balladur devrait en conduire la discussion devant le Parlement à la session de printemps.

– Certains, enfin, mettent en question le système tout entier, ils l'estiment trop complexe et défavorable au justiciable. Ainsi plaident-ils pour l'unité de juridiction et par voie de conséquence pour la suppression de la juridiction administrative.

Les pages qui précèdent ont aussi pour objet de suggérer que la réforme nécessaire de la justice est d'abord une réforme matérielle ; que le raffinement extrême de nos techniques juridiques et l'accroissement des normes de référence, en particulier en matière de respect des droits fondamentaux, auraient dû aller de pair avec cette amélioration des structures et cet accroissement des moyens. Ce n'est qu'ensuite, nous semble-t-il, qu'il sera indispensable, sans *a priori*, de réfléchir aux évolutions profondes en n'oubliant pas cependant que la dualité de juridiction n'a nullement interdit le renforcement des garanties relatives aux libertés publiques et le respect des droits de l'individu, tout au contraire.

Est-il illusoire de souhaiter qu'un pays comme la France, face aux archaïsmes qui marquent son système judiciaire, puisse s'offrir mieux qu'un débat partisan ? Qu'un véritable débat s'engage d'où le justiciable ne soit pas absent et que les magistrats de tout ordre n'oublient pas qu'il n'existe d'État de droit que si le juge n'est ni tout-puissant ni seul. Enfin que le principal souci du juge reste son indépendance au service de la société, lui, qui, quel que soit son état, a l'honneur, mais aussi la responsabilité, de juger « au nom du peuple français ».

DAVID KESSLER,
maître des requêtes au Conseil d'État,
professeur à l'IEP de Paris.

*

BIBLIOGRAPHIE

Alain Bancaud, « Le désarroi des magistrats », *Regards sur l'actualité*, La Documentation française, n⁰ 171, mai-juin 1991, p. 51-69.

Jean-Luc Bodiguel, *Les Magistrats, un corps sans âme ?*, PUF, 1991.

J. Chazal, *Les Magistrats*, Grasset, 1978.

« Droit pénal, bilan critique », *Pouvoirs*, n⁰ 55, 1990.

« L'administration de la justice », *Revue française d'administration publique*, n⁰ 57, janv.-mars 1991.

Rapport de la commission de contrôle du Sénat sur les modalités d'organisation et les conditions de fonctionnement des services relevant de l'autorité judiciaire, n⁰ 357, 5 juin 1991.

L'administration

Le projet originel de la Ve République – restauration de l'État et rationalisation de ses modes de fonctionnement – plaçait d'emblée l'administration au centre de ses préoccupations. Et en effet, de 1958 à 1992, sans jamais occuper le devant de la scène, elle est et reste un sujet et/ou un objet des politiques publiques, quelle que soit la diversité des rôles qui lui sont tour à tour confiés. Car ceux-ci sont bien différents, voire fort contrastés, d'hier à aujourd'hui. Le « tout-État » des origines – arc-bouté sur des « centrales » sûres d'elles-mêmes et dominatrices – a dû céder la place, bon gré, mal gré, à un « moins d'État » miné par le doute qui a saisi ses agents et soumis à la double concurrence du pouvoir périphérique des notables d'un côté et de l'« eurocratie » bruxelloise de l'autre. Après avoir atteint son apogée, l'administration est aujourd'hui sur la sellette.

Elle a tout d'abord fait l'objet de toute la sollicitude d'un pouvoir qui s'installe, et qui a besoin d'elle pour atteindre ses objectifs. « Rien n'est possible à l'État si ses pouvoirs n'ont pas à leur disposition une administration qui soit adéquate à eux-mêmes », déclare le général de Gaulle, dès le 17 novembre 1959, à l'ENA [1]. Il pense qu'une administration forte est nécessaire à l'État et à l'intégration de la nation. Comme l'écrit Jacques Chevallier, l'administration lui apparaît comme « la force centripète indispensable pour contrebalancer l'action des forces centrifuges qui menacent

1. Cité par Serge Salon, « Le général de Gaulle et la fonction publique », *in* Institut Charles-de-Gaulle, *De Gaulle en son siècle*, t. III, La Documentation française, 1992, p. 430.

sans cesse la cohésion nationale[2] ». De plus, nous sommes alors dans le contexte des Trente Glorieuses, celui du Welfare, où richesses et prestations à répartir s'accroissent constamment. « En ce temps-là, notent François Dupuy et Jean-Claude Thoenig, l'administration distribuait. Elle équipait, répartissait, éduquait, jouant le rôle d'un pôle autour duquel venait s'ordonner la majeure partie des activités[3]. »

Tout change avec l'irruption, au cours de la décennie 1970-1980, de ce que l'on appelle alors, faute de mieux, la « crise », dont les effets se répercutent évidemment sur l'administration. Celle-ci se met à douter d'elle-même, en même temps que redoublent les accusations dont elle est l'objet, qui prennent un tour moins rituel mais plus fondamental et plus sévère à la fois. Sa légitimité est mise en cause parce qu'on lui reproche son omniprésence ainsi que son coût, jugé exorbitant par rapport à ce que l'on croit savoir de ses homologues étrangères. Face au succès de l'entreprise et des valeurs qui y sont couramment associées, elle-même se prend à douter de ses modes d'action les plus éprouvés, de son savoir-faire – elle répugne encore à dire « know-how » mais sent bien qu'il lui faudra s'y résoudre –, voire même de sa vocation à se manifester sur des terrains qui lui étaient pourtant familiers. Par conséquent, ses agents, dont beaucoup ont de plus en plus de mal à trouver du sens à ce qu'on leur demande de faire, vivent à leur tour une crise d'identité.

En fait, sous la Ve République, l'administration est confrontée, en permanence, au défi de la modernisation. Mais tantôt comme outil et tantôt comme objet. Instrument privilégié de la modernisation de la société française, elle est elle-même sommée de se réformer et de renouer avec la modernité foncière du service public. Certes, les deux problématiques se recouvrent autant et même plus qu'elles ne se succèdent. Mais on ne peut ignorer le

2. J. Chevallier, « De Gaulle, l'administration, la réforme administrative », *ibid.*, p. 546.

3. F. Dupuy et J.-C. Thoenig, *L'Administration en miettes*, Fayard, 1985.

glissement qui substitue la prédominance de celle-ci à celle-là. Tandis que l'administration apparaît d'abord comme un instrument de modernisation au cours de la période gaulliste de la Ve République, elle devient surtout elle-même objet de modernisation dès que commencent à se manifester les alternances politiques.

I. L'administration, instrument de modernisation

Dans le droit-fil de la théorie classique et du modèle implicite issu du droit public, l'administration apparaît d'abord comme un outil propre à fonder l'efficace du pouvoir. La Constitution n'énonce-t-elle pas que le gouvernement « dispose de l'administration » ? Or, comme ce pouvoir s'assigne pour objectif la transformation en profondeur de la société française, et que l'appareil administratif de l'État est, par tradition, puissamment constitué, la recherche systématique d'un effet de levier caractérise certainement le rôle de l'administration sous la Ve République. Les résultats ne sont pourtant pas à la hauteur des espérances, des vices endogènes se mêlant à des foyers de résistance externes à l'administration pour limiter la portée des changements.

1. C'est à la fois en s'appliquant à imaginer des structures d'action adéquates et en participant abondamment à la sélection et à la socialisation des élites dirigeantes que l'administration contribue à la modernisation du pays.

La rationalisation des structures est un des thèmes dominants de la Ve République à ses débuts. On tente d'abord, dans une démarche classique, de répondre au besoin d'encadrement, de prise en charge de la demande sociale qu'exprime toute création de structures ministérielles supplémentaires. Il est certain qu'un seuil est à cet égard franchi, dès 1959, avec le gouvernement de Michel Debré, dont la structure est curieusement proche de celle que présente l'équipe de Pierre Bérégovoy.

Par rapport aux pratiques de la IVe République, on innove, en confiant des responsabilités aux ministres d'État ou en jouant sur les multiples adaptations qu'autorise le registre des ministères délégués et des secrétariats d'État (avec, en particulier, l'éphémère expérimentation des secrétariats d'État autonomes sous la présidence de Valéry Giscard d'Estaing).

C'est surtout en constituant de « grands ministères » responsables d'un faisceau large et cohérent de politiques sectorielles qu'on s'efforce d'impulser de la rationalité. Le ministère de la Défense nationale, par exemple, reprend une initiative de regroupement des forces armées de terre, de mer et de l'air, datant de la IVe République. Mais c'est à partir de 1958 que disparaissent les secrétariats d'État perpétuant les particularismes des trois armes, auxquels se substituent des structures horizontales marquant la volonté d'intégrer les actions de défense : État-Major général, délégué ministériel pour l'Armement et secrétariat général pour l'Administration. D'autres grands ministères sont de véritables créations de la Ve République, tel que celui de l'Équipement, créé le 8 janvier 1966 et résultant de la fusion définitive du ministère des Travaux publics et de celui de la Construction, avant d'aller, parfois, jusqu'à « couvrir » l'Aménagement du territoire, le Logement et le Tourisme. Le cas du ministère des Affaires sociales, regroupant principalement Santé et Travail connaîtra plus de vicissitudes, mais il témoigne de la même intention. Plus significatives encore sont les réformes – nombreuses – affectant l'organisation interne des services. Si beaucoup d'entre elles répondent à des commodités passagères ou présentent un caractère étroitement technique, il en est de plus ambitieuses, qui s'inscrivent dans une politique et la traduisent. Car, à travers le remodelage de l'organisation administrative, on cherche à introduire le changement dans un segment de la société. Les grandes réformes Pisani au ministère de l'Agriculture, en 1961 et 1965, expriment le souci d'atteindre les habitudes et les comportements caractéristiques de l'économie rurale traditionnelle en restructurant l'administration centrale autour de trois concepts : l'homme, l'espace, le produit. Quant à Olivier Guichard, il cherche, en 1970, à l'Éducation nationale, à introduire dans ce vaste ensemble, travaillé par les corporatismes et une imposante présence syndicale, les principes modernes de la direction participative par les objectifs. Aussi fait-il confiance à des experts en organisation pour imprimer cette volonté dans les structures de son ministère, qui s'organisent en directions d'objectifs et directions de moyens séparées, non hiérarchisées et complémentaires.

La mise en place de structures d'action adéquates à la recherche de la modernité s'exprime encore plus nettement par le recours à la formule de l'administration de mission. Lorsqu'un problème nouveau, mal pris en charge par les services existants, prend de l'importance, il paraît moins coûteux et plus efficace de créer une structure *ad hoc* que de tenter de réorganiser les administrations traditionnelles. La formule n'est pas une invention de la Ve République, puisque le Commissariat général du plan, qui en fut le prototype et l'un des fleurons, a été créé le 3 janvier 1946, et que dès 1956 Edgard Pisani en décrivait la physionomie dans un article célèbre[4]. Structure légère, opérationnelle, où le travail en équipe l'emporte sur la subordination hiérarchique et où l'objectif compte davantage que le respect bureaucratique de la règle, elle rassemble un petit nombre de collaborateurs de haut niveau. Elle est là pour innover, expérimenter, imaginer. Laboratoire d'idées, elle incarne intelligemment la parole de Durkheim pour qui « la fonction de l'État, c'est de penser ». Nul doute que ce soit au cours de la Ve République, et plus particulièrement dans sa phase « gaulliste » que ces missions atteignent leur apogée. Le Commissariat général du plan parvient alors à ériger en mythe, c'est-à-dire, au sens de Sorel, en un « ensemble lié d'images motrices », la planification souple, indicative, « à la française », qui devient un des objets majeurs de la réflexion théorique en sciences sociales,

---

4. E. Pisani, « Administration de gestion, administration de mission », *Revue française de science politique*, 1956, p. 315-330.

jusqu'à ce que le général de Gaulle évoque, dans une parole toujours citée, l'« ardente obligation » qu'est le plan. Grâce à ses commissions de modernisation, (appellation fort significative), le CGP invente l'économie concertée et associe les « forces vives » (milieux socio-professionnels, organisations syndicales) à son œuvre. Concertation que l'on retrouve par exemple dans les Commissions de développement économique régional (CODER) réunissant élus, personnalités qualifiées et « décideurs » (comme on ne dit pas encore en 1964) au niveau régional. C'est en 1958 qu'est créée la Délégation générale à la recherche scientifique et technique (DGRST) qui aura un rôle décisif dans la mise en place d'une politique publique de recherche, en gérant, au niveau interministériel, une enveloppe-recherche d'où sont issues par exemple les allocations si nécessaires pour constituer un vivier de jeunes chercheurs. Et c'est en 1963 que fut mise en place la Délégation à l'aménagement du territoire (DATAR), délibérément confiée à un homme politique de premier plan, Olivier Guichard, et dotée de moyens financiers d'intervention grâce au Fonds interministériel d'aménagement du territoire (FIAT). Nulle instance, mieux que celle qu'on a parfois désignée comme une « administration de commando », n'a illustré l'impact considérable de l'outil de modernisation que furent les missions. Des concepts comme celui d'armature urbaine de la France, des méthodes d'action comme la politique contractuelle entre l'État et les collectivités locales (contrats de ville moyenne, contrats de pays) lui doivent d'avoir trouvé plus qu'un écho, une mise en œuvre suivie d'effets souvent mesurables.

A vrai dire, le modèle a fortement diffusé son influence. Non seulement l'administration de mission a essaimé dans de nombreux domaines (aménagement touristique, aires métropolitaines, conversions industrielles, rénovation rurale, etc.) jusqu'à se banaliser parfois, voire à réintégrer le giron des services traditionnels, mais surtout, a-t-on pu voir émerger une communauté – naturellement très informelle – des « aménageurs » ou des « planificateurs » occupant des postes clefs dans de nombreux secteurs de l'administration française. Ils jouent ainsi le rôle actif d'un

véritable « groupe de pression pour la croissance » à
l'intérieur du système administratif, comme le relèvent des
analystes étrangers. Et l'administration – pour partie
seulement, s'entend – peut apparaître comme un « intellectuel collectif » s'investissant de véritables missions politiques, cristallisant, voire même créant, la demande sociale
en diffusant les normes et les modèles de la modernité, de
la mobilité et du développement dans les milieux stratégiques du secteur privé comme du secteur public.

2. A côté des structures, le second vecteur de modernisation est l'emprise que développe la haute fonction publique
sur le corps social et politique. Le fait n'est pas radicalement neuf, comme l'a montré Dominique Chagnollaud,
étudiant le « premier des ordres [5] ». Mais il s'affirme et se
systématise sous la Ve République, l'administration fournissant une fraction croissante de ses élites à la société,
civile ou politique. L'une de ses fonctions latentes est bien
d'être un instrument de sélection et de socialisation des
élites dirigeantes.

Le phénomène s'accentue parmi les « professionnels » de
la politique notamment les députés. Il est plus massif
encore au sein du pouvoir exécutif où les grands corps de
l'État majorent singulièrement la sur-représentation considérable dont ils jouissent déjà sur les bancs de l'Assemblée
nationale. Sous la Ve République la proportion moyenne
des membres du gouvernement issus de l'administration
s'établit à un niveau très supérieur (54 %) au pourcentage
maximal de la IVe République (41,7 %). Plusieurs gouvernements passent le cap des 60 % (de Gaulle en 1958,
Messmer en 1973, Chirac en 1974, Barre en 1976). De plus,
les ministères importants sont souvent aux mains d'anciens
fonctionnaires, et d'abord Matignon, puisqu'il faut attendre Édith Cresson, en 1991, pour que le Premier ministre
n'ait pas cette qualité. Que l'administration soit devenue,
par ses grandes écoles et ses grands corps, l'une des filières
de formation de l'élite politique est, de toute évidence, un

5. D. Chagnollaud, *Le Premier des ordres. Les hauts fonctionnaires.*
XVIIIe-XXe siècle, Fayard, 1991.

changement majeur par rapport à la tradition républicaine dans laquelle tout – origines sociales, formation, cursus – opposait le ministre et le haut fonctionnaire. Parmi les voies d'accès aux positions de commandement politique, les examens et concours de la fonction publique prennent, aux dépens des formes traditionnelles de notabilité sociale, une place croissante.

De la même façon, la pratique du pantouflage se développe et se diversifie. Elle touche désormais 17 % environ des anciens élèves de l'ENA, soit plus de sept cents d'entre eux qui poursuivent leur carrière dans une entreprise, où ils côtoient des anciens des Mines ou des Ponts, issus de l'École polytechnique. Mais surtout le pantouflage est de plus en plus précoce, ce qui en étend considérablement la portée. En effet, au profil « classique » de celui (ingénieur d'un corps technique, principalement, ou inspecteur des finances) qui, au bout de quinze ans de fonction publique, répond aux offres qui lui permettent de monnayer son expérience des rouages de l'administration, son réseau de relations et son carnet d'adresses, s'ajoute désormais le cas de ceux pour lesquels le passage par une grande école de l'administration est un investissement rationnel, et l'affectation dans un grand corps, un élément d'enrichissement de leur curriculum vitae. Or, c'est là un investissement à forte rentabilité, car on sait qu'en France ce sont souvent les grands corps qui jouent le rôle qu'assurent, dans les pays anglo-saxons, les cabinets de sélection des dirigeants. Une étude récente, comparant les modes d'accession aux responsabilités des « numéros un » des deux cents principales firmes françaises et allemandes, met fortement en évidence le contraste des deux itinéraires types[6]. Le patron allemand fait sa carrière au sein de l'entreprise ; le français, issu d'un grand corps de l'État, a débuté dans une administration ou un cabinet ministériel et s'est trouvé « catapulté » à la tête d'une entreprise. En

6. Bénédicte Bertin-Mourot et Michel Bauer, *Les 200 en France et en Allemagne. Deux modèles contrastés de détection-sélection-formation de dirigeants des grandes entreprises*, CNRS et Heidrick and Struggles. Analysé dans *Le Monde* du 20 mai 1992.

France, deux écoles de l'administration (X et l'ENA) produisent plus de 45 % des patrons. Tout se passe donc comme s'il appartenait à l'administration de détecter et trier les « meilleurs », non seulement pour son propre compte, mais pour celui de la société dans son ensemble. La force de légitimation des concours, caractéristiques de notre fonction publique y est sans doute pour beaucoup.

Répartition des atouts

dans les sociétés françaises   **dans les sociétés allemandes**

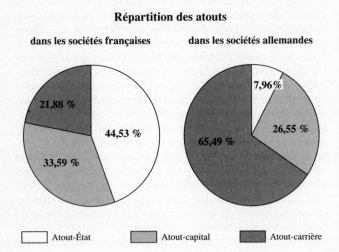

Ces deux graphiques indiquent les raisons de l'installation des patrons à la tête des entreprises françaises et allemandes. L'atout-État représente le passage par les grandes écoles ou les cabinets ministériels, l'atout-capital désigne les fondateurs et les héritiers. L'atout-carrière symbolise l'évolution dans l'entreprise.

Source : Bénédicte Bertin-Mourot et Michel Bauer, *Les 200 en France et en Allemagne. Deux modèles contrastés de détection-sélection formation de dirigeants de grandes entreprises,* CNRS et Heidrick and Struggles.

3. On sait bien qu'il y a loin de la coupe aux lèvres, et que la modernisation n'a pas toujours été aux rendez-vous que lui fixait l'administration. Il ne serait d'ailleurs pas aberrant de récuser les vertus modernisatrices de certains des voies et moyens qu'elle utilise pour jouer le rôle qui lui

est assigné. On pourrait par exemple, et certains l'ont fait, analyser plutôt comme un archaïsme ou un frein la prépondérance qu'elle s'est assurée dans le processus de sélection et de formation des élites sociales et politiques. Mais même si l'on ne partage pas ce point de vue (ne serait-ce, par exemple, que parce que ce système autorise un accès précoce à des responsabilités importantes et ouvre des perspectives de brassage social), il en résulte à coup sûr des inconvénients, qui peuvent à leur tour provoquer des effets dysfonctionnels. Il est certain par exemple que le patron français catapulté à la tête de l'entreprise n'a pas de celle-ci la connaissance intime et concrète de son homologue allemand, et que le modèle français peut décourager l'encadrement supérieur de l'entreprise, persuadé que sa carrière est balisée par son école d'origine.

De son côté, le volontarisme rationalisateur a, sur de nombreux plans, montré ses limites. L'échec le plus patent est sans doute celui de l'impossible restructuration en profondeur du réseau des collectivités locales, où l'on a dû renoncer à l'idée de l'optimum dimensionnel et procéder à un empilage de structures hétéroclites, et ne disposant jamais des moyens adéquats pour résoudre les problèmes auxquels elles sont confrontées. De même est-on frappé par les difficultés que rencontre la mise en œuvre des programmes de délocalisations administratives pourtant conçus comme des pièces importantes du dispositif de l'aménagement du territoire.

Sans doute parce qu'il est vain de prétendre « changer la société par décret » ; ce titre de Crozier a peu à peu pénétré les esprits, plus sensibles aux difficultés que rencontrait le changement à mesure que s'émoussait l'esprit missionnaire des fondations. En tout cas, faute de diagnostic suffisant, le remède, s'il n'est pas pire que le mal, reste souvent inopérant.

Enfin, de puissants facteurs exogènes sont parfois venus contrarier les efforts déployés pour hâter la modernisation du pays. Ainsi peut-on dire qu'en 1982 la réforme de la planification, conçue pour restituer un rôle actif au Commissariat général du plan et restaurer à la fois le concept et le mythe, intervient au moment où la contrainte externe se fait le plus lourdement sentir sur l'économie française, ruinant d'un coup les espoirs mis dans une réforme minutieusement préparée. Jusqu'à la planification régionale, principale novation de la loi du 29 juillet 1982, qui n'est en réalité qu'une planification réduite aux acquêts, c'est-à-dire à la programmation définie dans les contrats de plan État-régions. Car il y a loin entre un véritable plan, qui est un projet visant à réduire l'incertitude, les incohérences, voire même les conflits (entre groupes sociaux aux intérêts antagonistes), et la course aux avantages à faire valider par la contribution étatique à laquelle les régions sont contraintes, par une logique procédurale et la plus forte rentabilité du court terme, de donner la préférence.

Comme on pouvait s'y attendre, ce n'est pas sans difficulté ni sans connaître l'échec que l'administration joue, sous la Ve République, ce rôle de vecteur de la modernisation. Il s'avère qu'il n'est ni plus facile ni moins aléatoire d'inscrire durablement dans les faits la volonté, qui progressivement s'affirme et s'affine, de moderniser l'administration elle-même.

II. L'administration, objet de modernisation

Jamais n'a été négligée ou ignorée la nécessité d'ajuster l'organisation et le fonctionnement de la machine administrative. C'est ainsi que les deux importants décrets du 14 mars 1964, sanctionnant d'ailleurs près de deux années d'expérimentation préalable, ont marqué les débuts de la Ve République. L'un tente de s'opposer à la tentation, rémanente des services extérieurs dans les départements, de s'affranchir de la tutelle préfectorale pour nouer des relations exclusives avec leur centrale ; la cohérence des actions publiques s'en trouve menacée. Le préfet recevra donc les moyens techniques et procéduraux d'affirmer son autorité comme représentant du gouvernement et coordonnateur des politiques publiques. (La réforme n'atteindra toutefois que partiellement ses objectifs ; les moyens considérables dont disposent certains services techniques tels que les DDE et, dans une moindre mesure, les DDA confèrent une certaine autonomie à ces administrations, même si leur directeur doit faire allégeance au préfet.)

L'autre décret du 14 mars 1964 créait, autour du préfet de région (qui reste toutefois le préfet du département chef-lieu), un embryon d'administration régionale, avec un état-major – la Mission économique régionale, composée de chargés de mission de haut niveau instruisant les dossiers pour le préfet –, une instance de concertation regroupant les principaux responsables des administrations – la Conférence administrative régionale –, et une assemblée consultative – la Commission de développement économique régional ayant l'originalité d'associer des élus et des socioprofessionnels (lesquels ne retrouveront plus par la suite, au sein des assemblées spécifiques dans lesquelles ils se trouvent confinés, le sentiment d'être écoutés avec autant d'attention).

Les réformes de 1964 ne sont donc pas minces, de même que ne peuvent être passées sous silence les importantes mesures de déconcentration des crédits d'investissement de l'État qui interviennent en 1970. Mais aussi importantes qu'elles soient, ces réformes n'en conservent pas moins un caractère technique ; elles visent à rationaliser le fonctionnement d'un appareil administratif dont la conception d'ensemble reste inchangée. Il faut attendre la décennie 1970-1980[7] pour qu'interviennent, sinon de véritables révolutions culturelles, du moins des changements de perspective ambitionnant d'atteindre la logique même de l'institution administrative. Il s'agit de la « découverte » de l'usager et de la mise sur orbite de la politique de renouveau du service public.

---

7. Sauf exception, en particulier pour la RCB, lancée dès 1967. Cela confirme que les deux problématiques qu'on a choisi de mettre en évidence se recouvrent dans le temps, comme on l'a dit en introduction.

1. Ce n'est guère forcer la réalité que de dire que, avec un temps de retard sur certaines de ses homologues étrangères, l'administration française découvre l'usager dans les années soixante-dix. Alors qu'elle n'a jusque-là à connaître que des administrés – assujettis, contribuables, demandeurs... –, des initiatives du politique vont la confronter à de véritables interlocuteurs ; une esquisse de dialogue succède ainsi aux monologues juxtaposés mais d'inégale résonance. Et sans doute est-ce là l'une des causes de la croissance du contentieux administratif, particulièrement marqué en zone urbaine ; l'usager saisit plus volontiers le juge lorsque l'administration est désacralisée.

La première réforme contribuant à banaliser le rapport entre le citoyen et l'administration est l'institution du médiateur par la loi du 3 janvier 1973. Plus ou moins étroitement inspirée du précédent de la Suède, l'« ombudsmanie » a touché l'Europe du Nord et les pays de tradition anglo-saxonne par vagues successives entre les années 1950 et 1968, avant d'atteindre les rivages de l'Hexagone. Alors même que certains protestent de son inutilité en raison de la présence, en France, d'une juridiction administrative, il vient pallier défaillances ou insuffisances de celle-ci dans le cas où elle ne peut s'opposer à la « maladministration », à l'iniquité. Le médiateur, qui traite plusieurs milliers de dossiers chaque année, puise dans cette connaissance des affres les plus quotidiennes de la bureaucratie une capacité de proposition de réformes opérationnelles[8]. Mais son impact sur le système administratif reste modeste et marginal. Sans doute parce qu'il a jusqu'à présent pris le parti de se faire accepter par les administrations, en renonçant à faire usage de ses pouvoirs les plus incisifs (engagement d'une procédure disciplinaire contre tout agent responsable au lieu et place de l'autorité compétente en cas de défaillance de celle-ci par exemple). Sans doute aussi parce que toute son action repose, à lire les rapports successifs, sur deux préceptes contestables. Pour lui, l'administration ne ferait qu'appliquer des textes

---

8. 23 000 réclamations ont été reçues en 1990 ; 22 propositions de réforme énoncées par le médiateur sont à l'étude.

dont elle n'est pas responsable, ce qui est une vision théorique des choses. Il est d'autre part convaincu qu'elle se réformera d'elle-même ou ne se réformera pas ; conviction angélique que dément l'observation car il n'y a de réforme véritable qu'imposée de l'extérieur, soit par la volonté politique, soit par la contrainte des faits.

L'autre initiative consacrant les droits de l'usager est faite des textes sur la « transparence » administrative, qui se succèdent de 1978 à 1983. On a, à cet égard, parlé d'une « troisième génération des Droits de l'homme » (Guy Braibant) et célébré la « fin de la société du secret » (René Lenoir). De fait, pour ne prendre que le cas de l'accès aux documents administratifs, il s'avère par exemple que, d'une part, les avis rendus par la Commission d'accès aux documents administratifs (CADA) dans le sens de la communication sont très majoritairement suivis par les administrations, dans plus de 70 % des cas, ce qui est considérable si on songe que la Commission n'a pas de moyens de contraintes sur les services et s'impose par sa seule autorité morale (confortée il est vrai par la menace de suites contentieuses). D'autre part, dans un nombre significatif de cas, les demandes de communication qui avaient été refusées initialement sont satisfaisantes avant même que la Commission ne rende son avis : sa saisine suffit à convaincre l'administration de procéder à la communication. Ce qui, évidemment, témoigne d'une réelle ambiguïté : en même temps qu'un succès de la CADA, c'est aussi le signe de la mauvaise foi des administrations, qui ne communiquent que si elles y sont obligées, et qui, lorsqu'elles opposent un refus, savent pertinemment qu'elles froissent l'esprit et le texte de la loi.

Outre son ambiguïté, le succès de la CADA ne suffit sans doute pas pour conclure à la transparence de l'administration. Ces progrès législatifs ne font guère que compenser, mais insuffisamment, un accroissement plus rapide de l'opacité du système administratif. Les organigrammes sont de moins en moins lisibles, et de moins en moins stables. La décentralisation d'un côté, la construction européenne de l'autre renforcent singulièrement la complexité. Le citoyen est désorienté plus qu'aidé par le foisonnement des messages dont il est la cible. Et ceux qui savent rechercher l'information utile sont déjà les mieux informés ; c'est une erreur commune de croire que l'information est un produit de grande consommation.

La bonne foi du politique, voulant que l'administration soit plus accessible à l'usager, ne peut pas être mise en doute ; mais l'objectif est loin d'être complètement atteint.

2. La politique de renouveau du service public a été longue à trouver sa voie. C'est qu'il lui a fallu surmonter les déboires des premières expériences d'introduction d'une rationalité managériale dans l'administration, puis attendre que le système soit purgé des perturbations provoquées par les querelles idéologiques autour du statut des fonctionnaires et les diatribes sur leur effectif.

La prise en compte de l'efficience et de l'efficacité administratives ne saurait être attribuée à la désormais fameuse circulaire Rocard de 1989. Faut-il rappeler que, dès les années trente, se met en place une réflexion que les spécialistes d'« organisation et méthodes » s'emploient à faire passer dans les pratiques administratives ? Ou que le comité central d'enquête sur le coût et le rendement des services publics, dès son premier rapport, publié en 1947, dénonce l'insuffisance des rendements, programme des études sur le prix de revient des services, la réduction des coûts de fonctionnement, la simplification de l'organisation, l'amélioration de la qualité des prestations et l'adaptation des circonscriptions administratives aux nécessités de la vie moderne ?

Dès la seconde moitié des années soixante, l'intérêt se manifeste, au sommet de l'État, pour des méthodes, le plus souvent importées des États-Unis, qui toutes tendent à améliorer et à rationaliser le *decision making process*. Telles l'analyse coût-efficacité, la direction participative par les objectifs, l'analyse de système ou la rationalisation des choix budgétaires (RCB), directement inspirée du « PPBS[9] ». La RCB, introduite en particulier sous l'in-

---

9. *Planning-programming-budgeting system*, introduit en 1961 par

fluence de Michel Debré et du ministère des Finances, suscitera un véritable engouement. Des moyens importants lui sont consacrés et, avant de se traduire en budgets de programmes, elle suscitera un grand nombre d'études très sophistiquées. Tout ce mouvement préfigure si bien une profonde rénovation des modes de fonctionnement du système administratif qu'un observateur aussi averti que Jean-Claude Thoenig peut écrire, en 1974 : « Tout porte à croire que les activités administratives sont à la veille de connaître une véritable révolution qui serait pour elles ce que l'introduction du machinisme fut au xixe siècle pour les activités industrielles[10]. »

Si le diagnostic se révèle exagérément optimiste et pour le moins prématuré, c'est d'abord pour les raisons analysées par Thoenig lui-même. Il met en évidence la contradiction consistant à vouloir mettre l'innovation technique et intellectuelle au service d'une pyramide hiérarchique conservant sa structure de commandement traditionnelle.

Et si, après les déboires de la RCB, le thème quitte provisoirement l'agenda des gouvernants, c'est parce qu'il est occulté par d'autres modes – la vague de la transparence – ou d'autres débats, autrement « fracassants » tel que celui qui prend de l'ampleur à la fin des années soixante-dix sur le statut des fonctionnaires et sur les effectifs. Du rapport Longuet qui, en 1980, préconisait un éclatement de la fonction publique, à la petite phrase du Premier ministre Raymond Barre sur les « nantis », les agents de l'État ont trop le sentiment d'être dans le collimateur pour se mobiliser vraiment sur autre chose que la défense de leur statut. Aussi ne peut-on s'étonner de ce que le retour du balancier se traduise, après l'alternance de 1981, par le développement d'une rhétorique du « fonctionnaire-citoyen », et que la recherche de l'efficacité sociale de la fonction publique se fasse à travers l'élargis-

---

Robert McNamara au département de la Défense et généralisé par le président Johnson à partir de 1965.

10. J.-C. Thoenig, chapitre « La rationalité », in *Où va l'administration française ?*, CSO-Éd. d'organisation, 1974, p. 142.

sement de l'édifice statutaire, étendu à la fonction territoriale et à la fonction hospitalière [11].

Ces débats « théologiques » ayant été évacués et l'État ayant à peu près réussi, à partir de 1983-1984, à stabiliser ses effectifs, les conditions se trouvaient à nouveau réunies pour que soit réactivé – c'est chose faite à partir de 1987 – le chantier de la modernisation. Ce retour est favorisé par le souci commun à tous les gouvernements de maîtriser la hausse des prélèvements obligatoires et la conscience partagée de ce que le secteur public est un facteur essentiel de compétitivité.

Le génie particulier de la circulaire Rocard du 23 février 1989 vient du changement d'approche qu'elle propose ; la problématique n'est pas nouvelle, mais la méthode rompt avec les expériences antérieures. Au changement « par le haut » est substituée la recherche systématique de la motivation des personnels. C'est pourquoi les projets de service, s'appuyant sur une démarche participative et visant à améliorer la communication interne et externe, et les centres de responsabilité, qui en sont l'aboutissement normal en ce que, fondés sur un contrat passé entre les services et leur administration centrale, ils permettent aux premiers de disposer d'un budget global et de garder le bénéfice des gains de productivité (par le report des crédits) en échange d'une évaluation de résultats en fin de période contractuelle, en sont les instruments les plus caractéristiques. Mais le chantier de la modernisation s'agrémente de nombreux outils plus classiques – tels que la réforme des procédures financières et comptables ou la charte de la déconcentration, adoptée le 1er juillet 1992 en Conseil des ministres, en vertu de laquelle les différents ministères doivent désormais préparer un projet de restructuration fondé sur le principe de subsidiarité des compétences réservées à l'administration centrale. Il s'accompagne également de préoccupations plus larges que celle du « renouveau » du service public, même si celle-ci en est une

11. Voir sur ce point le numéro spécial de la *RFAP*, n° 26, « Administration et société. Vers une autre administration ? », Actes du colloque de l'IFSA de janvier 1983.

pièce essentielle, comme la formation des agents ou l'évaluation des politiques publiques[12]. Celle-ci, considérée comme un « devoir » par la circulaire Rocard et conçue, à la différence d'un audit, comme un processus permanent pose encore de nombreux problèmes, méthodologiques et pratiques. Considérée comme un outil d'analyse, elle peut incontestablement œuvrer à l'appropriation des objectifs du service par ses agents. Mais toute la difficulté est de la faire déboucher sur la décision, à laquelle elle doit pourtant normalement aboutir. Peut-on alors la préserver des conflits d'intérêts, des enjeux de pouvoir qui furent à l'origine de l'échec de la RCB, et lui conserver sa pureté théorique qui la distingue des contrôles traditionnels ? La question ne tardera pas à trouver des réponses à travers les politiques où l'évaluation est d'ores et déjà pratiquée, comme le RMI, la recherche ou les universités (encore que, pour celles-ci, il s'agisse davantage d'une évaluation de services que de politiques).

Le contexte dans lequel s'inscrit la politique de modernisation du service public rend la tâche particulièrement délicate. Car il est fait de deux discours dominants et antagonistes qui semblent occuper tout le terrain disponible. Le discours de l'incroyant, celui de l'impavidité bureaucratique, qui ironise sur le thème « plus cela change, plus c'est la même chose » ; et le discours du prosélyte, mimétique, qui pose qu'« il n'y a qu'à » transfuser l'administration avec les méthodes du secteur privé, sans se soucier de la compatibilité des tissus. La voie est étroite et le plus difficile est d'accréditer, dans l'esprit de tous les opérateurs, l'idée même de la possible modernité, ou du renouveau, du service public. Les premières recherches systématiques, montrent que les cadres supérieurs de la fonction publique sont réceptifs et prêts à s'engager dans la politique de modernisation, mais qu'ils ne se définissent cependant pas comme des managers assurant un rôle

12. P. Viveret, *L'Évaluation des politiques et des actions publiques. Rapport au Premier ministre*, La Documentation française, 1989.

fonctionnel[13]. Il faut y ajouter le scepticisme, voire le manque d'adhésion, des cadres intermédiaires, les « capitaines », comme les appelle Bernard Brunhes. Enfin, il faut savoir que le mythe de la modernisation a surtout rencontré de l'écho dans les services qui y étaient déjà plus préparés que d'autres, creusant ainsi le fossé entre les îlots de modernité et le reste de l'administration.

C'est de façon permanente que l'administration se trouve confrontée, comme vecteur et/ou comme objet, au défi de la modernisation. Elle aura, en outre, à résoudre dans un très proche avenir, deux difficultés considérables, dont on n'aperçoit pas encore très clairement l'issue.

La première provient d'une « logorrhée législative et réglementaire » que vient de dénoncer le Conseil d'État avec une vigueur inaccoutumée, même si ce n'est pas la première fois qu'il relève la « prolifération de textes inutiles, mal étudiés, trop fluctuants, qui ne répondent pas aux exigences de clarté, de simplicité et de stabilité du droit ». Le phénomène, dont l'administration n'a pas l'entière maîtrise, est à l'origine de multiples dysfonctions, dont la croissance d'un contentieux qui perpétue la crise de la justice administrative, résolument incapable de dire le droit dans des délais acceptables : la durée totale d'une instance qui va en appel devant le Conseil d'État est en moyenne de quatre ans et deux mois, et de trois ans et demi si l'appel est formé devant une cour administrative d'appel[14].

L'autre difficulté, posée par la construction européenne, n'est d'ailleurs pas étrangère à l'inflation normative, puisque, en 1991, les autorités communautaires ont édicté 106 directives et 1 457 règlements. On a beaucoup glosé sur la perte de souveraineté du Parlement, laminé entre l'Eu-

---

13. Luc Rouban, *Les Cadres supérieurs de la fonction publique et la politique de modernisation administrative*, Rapport d'enquête, premier bilan FNSP-CRA, fév. 1992.

14. Rapport de la Commission d'enquête sénatoriale sur le fonctionnement des juridictions de l'ordre administratif. Annexe au procès verbal de la séance du 11 juin 1992, *Sénat* n° 400.

rope et les collectivités décentralisées. Mais il y a tout lieu de croire que, plus discrètement, nos administrations centrales, réduites à certains égards au rôle de services extérieurs de la Communauté, et partiellement dépossédées au profit de leurs propres services déconcentrés, vont, pour des raisons analogues, vers de profondes reconversions.

PIERRE SADRAN,
directeur de l'IEP de Bordeaux.

*

BIBLIOGRAPHIE

Jean-Luc Bodiguel et Luc Rouban, *Le Fonctionnaire détrôné ?*, Presses de la FNSP, 1991.

Jean-Luc Bodiguel et Jean-Louis Quermonne, *La Haute Fonction publique sous la Ve République*, PUF, 1993.

Dominique Chagnollaud, *Le Premier des ordres : les hauts fonctionnaires, XVIIIe-XXe siècle*, Fayard, 1991.

Michel Crozier *et alii*, *Où va l'administration française ?* Éd. d'Organisation, 1974.

Jean-Louis Quermonne, *L'Appareil administratif de l'État*, Éd. du Seuil, coll. « Points », 1991.

Pierre Sadran, *Le Système administratif français*, Montchrestien, 1992.

Les autorités administratives indépendantes

L'apparition en France depuis la fin des années soixante-dix d'un type nouveau d'institutions baptisées « autorités administratives indépendantes » (AAI) ne laisse pas d'étonner : situées en marge de l'architecture étatique classique telle qu'elle résulte de la Constitution, les AAI ont infléchi certains des principes les mieux ancrés régissant la construction et l'articulation des institutions ; produit des efforts conjugués du législateur, de la doctrine et de la jurisprudence, leur création témoigne d'une inventivité institutionnelle dont la France semblait à première vue peu capable. Par ailleurs, la catégorie se caractérise par une plasticité et une adaptabilité peu communes dans le paysage institutionnel français : non seulement la notion d'AAI est affectée d'une marge d'incertitude, entourée d'une zone de flou, qui rendent son appréhension délicate, mais encore elle recouvre une gamme de situations très diverses. Loin de faire l'objet d'une délimitation stricte et d'une définition rigide, les AAI connaissent une dynamique permanente d'évolution qui interdit toute détermination stable de leurs contours. Ainsi, se présentent-elles comme un des éléments majeurs d'innovation qu'ont connus les institutions françaises au cours des dernières années.

I. Généalogie

L'apparition des AAI rompt avec l'orthodoxie juridique et politique, en mettant en cause les fondements de la construction de l'administration et, au-delà, la conception de l'État.

A. Émergence

L'expression « AAI » a été introduite par la loi « informatique et libertés » du 6 janvier 1978. Ce n'est pas par inadvertance. Un large débat avait en effet été ouvert à l'époque concernant les garanties à donner aux citoyens face au développement de l'informatique : chacun avait bien conscience de la nécessité d'une intervention de l'État en ce domaine, mais on craignait en retour que les appareils de gestion publics ne profitent de cette intervention pour étendre leur contrôle sur les citoyens, par le biais notamment de l'interconnexion des fichiers ; aussi le souhait avait-il été formulé de créer « au sein de l'État une instance largement indépendante qui soit en quelque sorte l'organe de la conscience sociale face à l'emploi de l'informatique ». L'institution de la Commission nationale de l'informatique et des libertés (CNIL) répond à cette préoccupation : expressément qualifiée par la loi d'AAI, cette commission est soustraite à tout pouvoir hiérarchique ou de tutelle.

Si cette formule a été imaginée pour répondre au cas particulier posé par l'informatique, elle ne passera pas pour autant inaperçue en doctrine : une relation est immédiatement établie avec des institutions plus anciennes, dont les caractéristiques suscitaient depuis longtemps la perplexité des juristes. La construction, à partir de ces premières hypothèses, de la catégorie juridique des AAI a été le produit d'initiatives convergentes.

D'abord, la *doctrine* allait s'attacher à relever les traits communs et spécifiques de ces nouvelles institutions, ce qui permettra d'opérer un certain nombre de rapprochements et, en raisonnant par analogie, de délimiter les frontières de la catégorie. Ce travail de systématisation doctrinale ne sera pas exempt de contradictions : alors que certains expriment d'emblée un fort scepticisme quant à la nouveauté, l'utilité ou la cohérence de la catégorie, voire une franche hostilité à l'égard d'une notion qui serait par trop contraire aux traditions constitutionnelles françaises, d'autres n'hésitent pas à reconnaître la spécificité du phénomène, en y voyant l'indice d'une évolution du modèle d'organisation politico-administratif ; mais une opposition se dessine encore entre ceux qui, optant pour une approche sociologique, conçoivent la notion de manière extensive, en y intégrant toute structure, même consultative, dotée d'une simple autorité morale et d'une indépendance de fait, et ceux qui, mettant l'accent sur la dimension juridique, optent pour une définition restrictive, en réservant l'appellation aux seules « autorités » dotées d'un pouvoir de décision et d'une indépendance garantie par des règles précises de composition. On voit dès lors se profiler deux conceptions possibles de l'AAI, qu'on s'efforcera parfois de dépasser en distinguant le « noyau dur » des autorités investies d'un authentique pouvoir de décision et la « nébuleuse » de celles qui en sont dépourvues.

Ensuite, les *juridictions* contribueront à cristalliser la catégorie des AAI, en précisant le contenu de leur régime juridique : déjà, en affirmant le principe de son contrôle sur les décisions prises par les AAI, le juge administratif avait contribué à clarifier la position qu'elles occupent dans l'édifice étatique ; en n'hésitant pas, dans sa décision du 26 juillet 1984, à qualifier expressément la Haute Autorité de l'audiovisuel d'AAI, en dépit du silence des textes, le Conseil constitutionnel a été plus loin encore, en consacrant explicitement l'existence de la catégorie et en reconnaissant sa validité au regard de la Constitution. Cette décision de principe, qui sera ultérieurement confirmée

(18 septembre 1986), coupe court aux controverses qui étaient nées au sein de la doctrine sur la constitutionnalité de la formule : les AAI ont acquis dès cet instant en France droit de cité constitutionnel.

Enfin, le *Parlement* donnera à la notion d'AAI toute sa portée, d'abord en l'assortissant d'effets juridiques spécifiques (la loi du 11 juin 1983 prévoit pour les AAI des dérogations aux règles générales de recrutement aux emplois de l'État), puis en n'hésitant pas à qualifier ainsi un certain nombre d'organismes créés depuis le début des années quatre-vingt (dernier exemple en date, la Commission nationale de contrôle des interceptions de sécurité qualifiée d'AAI par l'article 13 de la loi du 10 juillet 1991) : l'AAI est devenue une formule commode, à laquelle le législateur n'hésite pas à avoir recours, explicitement ou implicitement, dans tous les cas où l'on retrouve, comme en 1978, la même exigence de double protection. Au terme de cette évolution, les AAI, actuellement au nombre d'une quinzaine si l'on s'en tient à une définition étroite (voir tableau), restent localisées dans trois secteurs essentiels : l'information et la communication, où se situent les plus importantes ; la régulation de l'économie de marché, où existent par ailleurs beaucoup de commissions à la lisière de la catégorie ; les relations administration-administrés. Il semble cependant que de nouveaux domaines apparaissent et que la formule soit appelée à s'étendre dans tous les cas où il s'agit de porter un jugement sur la gestion publique, notamment dans le cadre de procédures d'évaluation.

B. Singularités

Les AAI ont été instituées dans des secteurs sociaux sensibles, touchant de près aux libertés et exposés aux pressions de pouvoirs de toute nature. Dans ces secteurs, l'intervention de l'État est requise pour fixer des règles du jeu et veiller au maintien de certains équilibres entre les intérêts sociaux ; mais cette intervention est en même

temps lourde de menaces. Apportant la garantie d'une
régulation soustraite à l'emprise directe du pouvoir politique, l'institution d'une AAI est un moyen terme qui permet
de lever la contradiction et de concilier ces deux préoccupations : l'octroi de garanties d'indépendance statutaire est
justifié par la nature particulière de la mission confiée à ces
autorités.

L'AAI est investie de fonctions de *régulation sectorielle* :
son rôle est d'encadrer le développement d'un secteur de la
vie sociale, en assurant la protection des libertés individuelles et en arbitrant entre les intérêts en présence ; à la
différence du juge, l'AAI n'intervient pas seulement en aval
pour résoudre des litiges, mais d'abord en amont pour fixer
des règles du jeu et définir les équilibres souhaitables. La
fonction de régulation qu'elle exerce comporte ainsi une
dimension globale et suppose le recours à des moyens
d'action diversifiés. A cet effet, l'AAI dispose de compétences juridiques qui, débordant le cadre de simples avis,
lui donnent la possibilité de modifier l'ordonnancement
juridique et/ou les situations individuelles : pouvoir d'édic-
ter des normes de portée générale ou de contribuer à leur
élaboration ; pouvoir de prendre des décisions ponctuel-
les ; pouvoir de supervision et de contrôle qui suppose la
garantie d'une information pertinente, la détention de
moyens d'investigation, la possibilité d'injonction ainsi que
certains pouvoirs de sanction.

Ainsi, les responsabilités de régulation confiées à l'AAI
entraînent-elles le cumul à son profit de pouvoirs juridiques généralement dissociés. Même si la fonction de
régulation s'exerce aussi par des moyens plus informels
d'influence et de persuasion, la capacité d'action juridique
n'en est pas moins un des signes distinctifs des AAI, qui
permet de les distinguer de la masse des simples commissions consultatives ; et à la différence des commissions de
sages, dont le développement a été parallèle, les AAI sont
chargées de veiller de manière permanente sur un secteur
d'activité sociale. Dans la mesure où cette fonction de
régulation est appelée à s'exercer aussi, et parfois avant
tout, vis-à-vis des gouvernants, elle suppose que l'autorité
soit soustraite à tout droit de regard de celui-ci.

Le *statut d'indépendance* est la caractéristique essentielle, le signe distinctif de ces autorités par rapport aux autres structures administratives : compte tenu de la nature de leur mission, les AAI sont dégagées du lien traditionnel de subordination de l'administration au gouvernement en place.

Sur le plan organique, l'indépendance résulte à la fois des conditions de désignation des membres et des règles fixées pour l'exercice de leur mandat. S'ils sont très variables, les principes de composition sont destinés dans tous les cas à assurer rigueur et objectivité, par les vertus combinées du pluralisme et de la compétence : la collégialité, généralement retenue (à l'exception des médiateurs), permet de diversifier l'origine des membres, en faisant appel aux plus hautes juridictions ou aux plus hautes autorités politiques, avec le complément éventuel de l'ouverture à des personnalités qualifiées ; mais, surtout, l'objectif est de faire en sorte que les membres disposent, comme ceux des commissions de sages, d'une stature personnelle qui leur permette de faire preuve de la hauteur de vue nécessaire. Le caractère non renouvelable et non révocable du mandat, assorti d'un régime d'incompatibilités, contribue à renforcer le prestige, la sérénité et l'autorité de l'institution.

Les garanties organiques sont complétées par des garanties fonctionnelles : disposant d'une pleine autonomie de gestion administrative et financière, les AAI sont affranchies de tout lien de dépendance hiérarchique ou de tutelle : placées hors hiérarchie, elles ne reçoivent du gouvernement ni ordres ni instructions et elles exercent les compétences qui leur sont confiées en toute liberté. Rompant ainsi avec certains des principes fondamentaux de l'organisation étatique, les AAI touchent à la conception même de l'État.

C. Implications

L'institution des AAI révèle d'abord une inflexion des modes de régulation étatique, caractérisée par le *court-circuitage de la médiation politique* : bien qu'elles agissent au nom et pour le compte de l'État, les AAI échappent à tout droit de regard politique ; mieux encore, en tant qu'elles sont chargées de protéger les droits et libertés, leur fonction de régulation s'exerce à l'encontre du pouvoir politique lui-même. Ainsi, les AAI laissent-elles entrevoir l'image d'un État dépolitisé, dont les fonctions tendent à être assumées par des instances « neutres » et « objectives », soustraites à l'emprise d'une rationalité politique et censées être de ce fait capables de définir les conditions d'un « juste équilibre » entre les intérêts sociaux. Par là, les AAI s'inscrivent dans un mouvement plus général, illustré aussi par l'essor des commissions de sages. La régulation politique, sous-tendue par une légitimité élective, tend ainsi à s'effacer derrière une régulation technique, fondée sur la « sagesse » : tirant son autorité non plus de l'élection, mais de sa compétence et de son indépendance d'esprit, le « sage » va être amené à arbitrer entre les divers points de vue en présence, en recherchant les voies d'un consensus. Le développement des AAI apparaît sous cet angle comme un indice de la crise de la conception traditionnelle de la démocratie, un accent nouveau étant mis sur les mécanismes de protection des libertés individuelles.

Les AAI révèlent aussi l'avènement progressif d'une *vision pluraliste de l'État*, qui fait craquer la rigidité de l'ancien modèle unitaire. La croissance de l'État a été en effet assortie d'un phénomène de différenciation de ses structures. Les AAI parachèvent cette évolution, en marquant plus nettement encore le glissement vers un modèle polycentrique : l'absence de lien hiérarchique ou de tutelle leur donne une capacité d'action pleinement autonome ; chacune d'elles constitue un centre spécifique de pouvoir, situé en marge des circuits administratifs classiques construits sur un mode vertical. L'État tend dès lors à se présenter sous la forme d'un assemblage de dispositifs atomisés de régulation, très diversement articulés sur la société. Par là, la France tend à s'aligner sur d'autres modèles, tel que celui des États-Unis où le développement de l'administration fédérale s'est effectué dans un cadre relativement souple et pluraliste ; l'extension progressive de ce modèle semble montrer que les appareils d'État sont voués à se fragmenter sous l'effet de forces centrifuges.

Toutes ces potentialités doivent néanmoins être envisagées avec une certaine prudence, dans la mesure où les AAI restent affectées par une dynamique permanente d'évolution.

II. Dynamique

D'une certaine façon victime de son succès, la catégorie des AAI a vu son régime réajusté et ses frontières redessinées au gré des interventions jurisprudentielles et des initiatives parlementaires.

A. Acclimatation

La reconnaissance des AAI a été assortie d'un travail d'interprétation, notamment jurisprudentiel, visant à rogner certains de leurs particularismes, à gommer certaines de leurs aspérités, de façon à les rendre compatibles avec l'architecture institutionnelle globale.

Le point le plus sensible était celui d'une *indépendance* contraire à toutes les traditions administratives. Cette indépendance a été d'abord atténuée par le maintien de liens avec le reste de l'appareil : l'analyse des textes qui les instituent montrait déjà que l'absence de pouvoir hiérarchique ou de tutelle n'excluait pas une dépendance plus subtile, résultant des règles d'affectation des moyens et des

Tableau synoptique

1. L'information et la communication
– Commission paritaire des publications et agences de presse (décret du 25 mars 1950)
– Conseil supérieur de l'agence France-Presse (loi du 10 janvier 1957)
– Commission des sondages (loi du 19 juillet 1977)
– Conseil supérieur de l'audiovisuel (loi du 17 janvier 1989)
– Commission nationale des comptes de campagne et des financements politiques (loi du 15 janvier 1990)

Sont discutées :
– Commission nationale de contrôle de la campagne électorale relative à l'élection du président de la République (décret du 14 mars 1984) (mission ponctuelle)
– Commission pour la transparence financière de la vie politique (loi du 11 mars 1988) (pas de pouvoirs de décision)

Ont été supprimées :
– Commission nationale du droit de réponse (décret du 13 mai 1975) (par la loi du 29 juillet 1982)
– Haute Autorité de l'audiovisuel (loi du 29 juillet 1982) (par la loi du 30 septembre 1986)
– Commission nationale de la communication et des libertés (loi du 30 septembre 1986) (par la loi du 17 janvier 1989)
– Commission pour la transparence et le pluralisme de la presse (loi du 13 octobre 1984) (par la loi du 27 novembre 1986)

2. L'économie de marché
– Commission des opérations de Bourse (ordonnance du 28 septembre 1967, modifiée par la loi du 2 août 1989)
– Commission bancaire (loi du 24 janvier 1984)
– Commission de contrôle des assurances et Commission de contrôle des mutuelles et organismes de prévoyance (loi du 31 décembre 1989)
– Conseil de la concurrence (ordonnance du 1er décembre 1986)

Discutés :
– Comité de la réglementation bancaire (loi du 24 janvier 1984) (les décisions doivent être homologuées)

des AAI

– Comité des établissements de crédit (loi du 24 janvier 1984) (la direction du Trésor dispose d'un droit d'ajournement)
– Conseil des bourses de valeurs (loi du 22 janvier 1988) (« Organisme professionnel doté de la personnalité morale »)
– Conseil des marchés à terme (loi du 31 décembre 1987) (idem)
– Commission des clauses abusives (loi du 10 janvier 1978) (fonctions consultatives)
– Commission de la sécurité des consommateurs (loi du 21 juillet 1983) (fonctions consultatives) :

A été supprimée :
– Commission de la concurrence (instituée par la loi du 19 juillet 1977 et qualifiée d'AAI par la loi du 30 septembre 1985) (par l'ordonnance du 1er décembre 1986)

3. *Les rapports avec les administrés*
– Commission nationale de l'informatique et des libertés (loi du 6 janvier 1978)
– Médiateur de la République (loi du 3 janvier 1973)
– Médiateur du cinéma (loi du 29 juillet 1982)
– Commission des infractions fiscales (loi du 29 décembre 1977)
– Commission nationale de contrôle des interceptions de sécurité (loi du 10 juillet 1991)

Discutée :
– Commission d'accès aux documents administratifs (loi du 17 juillet 1978) (rôle de médiation)

4. *L'évaluation*
– Centre national d'évaluation des établissements publics à caractère scientifique, culturel et professionnel (loi du 26 janvier 1984 modifiée par la loi du 10 juillet 1989)

Discuté :
– Comité scientifique pour l'évaluation des politiques publiques (décret du 22 janvier 1990)

restrictions à l'autonomie de gestion ; l'affirmation par le juge administratif de sa compétence de principe pour connaître des actes de ces autorités a contribué à banaliser plus encore leur statut. L'indépendance ne va pas jusqu'à soustraire ces autorités au contrôle d'un juge qui apparaît comme le gardien et le garant de la cohésion des structures étatiques – quitte à ce que cette fonction soit confiée, dans un souci de simplification des contentieux, au juge judiciaire, comme en matière de concurrence.

Mais l'indépendance comporte aussi des limites par rapport au pouvoir politique. Les AAI restent fortement exposées politiquement : les gouvernants continuent à disposer de multiples moyens de pression, directs et indirects, sur elles et elles restent placées en situation de dépendance constitutive vis-à-vis d'un pouvoir qui peut à tout moment remettre en cause leur existence. En admettant que le législateur avait le pouvoir non seulement de créer une AAI, mais encore de la réformer, de la remplacer (audiovisuel), voire de la supprimer (presse), le Conseil constitutionnel a montré la relativité d'une indépendance qui, faute d'une garantie d'ordre constitutionnel, est toujours suspendue au bon vouloir du politique.

Corrélativement, en encadrant strictement les *pouvoirs* dévolus à ces autorités, le Conseil constitutionnel a marqué son souci de faire prévaloir les règles traditionnelles relatives à l'aménagement des pouvoirs étatiques. S'il a admis l'attribution d'un pouvoir de réglementation aux AAI (18 septembre 1986), c'est à la condition qu'il s'applique à un « domaine déterminé » et qu'il s'exerce « dans le cadre défini par les lois et règlements » : aussi ne saurait-il lier le pouvoir réglementaire général détenu par le Premier ministre ; mieux encore, l'habilitation ne saurait concerner que « des mesures de portée limitée tant par leur champ d'application que par leur contenu » (17 janvier 1989) – ce qui conduira à réduire le champ de compétences du CSA. De même, si la constitutionnalité, qui avait parfois été contestée, des pouvoirs de sanction conférés à certaines de ces autorités a été acceptée, c'est sous la réserve que leur exercice soit entouré d'un ensemble de garanties de fond et de forme (voir les décisions du 17 janvier 1989 sur le CSA et du 28 juillet 1989 sur la COB).

Ainsi, les AAI n'ont-elles été reconnues qu'au prix de leur soumission aux contraintes de l'ordre juridico-politique en vigueur : garantie de leur acclimatation, cette soumission limite d'autant les potentialités nouvelles que comportait leur institution.

B. Affermissement

Le scepticisme qui a longtemps prévalu quant à l'avenir d'une formule relevant pour certains d'un simple effet de mode ou considérée comme une réponse purement circonstancielle à la crise de l'État-providence n'est plus de mise : les AAI se sont en effet progressivement enracinées, en devenant un élément durable du paysage institutionnel français.

D'abord, dès l'instant où une régulation indépendante a été instaurée dans un secteur, toute remise en cause de ce qui apparaît comme un dispositif supplémentaire de protection des libertés devient difficilement concevable, en dépit du libre pouvoir d'appréciation dont dispose le politique : certes, des contre-exemples existent, par retour aux mécanismes classiques du contrôle juridictionnel, comme pour le droit de réponse (1982) ou la presse (1986), ou encore par restitution aux services administratifs de leurs compétences régulatrices, comme pour les télécommunications (1989) ; mais ces exemples restent exceptionnels et les vicissitudes de l'instance de régulation de l'audiovisuel n'ont par exemple jamais impliqué la remise en cause de sa nécessité, qui est désormais unanimement admise. Cet enracinement n'est pas seulement le produit de la pesanteur qui pousse toute institution à s'autoperpétuer ; il est aussi la conséquence du bilan globalement positif qui peut être tiré de l'action des AAI : même si les nominations n'ont pas toujours présenté les garanties d'impartialité souhaitables, même si les pressions politiques ont été parfois visibles, elles ont, par leur existence même, modifié les règles du jeu dans les secteurs où elles ont été instituées et ont tenu, vaille que vaille, le rôle d'écran qui leur avait été imparti.

Ensuite, les réformes successives dont elles ont été l'objet ont, dans l'ensemble, contribué à conforter la position des AAI, soit en leur donnant un authentique statut d'autorité (Conseil de la concurrence en 1986), soit en améliorant l'indépendance de leurs membres (CSA et COB en 1989), soit encore en étendant leurs pouvoirs afin de faciliter l'exercice de leur fonction régulatrice : l'attribution au Conseil de la concurrence en 1986, puis au CSA et à la COB en 1989, du pouvoir d'infliger des sanctions, notamment pécuniaires, est symptomatique de ce renforcement ; tout se passe d'ailleurs comme si un mouvement vers le haut poussait les AAI à s'aligner sur celles d'entre elles qui sont le plus richement dotées en pouvoirs et en prestige.

Enfin, loin de rester cantonnées à quelques domaines d'élection, la formule de la régulation indépendante continue à gagner de nouveaux secteurs de l'action étatique, dans lesquels des garanties d'impartialité, de neutralité et d'objectivité paraissent devoir s'imposer : son extension récente au contrôle du financement de la vie politique et aux procédures d'évaluation de l'action publique en témoigne ; mais la mise en place de la Commission de contrôle des interceptions de sécurité (1991), montre que d'autres pas en avant peuvent être effectués dans le domaine classique de la protection des libertés publiques – le Conseil supérieur de l'activité de la police nationale créé en février 1993 n'ayant cependant été doté que d'un rôle consultatif. Cette *extension* n'est cependant pas sans contrepartie.

C. Effritement

Ce que la catégorie des AAI gagne en extension, elle tend à le perdre en compréhension. Les AAI sont de plus en plus *diverses* par leurs domaines d'intervention, leurs principes d'organisation et leurs pouvoirs, au point qu'il est difficile de trouver entre elles un dénominateur commun : s'épuisant à dégager de cette hétérogénéité des éléments d'unité, la doctrine est conduite à admettre l'existence d'une gamme étendue de situations ; et le « régime commun » se réduit en définitive à fort peu de chose. L'unité de la catégorie est davantage encore menacée par la contestation, au moins pour certaines de ces autorités, d'une appartenance administrative qui serait contraire à la mission réelle qui leur est assignée : même si l'attribution au CSA et au médiateur, en janvier 1989, de la qualification d'« autorité indépendante » est purement formelle et ne modifie en rien leur régime juridique, elle n'en crée pas moins une faille, qui pourrait ultérieurement s'élargir à la faveur d'une redéfinition des rapports entre ces autorités et le Parlement ; l'idée même d'administrations « indépendantes » reste en fin de compte problématique.

Enfin, et surtout, les frontières de la catégorie tendent à devenir de plus en plus *floues* : le glissement entraîné en doctrine par une définition large, rendant impossible toute ligne de démarcation claire avec les commissions consultatives ou les commissions de sages, a été accentué par la propension du législateur à utiliser la formule comme un simple *label* (déjà en 1985 pour la Commission de la concurrence, plus nettement encore en 1989 pour le Comité national d'évaluation des universités) porteur d'effets symboliques ; le concept d'AAI en vient dès lors à perdre tout contenu juridique réellement spécifique.

Les AAI constituent sans nul doute un phénomène *paradoxal* au sein des institutions françaises : facteur de perturbation de l'ordonnancement étatique, elles se sont pourtant enracinées fortement au cœur même des structures étatiques, au point de devenir l'une des formes possibles de gestion publique ; mais cet enracinement est payé d'une perte progressive de substance. Rendues compatibles avec le modèle étatique classique, les AAI apparaissent moins comme un élément de transformation de ce modèle que comme un complément nécessaire ou une soupape de sûreté utile. Dans ce cadre et sous ces réserves, elles n'en jouent pas moins un rôle important et positif, en tant que dispositifs de protection et de garantie des droits et libertés.

JACQUES CHEVALLIER,
professeur à l'université
Paris-II Panthéon-Assas

*

BIBLIOGRAPHIE

Jacques Chevallier, « Réflexions sur l'institution des autorités administratives indépendantes », *Semaine juridique*, I, n° 3254, 1986.

Claude-Albert Colliard et Gérard Timsit (sous la dir. de), *Les Autorités administratives indépendantes*, PUF, 1988.

François Gazier et Yves Cannac, « Les autorités administratives indépendantes », *Études et Documents du Conseil d'État*, n° 35, 1983-1984, p. 13 et s.

Michel Gentot, *Les Autorités administratives indépendantes*, Montchrestien, 1991.

Marie-José Guédon, *Les Autorités administratives indépendantes*, LGDJ, 1991.

Pierre Sabourin, « Les autorités administratives indépendantes », *Actualité juridique-droit administratif*, 1983, p. 275 et s.

Catherine Teitgen-Colly, « Les instances de régulation et la Constitution », *Revue du droit public*, n° 1, 1990, p. 153.

Les collectivités locales
et la décentralisation

Lorsque débute la Ve République, les collectivités locales sont organisées et fonctionnent selon les principes posés au début de la IIIe. La loi de 1871 sur les départements a consacré la position prééminente du préfet, à la fois représentant de l'État et organe exécutif du Conseil général, chargé en outre de la tutelle des communes. Administration de l'État et administration du département se trouvent donc étroitement imbriquées, prenant appui sur les mêmes services. Quant aux communes, organisées selon les principes posés par la loi de 1884, elles disposent d'un conseil et d'un exécutif propres, mais elles sont aussi étroitement dépendantes de l'administration d'État pour leur gestion.

La France apparaît alors comme le modèle de l'État jacobin centralisé, et les collectivités locales ne retiennent guère l'attention des chercheurs. Les premières études sociologiques d'envergure apparaissent dans les années soixante avec les premières ruptures dans les équilibres antérieurs. Elles montrent que le système d'administration territoriale hérité de la IIIe République laissait au niveau local une marge d'autonomie plus grande qu'il n'y paraissait : la relation entre préfets et notables locaux était moins faite d'opposition que de complicité, et les élus gagnaient en influence ce qu'ils perdaient en pouvoir direct (Worms, 1966 ; P. Grémion, 1976).

Trente ans plus tard, les institutions locales ont été profondément transformées. Pourtant le mouvement n'a pas été linéaire. Chaque décennie présente des caractéristiques propres : la période gaullienne cherche à changer l'administration territoriale par le haut, en prenant appui sur l'administration étatique ; les années soixante-dix ne voient l'aboutissement d'aucune grande réforme, mais elles sont marquées par des changements en profondeur sur le terrain, ceux-ci rendront possible une réforme législative d'ensemble, engagée par Gaston Defferre et qui prend forme dans les années quatre-vingt. On ne peut comprendre ce que sont devenues les collectivités territoriales sans prendre en compte cette histoire.

I. Réformer l'administration territoriale par le haut (1959-1969)

L'après-guerre avait été la période de la reconstruction et du développement industriel, dont la priorité était inscrite dans les premiers Plans. A la fin des années cinquante, une nouvelle priorité est posée : l'équipement en infrastructures et en logements. Une attention plus grande est portée aux villes en tant qu'elles sont le lieu et le support du développement. La politique de modernisation voulue par les gouvernements du général de Gaulle, et exprimée dans les quatrième et cinquième Plans, touche désormais directement les collectivités locales. La réalisation des équipements collectifs exige en effet la mobilisation de toutes les sources de financements publics. Cela ne pouvait se faire sans réformer l'administration territoriale. Conscient cependant que les réformes indispensables heurteraient de plein fouet les intérêts de la classe politique, le pouvoir gaulliste va les réaliser en prenant appui sur la haute administration.

A. Prendre en compte l'agglomération urbaine

Les tentatives de réforme concernent tout d'abord le niveau communal. La priorité donnée à l'équipement urbain fait ressortir plus clairement encore que par le passé l'anomalie d'un découpage communal inchangé depuis l'Ancien Régime. L'association des communes à la politique urbaine de l'État ne peut se faire que dans le cadre de l'agglomération, et le regroupement communal devient dès lors un objectif prioritaire. Il ne cessera de l'être jusqu'à aujourd'hui, aucune des modalités proposées n'aboutissant à des résultats satisfaisants. Une première tentative est faite dès 1959 avec les syndicats intercommunaux à vocation multiple (SIVOM) et surtout les districts urbains. Devant leurs succès limités, une nouvelle tentative est faite en 1966 avec la création des communautés urbaines, forme plus contraignante de regroupement, imposée cette fois de manière autoritaire aux quatre grandes agglomérations dans lesquelles les problèmes étaient les plus aigus : Lille, Strasbourg, Lyon et Bordeaux. Mais l'espoir que les communautés urbaines seraient un premier pas vers une fusion est vite démenti, tout comme celui de voir cette forme plus poussée de coopération adoptée par d'autres agglomérations importantes.

La même tentative de créer une structure administrative au niveau de l'agglomération parisienne est faite dès 1959. Un premier essai pour créer un district de la région de Paris se révèle tout aussi infructueux que les districts urbains. Mais l'affaire est reprise beaucoup plus rapidement et la loi du 2 août 1961 crée la Délégation générale au district de la région de Paris, à la tête de laquelle est placé Paul Delouvrier. Ce qui est au début conçu comme structure d'agglomération deviendra progressivement le prototype des nouvelles structures régionales pour devenir, en 1976, la région Ile-de-France. C'est dans ce cadre qu'est expérimentée une nouvelle forme de planification urbaine, avec le schéma directeur d'aménagement et d'urbanisme de la région parisienne, qui inspire la réforme générale de la planification urbaine de 1967.

Cette création d'une structure régionale en région parisienne s'accompagne d'un redécoupage départemental. Du fait des caractéristiques administratives et économiques propres à cette région, ces transformations décidées par le pouvoir central surmontent sans difficulté les résistances des départements et des communes. Il n'en ira pas de même dans le reste du pays. En effet, si le niveau de la région apparaît beaucoup plus pertinent que celui du département pour servir de cadre aux politiques gouvernementales de développement économique, les institutions départementales vont opposer une capacité de résistance et d'inertie qui n'avait pas été prévue (P. Grémion, 1976).

B. Promouvoir la région

La Ve République ne crée pas le découpage géographique régional : elle reprend celui établi par le Commissariat du plan en 1955-1956. Il s'agissait alors de donner une dimension territoriale à la planification nationale et, plus précisément, à la programmation des équipements publics. Les structures administratives qui, de manière très empirique, sont créées au niveau régional dans les années soixante gardent cet objectif. Mais la réforme régionale s'inscrit également dans un double mouvement qui va lui donner une tonalité nouvelle et qui va influer sur l'évolution ultérieure (C. Grémion, 1992).

Elle s'inscrit tout d'abord dans une réforme de l'administration territoriale de l'État. Le choix est clairement fait, dans les années soixante, de prendre appui sur les préfets pour mener l'action de développement au niveau territorial. Pour le général de Gaulle, en effet, le maintien de l'autorité préfectorale est le gage du maintien de l'autorité et de l'unité de l'État. Cette autorité est réaffirmée au niveau du département, par le renforcement des moyens d'action des préfets à l'égard des services extérieurs et par le regroupement de ceux-ci. Elle l'est en second lieu par la prééminence donnée au préfet « coordonnateur », bientôt préfet de région, dans la planification régionale et dans les institutions qui se mettent progressivement en place au niveau de la région. Deux décrets du 14 mars 1964 donnent forme à cette double réforme.

Parallèlement est mis en place au niveau régional un

nouvel organisme de concertation, non plus seulement avec les élus locaux, mais également avec les représentants des activités socio-économiques. Les CODER (commissions de développement économique régional) sont un premier pas vers l'intégration des représentants des activités socio-économiques dans les institutions représentatives, idée que le général de Gaulle avait esquissée dans son discours de Bayeux en 1947 et qui sera au cœur du référendum d'avril 1969 (C. Grémion, 1992). Si de Gaulle estimait, dans son discours de Lyon du 24 mars 1968, que le moment était venu de mettre fin à « l'effort multiséculaire de centralisation », les événements qui se déroulent deux mois plus tard le confirment dans l'idée qu'il faut en même temps modifier les modalités de la représentation, trouver de nouveaux interlocuteurs et de nouvelles formes de participation. Toutefois cette idée était trop liée à sa méfiance viscérale à l'égard des partis politiques pour ne pas entraîner un mouvement de rejet d'une grande partie de la classe politique, gauche ou droite confondues, ce qui peut expliquer en partie l'échec du référendum.

C. La rupture de l'équilibre des pouvoirs entre élus et fonctionnaires

Il est vrai que les élus locaux et nationaux sont les grands perdants de la période gaullienne, qui remet en cause tous les équilibres du modèle républicain de décentralisation. Dénoncés comme archaïques par une haute administration modernisatrice, les élus perdent une large part de leur pouvoir d'influence sur l'action de l'État : les députés cessent d'être, comme sous les Républiques précédentes, le contrepoids au pouvoir du préfet ; quant aux élus locaux, il leur est désormais enjoint d'inscrire leurs demandes dans la logique d'une planification impulsée par l'État et négociée avec les partenaires socio-économiques.

Planification régionale et planification urbaine s'apparentent à une véritable action pédagogique à l'égard des

élus, destinée à modifier à terme leurs comportements.
Dans l'immédiat, les hauts fonctionnaires du Commissariat général du plan, de la DATAR, du District de la région
parisienne ou de la Caisse des dépôts et consignations, qui
ont pour mission de réaliser les équipements nécessaires à
la rapide urbanisation du pays, s'appuient sur une administration étatique rénovée ou sur des organismes *ad hoc* pour
vaincre leur inertie ou leurs résistances (d'Arcy, 1968). Un
grand corps de l'État, celui des ingénieurs des Ponts et
Chaussées, joue un rôle déterminant dans la définition des
nouveaux objectifs de la politique urbaine et sera le
principal bénéficiaire de la restructuration administrative
débouchant sur la création du ministère de l'Équipement
en 1966 (Thoenig, 1987).

II. La marche silencieuse vers la décentralisation

Sous les présidences de Georges Pompidou et de Valéry
Giscard d'Estaing, les volontés de réforme de l'appareil
territorial vont se faire beaucoup plus prudentes et tien-
dront davantage compte des contraintes proprement politiques. Aucune réforme d'importance ne réussira à voir le
jour, mais les projets élaborés pendant cette période
alimenteront les réformes de 1982. En effet, par-delà des
affirmations idéologiques souvent très contrastées, un
consensus se forme progressivement sur le contenu des
réformes à réaliser.

Si donc, au plan législatif et réglementaire, les années
soixante-dix apparaissent plutôt comme une période de
pause, elles sont riches en réflexion. Mais, plus encore, elles
sont marquées par de profonds changements à la base, qui
rééquilibrent les relations entre élus et fonctionnaires et qui
rendront possibles les réformes ultérieures.

A. Des tentatives de réformes inabouties

La reprise de l'idée de régionalisation fait partie du programme présenté par le Premier ministre Jacques Chaban-Delmas à l'Assemblée nationale ; dans son discours du 16 septembre 1969 sur la nouvelle société, il dénonce la présence d'un État tentaculaire et inefficace, affirmant que « nos collectivités locales étouffent sous le poids de la tutelle ». Dès 1970, une loi allège la tutelle préfectorale. Mais le régionalisme du Premier ministre n'est pas partagé par le président Pompidou, pour qui la région ne doit pas être davantage que l'expression concertée des départements, l'équivalent pour ceux-ci de ce que sont les syndicats intercommunaux pour les communes (discours de Lyon du 30 octobre 1970) ; en outre, les projets libéraux de Matignon vont se heurter au conservatisme des conseillers de l'Élysée.

La loi du 5 juillet 1972 créant les établissements publics régionaux ne laisse finalement que très peu d'espace pour l'émergence d'un pouvoir régional : étroitement encadrés par le préfet de région, les conseils régionaux ne peuvent créer de services propres et ont des compétences très limitées. Par ailleurs, le projet gaullien qui mêlait aux élus du suffrage universel des représentants des activités socio-économiques est abandonné : ceux-ci se retrouvent dans un comité économique et social doté de vagues pouvoirs consultatifs et placés aux côtés d'un conseil régional qui ne comporte plus que des élus.

Sous le gouvernement Messmer, les projets novateurs élaborés par Alain Peyrefitte sont interrompus par le décès du président de la République. Le nouveau président inclut la décentralisation dans les mesures libérales dont il entend marquer son septennat. Deux moments vont marquer cette volonté de réforme. Dès 1975, il confie à Olivier Guichard la présidence d'une commission chargée de faire des propositions en ce domaine. Le rapport *Vivre ensemble* qui en résulte est une des analyses les plus complètes et les plus pertinentes qui aient été réalisées sur les maux de la centralisation et leurs remèdes. Partant du constat que la décentralisation est devenue indispensable et qu'elle est une condition du maintien de l'unité nationale, il propose une large redistribution des compétences au profit des départements et des communes, laissant en attente le problème de la région.

Ces propositions ont été bien accueillies, mais le rapport Guichard proposait aussi une politique ambitieuse de regroupement communal qui lui valut l'hostilité des maires. Devant ce refus, le gouvernement renonce solennellement à tout projet de fusion ou de regroupement autoritaire et dépose, en 1978, un « projet de loi pour le développement des responsabilités des collectivités locales ». Ce projet Bonnet, du nom du ministre de l'Intérieur, comportait un allègement des contrôles et des redistributions de compétences ; mais il s'enlisa dans la procédure parlementaire et, en 1981, il n'était toujours pas arrivé à terme. De sorte que la seule réforme aboutie de cette période est celle qui rapproche du droit commun le statut de la ville de Paris, ce qui lui permet d'avoir un maire élu : l'élection de 1977 a vu s'affronter le candidat du président de la République (Michel d'Ornano) et son ancien Premier ministre, Jacques Chirac, qui conquiert de manière durable cette nouvelle fonction politique (Haegel, 1992).

Les principaux changements observables durant les années soixante-dix ne se font donc pas par des réformes venues d'en haut, mais à la base, de manière silencieuse et néanmoins efficace.

B. Les changements à la base

Le premier changement concerne les élus. Les années soixante avaient été marquées par un décalage entre les élections nationales et les élections locales, de sorte que la montée du parti gaulliste à l'Assemblée nationale ne trouvait pas sa contrepartie dans les conseils municipaux et généraux. Dans les années soixante-dix, les élections locales s'alignent sur les élections nationales et la bipolarisation qui s'est imposée au niveau national se retrouve au niveau local. Les élections municipales de 1977, notamment, voient une percée de l'union de la gauche, qui apparaît aux observateurs comme l'annonce d'un renversement de majorité aux élections législatives de 1978.

De cet alignement sur les élections nationales résulte l'émergence d'une nouvelle génération d'hommes politiques (Mabileau, 1989 ; Garraud, 1989). Ce phénomène est particulièrement marquant dans les villes, où le rajeunissement des responsables politiques s'accompagne d'un changement dans leurs comportements (Lorrain, 1991) : ils ont désormais le souci de reprendre en main les affaires urbaines, contrôlées jusque-là par les directions départementales de l'équipement ou par la Caisse des dépôts et consignations et ses filiales.

Il leur faut, pour cela, s'approprier une partie du pouvoir d'expert monopolisé par l'administration d'État. Le changement d'hommes affecte donc non seulement les responsables politiques mais aussi leurs collaborateurs. Les services municipaux se caractérisaient jusque-là par la faiblesse de leur encadrement, ce qui mettait les communes dans la dépendance des services extérieurs de l'État. Anticipant sur les changements législatifs et réglementaires, les maires urbains procèdent à des recrutements de cadres qualifiés en passant bien souvent par des voies paralégales : embauche de contractuels, création d'organismes d'études et de réalisation sous forme d'associations ou de sociétés d'économie mixte.

Du même coup, les relations entre les municipalités et l'État se transforment. La planification régionale ou urbaine, de moyen qu'elle était dans les années soixante d'acculturer les élus locaux à de nouveaux schémas de raisonnement, devient source de relations plus contractuelles entre l'État et les collectivités. Les villes servent de terrain d'expérimentation à un nouveau modèle de relations qui s'imposera à l'ensemble des collectivités dans la décennie suivante, substituant à la norme imposée d'en haut l'accord sur les objectifs et les financements partagés.

Au niveau des départements l'évolution est évidemment

moins marquée : la fonction exécutive du préfet à l'égard du conseil général ne laisse guère à celui-ci de possibilité d'émancipation. Néanmoins, certains présidents de conseil général tentent de se ménager un pouvoir d'expertise distinct de celui du préfet et des services extérieurs de l'État, soit par la création d'organismes d'étude placés sous leur contrôle, soit par le recrutement auprès d'eux, comme directeur de cabinet, de hauts fonctionnaires.

Quant aux régions, la composition complexe du conseil régional permet à la gauche d'être majoritaire dans plusieurs d'entre elles (Provence-Alpes-Côte-d'Azur, Languedoc-Roussillon, Midi-Pyrénées, Limousin, Nord-Pas-de-Calais, ou encore Aquitaine à partir de 1978) et d'en faire un lieu de contre-pouvoir. Pour étroitement définies que soient les compétences régionales, les autorités de tutelle n'arrivent pas toujours à en contenir les débordements ni à empêcher l'apparition de services régionaux officieux. Un nouveau pouvoir régional émerge qui trouve à s'affirmer dans la planification, l'interventionnisme économique, voire dans le domaine culturel.

Ayant reconquis le pouvoir à partir des collectivités locales, la gauche n'en sera que plus portée en 1981 à mener rapidement des réformes décentralisatrices, alors même qu'elle cessera d'en être la principale bénéficiaire.

III. Le triomphe de la décentralisation

Deux hommes politiques qui, chacun dans leur région, ont cumulé les mandats locaux les plus en vue vont marquer ces réformes : le Premier ministre, Pierre Mauroy, maire de Lille, et surtout Gaston Defferre, maire de Marseille, nommé ministre de l'Intérieur et de la Décentralisation. Fort de l'expérience des gouvernements précédents, incapables de mener à terme leurs projets, ce dernier dépose un projet de loi au bout de quelques semaines, qui deviendra la loi du 2 mars 1982.

A. Accélération puis ralentissement des réformes

Cette première loi comprend un nombre limité de mesures, dont l'une est suffisamment capitale pour enclencher une nouvelle dynamique : le transfert du pouvoir exécutif aux présidents des conseils généraux et régionaux met un terme à la prédominance incontestée des préfets dans le système local. D'autres mesures, telle la transformation complète des contrôles juridiques et financiers (la « suppression de la tutelle »), sont également contenues dans la loi de 1982, mais les plus nombreuses ne sont qu'annoncées et feront l'objet de toute une batterie de lois et décrets pris entre 1982 et 1985. Au bout du compte, c'est une transformation complète du droit des collectivités territoriales qui est réalisée, incluant de nombreux transferts de compétence, l'introduction dans le statut général de la fonction publique d'un statut de la fonction publique territoriale, et la reconnaissance de la région comme collectivité à part entière disposant d'un conseil élu au suffrage universel direct. Il faudra cependant attendre 1985 pour que cette dernière mesure trouve sa concrétisation législative, les premières élections étant organisées le même jour que les premières élections législatives de 1986 et avec le même mode de scrutin, à savoir la représentation proportionnelle dans le cadre départemental.

Peut-être faut-il voir dans ce retard une conséquence des hésitations du gouvernement à déterminer l'importance respective du département et de la région, dans un système comprenant désormais trois niveaux de collectivités territoriales. Mais ce retard manifeste aussi certaines difficultés politiques rencontrées par les réformes. Alors que la gauche avait bénéficié des élections locales lorsqu'elle était nationalement dans l'opposition, elle a perdu du terrain aux élections cantonales de 1982 et 1985 et aux élections municipales de 1983. Le Parti socialiste ne pouvait dès lors être pressé d'organiser des élections régionales, sauf à les introduire dans les stratégies de réforme du mode de scrutin destinées à limiter l'échec prévisible aux élections législatives de 1986. Battue nationalement, la gauche ne garde que deux régions (Limousin et Nord-Pas-de-Calais), mais elle met le RPR et l'UDF en difficulté en les obligeant à composer avec le Front national dans plusieurs régions.

Ainsi donc les réformes trouvent une première limite politique qui fait diminuer progressivement la volonté réformatrice. La droite, durant la période de cohabitation, ne reviendra pas sur les mesures prises, sauf à la marge, mais n'entreprendra pas non plus de réformes nouvelles. Et il faut attendre la loi du 6 février 1992 pour que soient reprises, non sans prudence et précaution, certaines des réformes annoncées en 1982 et restées jusque-là en souffrance (coopération intercommunale, démocratisation de la vie locale).

Ces réformes rencontrent également une limite juridique. Pour des raisons aisément compréhensibles, la réforme Defferre n'a pas touché à la Constitution, qui reste celle d'un État unitaire n'ouvrant la porte à aucune forme de fédéralisme de type allemand, ou même de régionalisme de type italien ou espagnol. Le Conseil constitutionnel, qui a eu à se prononcer à de nombreuses reprises, a soigneusement veillé au respect des principes : il a élaboré un sorte de droit constitutionnel de la décentralisation (Luchaire, 1992), refusant par exemple la référence au « peuple corse » dans la loi de 1991 qui donne à la Corse un statut de collectivité territoriale particulière.

B. Une nouvelle conception de l'administration

Les bilans dont le dixième anniversaire des lois Defferre a été le prétexte convergent cependant pour reconnaître les changements très importants qui se sont produits pendant cette période. Un ensemble d'éléments concourent à donner aux responsables politiques locaux une autonomie beaucoup plus grande dans la conduite de leur collectivité. Parmi ces éléments on peut certes compter les transferts de compétence – encore que ceux-ci aient surtout bénéficié aux départements –, ou une plus grande liberté dans l'utilisation des subventions ou des emprunts – mais la réforme fiscale reste à faire. Toutefois, il faut mettre au premier rang le fait que toutes ces collectivités disposent désormais en propre d'un appareil administratif de qualité, à l'exception des petites communes (d'Arcy, 1992). Les transferts de services de l'État aux départements et régions, l'élaboration d'un statut d'une fonction publique territoriale, pour imparfait et inadapté qu'il soit, ont fait davantage pour transformer la conception traditionnelle d'une administration tout entière identifiée à l'État que toutes les autres mesures. A partir de là, une dynamique complètement différente peut s'engager dans les relations entre l'État et les collectivités territoriales.

La nouveauté à cet égard réside dans la capacité des collectivités territoriales à concevoir et mener des politiques locales, ce qui était encore impossible dans les années soixante et n'a commencé de devenir possible que ponctuellement dans les années soixante-dix (Gerbaux, Muller, 1992). Les collectivités disposent pour cela d'une capacité propre d'expertise, qui leur permet d'établir leur propre cadre de référence, différent le cas échéant de celui qu'élaborent les administrations centrales. Elles choisissent plus librement leurs partenaires, au premier rang desquels les grands groupes privés spécialisés dans les services publics locaux (Compagnie générale des eaux, Lyonnaise-Dumez, Bouygues).

Pourtant l'État n'entend pas rester absent de domaines dans lesquels les collectivités élaborent leurs propres politiques : au nom de la solidarité et de la lutte contre les exclusions, il entend orienter leur action (loi sur le revenu minimum d'insertion de 1988, loi d'orientation sur la ville de 1991). Parfois, il demande aux collectivités de participer financièrement de manière importante à des politiques qui sont en principe de sa seule compétence, mais auxquelles les collectivités sont directement intéressées, tel le développement de l'enseignement supérieur.

Cet enchevêtrement des politiques publiques ne correspond que très imparfaitement à la redistribution des compétences amorcée en 1983. A une vision trop étroitement juridique se substitue une relation beaucoup plus souple, appuyée sur la notion de contrat que nous avions vue se développer au cours de la décennie précédente. Celle-ci devient la panacée à toutes les difficultés rencontrées dans le partage des tâches et des compétences, s'imposant dans les relations entre l'État et les collectivités (contrats État-régions, contrats de villes, chartes de développement, etc.) et s'étendant aux relations entre différents niveaux de collectivités territoriales. Toutefois l'administration de l'État ne s'est qu'imparfaitement adaptée à ces nouvelles pratiques. Celles-ci supposeraient une déconcentration beaucoup plus poussée et un resserrement des services extérieurs autour des préfets, notamment des préfets de région, réformes qu'annonce la loi du 6 février 1992[1] et le décret du 1er juillet 1992 établissant la charte de la décentralisation.

Signalons enfin que l'apprentissage de l'autonomie ne va pas sans risque. Devenues maîtresses de leurs dépenses et de leurs emprunts, les collectivités peuvent connaître des dérapages financiers, d'autant qu'elles ne maîtrisent que très imparfaitement leurs ressources, et que la gestion financière est pour elles une discipline nouvelle. L'affaiblissement des contrôles de l'État, l'excessive concentration des pouvoirs au sein de chaque collectivité peut également s'accompagner, dans certaines d'entre elles, d'une montée de la corruption (Mény, 1992). Il est donc urgent que les chambres régionales des comptes et la Cour des comptes adaptent leurs modalités de contrôle aux évolutions de l'administration étatique et locale.

Ce contrôle financier est le complément indispensable

---

1. A côté d'autres dispositions, abondamment commentées, de cette loi d'orientation sur l'administration territoriale de la République, il faut également retenir ce fait, passé davantage inaperçu, qu'elle offre un cadre conceptuel nouveau pour formaliser les relations entre l'État et les collectivités territoriales. Elle réunit en effet les collectivités territoriales et les services déconcentrés de l'État dans un même ensemble appelé désormais « administration territoriale de la République ». Ce nouveau concept permet de penser les relations avec les institutions centrales de l'État d'une manière plus conforme aux schémas qu'avait établis la sociologie des organisations.

d'un contrôle démocratique qui, lui aussi, nécessite d'être approfondi. On aurait pu craindre que la complexité de la nouvelle architecture institutionnelle ne détourne les électeurs, surtout dans une période où l'abstentionnisme électoral va croissant. Cela n'a pas été le cas aux élections de mars 1992, qui regroupaient pour la première fois la désignation des conseillers généraux et des conseillers régionaux. Par-delà le recul du Parti socialiste, et plus généralement des partis traditionnels, qu'on a pu observer, ces élections ont montré l'inadaptation des modes de scrutin, surtout pour les conseils régionaux dans lesquels la formation d'une majorité a parfois été très problématique. Par ailleurs, les mesures de la loi du 6 février 1992 pour renforcer le contrôle de la gestion locale par les habitants ou par les élus minoritaires, si elles vont dans le bon sens, restent encore trop timides.

En un peu plus de trente ans, les collectivités locales sont sorties du modèle élaboré à la fin du siècle dernier. Vu de l'intérieur du système politico-administratif français, le changement est considérable : à un appareil administratif entièrement étatique se substitue une administration beaucoup plus diversifiée, placée sous le contrôle d'autorités multiples. Tout au plus peut-on remarquer que le processus n'est pas encore mené à son terme, car si l'appareil administratif s'est fractionné, la classe politique, quant à elle, a gardé son organisation unifiée et hiérarchisée : bien que réglementé par une loi de 1985, le cumul des mandats reste en effet une pratique généralisée chez les grands élus, ce qui ne semble guère compatible avec la nouvelle distribution des responsabilités (d'Arcy, 1992).

Vus des pays voisins pourtant ces changements peuvent paraître limités, et encore tout imprégnés de notre culture politique et de nos principes nationaux. La relation entre élus et fonctionnaires d'État, faite de complicités et de rivalités dans des jeux de pouvoir changeants, a été le principal moteur de l'évolution. Celle-ci n'a été influencée ni par les perspectives institutionnelles nouvelles ouvertes par l'unification européenne, ni par les exemples d'organisation territoriale des pays les plus proches. Il pourrait en aller différemment dans la présente décennie, ce qui donnerait à l'évolution des collectivités territoriales des cadres de référence tout à fait nouveaux.

FRANÇOIS D'ARCY,
directeur de l'IEP de Grenoble.

*

BIBLIOGRAPHIE

François d'Arcy, *Structures administratives et Urbanisation : la SCET*, Berger-Levrault, 1968.

–, « Élus, fonctionnaires, citoyens : jeux de pouvoir et démocratie », *AJDA*, n° spécial « Décentralisation, bilan et perspective », 20 avril 1992.

Philippe Garraud, *Profession : homme politique. La carrière des maires urbains*, L'Harmattan, 1989.

F. Gerbaux et P. Muller, « Les interventions économiques locales », *Pouvoirs*, n° 60, 1992.

Catherine Grémion, « Le général de Gaulle, la régionalisation et l'aménagement du territoire, *De Gaulle en son siècle*, Plon et La Documentation française, t. III, 1992.

Pierre Grémion, *Le Pouvoir périphérique*, Éd. du Seuil, 1976.

F. Haegel, *Un maire à Paris*, thèse, IEP de Paris, 1992.

Dominique Lorain, « De l'administration républicaine au gouvernement urbain », *Sociologie du travail*, n° 4, 1991.

F. Luchaire, « L'émergence d'un droit constitutionnel de la décentralisation », *AJDA*, (n° spécial), 20 avril 1992.

Albert Mabileau, « Les héritiers des notables », *Pouvoirs*, n° 49, 1989.

–, *Le Système local en France*, Montchrestien, 1991.

Yves Meny, *La Corruption de la République*, Fayard, 1992.

B. Rémond, J. Blanc, *Les Collectivités locales*, Presses de la FNSP-Dalloz, 1992, 2ᵉ éd.

Jacques Rondin, 1985, *Le Sacre des notables*, Fayard, 1985.

J.-P. Worms, « Le préfet et ses notables », *Sociologie du travail*, n° 3/66, 1966.

La Ve République et l'Europe

La vivacité des débats que suscite le traité signé à Maastricht montre l'importance qu'a prise, dans la vie politique de la France comme dans les autres pays, l'émergence d'un nouveau pouvoir européen, doté d'attributions étendues. Les institutions communautaires se distinguent des autres organisations internationales en ce qu'elles disposent de compétences propres et que, dans certains domaines, leurs décisions s'imposent aux gouvernements nationaux ; l'ordre juridique européen, garanti par la Cour de justice des communautés, l'emporte sur les lois nationales, même votées postérieurement. Rien n'est plus contraire à la tradition française de l'État-nation souverain. La naissance d'un pouvoir européen qui, dans le domaine économique et financier, présente certains traits d'un système fédéral est mieux comprise et acceptée dans les pays dont l'unification est relativement récente, comme l'Allemagne, alors qu'en France et en Grande-Bretagne, pays centralisés de longue date, qui ont gouverné de vastes empires et gardé des souvenirs de grande puissance, les relations entre institutions européennes et gouvernements nationaux suscitent de vifs débats, où s'affrontent les partisans de nouveaux progrès de l'unification européenne et ceux qui entendent sauvegarder les souverainetés nationales. L'échec du référendum danois et la faible majorité des votes favorables en France montrent que, sur ces affaires, l'appréciation des électeurs peut différer de celles de la représentation parlementaire et des responsables économiques et sociaux.

I. Les stratifications de la construction européenne

C'est sous la Ve République que fut constitué, par apports successifs, un système institutionnel européen, dont le traité signé à Maastricht, s'il est ratifié par les douze pays, renforcerait les compétences.

Le fondement des institutions européennes demeure le traité de Rome ; ses auteurs, tirant les conclusions du refus de la CED et de la supranationalité, ont inventé une méthode originale, que l'on peut appeler « méthode communautaire », qui entend concilier le dynamisme d'une institution indépendante des gouvernements nationaux, la Commission, dotée d'un droit d'initiative, et le réalisme des représentants des gouvernements, réunis au sein du Conseil, détenteur du pouvoir de décision.

Le général de Gaulle, revenu au pouvoir quelques mois après la mise en vigueur du traité de Rome, imposa sa marque à l'évolution institutionnelle de la Communauté. Non seulement il accepta le traité, et prit les mesures de redressement nécessaires pour que la France puisse s'ouvrir aux échanges avec ses partenaires européens, mais il apporta son soutien à l'élaboration des politiques agricole et commerciale communes, qui donnent à la Commission un rôle important et demeurent les réalisations les plus concrètes de la Communauté actuelle.

Mais il estimait que les institutions de Bruxelles, compétentes pour gérer les affaires économiques, n'étaient pas adaptées pour traiter les problèmes de politique étrangère et de défense, qui, à ses yeux, étaient prioritaires, afin que les pays européens retrouvent ensemble « cette grandeur dont les siècles leur ont donné le génie et l'habitude ». C'est pourquoi il proposa de « bâtir l'Europe occidentale en un groupement politique, économique, culturel et humain organisé pour l'action et pour la défense », grâce à « une coopération organisée des États, en attendant d'en venir, peut-être un jour, à une imposante confédération ».

Les négociations engagées en 1961 entre les Six pour créer une union politique de l'Europe occidentale, connues sous le nom de « plan Fouchet », aboutirent à un projet de traité qui, en matière de sécurité et de défense, était plus précis que celui de Maastricht. Mais la volonté commune du chancelier Adenauer et du général de Gaulle buta sur l'opposition néerlandaise, motivée en apparence par la détermination de faire prévaloir des conceptions supranationales, et en réalité par le souci de ne pas laisser la Grande-Bretagne à l'écart. L'Europe politique n'a guère fait de progrès depuis ce qui est à l'origine de son impuissance dans la crise yougoslave notamment.

A partir de 1970, le Général ayant quitté le pouvoir, on crut pouvoir concilier l'élargissement de la Communauté et le renforcement des institutions européennes. Le triptyque « achèvement, approfondissement, élargissement » fut proclamé à la conférence de La Haye en décembre 1969.

On sait ce qu'il advint : les négociations sur les conditions de l'adhésion britannique, leurs « renégociations », puis les interminables débats sur le « chèque britannique » mobilisèrent l'essentiel de l'activité des institutions bruxelloises, de sorte que la réalisation du grand marché s'enlisa. Le plan ambitieux d'union monétaire, adopté en 1971, ne fut pas appliqué. Le Système monétaire européen, négocié par les chefs d'État et de gouvernement en dehors des institutions communautaires, fut mis en place en 1979 par des accords entre banques centrales ne nécessitant pas la ratification des parlements nationaux, sans que le Fonds européen prévu pour la deuxième étape du SME ait été créé.

Ainsi, au début des années quatre-vingt, la Communauté se trouvait dans la situation quelque peu paradoxale où d'importantes initiatives institutionnelles avaient été prises (notamment l'élection au suffrage universel du Parlement européen, décidée en 1974, et la tenue régulière de sommets de chefs d'État et de gouvernement, appelés à devenir le Conseil européen), mais la réalité même du Marché commun et des politiques communes avait fort peu progressé.

À partir de 1984, les circonstances devinrent favorables à la redécouverte de l'objectif premier de la Communauté : créer un espace économique unifié. La nouvelle Commission, mise en place le 1er janvier 1985, et son président, Jacques Delors, jouèrent un rôle déterminant, en proposant une méthode pour atteindre cet objectif et une échéance capable de mobiliser les énergies : le 1er janvier 1992.

Le dynamisme de la Communauté ouvrait la voie à de nouveaux progrès, afin de compléter le grand marché par des initiatives en matière monétaire. En juin 1988, le Conseil européen de Hanovre chargea un groupe d'experts, composé surtout de gouverneurs de banques centrales, sous la présidence de Jacques Delors, de rechercher les moyens de « réaliser des progrès concrets en matière monétaire ». Deux conférences intergouvernementales, chargées l'une de l'union monétaire, l'autre de l'union politique, considérées comme inséparables, furent convoquées après le sommet de Dublin, en juin 1990.

La première conférence, soigneusement préparée par les gouverneurs de banque centrale, unis par leur volonté de faire prévaloir la stabilité en Europe, a adopté un programme complet de mise en place d'une union monétaire. À une démarche pragmatique, consistant à renforcer le Système monétaire européen pour mettre en place une monnaie commune, étalon de référence pour des monnaies demeurant nationales, a été préférée la voie plus ambitieuse tendant à remplacer celles-ci par une monnaie unique, gérée par une banque centrale européenne. Ainsi les compétences nationales en matière monétaire se trouveraient, vers la fin du siècle, transférées à des institutions communes, comme le sont déjà les réglementations concernant les produits industriels et agricoles, les services, les capitaux.

En ce qui concerne la « politique étrangère et de sécurité commune », des objectifs ambitieux sont affirmés dans le traité signé à Maastricht, mais le dispositif institutionnel ne va guère au-delà d'une coopération intergouvernementale ;

l'unanimité serait requise pour toute décision d'action commune [1]. Ainsi les accords de Maastricht se situent dans la ligne des traités antérieurs, consistant à transférer des compétences économiques à des institutions communes, sans réel accord sur les finalités politiques de l'Europe.

II. La marque des hommes d'État

Plus de quarante ans après la déclaration de Robert Schuman, les institutions européennes, telles qu'elles fonctionnent aujourd'hui, portent la marque des grands dirigeants de cette période, au premier rang desquels les présidents de la Ve République.

L'impulsion initiale a été donnée par les thèses supranationales, défendues notamment par Jean Monnet ; les négociateurs du traité de Rome ont inventé la « méthode communautaire », qui a instauré un nouveau modèle de relations entre États membres et obtenu d'importants résultats. Le général de Gaulle, tout en admettant de larges transferts de souveraineté au profit des institutions européennes pour mettre en œuvre l'union douanière et la politique agricole commune, a échoué dans sa tentative de mettre en place une « Europe européenne », menant sa propre politique dans le monde. L'entente entre le chancelier Schmidt et le président Giscard d'Estaing a abouti à la création du Système monétaire européen. Le dynamisme de la Commission présidée par Jacques Delors a permis de redécouvrir l'objectif du grand marché unifié, ce qui convenait aux conceptions libre-échangistes de Mme Thatcher. Après l'effondrement des régimes communistes et la réunification allemande, la volonté commune du chancelier Kohl et du président Mitterrand de franchir une nouvelle étape de la construction européenne a abouti au

---

1. Sous réserve du cas où, à l'unanimité, les membres du Conseil décideraient que les modalités d'une action commune peuvent être décidées à la majorité qualifiée.

traité signé à Maastricht, qui, très précis au sujet de la monnaie unique et ambitieux quant aux politiques de « cohésion économique et sociale », demeure vague en ce qui concerne l'union politique.

Cet ensemble quelque peu hétéroclite déconcerte les opinions publiques, au point que les accords de Maastricht font l'objet, dans les différents pays européens, d'interprétations contradictoires. Certains y voient une tentative masquée de mettre en place un gouvernement fédéral d'Europe, qui menacerait les identités nationales ; d'autres dont le Premier ministre britannique, estiment qu'ils donnent un coup d'arrêt aux tendances centralisatrices des institutions communautaires, en affirmant le principe de la « subsidiarité » et en fondant la politique étrangère et de sécurité commune sur des procédures intergouvernementales.

Dans ces débats, l'essentiel ne doit pas être oublié : les institutions européennes ont rempli, depuis une quarantaine d'années, leur mission première, qui est d'organiser la coopération entre des nations autrefois rivales, assurant ainsi la paix et la prospérité en Europe occidentale. Dans un monde où les nationalismes renaissent et les conflits se multiplient, la Communauté a atteint cet objectif avec un succès tel que les pays voisins souhaitent en faire partie. Par ailleurs, la base de la construction européenne demeure l'entente entre les deux principales nations du continent européen, l'Allemagne et la France ; le maintien de relations confiantes et équilibrées entre ces deux pays est nécessaire pour le bon fonctionnement des institutions européennes et pour que l'Europe puisse affirmer ses valeurs et défendre ses intérêts sur la scène internationale.

III. Compétences respectives des institutions européennes et des gouvernements nationaux

S'il existe un consensus sur la nécessité de « faire l'Europe », il n'en est pas moins vrai que les relations entre les institutions européennes et les gouvernements nationaux posent de plus en plus de problèmes, qu'il s'agisse de pays, comme la France, qui ont une tradition de gouvernement centralisé ou de pays plus petits, qui craignent que les plus grands n'imposent leur volonté.

Quarante années de controverses doctrinales, de longues sessions ministérielles, d'innombrables réunions d'experts ont abouti à un ensemble de traités, de directives, de règlements tels que, dans le domaine économique, les compétences propres des autorités nationales ont été fortement amputées, sans que les responsables politiques et les opinions publiques en aient pris clairement conscience ; elles le seraient davantage encore par le remplacement des monnaies nationales par une monnaie unique.

Les institutions européennes, qui réunissent des États-nations dotés de gouvernements démocratiquement élus, aux intérêts souvent opposés, ne peuvent être rattachées à aucun modèle connu. Dans le passé, les confédérations se sont constituées pour rassembler les forces des participants contre des dangers extérieurs ; dans les États fédéraux, la politique étrangère et la défense relèvent du gouvernement central.

La Communauté s'est formée à partir d'une union douanière ; elle s'étend progressivement à tous les domaines de la politique économique ; elle voudrait mettre en place une monnaie unique ; mais la « politique étrangère ou de défense commune » en est encore, dans le traité signé à Maastricht, au stade de l'instauration d'une procédure.

Jacques Delors ne se trompe guère quand il affirme que les quatre cinquièmes des réglementations économiques

relèveront de procédures communautaires. C'est un fait
acquis pour les marchandises industrielles, les marchés
agricoles, les services financiers, les capitaux, les aides
publiques, les concentrations d'entreprises.

Chaque jour le *Journal officiel des communautés* publie
de longs textes, d'une technicité souvent rebutante et qui
affectent des intérêts fort importants, si l'on en juge d'après
la longueur et la vivacité des négociations et le nombre des
groupes de pression qui essaient d'influer sur les décisions
des instances communautaires. La Communauté et les
États-Unis sont les deux grandes puissances commerciales
qui s'affrontent, notamment dans l'Uruguay Round. La
politique budgétaire des États membres sera dominée par
sa volonté de respecter les critères de convergence de
Maastricht, même si le niveau des prélèvements obligatoires et la répartition des dépenses demeurent du ressort de
la compétence nationale. Les considérables ressources des
fonds structurels, doublés en 1988 et que la Commission
propose d'accroître encore fortement, jouent un rôle
déterminant dans la localisation des activités économiques
sur le territoire de la Communauté. Sur tous ces sujets les
compétences des institutions communautaires commencent à ressembler à celles d'un gouvernement fédéral.

Mais l'espoir conçu par les fédéralistes européens que la
Commission se transforme progressivement en gouvernement fédéral ne s'est pas concrétisé dans la version finale
du traité signé à Maastricht ; dans les domaines essentiels
de la politique étrangère et de sécurité commune (titre v) et
de la justice, de l'immigration et des affaires intérieures
(titre vi), il s'éloigne du système institutionnel du traité de
Rome, dans lequel la Commission, en charge des intérêts
communs, est seule habilitée à proposer, mais le Conseil
seul compétent pour décider (de plus en plus souvent à la
majorité qualifiée). Les accords de Maastricht précisent
que la présidence du Conseil, exercée successivement par
chaque État membre pour six mois, « représente l'Union
pour les matières relevant de la politique étrangère et de
sécurité commune » (article J5, §1). On peut d'ailleurs se
demander si une présidence semestrielle est de nature à

assurer la continuité et la crédibilité de l'action extérieure de la Communauté.

Cette répartition mal connue et changeante des compétences communautaires et nationales crée un trouble dans la vie politique française. Ce sont désormais les règlements bruxellois qui déterminent l'activité des agriculteurs, des chefs d'entreprise, des importateurs ; les responsables politiques se trouvent en difficulté lorsqu'ils doivent répondre aux doléances des éleveurs, des transitaires en douane et même des chasseurs, de tous ceux que les décisions de Bruxelles indisposent. Surtout lorsque de graves crises se produisent à l'extérieur et aux frontières mêmes de la Communauté, celle-ci étale ses divergences.

IV. Centralisation européenne ou subsidiarité ?

Les institutions communautaires font l'objet d'une double accusation : on leur reproche d'abord d'avoir obtenu trop de pouvoirs et d'élaborer des directives qui entrent dans trop de détails ; on les accuse surtout de prendre leurs décisions sans réel processus démocratique.

Que ce soit par souci de faire progresser l'Union européenne ou simplement par perfectionnisme administratif, tendance commune à toutes les grandes organisations, les directives et règlements de Bruxelles, particulièrement ceux qui régissent la politique agricole commune, et les quelque deux cent quatre-vingt-dix directives nécessaires pour l'établissement du marché unique sont d'extraordinaires longueur et complexité. La Commission ne peut être tenue pour seule responsable puisque ces textes sont le plus souvent approuvés par le Conseil.

Le traité signé à Maastricht tente de remédier à cette centralisation excessive des décisions, en affirmant le principe de la subsidiarité. Ainsi, la Communauté ne devrait intervenir que « si, et dans la mesure où, les objectifs de l'action envisagée ne peuvent pas être réalisés

de manière suffisante par les États membres et peuvent
donc, en raison des dimensions et des effets de l'action
envisagée, être réalisés au niveau communautaire ». L'interprétation de cette définition – qui d'ailleurs confirme la
supériorité du niveau communautaire – pourra susciter
bien des controverses, notamment sur ce qui n'est pas
« réalisé de manière suffisante par les États membres ».
Dans le domaine économique, financier et bientôt monétaire, la Communauté commence à connaître le problème
qui domine la vie politique des États fédéraux, à savoir un
débat permanent, souvent conflictuel, sur les compétences
respectives des institutions centrales et des États.

V. Le déficit démocratique

A l'occasion des débats sur la ratification du traité signé
à Maastricht, les parlementaires des différents pays ont
pris conscience que, désormais, une grande partie de leur
activité consiste à enregistrer et à transposer dans le droit
national les décisions prises au niveau communautaire. Il
en résulte un sentiment de frustration et le reproche que les
directives et règlements communautaires sont adoptés sans
véritable processus démocratique.
   Cette accusation serait justifiée si des textes étaient
adoptés par la Commission, dont les membres sont désignés
par les gouvernements et non élus. Mais la Commission ne
dispose, dans le traité de Rome, que d'un pouvoir de
proposition, sauf dans les domaines, comme l'agriculture
ou le droit de la concurrence, où les États membres lui ont
conféré un véritable pouvoir de décision. Directives et
règlements sont adoptés par les ministres réunis au sein du
Conseil, qui, dans chaque pays, appartiennent à des gouvernements désignés selon des procédures démocratiques.
   Mais, dans la réalité des faits, les propositions de la
Commission font l'objet de négociations complexes au sein
des groupes de travail composés de fonctionnaires, les

décisions sont sans doute arrêtées au niveau du Conseil, mais souvent sous la pression du vote majoritaire, à la suite de compromis, le plus souvent préparés par des fonctionnaires et non par des responsables politiques, et sans débat public.

L'extension des votes à la majorité qualifiée, réalisée par l'Acte unique pour les textes nécessaires à la réalisation du marché unifié et prévue par le traité signé à Maastricht dans bien d'autres domaines, a pour conséquence que les responsables politiques d'un pays peuvent être mis en minorité. C'est d'ailleurs cette question du vote à la majorité qualifiée qui provoqua, en 1965, la crise de la « chaise vide ». La Commission, par un calcul politique hardi, avait pensé que l'occasion s'offrait, puisque le général de Gaulle était très attaché à l'adoption du règlement financier agricole, de lui en faire payer le prix sous forme de concessions à la supranationalité. Il en résulta une crise prolongée entre la France et les cinq autres pays, qui prit fin à Luxembourg, le 29 janvier 1966, par ce que l'on a appelé, improprement, le « compromis de Luxembourg », et qui n'était qu'un constat de désaccord. La France déclara que « lorsqu'il s'agit d'intérêts très importants, la discussion devra se poursuivre jusqu'à ce que l'on soit parvenu à un accord unanime ». Prenant acte de leur désaccord sur ce point, les six gouvernements prirent la sage décision de constater que leur divergence « n'empêche pas la reprise, selon les procédures normales, des travaux de la Communauté », et c'est alors que furent réalisés des accords importants sur le financement de l'agriculture et le Kennedy Round.

Ce fameux constat de Luxembourg, qui n'a donc aucune valeur juridique, a été par la suite invoqué maintes fois par d'autres pays, pour des questions qui n'étaient pas « très importantes », et il en a encore été question du côté italien, au conseil du 21 mai 1992, à propos d'une obscure affaire de quotas laitiers. La question a été posée, lors des débats sur la ratification du traité signé à Maastricht, de savoir si ce constat de Luxembourg était « tombé en désuétude » ou était toujours valable. Comme il n'a pas d'existence juridique, la question n'induit pas de réponse claire, et la longue déclaration du Premier ministre à l'Assemblée nationale du 13 mai 1992 sur ce sujet est d'une lecture fort instructive.

« La France n'a jamais renoncé et ne renoncera pas au droit de protéger, en cas de crise grave, ses intérêts fondamentaux », a-t-il déclaré. Le gouvernement français a, encore récemment, indiqué qu'il pourrait opposer son veto aux accords agricoles conclus avec les États-Unis dans le cadre du GATT.

La réalité politique de la Communauté – et ce qui lui a permis de progresser – est que les responsables n'ont jamais pensé qu'une décision majoritaire pût être imposée à un pays de la Communauté décidé à défendre des intérêts qu'il considérait comme « très importants ». La clause d'*opting out*, qui figure dans le traité signé à Maastricht en faveur de la Grande-Bretagne pour les questions monétaires et sociales, est une manifestation supplémentaire de ce fait politique fondamental que la Communauté ne peut, pour les grandes affaires, progresser autrement que par consensus, ce qui est d'ailleurs la règle au Conseil européen, réunissant les chefs d'État et de gouvernement, au niveau desquels sont désormais arrêtées les grandes orientations.

Pour tenter de combler ce déficit démocratique, le traité signé à Maastricht renforcerait les pouvoirs du Parlement européen en lui donnant un pouvoir de « co-décision ». Mais cela ne suffit pas à rassurer les parlements nationaux. Les débats de l'Assemblée nationale française ont abouti à la conclusion qu'elle devrait s'organiser, à l'image des Parlements britannique et danois, pour que les projets de directive et règlement communautaires fassent l'objet de discussions préalables au sein de commissions spécialisées, afin que les ministres se rendant à Bruxelles soient dûment mandatés par les parlements nationaux.

VI. Vers une Europe à géométrie variable

Le général de Gaulle comparait la construction européenne à l'édification des cathédrales : « Nous commençons à construire l'union de l'Europe occidentale. Ah !

Quelle cathédrale ! A notre tour il nous faut du temps. Il nous faut beaucoup d'efforts [...]. De toute façon il y a une fondation, c'est la réconciliation de l'Allemagne et de la France. Il y a les piliers que constitue la Communauté économique des Six. Il y aura un faîte, formé des arceaux et un toit, et qui sera la coopération politique... »

Trente années après cette déclaration, la Communauté s'est élargie, passant de six à douze, la Communauté économique s'est renforcée et entend devenir, vers la fin du siècle, une union monétaire ; mais pour ce qui est de l'union politique, la Communauté n'a fait que des progrès limités depuis l'époque du plan Fouchet et n'est pas devenue une « imposante confédération », alors que les problèmes de l'Est et du Sud sont de plus en plus préoccupants pour une Communauté dont la démographie est stagnante et qui constitue un îlot de paix et de prospérité dans un monde incertain.

Le refus des électeurs danois de ratifier les accords de Maastricht, le sérieux et parfois la vivacité des débats qu'a suscités la consultation populaire en France, la tourmente monétaire qui a ébranlé le Système monétaire européen, la faible majorité des votes favorables imposent une réflexion sur les orientations qu'a suivies jusqu'à présent et que devra suivre à l'avenir la construction européenne, dont la nécessité n'est cependant pas contestée.

Même si l'obstacle danois peut être surmonté et si le Parlement britannique finit par ratifier le traité de Maastricht, les multiples négociations nécessaires pour qu'il soit effectivement appliqué se dérouleront dans un climat différent. L'approche consistant à créer une union économique et monétaire gérée de façon centralisée, et sans associer suffisamment les élus, a été sévèrement critiquée, alors que les insuffisances de l'union politique et l'incapacité de la Communauté de répondre aux crises survenues à ses frontières appellent une démarche nouvelle, moins économique, plus politique et répondant mieux aux aspirations des peuples.

Les perspectives d'adhésion de nouveaux membres risquent de compliquer les négociations. Sans doute, certains pays seraient-ils tentés de donner la priorité à la mise en

Le traité de Maastricht et la

Chaque étape importante de la construction européenne, depuis le traité de Paris créant la Communauté européenne du charbon et de l'acier, a pris la forme d'un traité international : traité de Rome, élargissements de la Communauté, élection du Parlement européen au suffrage universel, Acte unique, accords de Schengen, pour ne citer que les plus importants. Ces traités ont été ratifiés par voie parlementaire ; seul le traité d'adhésion du Royaume-Uni, du Danemark et de l'Irlande a été soumis à un référendum.

Ces traités comportaient d'importants transferts de compétences au profit des institutions européennes, mais le problème de la constitutionnalité de ces engagements ne s'est pas posé. En revanche, pour ce qui est du traité signé à Maastricht, le Conseil constitutionnel, consulté, a relevé, dans sa décision du 9 avril 1992, trois points qui nécessitaient une révision de la Constitution : le droit de vote et d'éligibilité des citoyens de l'Union européenne aux élections municipales ; l'instauration à terme d'une politique monétaire et d'une politique de change uniques ; la définition à la majorité qualifiée, à compter du 1er janvier 1996, des mesures relatives aux visas exigés des ressortissants des pays tiers.

La loi constitutionnelle du 25 juin 1992, qui ajoute à la Constitution un titre XIV : « Des communautés européennes et de l'Union européenne », va bien au-delà des demandes du Conseil constitutionnel, à la suite de débats animés à l'Assemblée nationale et au Sénat.

La tonalité de ces nouveaux articles est plutôt restrictive et des précautions sont prises pour éviter une interprétation trop large des dispositions du traité de Maastricht. Le nouvel article 88.2 se limite à autoriser les transferts de compétence

œuvre des accords conclus, et donc à l'approfondissement de la Communauté, avant de l'élargir. Mais les Douze ne pourront longtemps fermer la porte à d'autres pays européens qui sont prêts à accepter les règles de la Communauté. Ce sont d'abord les pays de l'Association européenne de libre-échange, au premier rang desquels l'Autriche, la Suède et la Finlande, dont les économies

Constitution de la France

lorsqu'ils sont « nécessaires à l'établissement de l'Union économique et monétaire, ainsi qu'à la détermination des règles relatives au franchissement des frontières extérieures des États membres de la Communauté européenne ». L'article 88.3 précise que les ressortissants d'autres pays de la Communauté ne peuvent exercer les fonctions de maire ou d'adjoint, ni participer à la désignation des électeurs sénatoriaux, ni à l'élection des sénateurs ; une loi organique, votée dans les mêmes termes par les deux assemblées, déterminera les conditions d'application de cet article. Quand on se rappelle que l'article 8b du traité de Maastricht prévoit que les modalités d'exercice de ce droit de vote et d'éligibilité devront être arrêtées à l'unanimité des États membres, éventuellement avec des « dispositions dérogatoires », tout donne à penser que la portée réelle de ces textes sera restreinte.

La discussion de cette réforme de la Constitution a conduit à l'introduction de dispositions qui, tout en admettant « l'exercice en commun de certaines compétences », renforcent les prérogatives du Parlement français. Ainsi l'article 88.4 précise que toutes les propositions d'acte communautaire comportant des dispositions de nature législative seront soumises à l'Assemblée nationale et au Sénat ; l'article 54 stipule que le Conseil constitutionnel peut être saisi par soixante députés ou sénateurs si un engagement international semble comporter des clauses contraires à la Constitution.

Ainsi une réforme constitutionnelle qui aurait pu être limitée à ce qui était strictement nécessaire pour ratifier le traité signé à Maastricht, a été l'occasion pour le Parlement français d'affirmer ses compétences et de soumettre à de très stricts contrôles tout nouveau transfert de compétences au niveau européen.

présentent des caractéristiques leur permettant de s'intégrer sans délai. Mais il s'agit aussi, pour des raisons politiques majeures, des pays d'Europe centrale et orientale avec lesquels la Communauté a conclu des accords d'association « dans la perspective d'une adhésion ». Quand ils auront progressé dans la voie de l'économie de marché – les plus avancés étant la Hongrie et les Républiques tchèque et slovaque, mais sans pouvoir laisser à l'écart la Pologne –, il apparaîtra, peut-être vers la fin du siècle, qu'une réponse négative ne peut plus être donnée à leur vœu prioritaire, qui est d'adhérer à la Communauté.

Mais une entreprise commencée entre six pays, étendue non sans difficultés à neuf, puis à douze, pourrait difficilement être poursuivie par plus de vingt pays sans novations institutionnelles. Les partisans des États-Unis d'Europe pouvaient espérer que le système fondé sur une communauté de droit, dans laquelle tous les pays respectent les mêmes règles, et qui a commencé par des transferts de souveraineté dans le domaine économique, puis monétaire, pourrait déboucher un jour vers une véritable fédération. L'élargissement de la Communauté rendrait plus aléatoire une telle perspective, qui n'a pas été retenue dans les accords de Maastricht. C'est plutôt vers une Europe à « géométrie variable » que l'on s'oriente.

Le traité créant l'Espace économique européen conduira à une zone de libre-échange comprenant les Douze de la Communauté et les Sept de l'Association européenne de libre-échange, à laquelle pourront s'associer les pays d'Europe centrale et orientale avec lesquels ont été conclus des accords d'association. On voit donc s'esquisser une grande zone commerciale qui irait de l'Atlantique à la rivière Bug, frontière orientale de la Pologne. Mais, en même temps, les accords de Maastricht admettent que les Douze ne pourront participer tous à l'Union monétaire, soit qu'ils n'en respectent pas les critères, soit qu'ils souhaitent, comme la Grande-Bretagne, réserver leur décision. La tourmente monétaire qui a ébranlé le Système monétaire européen à la veille du référendum français renforce la probabilité d'une Union monétaire groupant un nombre restreint de pays.

Pour la mise en œuvre d'une politique de défense, le traité signé à Maastricht envisage de recourir à l'Union de l'Europe occidentale, à laquelle n'appartiennent pas tous les pays de la Communauté. L'élargissement de celle-ci à des pays qui pratiquent de longue date une politique de neutralité serait de nature à rendre plus difficile l'élaboration, à l'unanimité, d'une politique de défense entre des pays dont les potentiels économiques et militaires sont par ailleurs très inégaux. Toute politique européenne de sécurité suppose, même si l'on récuse un quelconque directoire à trois, une entente entre la France, l'Allemagne et la Grande-Bretagne, responsables des principales forces armées du continent.

Autre cause de fragmentation de l'espace européen, les accords de Schengen ont prévu une totale liberté de circulation des personnes entre les pays continentaux signataires, alors que la Grande-Bretagne s'estime fondée à maintenir des contrôles à ses frontières, au moins pour les ressortissants des pays tiers.

Ainsi la conception initiale d'un espace homogène, où les mêmes règles devraient s'appliquer à tous sur l'ensemble du territoire, déjà mise en question, résisterait mal à un nouvel élargissement ; c'est plutôt une union à « plusieurs vitesses », implicitement admise à Maastricht, qu'il faut envisager. L'évolution prévisible vers une Communauté moins homogène ne signifie pas que cette entreprise perdra de son importance. Déjà première puissance commerciale mondiale, espérant se doter d'une monnaie pouvant faire jeu égal avec le dollar, la Communauté peut être contrainte d'affronter des crises graves, à l'est comme au sud, qui l'obligent à accélérer la mise en place d'une politique étrangère et de sécurité commune.

Les accords de Maastricht ne sont qu'un étage supplémentaire d'une construction politique originale dont l'architecture finale demeure indéterminée. Tous sont convaincus, en principe, de la nécessité d'unir les peuples européens, mais ils se séparent sur les modalités. Particulièrement en France, l'opinion publique d'un pays habitué depuis longtemps à ce que tout soit décidé à Paris est déconcertée par la nouveauté et la complexité des mécanismes de décision communautaires. Inquiets de l'importance des transferts de compétences, même s'ils ne concernent que l'économie et la monnaie, beaucoup ont la tentation du repliement sur la souveraineté nationale, à l'image de la démarche esquissée par la Grande-Bretagne, au risque que l'Allemagne redevienne la puissance dominante de l'Europe centrale et surtout que les pays européens, n'ayant pas réussi à s'unir sur l'essentiel, soient dans l'incapacité de défendre leurs valeurs et leurs intérêts dans un monde troublé. L'expérience de trente années montre que les institutions, telles qu'elles ont été construites par le traité de Rome, ont permis de concilier des conceptions et des intérêts divergents des États membres, sans menacer les identités nationales. Ce serait plutôt la renaissance des nationalismes et l'impuissance de l'Europe à affronter les crises extérieures qui seraient à redouter.

Quelles que soient les incertitudes sur les modalités de l'Union européenne, la France, du fait de sa position géographique et de son histoire, continuera à jouer un rôle central ; dans les institutions européennes, le poids économique et la puissance monétaire ne sont pas les seuls facteurs qui comptent. Son influence dans le nouveau concert européen suppose qu'elle mène avec continuité une politique lui permettant de faire entendre sa voix. La concurrence des nations au sein des institutions communautaires n'autorise aucune faiblesse dans la gestion de la monnaie, des finances publiques et en général de toutes les affaires du pays, et ce fait dominera la vie politique des années à venir.

ALAIN PRATE,
vice-président de la BEI.

*

CHRONOLOGIE

9 mai 1950	Robert Schuman, ministre français des Affaires étrangères, propose la mise en commun des ressources de charbon et d'acier de la France et de la République fédérale d'Allemagne dans une organisation ouverte aux autres pays d'Europe.
18 avril 1951	Les Six signent à Paris le traité instituant la Communauté européenne du charbon et de l'acier (CECA).

27 mai 1952	Signature du traité instituant la Communauté européenne de défense (CED).
30 août 1954	L'Assemblée nationale française refuse de ratifier le traité sur la CED.
20-23 octobre 1954	Accords de Paris à la suite de la conférence de Londres : création de l'Union de l'Europe occidentale (UEO).
1er-2 juin 1955	Réunis en conférence à Messine, les ministres des Affaires étrangères des Six décident une relance de la construction européenne.
25 mars 1957	Signature à Rome des traités instituant le Marché commun et l'Euratom.
1er janvier 1958	Entrée en vigueur des traités de Rome.
30 juillet 1962	Entrée en vigueur de la politique agricole commune (PAC).
14 janvier 1963	Le général de Gaulle annonce, au cours d'une conférence de presse, que la France n'est pas favorable à l'adhésion du Royaume-Uni.
29 janvier 1966	Constat de Luxembourg. La France considère que la règle de l'unanimité sera maintenue lorsque des « intérêts très importants » sont en jeu.
1er juillet 1968	Élimination, avec un an et demi d'avance, des derniers droits de douane intracommunautaires pour les produits industriels et mise en place du tarif douanier commun.
22 avril 1970	Signature, à Luxembourg, du traité permettant le financement progressif des communautés par des ressources propres.
30 juin 1970	Ouverture, à Luxembourg, des négociations avec les quatre pays candidats à l'adhésion (Danemark, Royaume-Uni, Irlande et Norvège).

22 janvier 1972	Signature, à Bruxelles, des traités d'adhésion des nouveaux membres de la CEE.
24 avril 1972	Mise en place du « serpent » monétaire. Les Six décident de limiter à 2,25 % les marges de fluctuation de leurs monnaies par rapport au dollar.
9-10 décembre 1974	Sommet de Paris, où les neuf chefs d'État ou de gouvernement décident de se réunir régulièrement en Conseil européen, proposent d'élire l'Assemblée européenne au suffrage universel et décident la création du Fonds européen de développement régional (FEDER).
6-7 juillet 1978	Sommet de Brême. La France et la République fédérale d'Allemagne proposent une relance de la coopération monétaire par la création d'un Système monétaire européen (SME).
13 mars 1979	Début du fonctionnement du SME.
28 mai 1979	Signature de l'acte d'adhésion de la Grèce à la Communauté.
7-10 juin 1979	Première élection au suffrage universel des 410 membres de l'Assemblée européenne.
2-4 décembre 1985	Conseil européen à Luxembourg. Les Dix s'accordent pour réviser le traité de Rome et relancer l'intégration européenne par la rédaction d'un Acte unique européen.
1er janvier 1986	Entrée de l'Espagne et du Portugal dans la Communauté européenne.
17-18 février 1986	Signature, à Luxembourg, de l'Acte unique européen.
1er juillet 1987	Entrée en vigueur de l'Acte unique.
9 décembre 1989	Conseil européen de Strasbourg, décidant la convocation de conférences intergouvernementales sur l'Union monétaire et l'union politique.

29 mai 1990	Signature des accords instituant la Banque européenne pour la reconstruction et le développement (BERD).
19 juin 1990	Signature des accords de Schengen.
14 décembre 1990	Ouverture, à Rome, des conférences intergouvernementales sur l'Union économique et monétaire et sur l'union politique.
21 octobre 1991	Accords sur la constitution de l'Espace économique européen (EEE).
9-10 décembre 1991	Conseil européen à Maastricht.
7 février 1992	Signature du traité sur l'Union européenne à Maastricht.

*

BIBLIOGRAPHIE

P. Gerbet, *La Construction de l'Europe*, Imprimerie nationale, 1983.

Institut Charles-de-Gaulle, « De Gaulle en son siècle », Actes des journées internationales, t. v, *L'Europe*, Plon-La Documentation française, 1992.

P. Maillet, *La Politique économique dans l'Europe après 1993*, PUF, 1992.

R. Marjolin, *Le Travail d'une vie*, Robert Laffont, 1986.

Alain Prate, *Quelle Europe ?*, Julliard, 1991.

« Spécial Maastricht », *Regard sur l'actualité*, n° 180, La Documentation française, articles de F. de la Serre, J. Raux, C. de Boissieu.

DEUXIÈME PARTIE

Partis et syndicats

Le système des partis

Le système des partis de la Ve République, qui s'est formé à partir de 1962 du fait de la révision constitutionnelle, se caractérise à la fois par la bipolarisation et par l'homothétie du système aux différents niveaux de la vie politique. Les deux camps, majorité et opposition au sens institutionnel, droite et gauche, ou l'inverse, au sens idéologique, sont des coalitions de partis. Sont en dehors du système les partis qui refusent la structure bipolaire ou qui sont rejetés par une coalition.

Un système de partis est une réalité de fait, non pas une institution juridique, mais il dépend à la fois du cadre institutionnel et du régime électoral, et des caractéristiques sociologiques et culturelles du corps électoral et de la société entière. Depuis 1962 le système de partis a assuré à la Ve République la durée et l'efficacité du pouvoir d'État par l'existence d'une majorité stable et cohérente de gouvernement issue de l'élection. C'est le fait majoritaire, si nouveau dans la vie politique française. Il a également apporté la clarté et la responsabilité dans les décisions du corps électoral. Les élections présidentielles et législatives permettent en effet de juger le passé, c'est-à-dire le bilan de la majorité sortante, et de choisir la prochaine majorité qui sera détentrice du pouvoir.

Mais le fait majoritaire est à la fois contraignant et fragile. Il ne dure que si les partis du système, qui sont les seuls partis de gouvernement, structurent l'électorat. On peut empiriquement estimer que les deux coalitions doivent recueillir au moins les deux tiers des suffrages aux scrutins décisifs, et pour cela être en mesure de fournir un personnel politique compétent, d'exprimer la diversité des couches sociales et de répondre aux demandes et aux aspirations du pays. Le fait majoritaire et le système bipolaire sont donc l'objet de critiques et de propositions de changement.

Ces critiques et l'écho qu'elles rencontrent dans l'opinion sont-ils de nature à mettre à bas un système partisan qui fonctionne depuis trente ans ? On peut en douter pour autant que la France restera un État souverain exerçant des responsabilités particulières au sein de la communauté internationale. Mais on ne peut nier que le débat est ouvert.

I. La formation du système

A. Le legs des régimes antérieurs

La IIIe République pratiquait un multipartisme à double niveau. Au niveau électoral, il était dualiste ou, si l'on veut, bipolaire : gauche contre droite. Les deux camps coalisaient plusieurs partis sur des thèmes programmatiques antagonistes : républicains contre monarchistes, laïcs contre cléricaux, avant 1914 ; collectivistes-dirigistes contre libéraux-capitalistes après la Grande Guerre. Ils s'affrontaient devant le corps électoral et recueillaient plus de 80 % des suffrages. Les partis qui refusaient de s'agréger à un camp étaient marginaux ou éphémères. Mais, au niveau parlementaire, lieu central du pouvoir gouvernemental, le dualisme simplificateur ne se retrouvait guère, et en tout cas pas durablement, après les élections. L'inorganisation des partis de droite, l'absence de discipline de vote, en particulier chez les radicaux, les dissensions à gauche et les ambitions personnelles aboutissaient, surtout après 1918, à une fluidité des coalitions parlementaires et gouvernementales, et donc à la faiblesse de l'exécutif.

Après la Seconde Guerre mondiale, il a semblé possible qu'un nouveau système se formât, le départ du général de

Gaulle le 20 janvier 1946 ayant mis fin
façade. Dualiste à tous les niveaux, il o[
collectiviste, communiste et socialiste, à
que rejoindraient les centristes. Il n'en a [
de l'apparition d'un centre nouveau, dé
de l'action de De Gaulle et de la guerre fi[....]. Du coup, la
IVᵉ République n'a plus de système de partis proprement
dit. Au niveau électoral, les deux partis qui veulent changer
le régime (Parti communiste et Rassemblement pour la
France) recueillent près de 40 % des voix, et même plus
de 60 % en 1951 avec les poujadistes. Les partis qui font
vivre les institutions sont eux-mêmes divisés et de force
quasi égale entre socialistes, radicaux de toutes nuances,
démocrates-chrétiens et « modérés », c'est-à-dire libéraux-
conservateurs.

La guerre d'Algérie porte le coup décisif à un régime
épuisé et frappé d'aboulie, mais qui a su mener une
politique cohérente sur les questions qui ne divisaient pas
les partis de gouvernement : reconstruction du pays, développement de l'action économique et sociale de l'État,
Alliance atlantique, construction de l'Europe.

L'appel à de Gaulle en mai 1958 apparaît à tous comme
une inévitable et provisoire suspension du fonctionnement
du jeu politique. La nouvelle Constitution, massivement
approuvée par le peuple, est moins l'œuvre du général de
Gaulle que celle des ministres d'État Mollet et Pflimlin,
a-t-on pu soutenir[1]. En tout cas elle ne porte pas atteinte
à la tradition républicaine parlementaire de la France.
L'adoption du scrutin uninominal majoritaire à deux tours
sauve l'existence des partis de gouvernement de la IVᵉ République. Il semble qu'il suffira d'attendre la fin de
l'épreuve algérienne et le départ concomitant du général de
Gaulle pour faire fonctionner un régime parlementaire
rénové, donnant à l'exécutif les moyens de la durée et de
l'efficacité.

---

1. Cf. Bernard Chantebout. *La Constitution française. Propos pour
un débat*, Dalloz, 1992, p. 36.

L'apparition du fait majoritaire

Aux élections de 1958, les candidats hostiles à de Gaulle et au nouveau régime représentent environ 25 % des suffrages exprimés au premier tour et sont pour la plupart communistes (19 % des suffrages). En revanche, le camp adverse (75 % des suffrages) est composé à égalité, ou presque, de trois forces anciennes : les socialistes et radicaux (25 %), les droites libérales (20 %) et les démocrates-chrétiens (11 %), et d'un parti nouveau : l'Union pour la nouvelle République (20 %). Il n'y a plus de système de partis. La guerre d'Algérie anesthésie la vie politique et suspend le fonctionnement du débat démocratique au profit de formes violentes d'action directe, organisée et conduite en dehors des partis et culminant avec l'action de l'Organisation de l'armée secrète (OAS).

Après la fin du conflit algérien, en 1962, de Gaulle a, semble-t-il, rempli son rôle et doit partir. Par voie de conséquence, la Ve République deviendra une république parlementaire rééquilibrée, avec un président élu par un collège électoral de type sénatorial et disposant du droit de dissolution. Ce ne sera pas le retour à la IIIe République telle que Jules Grévy, après la démission de Mac-Mahon en 1879, l'avait fait évoluer ; ce sera une IVe République renforcée.

Mais de Gaulle va brusquement changer le cours attendu des choses. Le 12 septembre 1962, il annonce son « intention de proposer au pays, par voie de référendum, que le président de la République sera élu, dorénavant, au suffrage universel ». Le référendum du 28 octobre 1962 oppose de Gaulle, soutenu par la seule UNR et les quelques amis de Valéry Giscard d'Estaing, à l'ensemble des partis de la IVe République. Le cartel du non regroupe socialistes, radicaux, démocrates-chrétiens, divers gauche et droite, mais pas le PC ni les dissidents socialistes (PSU), qui sont également hostiles à la réforme et à la procédure employée. Le oui l'emporte (61,8 % des suffrages, soit

46,4 % des électeurs), le non, avec 38,2 % des suffrages, soit 28,8 % des électeurs, est nettement minoritaire.

La Ve République vient d'être refondée sur une base très différente de celle de 1958, à la fois du point de vue institutionnel et du point de vue des forces politiques. Désormais, la vie politique sera axée sur l'élection présidentielle, avec un second tour limité à deux candidats, donc sur un affrontement bipolaire et un vainqueur majoritaire absolu.

Reste à savoir si les élections législatives se bipolariseront. Celles de novembre 1962, que de Gaulle a suscitées en dissolvant l'Assemblée nationale, opposent les gaullistes à « tous les autres ». Les partisans du non réalisent, tous ensemble, un beau score, 63 % des suffrages, mais n'obtiennent que 33 % des sièges ; les gaullistes, avec 37 % des voix, remportent la majorité absolue des sièges. C'est la conséquence du scrutin uninominal à deux tours, aggravée par les divisions internes du camp du non. Certes, la SFIO et le PC ont discrètement ressuscité la discipline républicaine, c'est-à-dire le désistement réciproque au second tour pour le candidat arrivé en tête au premier tour, ce qui leur permet d'augmenter le nombre de leurs élus. Mais les partis n'ont pas clairement mesuré l'ampleur des changements.

Le nouveau système de partis se forme donc en deux temps. On commence à parler couramment de « majorité présidentielle » pour désigner les élus et les partis qui soutiennent le président. C'est le fait majoritaire assimilé, à ce moment, au gaullisme. Il regroupe l'UNR, ses alliés républicains indépendants avec Giscard d'Estaing et quelques personnalités isolées venues de la gauche et du MRP. Le Premier ministre, Georges Pompidou, est l'organisateur de ce pôle majoritaire à l'Assemblée. Ensuite seulement apparaît l'opposition, et difficilement.

C. La lente structuration de pôle d'opposition

La constitution d'un pôle unifié de l'opposition est freinée par deux phénomènes durables : la difficulté d'une alliance de gauche entre communistes et socialistes et les efforts des partis du centre pour attirer à eux les courants socialistes démocratiques et libéraux et rejeter aux extrêmes les communistes et les gaullistes. L'objectif est de combattre le parti dominant, les gaullistes, et pour ce faire d'éliminer les communistes et leurs alliés, qui réduisent l'opposition à l'impuissance. La tentative la plus sérieuse est celle de Gaston Defferre, mais elle échoue en juin 1965 pour avoir sous-estimé la persistance du clivage laïc/clérical au centre et la tradition d'union à gauche.

Dans ces conditions, l'élection présidentielle de 1965 est tripolaire au premier tour : de Gaulle (44 %), Mitterrand pour la gauche désunie (32 %) et Lecanuet pour le centre (16 %) ; mais l'implacable règle du second tour laisse face à face les deux premiers. De Gaulle l'emporte, mais Mitterrand apparaît comme le fédérateur du pôle de gauche. Il tente d'abord d'organiser ce qu'on appelait alors la gauche non communiste (socialistes et radicaux) dans la Fédération de la gauche socialiste et démocratique, tandis que Lecanuet, pour les centristes, lance le Centre démocrate.

Les élections législatives de 1967 sont une déception pour les centristes, qui plafonnent à 16 % ; en revanche, la FGDS, qui a passé un accord de désistement réciproque avec le PC, dépasse 21 % et talonne le PC (22,5 %). Mais la majorité présidentielle garde de peu la majorité absolue à l'Assemblée nationale, avec 38 % des voix.

Or les événements de Mai 68 et les élections qui suivent semblent remettre en cause la possibilité même d'un pôle d'opposition. Le centre se fragilise après la grande peur de Mai (12,5 %), la gauche socialiste et démocratique redescend à 16,5 %, tandis que le PC, avec 20 % des voix, contient la poussée d'extrême gauche. La majorité présidentielle culmine à 46,5 %. N'y aura-t-il bientôt plus qu'un seul parti dominant toute la vie politique ?

II. La bipolarisation parfaite

Mai 68 n'aura été qu'un épiphénomène dans la vie politique française. Certes, les médias radiophoniques et télévisuels, par la résonance qu'ils donnent aux événements de la rue, ont pu faire croire à un phénomène révolutionnaire. Mais la société française n'était travaillée par aucun ferment de cette sorte.

A. L'échec du centre et le succès de l'union de la gauche

En réalité, l'effet principal de Mai 68 aura été, en politique, le passage sans heurt du gaullisme à l'après-gaullisme, le référendum d'avril 1969 et le départ du général de Gaulle, après la victoire du non, offrent une exceptionnelle occasion aux centristes de regrouper toutes les forces hostiles aux gaullistes et aux communistes et de recueillir l'héritage des premiers. A l'élection présidentielle de juin 1969, le président du Sénat, le centriste Alain Poher, qui a joué un rôle important dans la victoire du non au référendum, semble en mesure de rassembler les suffrages de la droite libérale et de la gauche non communiste. Mais Pompidou réussit, avec 44 % des voix au premier tour, à faire mieux que de Gaulle en 1965. La France dite profonde n'a pas oublié le Premier ministre de 1968. Poher, avec 23,5 % des suffrages, échoue ; le PC représente presque à lui seul l'opposition de gauche, avec 21,5 % ; la gauche socialiste est laminée (moins de 10 %) et divisée. Au second tour, les communistes, en recommandant l'abstention, assurent une facile victoire à Pompidou (plus de 57 % des voix), qu'a rejoint une fraction des centristes.

Ceux-ci cependant ne s'avouent pas vaincus. Sous l'impulsion de Jean-Jacques Servan-Schreiber, le Parti radical reprend le flambeau des mains des démocrates-chrétiens. Il se rénove et se dote d'un programme moderne et ambitieux en février 1970. Puis, en novembre 1971, il se fédère avec le Centre démocrate de Lecanuet dans le Mouvement réformateur.

La gauche socialiste prend alors conscience de la menace de sa propre marginalisation sur le plan national, même si elle conserve de fortes positions locales. En juillet 1969, la vieille SFIO devient le Nouveau Parti socialiste et, après de longs débats, donne naissance au Parti socialiste, en juin 1971. Sur le principe stratégique de l'union de la gauche le congrès de fondation du PS à Épinay est presque unanime ; mais il y a des divergences sur sa portée. Les uns, qui sont minoritaires, veulent d'abord un débat idéologique avec le PC avant d'aller plus loin. Mitterrand et la majorité souhaitent l'élaboration rapide d'un programme commun de gouvernement de la gauche en vue des élections législatives de 1973.

C'est ce qui est fait le 27 juin 1972 et à quoi se rallie une partie des radicaux, qui abandonnent le Mouvement réformateur et créent le Mouvement des radicaux de gauche, en décembre 1973.

Les élections législatives de 1973 voient s'affronter trois coalitions. La majorité présidentielle, avec 37 % des voix, remporte d'un souffle la majorité absolue des sièges au second tour. La gauche unie obtient 42 % des voix (21,5 % au PC, 20,5 % aux socialistes), échoue, mais se rééquilibre. Le centre est laminé (13 %), de même que les autres formations qui n'ont pas choisi leur camp. Chacun comprend désormais que la bipolarisation a triomphé.

Le décès de Georges Pompidou entraîne une élection présidentielle qui est l'occasion attendue par les centristes pour renoncer à leur rêve de servir de trait d'union entre la droite et la gauche. Au premier tour, François Mitterrand rassemble toute la gauche, sauf l'extrême gauche trotskiste, et dépasse 43 % des suffrages ; la droite, d'abord divisée (Giscard d'Estaing : 32,6 %, Chaban-Delmas : 15 %), se rassemble complètement au second tour et assure, avec tous les centristes, la victoire de Giscard d'Estaing (50,8 %). Jamais on n'a autant voté : 87,34 % de votants au second tour.

B. L'alternance, fruit de la bipolarisation

La bipolarisation n'est pas le bipartisme, elle n'est pas la négation du multipartisme mais sa structuration. Encore faut-il que les partis de chaque camp estiment plus important ce qui les unit que ce qui les distingue. Dans le premier cas seront prioritaires la conquête démocratique du pouvoir et l'exercice de celui-ci. Dans le second cas on privilégiera la spécificité du parti, de ses idées et de son influence.

Le pôle de droite s'organise en deux composantes principales qui succèdent à la domination absolue du parti gaulliste avant 1974.

En mai 1976, le Centre démocrate et le Centre démocratie et progrès fusionnent dans le Centre des démocrates sociaux, qui reconstitue un parti démocrate-chrétien en France. Les républicains indépendants se constituent en Parti républicain en mai 1977. Enfin, en février 1978, le CDS, le PR et le Parti radical, rejoints par quelques groupuscules, se confédèrent dans l'Union pour la démocratie française, dont Jean Lecanuet devient président et le restera pendant dix ans. L'UDF forme le pilier « giscardien » de la majorité présidentielle en vue des prochaines élections législatives.

De leur côté, les gaullistes, traumatisés par l'échec de Chaban-Delmas et la « trahison » de Jacques Chirac, qui a soutenu Giscard d'Estaing dès le premier tour en 1974, font peau neuve. En décembre 1976, après la brouille entre le président et son Premier ministre, Chirac, ce dernier fonde le Rassemblement pour la République, nouvel avatar du parti gaulliste, dont il devient le président et le maître absolu.

En revanche, le pôle de gauche se désorganise. En septembre 1977, les négociations sur l'actualisation du programme commun de gouvernement de la gauche échouent et le PC accuse le PS de dérive droitière.

Pourtant les élections législatives de 1978 sont l'illustration de la bipolarisation presque totale de la vie politique, avec deux forces sensiblement égales dans chaque camp. La gauche obtient son meilleur score depuis vingt ans : 45,5 % (PC : 20,6 %, PS-MRG : 25 %), et atteint même les 50 % avec l'extrême gauche. Mais la droite, avec 46,5 % (UDF : 24 %, RPR : 22,5 %), conserve la majorité absolue à l'Assemblée nationale. Les partis du système recueillent donc 92 % des voix, mais on voit poindre un vote écologiste (2 %).

L'élection présidentielle de 1981 réédite celle de 1974 au premier comme au second tour, mais avec une modification sensible du rapport de forces. Chaque camp présente deux candidats au premier tour. Mitterrand devance le candidat communiste de plus de 10 points (25,85 contre 15,35 %). Il affronte au second tour Giscard d'Estaing, qui a distancé Chirac de plus de 13 points et l'emporte nettement. L'écologiste Brice Lalonde atteint presque 4 % des voix, tandis que le Front national n'a pu être présent dans la compétition faute d'avoir obtenu pour son candidat les parrainages exigés. Le président Mitterrand dissout l'Assemblée.

Les élections législatives de juin 1981 assurent une écrasante victoire en sièges au PS, grâce à la bipolarisation et au mode de scrutin. Avec 36 % des voix au premier tour, il gagne la majorité absolue à lui seul. Le PC se maintient à 16 % ; la droite se présente unie dans la quasi-totalité des circonscriptions (87 % des cas) et dépasse 40 % au premier tour mais perd 45 % des sièges obtenus en 1978.

Il s'ensuit que toute la gauche est au pouvoir de juillet 1981 à juillet 1984, les communistes participant au gouvernement, et que toute la droite est dans l'opposition. Le système des partis a permis une alternance claire et incontestable.

Le système bipolaire structure d'ailleurs tout le champ politique. Il ne se limite pas aux organes du pouvoir d'État, il s'étend à la quasi-totalité des organes élus de l'administration locale : conseils généraux, conseils municipaux et, à partir de 1986, conseils régionaux. Certes, on constate toujours l'existence de candidats sans étiquette, indépendants de droite ou de gauche, défenseurs des intérêts du canton ou de la commune, mais il leur est désormais difficile d'être élus. La « politisation » des élections locales, qu'elle soit critiquée ou défendue, est un fait qui s'impose progressivement.

Dans les communes de plus de 30 000 habitants, après les élections de 1965, 20 % des maires sont encore classés divers droite ou gauche ; après les élections de 1971, il n'y en a plus que 7 %. Bien sûr, dans les petites communes la plupart des élus refusent de se classer dans l'un ou l'autre camp, mais les élections municipales de 1977 sont analysées à juste titre comme un grand succès de la gauche socialiste et communiste, annonçant une prochaine victoire nationale. On est loin du temps où les inclassables candidats ALIM (Action locale et intérêts municipaux) décourageaient les commentateurs.

Les élections cantonales et l'élection des présidents des conseils généraux connaissent la même évolution. Le pôle de gauche est là aussi celui qui veut politiser des scrutins qui ne passionnaient guère l'électorat (plus de 40 % d'abstentions de 1961 à 1973). C'est aux élections de 1976 et 1979 que la politisation s'impose, surtout à gauche. En 1982 et 1985, la droite en fait une sorte de test national et lit les résultats comme la sanction de l'échec socialiste. Du coup, les abstentions diminuent fortement. En 1988, où les deux camps ont peu politisé les élections, le taux d'abstention culmine à 51,5 %, après, il est vrai, une cascade de scrutins.

En revanche, les élections au Parlement européen, sans enjeu de pouvoir et à la représentation proportionnelle, sont mal structurées par les partis du système. On constate les limites de l'acceptation de la bipolarisation par le corps électoral lorsqu'il s'agit d'un choix sans conséquences perceptibles : montée des partis hors système et désintérêt de l'électorat révélé par l'abstention. Si en 1979 les partis hors système ne réussissent que 10 % des suffrages et si l'abstention ne touche que 39 % des inscrits, en 1984 ils dépassent 21 % (dont 10 % au Front national) et l'absten-

tion monte à 43 % ; en 1989 on compte 50 % d'absten-
tionnistes et 31 % des suffrages aux partis refusant la
bipolarisation, dont les Verts, avec 10,7 %.

III. La bipolarisation à l'épreuve

A partir de 1984, le système partisan subit de rudes
assauts, dus aux divisions de chaque camp, mais il prouve
aussi sa force contraignante.

A. L'épreuve de la proportionnelle et de la cohabitation

En juillet 1984, le PC refuse de participer au gouvernement socialiste et instruit un interminable procès contre
l'union de la gauche au sommet et ses « vingt-cinq ans
d'erreur stratégique » (XXVIᵉ congrès, décembre 1987). Le
PS, de son côté, est troublé par les exigences du réalisme
gouvernemental en matière économique et sociale. Les
perspectives d'un échec électoral aux législatives de 1986 se
dessinent dans les médiocres résultats des élections municipales de 1983 et surtout des élections européennes de juin
1984 (20,84 % des voix, le PC descend à 11 %). La droite
unie peut au contraire espérer la victoire, elle obtient près
de 43 % des suffrages, mais elle voit se confirmer la
concurrence du Front national (11 %). Les partis du
système n'obtiennent plus, ensemble, que les deux tiers des
suffrages.

Pour éviter une défaite écrasante, la majorité socialiste
de l'Assemblée nationale change le mode d'élection des
députés ; la représentation proportionnelle dans le cadre
départemental est instaurée en juillet 1985 et le nombre des
députés est porté à 577. Ce régime électoral n'empêche
cependant pas la droite de remporter, de peu, la majorité
absolue des sièges en mars 1986. Partout, UDF et RPR ont

présenté des listes uniques, qui ont obtenu 42 % des voix ; le FN, avec 9,8 %, dépasse le PC (9,69 %) et fait son entrée au Parlement avec 35 députés. Le PS s'est bien redressé (31,6 %) mais perd le contrôle du gouvernement. C'est la cohabitation entre un président de la République de gauche et une majorité parlementaire de droite. La bipolarisation, loin de disparaître, se manifeste aux sommets du pouvoir d'État.

Au Parlement le système bipolaire est absolu. Le 10 avril 1986, l'Assemblée nationale vote la confiance au gouvernement Chirac par 292 voix (RPR et UDF) contre 285 (PC, PS, FN) ; il n'y a pas d'abstention, mais l'opposition est hétéroclite. L'une des premières lois votées par la majorité rétablit le scrutin majoritaire à deux tours pour l'élection des députés, garantissant ainsi la cohésion sans faille de l'union RPR-UDF tout au long de la cohabitation.

Paradoxalement, cette situation inédite et difficile à gérer, loin d'affaiblir le président de la République, lui fournit l'occasion d'une pratique fort « gaullienne » d'interprétation de la Constitution : il refuse en juillet 1986 de signer les ordonnances de l'article 38 que le Premier ministre a soumises au Conseil des ministres, il exerce pleinement ses prérogatives de chef des armées et de la diplomatie. En pratique, il apparaît à la fois comme le gardien de l'intérêt supérieur du pays et comme le chef de l'opposition au gouvernement, situation qui ne peut être que transitoire.

B. La bipolarisation menacée ?

L'élection présidentielle de 1988 est exceptionnelle en ce qu'elle oppose le président de la République et le Premier ministre. Mitterrand est réélu sans difficulté ; il a rassemblé non seulement les voix socialistes et communistes, dont le candidat n'obtient que 6,86 % au premier tour, mais aussi des forces nouvelles venant de l'extrême gauche, du centre et de l'écologie. La droite est divisée. Chirac et Raymond Barre (respectivement 19,75 % et 16,5 %) voient avec inquiétude le résultat spectaculaire de Jean-Marie Le Pen (14,6 %) bouleverser l'équilibre interne du camp conservateur-libéral.

Aux élections législatives qui suivent, le PS et le MRG, avec 36 % des voix au premier tour, remportent 48 % des sièges ; le PC remonte à 11 %, mais se présente comme une opposition de gauche. Pour la première fois depuis 1962, il n'y a pas de majorité absolue à l'Assemblée nationale. Mais l'opposition de droite se divise. Les centristes, après le scrutin, forment un groupe autonome indépendant des groupes RPR et UDF et ne répugnent pas à dialoguer avec le gouvernement Rocard sur les questions législatives et budgétaires.

Cependant les promesses d'ouverture faites par le candidat Mitterrand ne se concrétisent que par quelques ralliements individuels et les centristes vont rentrer rapidement au bercail. Les limites d'un centrisme autonome sont à nouveau rappelées par les élections européennes de juin 1989. La liste de Simone Veil obtient 8,4 %, contre 28,7 % à la liste RPR-UDF conduite par V. Giscard d'Estaing. Ces mêmes élections révèlent aussi l'affaiblissement du PS (23,5 %) et l'impuissance du PC (7,7 %), désormais dépassé par le FN (11,8 %) et par les Verts (10,7 %).

La droite va alors tenter de s'organiser plus sérieusement. Giscard d'Estaing, qui a pris la présidence de l'UDF dès juin 1988, est favorable à la constitution d'un seul parti par fusion avec le RPR, mais celui-ci y est hostile. Les deux formations créent donc en juin 1990 l'Union pour la France, structure confédérale qui a deux tâches : élaborer des projets et programmes communs et surtout assurer dans toutes les élections nationales l'unité de candidature. Un système d'élections primaires « à la française » pour désigner le candidat unique à la présidence de la République est mis au point en avril 1991 mais son application suscite des doutes. La charte de l'UPF est claire sur la question cruciale de l'attitude à l'égard du FN : elle rejette toute alliance.

En attendant la revanche de 1988, chaque parti se

réorganise. L'UDF adopte en juin 1991 de nouveaux statuts qui en font une fédération plus cohérente, dont le PR et le CDS sont les principaux piliers. Le RPR durant son congrès d'octobre 1991 adopte un nouveau programme et refait son unité autour de J. Chirac. Mais il subsiste de graves divergences entre les deux formations, en particulier sur l'Europe, et aux élections régionales de mars 1992 les listes uniques UPF n'obtiennent que 33 % des voix.

Cet insuccès est masqué par l'effondrement du PS (18 % des voix) et le plafonnement du PC à 8 %. Ce sont les partis hors système qui triomphent : le FN (14 %) et les écologistes, partagés en deux courants (14 %). Pour la première fois depuis 1958, les partis de gouvernement descendent en dessous de 60 % des suffrages.

Les élections régionales à la représentation proportionnelle dans le cadre départemental aboutissent donc à l'émiettement des élus et à la nécessité de coalitions circonstancielles et diversifiées pour constituer une majorité de gouvernement dans plusieurs régions. Beaucoup d'observateurs y voient la fin du système bipolaire et du fait majoritaire au profit d'un système multipartisan souple, au niveau électoral, et fluide, au niveau gouvernemental.

C. L'avenir du système bipolaire

La ratification du traité d'Union européenne signée à Maastricht le 7 février 1992 est une pierre d'achoppement du système des partis. La révision constitutionnelle, préalable à la ratification exigé par la décision du Conseil constitutionnel du 25 février 1992, est obtenue par des majorités formées pour l'essentiel des parlementaires socialistes, UDF et centristes dans chaque chambre du Parlement et au Congrès (vote final le 23 juin 1992 : 592 voix contre 73 et 14 abstentions, le RPR ne prenant pas part au vote).

Mais la décision du président de la République de

soumettre au peuple l'autorisation de ratifier le traité entraîne tout le corps électoral dans le débat. Le référendum du 20 septembre aboutit à une réponse positive : 51 % de oui, avec une participation de plus de 70 %. Seuls le PC et le FN ont été unanimes pour le non, tous les autres partis ont connu des divisions. Elles sont telles au RPR et chez les Verts que ces organisations ne donnent pas de consigne de vote, mais même à l'UDF et au PS, qui se sont prononcés pour le oui, les dissidents, partisans du non, se font entendre haut et fort. La victoire du oui et la défaite du non sont cependant l'une et l'autre trop courtes pour entraîner une recomposition des forces politiques, c'est-à-dire une remise en cause du système bipolaire.

Les élections législatives de mars 1993 ont eu lieu au scrutin majoritaire à deux tours, après l'abandon par le gouvernement Bérégovoy en avril 1992 des projets de réforme électorale. La droite gouvernementale a présenté des candidats uniques dans plus de 80 % des circonscriptions et a obtenu 39,7 % des suffrages au premier tour (44 % avec les divers droites), mais fait élire au total 472 députés, soit 82 % des sièges. Le pôle de droite a bénéficié puissamment de l'effondrement du pôle de gauche. La gauche tout entière, de l'extrême aux divers, est descendue à 30,76 % ; c'est le plus faible score depuis 1945. Le PS a subi une terrible défaite : 17 % seul, 19 % avec ses alliés radicaux et divers.

Les partis du système au sens strict (UPF, PS et divers droites et gauches) ne rassemblent plus que 64 % des suffrages, soit 42 % des inscrits. Mais les partis extérieurs ne sont pas renforcés ; le PC avec 9 % et surtout les écologistes avec 10,7 % doivent choisir leur camp ou faire de la figuration. Même le Front national qui obtient pourtant 12,5 % n'inquiète plus la droite gouvernementale.

Le corps électoral n'a donc pas remis en cause le système bipolaire, même si les candidats protestataires de tout bord et les votes blancs et nuls, 5,5 % des votants, ont été plus nombreux que d'habitude. Il a puni la gauche gouvernementale et lui pose la question de sa recomposition. La réussite ou l'échec de celle-ci et la rénovation programmatique qui peut la fonder sont les conditions de la capacité de la gauche socialiste à prétendre remporter l'élection décisive, celle du président de la République.

La rupture de l'union de la gauche par un PC affaibli et la baisse d'influence du PS posent à l'évidence un redoutable problème, que les socialistes sont contraints d'aborder de front. Si le PC rompt ses derniers liens avec le pôle de gauche pour devenir un parti purement protestataire, les socialistes devront chercher de nouveaux alliés puisqu'il est certain qu'ils ne peuvent former à eux seuls ce pôle. C'est la question de la position du mouvement écologiste. Celui-ci n'a pu et ne peut surmonter sa diversité et donc s'unir que sur la ligne « ni droite, ni gauche » ; mais cette stratégie le condamne à un rôle protestataire et à l'impuissance. Sa progression électorale le contraindra à se poser la question du pouvoir et à se diviser. Le PS peut espérer trouver là des alliés incommodes mais nécessaires.

En effet, le centrisme autonome faisant pencher la balance tantôt à gauche, tantôt à droite ne paraît pas possible, non seulement du fait de nos institutions, mais aussi pour des raisons sociologiques. Les centristes ont trop souvent fait l'expérience de la dilution de leur électorat pour entretenir des illusions sur cette stratégie. Le pôle de droite paraît donc dans une bonne situation. Il a clairement choisi l'exclusion de toute alliance avec le Front national et, ce faisant, a assuré sa cohésion interne et limité l'influence du FN.

Il semble donc qu'il y a de grandes probabilités pour que le système partisan bipolaire se maintienne si les institutions et le régime politique de la Ve République sont conservés. La composition de chacun des camps peut se modifier, leurs forces respectives évoluer, mais le mécanisme demeurera.

On ne peut cependant exclure une dernière interrogation. Le système partisan français, comme le régime politique, est tout à fait spécifique à notre pays. Historiquement parlant, ils sont liés à la volonté de refaire de la France une puissance indépendante qui décide seule de son

Le financement de

Le financement de la vie politique est longtemps resté une zone d'ombre en France. L'article 4 de la Constitution consacre l'existence et le rôle des « partis et groupements politiques » pour la première fois en droit français. Mais rien n'est dit sur leur financement. Les partis étaient soit des groupements de fait, soit des associations déclarées sous l'empire de la loi du 1er juillet 1901. Ils étaient censés fonctionner avec les produits des cotisations de leurs adhérents et de leurs activités payantes (presse, manifestations, souscriptions). De nombreuses « affaires » de financement occulte et illégal des partis et des campagnes électorales se sont révélées (voir le rapport de la Commission d'enquête sur le financement des partis et des campagnes électorales sous la Ve République, Assemblée nationale, 15 novembre 1991, *Journal officiel*, no 2348, t. I : *Rapport*, 185 pages, t. II : *Auditions*, 444 pages).

Le législateur est intervenu : loi organique et loi ordinaire du 11 mars 1988, relatives à la transparence financière de la vie politique, et loi ordinaire du 15 janvier 1990, relative à la limitation des dépenses électorales et à la clarification des activités politiques et loi du 29 janvier 1993 relative à la prévention de la corruption. Il a doté la France d'un régime très contraignant, surveillé par une Commission nationale des comptes de campagne et des financements politiques.

S'agissant des partis, ils sont désormais des personnes morales spécifiques et soumis à un régime particulier. Il est organisé un financement public et un contrôle strict du financement privé.

destin et n'admet à ses côtés que des alliés. Sociologiquement, ils sont fondés sur un parti, le parti gaulliste, quel que soit son nom, qui n'a pas d'équivalent dans un autre pays d'Europe, sauf peut-être en Irlande, et qui veut transcender les clivages idéologiques et sociaux, face à un PC puissant qui se cantonne dans sa fonction tribunitienne de porte-parole et n'envisage pas de gouverner. Or tout cela a changé. Les partis se sont adaptés plus ou moins vite, plus ou moins bien. Mais le défi au système partisan est devant eux. C'est celui de l'intégration européenne, et l'on comprend combien cette question est centrale. Si la

la vie politique

Le premier est prévu au budget de l'État et est attribué en deux fractions ; l'une va à tous les partis et groupements qui ont présenté au moins 50 candidats aux élections législatives, elle est proportionnelle aux suffrages recueillis ; l'autre est attribuée aux partis qui ont des élus parlementaires, proportionnellement au nombre de ceux-ci. Le financement par des dons de personnes physiques ou morales privées doit obligatoirement passer par un mandataire unique (personne physique ou association spécifique agréée) ; il est plafonné et la comptabilité du parti est contrôlée annuellement.

S'agissant des campagnes électorales, la loi fixe un plafond des dépenses sur la base du nombre d'habitants de la circonscription et interdit certaines techniques de propagande. Elle autorise le financement privé des campagnes ; les dons sont recueillis par l'intermédiaire d'un mandataire (personne physique ou association temporaire de financement de telle campagne). Les dons sont plafonnés et donnent droit à exonération fiscale pour les donateurs. Les comptes de campagne sont transmis dans un délai très bref et contrôlés ; les sanctions sont sévères.

Enfin, le président de la République et les parlementaires sont astreints à une déclaration de leur patrimoine à leurs entrée et sortie de fonction. Cette dernière disposition est en pratique peu contraignante. Il n'en va pas de même des autres règles législatives, qui changent profondément le fonctionnement de la vie politique.

construction européenne se poursuit réellement, si se constitue progressivement un véritable pouvoir politique européen, les données politiques intérieures françaises changent complètement. Les partisans de la France seule maîtresse d'elle-même et n'admettant qu'une coopération européenne s'opposent aux partisans d'une intégration européenne où la France sera une nation et une culture, mais non plus un État souverain.

Une telle structuration se constate au Parlement européen. En France, le camp des partisans de l'Europe intégrée s'organisera selon le schéma tripartite : socialistes et socio-démocrates, démocrates-chrétiens, libéraux. Le camp des adversaires de l'intégration regroupera les communistes, les nationalistes de toutes obédiences (gaullistes, extrême droite, gauchistes) et une partie des écologistes. Les enjeux de pouvoir ne se situeront plus dans la victoire ou la défaite aux élections nationales, mais au niveau des institutions européennes. On ne peut donc exclure une recomposition du « paysage » politique qui ne serait que la traduction d'un changement plus fondamental de la conception même de la politique en France.

FRANÇOIS BORELLA,
professeur à l'université Nancy-II.

*

BIBLIOGRAPHIE

Pierre Avril, *La Ve République*, PUF, 1987.

François Borella, *Les Partis politiques dans la France d'aujourd'hui*, Éd. du Seuil, 1990, 5e éd.

Jacques Chapsal, *La Vie politique sous la Ve République*, PUF, vol. 1 : *1958-1974*, 3e éd. 1987 ; vol. 2 : *1974-1987*, 3e éd. 1987.

Dimitri-Georges Lavroff, *Le Système politique français : Constitution et pratique politique de la Ve République*, Dalloz, 1991, 5e éd.

Hugues Portelli, *La Politique en France sous la Ve République*, Grasset, 1987.

Jean-Louis Quermonne et Dominique Chagnollaud, *Le Gouvernement de la France sous la Ve République*, Dalloz, 1991, 4e éd.

Serge Sur, *La Vie politique sous la Ve République*, Montchrestien, 1982, 2e éd.

–, *Le Système politique de la Ve République*, PUF, coll. « Que sais-je ? », 1991, 4e éd.

Colette Ysmal, *Les Partis politiques sous la Ve République*, Montchrestien, 1989.

Le Rassemblement
pour la république

I. La filiation et l'héritage gaullistes

Le « gaullisme », comme mouvement de pensée et d'action, est né le 18 juin 1940 de l'appel à la résistance lancé de Londres, sur les antennes de la BBC, par le général de Gaulle au moment où le maréchal Pétain demandait à l'Allemagne nazie un armistice et incitait les Français à déposer les armes. Le 18 Juin, la croix de Lorraine, le général de Gaulle, les compagnons de la Libération, la descente des Champs-Élysées dans Paris libéré, le mont Valérien, Colombey-les-Deux-Églises sont au cœur de la symbolique gaulliste. Les discours et messages, les *Mémoires de guerre*, les *Mémoires d'espoir* du général de Gaulle sont ses textes sacrés. Et son idéologie se ramène, pour l'essentiel, à la définition que le général de Gaulle a fini par lui donner, le 9 septembre 1968 : une « entreprise de rénovation nationale qui a le service de la France pour raison d'être, pour loi et pour ressort [...], la forme contemporaine de l'élan de notre pays [...] vers un degré de rayonnement, de puissance et d'influence répondant à sa vocation humaine au milieu de l'Humanité ». Bref, un nationalisme inspiré aussi bien par le sentiment que par la raison, épuré de toute adjonction susceptible de nuire au rassemblement – toujours nécessaire, toujours à refaire – des Français sur la France.

A. Mutations

Pour durer, le mouvement gaulliste a changé à maintes reprises de sigle – RPF (Rassemblement du peuple français) d'avril 1947 à septembre 1955 ; Rép. soc. (Centre national des républicains sociaux) de mai 1953 à octobre 1958 ; UNR (Union pour la nouvelle république) d'octobre 1958 à mai 1963 ; UNR-UDT (Union pour la nouvelle république-Union démocratique du travail) de mai 1963 à novembre 1967 ; UD V^e (Union des démocrates pour la Ve République) de novembre 1967 à juin 1968 ; UDR (Union des démocrates pour la république) de juin 1968 à décembre 1976 ; RPR enfin (Rassemblement pour la république), qui souhaite, depuis 1991, être appelé tout simplement « le Rassemblement », depuis le 5 décembre 1976... En changeant de sigle, il a également changé, à l'occasion, de nature et perdu en chemin certains des siens. Ses mutations nous éclairent sur les adaptations qu'il a dû consentir pour perdurer, au-delà de la vie du général de Gaulle, qui est mort le 9 novembre 1970 à Colombey-les-Deux-Églises, à l'âge de quatre-vingts ans, après avoir quitté le pouvoir le 27 avril 1969.

La première mutation du gaullisme avait été, en avril 1947, avec la fondation du RPR par le général de Gaulle lui-même, la transformation de ce qui n'était encore qu'un mouvement d'anciens résistants et Français libres en un mouvement politique présentant des candidats aux élections, recrutant des adhérents (« compagnons »), tenant congrès (« assises ») et réunions politiques, avec le double objectif de changer la Constitution de la IVe République et de ramener le général de Gaulle au pouvoir. Le RPF avait échoué et avait été « mis en sommeil » par le général de Gaulle en septembre 1955. Mais il avait formé une élite politique gaulliste et permis la renaissance d'un parti gaulliste, l'Union pour la nouvelle république, en octobre 1958, pour occuper le terrain politique, après que le général de Gaulle eut repris seul le pouvoir, sortant de sa « traversée du désert » pour fonder la Ve République.

La deuxième mutation du parti gaulliste avait été, en novembre 1967, lors de ses assises de Lille, avec Georges Pompidou, la relève contrôlée et volontaire des gaullistes historiques (la génération de la Résistance et de la France libre) à sa tête et la transformation de son organisation pour en faire un véritable parti, et non plus la simple ombre portée du général de Gaulle – bref, la préparation du mouvement gaulliste, baptisé Union des démocrates pour la Ve République, à l'après-de Gaulle. Mutation réussie puisqu'il allait survivre, comme force politique, à la mort du général de Gaulle en 1970, à la perte de l'Élysée (le président de la République) au profit de Valéry Giscard d'Estaing, en 1974, et à celle de Matignon (le Premier ministre) en 1976.

B. Le RPR

La formation du RPR en décembre 1976 marque une troisième mutation. Elle traduit la « chiraquisation » du mouvement gaulliste. En mai 1974, après la mort du successeur du général de Gaulle à l'Élysée, Georges Pompidou, le candidat gaulliste à l'élection présidentielle, Jacques Chaban-Delmas, gaulliste historique et ancien Premier ministre, avait été largement distancé au premier tour par l'allié-rival, Valéry Giscard d'Estaing. Jacques Chirac, héritier politique de Georges Pompidou, avait soutenu Giscard contre Chaban et avait été nommé Premier ministre par le nouveau président. Cependant, loin de « giscardiser » le parti gaulliste comme on s'y attendait, il avait évité sa débandade en prenant sa tête – comme secrétaire général en décembre 1974, puis secrétaire général d'honneur en juin 1975 ; il avait sauvegardé son identité en maintenant la différence avec les giscardiens et, surtout, les centristes de la nouvelle majorité présidentielle ; il avait, finalement, rompu avec Giscard en présentant sa démission de Premier ministre, le 25 août 1976. La dissolution de l'UDR et la création du RPR, le 5 décembre 1976, signifie à la fois la volonté de perdurer du mouvement gaulliste et l'ultime relève à sa tête des gaullistes de la première génération, les « barons » du Général (Chaban, Debré, etc.), voire de la génération du RPF (du gaullisme d'opposition à la IVe République), par la génération chiraquienne des hommes entrés au gaullisme après 1958, sous la Ve République.

« Le Rassemblement n'existerait pas sans le général de Gaulle », lit-on dans le guide qu'il distribue à ses nouveaux adhérents. Le RPR revendique donc sa filiation gaulliste en ligne directe. De fait, il est la dernière incarnation du mouvement politique fondé par le général de Gaulle en avril 1947, pour changer les institutions de la IVe République et revenir au pouvoir : le Rassemblement du peuple français (RPF). Et la plupart des compagnons du général de Gaulle toujours vivants et actifs dans la politique sont au RPR.

Du gaullisme, comme pensée politique et modèle d'action, le RPR retient trois principes essentiels :

– « C'est un humanisme, une philosophie reposant sur la volonté de rétablir l'homme dans sa plénitude », à travers une politique de progrès social, le respect de la dignité et de la liberté de chacun, l'engagement en faveur des droits de l'homme et de l'émancipation des peuples.

– « C'est une certaine idée de la France et de l'indépendance nationale », une volonté de défendre l'identité française sans repliement sur soi car « la France a un grand rôle à jouer en Europe et dans le monde ».

– « C'est une conception de l'État exigeante et volontariste », en État fort qui puise sa force dans sa légitimité, sans être ni omniprésent, ni omnipotent, mais rassemblé sur l'essentiel, ses fonctions de souveraineté.

Pour la réalisation de ces principes, le RPR, dans la tradition gaulliste, compte sur le compagnonnage de ses militants et responsables ; sur le rassemblement des Français à travers – le cas échéant – l'appel direct au peuple ; et sur la participation (dans l'entreprise, l'université, la cité, le département, la région, la nation), qui favorise l'épanouissement de la responsabilité individuelle et l'enrichissement de la solidarité nationale.

Né le 29 novembre 1932 à Paris, diplômé de l'Institut d'études politiques de Paris et ancien élève de l'École nationale d'administration (promotion 1959), Jacques Chirac – le président-fondateur du Rassemblement – a été politiquement formé à l'école de Georges Pompidou, du temps où celui-ci était Premier ministre (gaulliste) du général de Gaulle. Il bénéficie d'un double enracinement politique, en province comme député de la Corrèze (depuis 1967) et à Paris comme maire (depuis 1977). Et d'une grande expérience du pouvoir, comme ancien secrétaire d'État à l'Emploi (1967-1968), à l'Économie et aux Finances (1968), ancien ministre de l'Agriculture (1972-1973), de l'Intérieur (1974) et, surtout, pour avoir été deux fois Premier ministre (27 mai 1974-25 août 1976, sous la présidence de Valéry Giscard d'Estaing ; 20 mars 1986-8 mai 1988, durant la période de « cohabitation » avec le président Mitterrand).

Au mouvement gaulliste, qu'il a sauvé du doute et du déclin (en 1974-1978) lors de son éviction progressive du pouvoir par Valéry Giscard d'Estaing et ses soutiens centristes et modérés, Jacques Chirac – par nécessité et/ou par choix personnel – a ajouté sa touche personnelle. Il a largement limité son ambition de rassemblement à la droite, en assignant au RPR comme adversaire principal l'alliance des socialistes et des communistes, l'union de la gauche. Il a fortement libéralisé sa doctrine économique après 1981, dans l'optique néolibérale régnante du « moins d'État ». Il a enfin, non sans difficultés, tiré le Rassemblement vers une plus grande intégration de l'Europe. L'objectif qu'il donnait au Rassemblement lors de sa création en décembre 1976 – rassembler « au minimum 30 % des intentions de vote » et « plus de 500 000 adhérents et militants convaincus et passionnés » – n'a pas été atteint. Les intentions de vote en sont à 20-25 %, les adhérents effectifs à 100 000. Mais Jacques Chirac et le RPR sont en position de pouvoir être les organisateurs et les premiers bénéficiaires d'une nouvelle alternance électorale et politique entre le Parti socialiste et l'Union pour la France (alliance du RPR et de l'UDF).

TABLEAU 1

Évolution du vote gaulliste

Pourcentage des suffrages exprimés

1. Gaullisme de rassemblement national sur un homme

Référendums et élection présidentielle, général de Gaulle, 1945-1969 ; élection présidentielle de 1969, référendum de 1972, Pompidou – les soutien et suffrages dépassent largement la famille gaulliste.

Réf. 1945	Réf. 1946	Réf. 1958	Réf. 1961	Réf. avril 1962	Réf. oct. 1962	Prés. 1965	Réf. 1969	Prés. 1969	Réf. 1972
66,3	46,5	79,2	75,2	90,7	61,7	43,7	46,8	44	67,7

2. Gaullisme de coalition entre partis

Suffrages des candidats d'union gaullistes au sein d'alliances législatives avec des partis modérés et centristes dès le premier tour.

1962	1967	1968	1973	1978	1981	1986	1988	1993
32	31,3	37,2	24,6	22,8	21,2	27,2	19,2	19,8

3. Gaullisme de parti

Suffrages des candidats gaullistes, en concurrence notamment avec la droite modérée.

Lég. nov. 1946	Lég. 1951	Lég. 1956	Lég. 1958	Prés. 1974	Europ. 1979	Prés. 1981	Prés. 1988
3	21,6	3,9	20,6	14,5	16,1	19,7	19,9

Réf. : référendum
Prés. : présidentielle
Lég. : législatives

II. Les « courants » du RPR

L'organisation du Rassemblement fait penser à celle du pouvoir dans la Ve République – les statuts du RPR ayant été volontairement transposés des articles de la Constitution française de 1958. Le président du Rassemblement correspond au président de la République, son secrétaire général au Premier ministre, la Commission exécutive au gouvernement, le Conseil national à l'Assemblée nationale et les assises nationales au peuple souverain. Le président, élu par les assises tous les trois ans, conduit le Rassemblement en fonction de la ligne ratifiée par les assises. Il nomme le secrétaire général et, sur la proposition de celui-ci, les secrétaires nationaux qui forment la Commission exécutive. Le secrétaire général est responsable devant le Conseil national, qui ratifie la nomination par le président et peut le renverser, ainsi que la Commission exécutive, lors du vote de son rapport annuel sur l'activité et l'orientation du Rassemblement. De la même façon, les secrétaires départementaux sont nommés par le secrétaire général, leur nomination étant ratifiée par le comité départemental (composé des élus parlementaires, européens, régionaux et cantonaux du Rassemblement dans le département, les secrétaires de circonscriptions législatives et, pour moitié au moins, des représentants élus des comités de circonscription législative).

A. Naissances

Traditionnellement, le mouvement gaulliste est dominé par son leader, qui, de plus, se ménage une certaine autonomie vis-à-vis de lui – l'homme en charge du rassemblement des Français ne pouvant pas être, par principe, prisonnier du rassemblement des siens. Comme le général de Gaulle, qui avait – hors statuts du RPF – son cabinet et son *brain-trust*, Jacques Chirac, hors RPR, dispose de son entourage personnel à l'Hôtel de ville de Paris. Le charisme et le pouvoir du leader sur son mouvement, cependant, dépendent évidemment de ses succès et revers politiques. La défaite présidentielle de Jacques Chirac face à François Mitterrand en 1988, malgré sa victoire du premier tour sur le candidat de l'UDF Raymond Barre et sa victoire législative de mars 1986, a ainsi ouvert une possibilité de contestation de la direction du Rassemblement. Cette contestation s'est développée en plusieurs phases, sans parvenir à remettre en cause la position de leader de Jacques Chirac, mais en ayant pour effet d'institutionnaliser et légitimer au sein du RPR l'existence de courants. Les trois principales phases de ce mouvement de contestation se situent en 1989, lors des assises du Rassemblement en 1990, et en 1992, à l'occasion de la ratification du traité de Maastricht sur la Communauté européenne.

Dès juin 1988, au lendemain des défaites présidentielle et législative du Rassemblement et de la droite, Philippe Séguin, candidat à la présidence du groupe RPR à l'Assemblée nationale contre le président de groupe sortant et ancien secrétaire général Bernard Pons, n'avait été battu que d'une voix – sans que Jacques Chirac intervienne d'un côté ou de l'autre. Le 6 avril 1989, douze « rénovateurs » RPR et UDF – dont trois anciens ministres de Jacques Chirac : Philippe Séguin (député et maire d'Épinal), Michel Noir (député et maire de Lyon), Alain Carignon (député et maire de Grenoble) pour le RPR, la génération des quadragénaires – avaient exigé que la relève des anciens (Chirac et Giscard) par les jeunes, dans l'unité du RPR et de l'UDF, soit amorcée à l'occasion des élections européennes de juin. Jacques Chirac avait riposté en optant en faveur d'une liste d'union dirigée par Valéry Giscard d'Estaing pour l'UDF et Alain Juppé, quadragénaire non contestataire, le secrétaire général qu'il avait choisi pour le RPR. Le succès de cette liste (28,8 %, contre 23,6 % à la liste socialiste et surtout 8,4 % à la liste centriste de Simone Veil, soutenue par les rénovateurs) avait coupé court au mouvement des rénovateurs.

B. Divisions

Pour canaliser les contestations internes, Alain Juppé, en accord avec Jacques Chirac, avait reconnu les courants au sein du Rassemblement dès le 18 juin 1988 et les avait institutionnalisés en prévoyant une procédure de dépôts de motions, avant synthèse, pour la préparation des assises nationales du 11 février 1990 (Le Bourget). Philippe Séguin et Charles Pasqua (ancien ministre de l'Intérieur, président du groupe RPR du Sénat), mettant à profit cette opportunité et refusant toute synthèse, avaient présenté une « proposition commune pour un nouveau Rassemblement, renouvelé, transformé, élargi ». Jacques Chirac avait riposté en posant aux adhérents du Rassemblement la question de confiance sur la motion de synthèse élaborée par Juppé, contre la motion Pasqua-Séguin. Le succès de la motion Chirac-Juppé (68,6 % des mandats, contre 31,4 % à la motion Pasqua-Séguin) avait confirmé la légitimité de Jacques Chirac et d'Alain Juppé à la tête du RPR.

En 1992, à l'occasion de la ratification des accords de Maastricht, Philippe Séguin, toujours lui, soutenu par Charles Pasqua, en prenant la tête des partisans du non, a contraint Jacques Chirac à durcir sa position par rapport à celle de l'UDF, fermement engagée pour le oui, et à manœuvrer pour maintenir l'unité du RPR, au risque de mettre en danger l'union de l'opposition RPR et UDF dans l'Union pour le peuple français (UPF).

Le courant Séguin-Pasqua constitue donc la minorité de contestation la plus forte au sein du RPR depuis 1988. Tout en se gardant de contester directement Jacques Chirac, faute de pouvoir le remplacer à la tête du RPR, il reproche à la direction du Rassemblement d'avoir contribué à une perte d'identité gaulliste du RPR par sa tactique d'union à tout prix avec les centristes et l'UDF. Et préconise un retour aux sources du gaullisme, allant de pair avec une tactique de rassemblement des électeurs à la base, un « nouveau Rassemblement » qui ferait appel,

notamment, aux couches populaires pour créer un rapport
de forces nettement favorable au RPR dans l'union avec
l'UDF : « Notre mouvement a hérité une idée : la France.
Il s'est forgé une ambition : rassembler. Il s'est fixé une
méthode : s'adresser directement au peuple français. » Une
analyse que récuse la direction du Rassemblement. Elle y
voit d'abord un mauvais procès – n'œuvre-t-elle pas au
maintien de l'identité et de l'autonomie du RPR dans la
nécessaire union de l'opposition ? Elle juge par ailleurs
illusoire la tactique Pasqua-Séguin de rééquilibrage de
l'opposition, au profit du RPR, par l'appel direct au peuple
avant toute tentative d'accord avec l'UDF. L'union de
l'opposition est pour elle une dynamique dans une concurrence ordonnée, elle peut difficilement être un « combat ».
Quant à la reconquête de l'électorat populaire, notamment
ouvrier, elle est moins liée à ce que peut offrir le mouvement gaulliste qu'à la situation nouvelle créée depuis 1971
par la renaissance à gauche d'un grand Parti socialiste
susceptible de fixer le « peuple de gauche ».

C. Un projet unitaire : pour une « alternative gaulliste »

Lors de son congrès de Paris, les 26 et 27 octobre 1991,
après une large consultation de ses adhérents, le Rassemblement a adopté, à la quasi-unanimité, un programme
devant servir de base à ses négociations avec l'UDF pour
l'adoption d'une plate-forme commune de gouvernement
avant les prochaines élections législatives. Il s'agit d'un
projet d'alternance, fondé sur une sévère critique du bilan
socialiste : après dix ans de socialisme, affirme le RPR,
l'État est en crise, la société en faillite, le rang de la France
rabaissé. Au « conservatisme sans ambition » du pouvoir
socialiste, qui provoque désenchantement et résignation
chez les Français, les gaullistes entendent opposer une
« alternative gaulliste » pour remettre « la France en
mouvement ». Ils proposent, notamment, de réformer
l'État (en modifiant la législation sur la nationalité fran-

TABLEAU 2

Sociologie du vote gaulliste
après de Gaulle et Pompidou

Pourcentage d'intentions de vote dans la catégorie socioprofessionnelle
et écart (positif ou négatif) à la moyenne des intentions de vote
pour l'ensemble de l'électorat, toutes catégories mêlées.

	Présidentielle 1er tour 1974 (Chaban-Delmas)	Présidentielle 1er tour 1988 (Chirac)
% d'intentions de vote (moyenne)	**17**	**20**
• agriculteurs	25	35
• commerçants et artisans	17	35
• cadres supérieurs et professions libérales	15	23
• employés, cadres moyens	15	13
• ouvriers	15	10
• inactifs, retraités	23	24
écarts à la moyenne		
• agriculteurs	+8	+15
• commerçants et artisans	0	+15
• cadres supérieurs et professions libérales	-2	+3
• employés, cadres moyens	-2	-7
• ouvriers	-2	-10
• inactifs, retraités	+6	+4

SOURCES : IFOP, 1974 ; SOFRES, 1988.

çaise, en assurant l'indépendance de la justice, en développant des politiques de lutte contre l'immigration, contre l'insécurité, contre les atteintes à l'environnement, ainsi que la décentralisation de l'éducation et de la formation professionnelle) ; de moderniser la société (par la baisse des impôts et des charges sociales, la reprise des privatisations, l'élaboration d'un statut pour la mère au foyer, la défense de la médecine libérale et des retraites) ; de réaffirmer la présence française dans le monde (en favorisant une Europe des citoyens et des nations, contre la bureaucratie bruxelloise, en ouvrant l'Europe aux pays de l'Est, en optant pour une armée de métier en France). Ce programme RPR se retrouve pour l'essentiel dans la plateforme commune du RPR et de l'UDF pour les élections législatives de mars 1993. La victoire de l'UPF et, en son sein, du RPR en a fait le programme du gouvernement Balladur.

JEAN CHARLOT,
professeur à l'IEP de Paris.

*

CHRONOLOGIE

7 avril 1947	De Gaulle lance le Rassemblement du peuple français (RPF), à Strasbourg.
30 juin 1955 - 19 mai 1958	De Gaulle à Colombey : « traversée du désert ».
1er octobre 1958	Création du l'Union pour la nouvelle république (UNR) par les gaullistes.
27 avril 1969	Référendum : 53 % de non à la réforme du Sénat et à la régionalisation. Démission du général de Gaulle.
1er-15 juin 1969	Georges Pompidou est élu président de la République.
27 mai 1974	Jacques Chirac est nommé Premier ministre par Valéry Giscard d'Estaing, élu

président de la République. Les gaullistes conservent Matignon.

14 décembre 1974   Jacques Chirac, Premier ministre, prend la direction de l'UDR.

25 août 1976   Jacques Chirac démissionne de ses fonctions de Premier ministre. Les gaullistes perdent Matignon.

5 décembre 1976   Jacques Chirac transforme l'UDR en un Rassemblement pour la république (RPR).

26 avril - 10 mai 1981   Élection présidentielle. Jacques Chirac est devancé par Valéry Giscard d'Estaing, président sortant, au premier tour. François Mitterrand est élu au second tour.

14-21 juin 1981   Élections législatives. Majorité socialiste. Les gaullistes sont dans l'opposition pour la première fois depuis 1958.

16 mars 1986   Majorité RPR-UDF aux législatives. Jacques Chirac est nommé Premier ministre (20 mars). « Cohabitation » avec François Mitterrand, qui reste à l'Élysée.

24 avril - 8 mai 1988   Élection présidentielle. Jacques Chirac devance Raymond Barre au premier tour, mais est battu au second par François Mitterrand. Retour dans l'opposition.

6 avril 1989   Début du mouvement des « rénovateurs ».

8 janvier 1990   Contesté par Charles Pasqua et Philippe Séguin, Jacques Chirac obtient une nette confirmation de sa légitimité aux assises du RPR.

Janvier 1991   Échec électoral de la tentative de Michel Noir, qui a démissionné du RPR et de son mandat de député le 6 décembre 1990, pour appeler à un « vaste sursaut national » contre les partis et leurs chefs.

26-27 octobre 1991   Adoption du « projet de rassemblement » au congrès de Paris. Réaffirmation du refus de tout accord avec le Front national comme avec les socialistes ; ouverture vers les écologistes.

21-28 mars 1993   Élections législatives. 242 élus RPR, 207 UDF, sur 577 députés. Édouard Balladur est nommé Premier ministre par François Mitterrand, qui reste à l'Élysée.

*

BIBLIOGRAPHIE

Sur les origines

Jean Charlot, « Le gaullisme », *in* J.F. Sirinelli, É. Vigne (sous la dir. de), *Histoire des droites en France*, t. I, (Politique), Gallimard, 1992.
–, *Le Gaullisme*, Armand Colin, 1970.
–, *Le Gaullisme d'opposition 1946-1958. Histoire politique du gaullisme*, Fayard, 1983.
–, *Le Phénomène gaulliste*, Fayard, 1970.
–, *L'Union pour la Nouvelle République. Étude du pouvoir au sein d'un parti politique*, Armand Colin, 1967.
Institut Charles-de-Gaulle, *De Gaulle en son siècle*, Actes des journées internationales, UNESCO, 19-24 novembre 1990, t. II : *La République*, Plon-La Documentation française, 1992.
Jean Touchard, *Le Gaullisme 1940-1969*, Éd. du Seuil, 1978.

Sur le RPR

Pierre Bréchon, Jacques Derville, Patrick Lecomte, *Les Cadres du RPR*, Économica, 1987.
Pierre Crisol, Jean-Yves Lhomeau, *La Machine RPR*, Fayolle, 1977.
Franz-Olivier Giesbert, *Jacques Chirac*, Éd. du Seuil, 1987.
Florence Haegel, *Un maire à Paris. Genèse, fondation et mise en scène d'un nouveau rôle politique*, thèse de doctorat de l'IEP de Paris, IEP, 1992 (2 vol.).
« Le RPR », *Pouvoirs*, no 28, 1984.
William R. Schonfeld, *Ethnographie du PS et du RPR*, Économica, 1985.

Centristes et libéraux

« Centristes » et « libéraux », ces termes qui appartiennent au discours quotidien de la politique, n'ont à l'évidence pas le même statut. Le second désigne une doctrine historiquement constituée et présente dans la plupart des pays européens (Ysmal, 1992a). Né au XVIIIe siècle, ayant connu son apogée au XIXe siècle, il désigne à la fois la défense du libéralisme économique et du libéralisme politique. Le premier, au contraire, est beaucoup plus flou, dans la mesure où il renvoie moins à une doctrine que d'abord à une situation sur l'échiquier politique, à mi-distance entre une gauche et une droite qui sont l'une et l'autre récusées. Cette place, toutefois, est si peu évidente qu'elle a été, sous la Ve République et au moins jusqu'en 1981, l'objet de la compétition politique. Les gaullistes qui refusaient la division droite/gauche se voulaient au moins aussi « centristes » que ceux qui en faisaient leur drapeau, alors même que les « libéraux » ralliés à Valéry Giscard d'Estaing disputaient aux uns et aux autres le privilège de cette position centrale où se gagneraient toutes les élections.

C'est au sein de ces ambiguïtés que s'est nouée, depuis 1958, la difficile existence des centristes et leurs non moins malaisées relations avec les libéraux. Si le système institutionnel a en effet contraint les uns et les autres, pour éviter la marginalisation, à s'entendre et à se coaliser, ce ne fut d'abord pas sans mal. Ce ne fut pas en outre sans que les libéraux apparaissent en position dominante, en termes tant organisationnels qu'idéologiques. Toutefois, cette hégémonie n'a pas tout à fait réduit le « centrisme d'opinion », qui reste un des éléments de mobilité au sein du système électoral et politique.

I. De l'éparpillement à une union dominée par les libéraux

C'est, en fait, en 1962 que naît le « centre », lorsque les formations de la droite non gaulliste s'opposent au général de Gaulle lors du référendum de septembre sur l'élection du président de la République au suffrage universel et sont battues aux législatives de novembre. Ces partis revendiquent alors une place particulière sur l'échiquier politique entre la gauche (socialistes et communistes réconciliés au moins dans une alliance électorale défensive) et le gaullisme, qui est désormais en position dominante au sein du bloc conservateur.

A. L'échec de l'organisation d'un centre antigaulliste

Pour affirmer son existence, le centre doit d'abord s'organiser. Toutefois, les conditions ne sont pas très favorables. Il naît, en effet, d'une sévère défaite électorale puisqu'il ne représente plus que 19,4 % des suffrages exprimés, au lieu de 31,1 % en 1958 (tableau 1). En outre, les partis qui s'en réclament traversent une crise profonde. Nonobstant les hésitations du Parti radical, qui, entre 1962 et 1973, va flotter entre la gauche et le centre, le radicalisme ne représente plus que des notables dont l'influence électorale est limitée à quelques bastions dans le Sud-Ouest. Le Mouvement républicain populaire (MRP), premier parti de France en juin 1946, s'est décomposé sous la IVe République avant qu'en 1962 la « fidélité gaulliste » de nombre de ses électeurs le ramène à 7,9 % des votes (11,1 % en 1958). Dans le même temps, les libéraux du Centre national des indépendants (CNI), qui avaient sauvé leurs positions électorales en 1958 (20 % des suffrages exprimés), sont emportés lors de l'affrontement avec le général de Gaulle en 1962 (11,5 %). D'un côté, une partie d'entre eux a fait sécession derrière Valéry Giscard d'Estaing, qui a créé les Républicains indépendants[1] ; d'un autre côté, nombre d'électeurs modérés ont aussi choisi directement le vote pour l'UNR-UDT...

Pour les centristes et les libéraux qui les suivent, il faudrait donc refonder un parti et dégager une stratégie. Or la création du Centre démocrate, en février 1966, ne répond pas à ces objectifs. Celui-ci n'est d'abord qu'une « fédération », réunissant en principe le MRP, le CNI et quelques leaders issus du radicalisme de droite (Jacques Duhamel et René Pleven notamment), au sein de laquelle chacun mesure son poids et son influence. Aussi les querelles de « tendances » et de *leadership* l'emportent-elles rapidement pour le contrôle de l'« union » et la possibilité de créer un parti présidentiel s'efface. Surtout, son refus du système institutionnel tel qu'il fonctionne depuis la réforme de 1962 et de la « bipolarisation » l'enferme dans une stratégie uniquement défensive. Contre le gaullisme, le « centrisme » est alors essentiellement la défense du parlementarisme classique dans la dénonciation d'institutions qui, selon lui, favorisent à la fois le « pouvoir personnel » et les affrontements entre blocs politiques.

Le Centre démocrate n'est dès lors qu'une machine de régulation des candidatures aux élections législatives de 1967 et 1968. Toutefois, sa méconnaissance de règles du jeu auxquelles l'opinion adhère alors avec enthousiasme rend les résultats électoraux décevants (tableau 1). De fait, le Centre ne fait que reculer, ce qui provoque d'abord l'éloignement du CNI, ensuite, en 1969, l'éclatement du Centre démocrate, avec la création, par des personnalités ralliées à la candidature de Georges Pompidou à l'élection présidentielle, du Centre démocratie et progrès (CDP). En 1969, le relatif bon score du candidat centriste Alain Poher à l'élection présidentielle (23,4 %) n'est dû qu'à la crise provisoire du Parti socialiste. Aussi, la reconstruction du

1. Comme parti, les Républicains indépendants n'ont été fondés qu'en 1966. Toutefois, le groupe existe depuis 1962 et, dans ce type de parti, le groupe parlementaire est essentiel.

Parti socialiste et l'union de la gauche renvoient-elles les centristes à leur marginalité politique et électorale. En 1973, l'alliance du Centre démocrate et du Parti radical – amputé de ceux qui ont choisi la gauche et créé le Mouvement des radicaux de gauche (MRG) – dans le Mouvement réformateur ne convainc que 16,7 % des électeurs, soit moins que ce que le Centre démocrate et ses alliés avaient obtenu en 1967...

B. La création de l'UDF

En dépit des efforts entrepris et des alliances électorales, l'entreprise centriste a ainsi échoué. L'élection, en 1974, de Valéry Giscard d'Estaing à la présidence de la République marque, en revanche, le temps d'une nouvelle recomposition. Confronté à la persistance de l'hégémonie politique du gaullisme, qui contrôle la majorité parlementaire élue en 1973 et dispose d'un parti renouvelé en 1976 sous la houlette de Jacques Chirac et sous le nom de Rassemblement pour la république (RPR), le président doit organiser une formation politique capable d'encadrer l'opinion, de soutenir son action et de distancer le RPR lors des législatives de 1978.

Ce « parti du président », Valéry Giscard d'Estaing pense d'abord l'organiser autour des libéraux. C'est le sens de la transformation en 1977 des Républicains indépendants en Parti républicain (PR). Toutefois, l'échec de la rénovation du PR conduit le président à rassembler dans une même organisation ses propres troupes du PR avec les radicaux valoisiens et les centristes du Centre démocrate et du CDP, qui, réunifiés, ont fondé, en mai 1976, le Centre des démocrates sociaux (CDS). C'est, en février 1978, la création de l'Union pour la démocratie française (UDF)[2].

La création de l'UDF change toutefois les données du

---

2. L'UDF rassemble, outre ses deux principales composantes, le CDS et le PR, le Parti radical, le petit Parti social-démocrate et les Clubs perspectives et réalités, annexe du PR.

regroupement des centristes et des libéraux. D'une part, l'existence de la coalition marginalise les forces politiques qui n'y appartiennent pas (le CNI, qui, depuis, essaie de survivre entre, selon les départements et les moments, l'alliance avec le RPR et la tentation de l'extrême droite). D'autre part, l'UDF marque surtout la disparition d'un centre autonome tel qu'il s'était voulu depuis 1962 et la domination des libéraux. Celle-ci ne se mesure pas en termes de forces respectives des partis : le PR est comme le CDS une toute petite organisation (moins de 15 000 membres) et leurs structures sont très comparables et proches de ce que Maurice Duverger appelait le parti de cadres (Ysmal, 1989). Elle tient évidemment au rôle joué par Valéry Giscard d'Estaing, qui est le fondateur de la confédération et qui, au moins de 1978 à 1981, est le chef de l'UDF. Elle vient enfin du fait que, laminés dans l'aventure du centrisme d'opposition, les centristes ne constituent qu'une force d'appoint.

En effet, dans l'union, les radicaux n'apportent même pas leurs bastions électoraux du Sud-Ouest, qui sont restés dans les mains des notables passés au MRG ; quant au CDS, il ne dispose plus que de quelques fiefs articulés sur des élus, voire des héritiers [3], dans les régions traditionnellement les plus catholiques. En outre, ni les uns ni les autres n'ont jamais pu dégager en leur sein un leader capable d'être un présidentiable potentiel. Aussi, en dépit de l'échec de Valéry Giscard d'Estaing lors de l'élection présidentielle de 1981 et de l'éclipse politique qui l'a suivi, le CDS n'a pas pu s'opposer à ce que celui-ci reprenne les rênes de l'UDF et s'affirme comme le plus crédible candidat des centristes et des libéraux à la prochaine élection présidentielle.

---

3. On pense ici notamment à Jacques Barrot, Bernard Bosson ou Pierre Méhaignerie, qui ont pris la succession de leurs pères.

TABLEAU 1

Les résultats électoraux
du centrisme et des libéraux

Pourcentage des suffrages exprimés[1]

Élections	Partis ou candidats	Suffrages exprimés (%)	Total
Législatives 1958	MRP CNI et modérés	11,1 20,0	31,1
Législatives 1962	MRP CNI et modérés	7,9 11,5	19,4
Présidentielle 1965	Lecanuet	15,9	
Législatives 1967	Radicaux Centre démocrate Modérés	1,3 14,1 1,9	17,3
Législatives 1968	Radicaux Centre démocrate Modérés	0,8 10,5 1,2	12,5
Présidentielle 1969	Poher	23,4	
Législatives 1973	Radicaux Centre démocrate Modérés	4,1 9,2 3,4	16,7
Présidentielle 1974	Giscard d'Estaing Muller	32,9 0,7	33,6
Législatives 1978	UDF CNI et modérés	22,0 1,9	23,9
Européennes 1979	Veil Servan-Schreiber Malaud	27,4 1,9 1,4	30,8
Présidentielle 1981	Giscard d'Estaing	27,8	
Législatives 1981	UDF Modérés	20,8 0,9	21,7
Présidentielle 1988	Barre	16,5	
Législatives 1988	UDF Divers modérés	18,5 2,9	21,4
Européennes 1989	Veil	8,4	
Législatives 1993	UDF Divers modérés	18,8 2,3	21,1

1. Jusqu'en 1973, nous n'avons pas fait figurer les résultats électoraux des Républicains indépendants, qui se présentent avec les gaullistes. D'autre part, les résultats officiels des élections législatives de 1986 ne permettent pas de distinguer les listes UDF et les listes RPR.

II. Libéralisme et centrisme comme démarcation au sein de la droite

Depuis 1958, éparpillées ou au contraire confédérées, les organisations centristes et libérales ont d'une part été en concurrence les unes avec les autres et d'autre part constamment cherché à se démarquer du gaullisme. C'est dans cette lutte que se sont élaborées leurs doctrines politiques. Si, ici, le pluriel s'impose, c'est que les doctrines ont évolué au gré de la place tenue dans le système politique et des termes de la compétition politique.

A. Du centrisme à la démocratie chrétienne

Entre 1958 et 1974, dans sa quête d'une troisième voie entre gauche socialiste et gaullisme conservateur, c'est en fait au libéralisme que le centre emprunte ses principaux thèmes. D'un côté, le libéralisme politique sert en effet à renvoyer dos à dos une gauche dominée par le communisme et une droite gaulliste ralliée au « pouvoir personnel », dans une défense et illustration des corps intermédiaires, et donc du parlementarisme. De l'autre, le libéralisme économique permet de dénoncer le collectivisme de la gauche et l'étatisme des gaullistes (Ysmal, 1971). Aussi les centristes-libéraux font-ils l'éloge de la libre entreprise, seule source de richesse économique et d'expansion, dénoncent autant la pression fiscale que les « tracasseries administratives », la technocratie et la planification. Ce libéralisme s'adresse toutefois en priorité aux classes moyennes indépendantes (agriculteurs et petits commerçants et artisans) au moment même où celles-ci sont particulièrement menacées par la modernisation économique. Cette base sociale compose sans doute l'essentiel de l'électorat centriste ; mais il y a aussi une vision de la

société et de son équilibre. Or, pour les centristes de
l'époque, celui-ci passe nécessairement par les classes
moyennes non salariées.

Ce double archaïsme institutionnel et social cède naturellement à partir du moment où les centristes entrent dans
la majorité giscardienne et où l'évolution économique et
sociale – au sein des couches moyennes chères aux centristes – donne l'avantage aux salariés. Surtout, le ralliement
des centristes à Giscard les pousse à se distinguer de leurs
alliés, et notamment du parti giscardien. Il est tout à fait
significatif que, lors de sa création en 1976, le CDS
revendique, pour la première fois dans l'histoire des partis
centristes, une filiation démocrate-chrétienne, héritée notamment de la CDU allemande. La doctrine est alors celle
de l'« économie sociale de marché ». Économie de marché
qui implique le rejet du libéralisme du laisser-faire et, plus
tard, à partir de 1981, une extrême méfiance à l'égard du
reaganisme et du thatchérisme. Ceux-ci sont condamnés au
nom du social. D'un côté, la doctrine CDS en appelle bien
à la responsabilité et à l'autonomie individuelle des
managers et des cadres. Toutefois, elle n'oublie pas que la
créativité, la prise en charge de soi et l'autonomie ne sont
possibles qu'avec une position sociale minimale. C'est
pourquoi le CDS appuie les politiques de formation,
défend certains acquis de l'État-providence comme la
Sécurité sociale ou encore a été favorable en 1988 à la
création du revenu minimum d'insertion.

B. Les avatars du libéralisme

Le libéralisme, tel qu'il a été défendu, notamment en
matière économique, par le CNI de 1948 aux années
soixante-dix, se ramène, avec le seul mérite de l'antériorité,
aux thèmes précédemment évoqués : défense du parlementarisme d'un côté et de la libre entreprise de l'autre.
L'effacement du CNI permet toutefois, dès les années
soixante, aux RI de se poser en meilleurs représentants du

libéralisme. Ceux-ci sont d'abord dans une situation paradoxale, dans la mesure où, partie prenante mais en situation subalterne de la majorité gaulliste, ils en sont solidaires. Il faut toutefois compter d'une part avec les notables du parti et d'autre part avec la stratégie personnelle de Valéry Giscard d'Estaing, qui domine en fait assez son parti pour que ses prises de position puissent être tenues comme celles des libéraux (Colliard, 1971).

De ce point de vue, et même acquis aux institutions, les parlementaires indépendants (Cayrol, Parodi, Ysmal, 1973) restent attachés au principe du libéralisme politique et au parlementarisme qui lui est associé et subissent, résignés, les contraintes du système majoritaire. C'est pourquoi ils ont pu prêter une oreille attentive aux déclarations de leur leader réclamant en mars 1966 que plus d'importance soit donnée à la vie parlementaire ou condamnant (août 1967) « l'exercice solitaire du pouvoir ». De fait, au fur et à mesure que, à l'intérieur de la majorité gaullienne puis pompidolienne, Giscard assume non seulement une « fonction de soutien » mais aussi une « fonction de relève », il prend de plus en plus ses distances avec les gaullistes. Ce sera tout le sens de l'« ouverture au centre » défendue en 1971 et 1972, qui permet de critiquer le sectarisme des gaullistes et de lui opposer le pluralisme. Toutefois, le réformisme giscardien se déploie aussi sur le terrain économique et social dans une réforme du libéralisme qui donne lieu au « libéralisme avancé ».

Celui-ci s'élabore en fait dans les années 1970-1973, même s'il ne trouve son exposition définitive qu'avec la publication de *Démocratie française* en 1976. Il marque une double rupture par rapport au gaullisme et au libéralisme classique tel qu'au moins il avait été jusqu'alors représenté en France par le CNI ou le centre. Il se distingue de ce dernier par l'analyse des classes sociales. Non seulement l'analyse giscardienne donne la priorité aux couches moyennes salariées sur les couches moyennes traditionnelles, mais l'alliance de classes qui doit se nouer au sein du « groupe central » comprend une partie de la classe ouvrière. Enfin, cette alliance repose moins sur des principes économiques et sociaux que sur les styles de vie. Quant au gaullisme, le libéralisme avancé le condamne d'abord pour son productivisme et son étatisme – on retrouve ici l'attachement à l'initiative individuelle propre au libéralisme –, ensuite pour son archaïsme dans le domaine des mœurs et de la morale. En fait, la logique libérale reprend ici tout son sens si l'on admet que la prééminence de l'individu est absolue dans les choix personnels et que sur celle-ci ne peuvent empiéter ni l'État, ni des institutions telles que l'Église par exemple (Ysmal, 1992*a*).

Cette nouvelle synthèse ne résistera pourtant pas à la défaite de Valéry Giscard d'Estaing en 1981. C'est alors le RPR qui reprend l'initiative et entraîne le Parti républicain, dont l'ancien président de la République a perdu le contrôle (Gaïti, 1990), vers le libéralisme conservateur. L'État doit se désengager non seulement de toute fonction productive (privatisations des entreprises notamment), mais aussi de ses fonctions d'arbitrage entre les groupes sociaux telles que les avait instaurées l'État-providence ; en conséquence, l'État est réduit à ses fonctions régaliennes (défense des biens et des personnes à l'intérieur et défense du territoire à l'extérieur). Toutefois, l'adhésion à l'idéologie sécuritaire devient prédominante : contre le modernisme du « libéralisme avancé », on prône alors le retour aux valeurs traditionnelles (travail, ordre, famille, identité nationale), censées « sécuriser » les individus et éviter les maux que sont la délinquance et la violence.

C. Persistance et marginalité du centrisme

L'alliance politique et électorale systématique avec le RPR, l'hégémonie idéologique de ce dernier ont réduit l'autonomie possible des libéraux et des centristes. Elles ont toutefois suscité, à l'intérieur de l'UDF, des problèmes entre libéraux et centristes.

Comme l'ont montré les enquêtes réalisées en 1990 par la SOFRES auprès des délégués aux congrès du PR et du

CDS, les différences de sensibilité sont réelles entre les deux principales formations de l'UDF (Ysmal, 1992*b*). Les membres du CDS, s'ils sont libéraux, le sont beaucoup moins ardemment que leurs partenaires, dans la mesure où ils apparaissent plus préoccupés du social et en revanche moins polarisés sur les problèmes liés à la sécurité et à l'immigration. C'est pourquoi les « centristes » ont réaffirmé entre 1988 et 1993 leur volonté d'autonomie, d'abord par la création du groupe Union du centre (UDC) à l'Assemblée nationale, ensuite par leur soutien, lors des élections européennes, de la candidature de Simone Veil. Toutefois, leur marge de manœuvre est étroite. D'une part, les contraintes du système majoritaire les lient, sauf changement des alliances, à l'UDF et, au-delà, à l'union de l'opposition avec le RPR. D'autre part, le centrisme, s'il existe, est marginal au sein de la coalition, tant en termes électoraux que comme courant d'opinion.

Les premiers sont très difficiles à mesurer du fait des alliances électorales pratiquées lors des scrutins législatifs et locaux. Ni les résultats de Raymond Barre lors de l'élection présidentielle de 1988 (16,5 % des suffrages exprimés), ni ceux de Simone Veil aux élections européennes de 1989 (8,4 %) n'en donnent une mesure exacte. Les deux électorats s'articulent bien en priorité sur les zones de force de la « démocratie chrétienne » (Ysmal, 1990). Toutefois, l'électorat Barre comprend aussi une part de « libéraux », à la mesure du soutien que les leaders du PR ont apporté à l'ancien Premier ministre ; quant à celui de Simone Veil, il s'est aussi composé sur un choix européen qui dépassait les limites du seul CDS. S'il faut chiffrer l'influence du centrisme électoral, c'est sans doute entre ces deux bornes qu'il se situe, c'est-à-dire autour de 10 % environ des électeurs.

Cette clientèle, que l'on analysera à partir des électeurs qui ont voté pour Raymond Barre en 1988, présente-t-elle des caractéristiques particulières qui la distingueraient des libéraux ou, plus généralement, des électeurs de la droite modérée ? La question appelle une réponse négative si l'on examine les caractéristiques sociales. En 1988 – mais toujours sous la réserve du caractère mixte de l'électorat

TABLEAU 2

Sociologie des électeurs de Raymond Barre en 1988

(en %)

	Électeurs Barre	Ensemble
Sexe		
Homme	46	49
Femme	54	51
Age		
18-24 ans	15	12
25-34 ans	13	17
35-49 ans	22	24
50-64 ans	23	26
65 et plus	27	21
Profession du chef de famille		
Agriculteur	6	4
Patron de l'industrie et du commerce	11	9
Cadre sup., prof. libérale	16	11
Profession intermédiaire	16	15
Employé	19	17
Ouvrier	8	16
Inactif	24	28
Religion		
Catholique pratiquant régulier	25	15
Catholique pratiquant irrégulier	15	15
Catholique non pratiquant	46	50
Autre religion	2	3
Sans religion	12	17

Source : Sondage réalisé à la sortie des urnes par CSA.

TABLEAU 3

**Les attitudes politiques
des électeurs centristes en 1988**

(en %)

	CDS	PR	RPR
Situation sur l'axe droite-gauche			
Gauche et centre-gauche	6	2	1
Centre	31	12	8
Centre-droit	38	40	31
Droite	21	36	51
Extrême droite	0	3	4
Sans réponse	4	7	0
Mesures souhaitées par les électeurs			
Impôt sur les grandes fortunes	30	26	18
Revenu minimum garanti	85	67	67
Privatisations	46	56	57
Revenu minimum d'insertion	71	57	62
Formule de gouvernement souhaitée			
PC-PS ou PS homogène	0	1	0
PS-Centre	29	2	3
PS-UDF-RPR	37	39	12
RPR-UDF	29	52	54
RPR-UDF-FN	2	4	14
Sans réponse	3	2	6
Refusent toute alliance avec le FN	50	35	23

SOURCE : Sondage réalisé à la sortie des urnes par CSA.

(tableau 2) –, les électeurs barristes manifestent tous les traits de l'électorat conservateur. Il est plus féminin que la moyenne ; les personnes âgées y pèsent plus que les jeunes ; les catégories aisées de la nation y sont nettement surreprésentées ; enfin, il est plus catholique pratiquant que l'ensemble du corps électoral. Contrairement à l'image que les centristes veulent donner d'eux-mêmes, ils ne représentent ni la « France moyenne », ni même spécifiquement les « classes moyennes », sauf en ce qui concerne précisément les classes moyennes traditionnelles.

Cet électorat, somme toute socialement conservateur, manifeste cependant quelques tendances spécifiques (tableau 3 où l'on compare les sympathisants du CDS à ceux du PR ou à ceux du RPR). Invités tout d'abord à se situer sur l'axe droite-gauche, les premiers se réclament beaucoup plus du centre que leurs homologues PR et RPR, plus portés à se déclarer du centre droit, voire de la droite. On voit aussi que les privatisations – signe grossier du libéralisme économique – figurent moins pour eux au rang des mesures qu'un gouvernement pourrait prendre, alors qu'en revanche celles qui concernent la « solidarité » sont mieux acceptées. Des divergences apparaissent aussi dans les choix stratégiques : 66 % des sympathisants du CDS (au lieu de 41 % de ceux du PR et 15 % de ceux du RPR) souhaitent une formule gouvernementale qui associerait le Parti socialiste soit au seul CDS, soit à l'ensemble des formations de la droite modérée ; les sympathisants CDS sont aussi nettement plus hostiles, même au niveau local, à toute alliance avec le Front national.

Ces différences sont sans aucun doute plus de degré que de nature. Le fait est d'ailleurs que les « électeurs » CDS, même définis par la sympathie partisane et non par le vote, comme d'ailleurs les élites se reclassent majoritairement à droite dès lors que les choix deviennent décisifs. Toutefois, ces différences illustrent bien ce qu'a été le destin du centrisme depuis les débuts de la Ve République, destin qui s'inscrit aux niveaux tant organisationnel et électoral qu'idéologique dans son caractère à la fois irréductible et minoritaire. Dans le cadre des institutions, cela le condamnaît à subir l'influence de mouvements plus forts, et en particulier – du moment qu'il devait choisir la droite – celle des libéraux.

COLETTE YSMAL,
directeur de recherche à la Fondation
nationale des sciences politiques.

*

BIBLIOGRAPHIE

Roland Cayrol, Jean-Luc Parodi, Colette Ysmal, « L'image de la fonction parlementaire chez les députés français », *Revue française de science politique*, 21 (6), 1971.

J.-C. Colliard, *Les Républicains indépendants. Valéry Giscard d'Estaing*, PUF, 91971.

Brigitte Gaïti, « Des ressources politiques à valeur relative : le difficile retour de Valéry Giscard d'Estaing », *Revue française de science politique*, 40 (6), 1990.

Valéry Giscard d'Estaing, *Démocratie française*, Fayard, 1976.

Colette Ysmal « La campagne du Centre démocrate », *in* CEVI-POF, *Les Élections législatives de 1967*, Presses de la FNSP, 1971, p. 181-219.

–, « Les cadres du CDS et du PR. L'UDF en proie à ses divisions », SOFRES, *L'état de l'opinion 1992*, Éd. du Seuil, 1992.

–, *Les Partis politiques sous la Ve République*, Domat/Montchrestien, 1989.

–, « L'UDF », p. 100-105, *in* Chagnollaud, D., *L'état politique de la France. 1991*, Quai Voltaire, 1992.

–, « L'Union pour la démocratie française (UDF) », *in* D. Chagnollaud (sous la dir. de), *Bilan politique de la France, année 1990*, Hachette, 1991, p. 86-93.

–, « Parti libéral », *in* O. Duhamel et Y. Meny, *Dictionnaire constitutionnel*, PUF, 1992, p. 718-723.

Le Parti socialiste

Le Parti socialiste est l'héritier d'une tradition politique qui plonge ses racines dans la seconde moitié du XIXᵉ siècle – le premier Parti socialiste français se constitue en octobre 1879 – et qui lui a légué plusieurs traits spécifiques qui le différencient de ses homologues européens. Mais il est aussi le fruit d'une refondation politique en deux temps – institutionnelle et stratégique au début des années soixante-dix, idéologique dans les années quatre-vingt –, consécutive à sa difficile adaptation aux institutions de la Vᵉ République, puis à leur gestion.

I. Les traits spécifiques du socialisme français

Le Parti socialiste reconstitué à Épinay en juin 1971 autour de François Mitterrand est, pour l'essentiel, le continuateur de la SFIO, dont Guy Mollet a été le secrétaire général de 1946 à 1969, et dont une première refondation en 1969, sous la houlette d'Alain Savary, n'a pas réussi à enrayer le déclin.

La plupart des adhérents du Parti socialiste en 1971 sont en effet des anciens membres de la SFIO, qu'il s'agisse des militants, des cadres dirigeants ou des élus. Quant aux traits caractéristiques du parti, ils demeurent inchangés depuis 1905 (congrès de fondation de la SFIO), malgré le changement formel de statuts.

1. Au-delà des structures d'un parti de militants, le Parti socialiste est d'abord un parti d'électeurs. Si l'on excepte les vagues d'adhésion exceptionnelles de 1936-1937 et 1945-1946, liées dans le premier cas au Front populaire et dans le second à la Libération, le mouvement socialiste n'a jamais réussi à rassembler 200 000 adhérents : depuis 1971, après une croissance lente jusqu'en 1978 (où le départ d'une partie des ex-SFIO est largement compensé par l'arrivée de nouveaux adhérents) et un recul de 1978 à 1981, le PS n'a pas connu, malgré son accession au pouvoir en 1981, de progression.

Cette faiblesse s'explique avant tout par l'absence de liens entre le parti et la société civile. Contrairement à la plupart des partis socialistes européens, le PS n'a pas de rapport direct avec le mouvement syndical, celui-ci ayant fait sienne (à l'exception du courant communiste) le refus de tout rapport avec les partis, hérité de la tradition du syndicalisme révolutionnaire codifiée dans la charte d'Amiens : aux liens anciens mais aujourd'hui distendus avec Force ouvrière (à la création de laquelle la SFIO a largement contribué en 1947) se sont ajoutées une présence très minoritaire à la CGT, une forte syndicalisation à la CFDT (*via* les courants où les militants d'origine chrétienne sont nombreux) et des liens étroits avec la composante socialiste du syndicalisme de l'enseignement public (notamment le SNI). Ces rapports indirects expliquent qu'il n'y ait aucune composante « syndicale » au PS et que toutes les tentatives visant à le permettre aient régulièrement échoué (notamment le rapprochement organique PS-CFDT tenté aux assises du socialisme en octobre 1974). Le même phénomène peut être constaté en milieu associatif, où l'influence socialiste se limite au milieu de l'éducation (parents d'élèves, syndicalisme étudiant).

2. Cette faiblesse a une première conséquence au niveau sociologique. Si le Parti socialiste est un parti populaire au niveau de sa clientèle électorale, c'est dans les classes moyennes salariées qu'il recrute l'essentiel de ses militants et surtout de ses dirigeants : la composante ouvrière est

passée de 33 % des adhérents en 1951 à 18,8 % en 1973 et 10 % en 1984, disparaissant quasiment des structures dirigeantes du parti et de sa représentation nationale (parlementaires et ministres). A l'inverse, les cadres supérieurs, absents jusqu'aux années cinquante, constituent dans les années quatre-vingt plus du quart des effectifs, tout comme les enseignants (où les instituteurs sont dépassés largement par les enseignants du secondaire et du supérieur), ces deux catégories étant hégémoniques dans les milieux dirigeants.

La deuxième conséquence est le poids considérable des élus, qui constituent près d'un adhérent sur trois. Le PS (encore plus que la SFIO) est un parti d'élus locaux, avant tout sensibles aux résultats des élections municipales et cantonales, et où la hiérarchie des notables (notamment dans les fédérations) est souvent plus importante que celle d'appareils peu capables, surtout en période de crise des alliances, d'imposer leurs directives.

La troisième est la faiblesse de l'organisation partisane. Faute d'adhérents et de relais dans la société civile, le Parti socialiste n'a jamais disposé de moyens financiers lui permettant de bâtir un véritable « appareil ». La situation était telle avant 1940 que le « centre » n'avait guère d'autorité sur la « périphérie » (fédérations, élus locaux). La tentative molletiste de constituer un véritable appareil de permanents en 1946 échoua devant l'absence de ressources générée par le déclin électoral. Il en a été de même depuis 1971, le Parti socialiste ayant eu beaucoup de difficultés, malgré sa croissance électorale (et donc les ressources provenant de ses élus et de ses mairies), à trouver une assise financière. C'est essentiellement grâce aux moyens institutionnels (Parlement, cabinets ministériels, collectivités locales) qu'une ossature administrative a pu se constituer dans les années quatre-vingt (renforcée par l'introduction du financement public en 1988).

3. Pour autant, la faiblesse organisationnelle reste une donnée permanente, dans la mesure où la tradition d'appareil est étrangère au Parti socialiste. L'un des éléments qui accentuent cette faiblesse est la structure en courants. Déjà

en 1940, l'affrontement des tendances avait marqué la vie de la SFIO, avec pour conséquence une série de scissions (1920, 1933, 1938) qui finiront par emporter le parti en 1940. La reconstitution de la SFIO sous forme d'un parti centralisé en 1944 précipita le déclin du parti, fossilisé sous le *leadership* de Guy Mollet *via* le contrôle de quelques grosses fédérations. En 1971, c'est autour du retour à la représentation proportionnelle des courants que se soude la coalition qui permet à François Mitterrand de l'emporter. Malgré les critiques régulières contre la mainmise des courants (la dernière en date, en 1991-1992, n'a abouti qu'à des retouches mineures du règlement intérieur), ceux-ci restent la forme privilégiée du débat interne et de la sélection des dirigeants. A cela une raison historique : les courants préexistent au parti d'Épinay, dans la mesure où ils perpétuent les formations antérieures au regroupement des socialistes entre 1971 et 1975. Les anciens SFIO (divisés entre partisans de Guy Mollet, Pierre Mauroy, Gaston Defferre ou Jean-Pierre Chevènement), les anciens PSU (suivant la date de leur départ autour d'Alain Savary, Jean Poperen ou Michel Rocard) et les fidèles de François Mitterrand (de ceux qui l'ont rallié sous la IVᵉ République dans l'UDSR à ceux qui le soutenaient dans sa première entreprise élyséenne au sein de la Convention des institutions républicaines depuis 1964) se partagent le parti. Malgré la proportionnelle, qui aurait pu favoriser l'émergence de nouveaux courants, ce ne sera pas le cas jusqu'en 1988 car les courants contrôlent fédérations et élus, veillent à leur discipline interne (au point d'être accusés parfois d'être des partis dans le parti). Cette rigidité explique que les nouveaux adhérents qui ont rejoint le PS – entre 1971 et 1975 notamment – n'ont pas tenté de constituer de nouvelles tendances mais ont gonflé les rangs de celles qu'ils trouvaient en adhérant.

De surcroît, la répartition même des courants est particulière. Alors qu'avant 1940 aucune force ne dominait le parti – le centre Blum-Faure tirant sa puissance relative de son équidistance des gauches et des droites du parti –, de 1973 à 1988 le courant mitterrandiste a dominé largement la vie interne du PS, obtenant à lui seul dès 1973 plus de

50 % des mandats lors des congrès. Le courant mitterrandiste a donc pu jouer des alliances avec les différents
courants minoritaires selon la conjoncture et de deux
façons : tantôt en agrégeant à lui d'autres forces (courants
Defferre et Mauroy, amis de Jean Poperen), tantôt en
concluant des alliances en bonne et due forme avec les
courants les plus structurés (sur le double plan de l'idéologie et de l'organisation) : les rocardiens et les amis de
Jean-Pierre Chevènement.

Avec le début des débats internes sur la nature du
post-mitterrandisme, c'est le courant mitterrandiste lui-
même qui a éclaté, ouvrant la voie à de nouvelles et
difficiles recompositions, mais sans que le rôle même des
courants soit fondamentalement changé.

4. Le poids des courants explique une autre faiblesse
traditionnelle du Parti socialiste, celle de sa doctrine. C'est
d'abord au sein des courants que la formation idéologique
des militants est assurée et que, plus largement, de véritables cultures politiques se constituent (*via* les intellectuels,
revues, médias plus ou moins proches des différents courants, voire aujourd'hui les universités d'été). C'est donc au
sein des courants que les différents éléments de la « doctrine » socialiste se sont forgés dans les années soixante-
dix, le courant mitterrandiste, qui assurait la permanence
de la gestion du parti, puisant ici ou là au gré de la
conjoncture et de ses alliances internes : le CERES marxisant de Jean-Pierre Chevènement sera ainsi mis à contribution chaque fois qu'il faudra ancrer à gauche le PS contre
un rival externe (le Parti communiste) et interne (Guy
Mollet en 1971, Michel Rocard en 1979), tandis que les
rocardiens alimenteront le discours socialiste dans les
phases de recentrage externe (élections de 1974 à 1978) et
interne (contre le procommunisme du CERES durant les
mêmes années).

Au-delà de l'idéologie officielle (motions de congrès,
documents programmatiques, projets...) assez ténue et à
usage essentiellement interne, c'est surtout le vieux fonds
culturel du Parti socialiste, héritage de près d'un siècle, qui
constitue sa véritable idéologie. De Jaurès à Blum et à

Mitterrand, le socialisme français s'enracine pour l'essentiel dans un réformisme gradualiste d'essence républicaine. Le républicanisme apparaît d'abord dans une vision du socialisme comme l'achèvement des conquêtes démocratiques de la Révolution française, dont il s'agit de parachever l'édifice en s'attaquant aux dernières « bastilles » économiques et financières. Cette référence à la République explique aussi que la laïcité ait constitué l'une des références fondamentales de l'idéologie socialiste, avec, jusqu'aux années soixante-dix, une composante anticléricale qui s'est estompée avec l'arrivée massive de militants chrétiens.

A ce fonds républicain s'est ajouté le poids de l'influence communiste depuis 1920, qui a alimenté jusque dans l'idéologie un rapport de fascination/haine, pouvant conduire soit à des phases de domination du PC (1934-1937, 1944-1946, 1971-1973), soit à des phases d'anticommunisme absolu (1938-1940, 1947-1962).

Cette fusion de la tradition républicaine, du rapport contradictoire au marxisme communiste et du poids des débats internes explique que les variations de l'idéologie socialiste aient été considérables, y compris après 1971, et ce avant même que le PS soit confronté à l'expérience d'une gestion à long terme de l'État.

II. Le poids de la Ve République

Il aura fallu treize ans à François Mitterrand pour devenir le leader du socialisme français et dix ans ensuite pour amener le parti remodelé au pouvoir.

En fait, les treize ans qui séparent la fondation de la Ve République de la conquête mitterrandienne du Parti socialiste sont marqués par un affrontement impitoyable entre plusieurs projets politiques, qui verra la victoire *in extremis* de celui qui, au départ, disposait du moins d'atouts, mais d'un essentiel : la parfaite compréhension des règles du jeu du nouveau régime. La victoire de François Mitterrand à Épinay est, paradoxalement, celle de la Vᵉ République. Il faudra encore dix ans pour que le PS, à la suite de son chef, opère sa mue institutionnelle.

A. Présidentialisme et bipolarisation

En octobre 1958, c'est la SFIO et son leader Guy Mollet (membre du gouvernement de De Gaulle de juin 1958) qui participent à l'élaboration de la Constitution et qui l'approuvent. Contre eux, aussi bien pour ce qui concerne la Constitution que le soutien à Charles de Gaulle, on trouve tous ceux qui, dans les années soixante-dix, prendront la relève du molletisme et intégreront le PS dans la Vᵉ République, du PSU aux républicains de gauche.

De 1958 à 1969, c'est-à-dire durant toute la présidence de De Gaulle, la SFIO de Guy Mollet va vite passer à une opposition totale au régime, dont elle conteste l'évolution institutionnelle, qu'elle juge monocratique et plébiscitaire, et les orientations de politique étrangère au nom de son atlantisme et de son européanisme. Dès 1959 s'achève la collaboration avec le gaullisme, qui avait conduit les socialistes, aux élections législatives de 1958, à nouer des alliances contre le PC, avec les gaullistes et les diverses formations de droite et du centre. Au lendemain des accords d'Évian et au moment où de Gaulle propose l'élection du président de la République au suffrage universel, la SFIO infléchit sa stratégie : contre le régime, elle s'allie à tous les républicains (de droite) mais conclut aussi des accords électoraux avec le PC. C'est le début d'un dégel qui sera marqué par le soutien commun SFIO-PCF à François Mitterrand à l'élection présidentielle de 1965, au nom non pas de l'Union de la gauche, mais de l'union de tous les républicains.

Cette évolution a cependant ses limites. La SFIO refuse toute évolution interne. Ses rapports avec tous ceux qui prônent une rénovation de la gauche « non communiste » sont inexistants, qu'il s'agisse du PSU, constitué autour des dissidents de la SFIO en 1958 (ceux qui ont refusé leur soutien à de Gaulle et au régime) et qui a rallié d'ex-communistes et des tenants d'un socialisme moderniste (comme Pierre Mendès France) mais qui ne parvient pas à exercer une influence électorale, ou de groupes restreints de centre gauche, comme ceux qui soutiennent François Mitterrand. Au sein même de la SFIO, Guy Mollet contribuera en 1964 à l'échec des tentatives de Gaston Defferre de constituer, dans la perspective de l'élection présidentielle, un grand rassemblement de centre gauche entre socialistes et démocrates-chrétiens.

Enfermée dans la double défense de son identité traditionnelle et du régime parlementaire, la SFIO laisse la place libre à ceux qui jouent le jeu du nouveau régime tout en ménageant les susceptibilités : François Mitterrand rassemble en 1965 dans un simple cartel électoral (qui préserve l'identité de chacun) les diverses composantes de la gauche non communiste (PSU excepté) au moment même où il se présente à l'Élysée. Ce cartel électoral – la Fédération de la gauche démocrate et socialiste –, qui regroupe SFIO, radicaux, clubs mitterrandistes et dissidents du PSU autour de Jean Poperen et d'Alain Savary, ne survivra pas à la tourmente de Mai 68, mais il aura eu le temps de hâter la recomposition de la gauche non communiste dans deux directions.

La première est l'accélération de la crise la SFIO, où, après l'échec de l'entreprise defferriste, un courant de gauche se reconstitue autour du CERES, tandis que la nouvelle génération de notables se rassemble autour de Pierre Mauroy (le CEDEP). La SFIO, aiguillonnée de l'intérieur par cette double rénovation, doit subir la pression de ceux qui, à l'extérieur, demandent la refondation de la gauche dans un parti nouveau.

La seconde est le développement de l'union de la gauche, qui est marquée par la stratégie électorale unitaire en 1967 et 1968 et par une première ébauche de plate-forme programmatique en février 1968.

Le départ du général de Gaulle en avril 1969, survenu quelques mois après l'échec électoral de la FGDS en juin

1968 et le retour à la guerre froide entre SFIO et PCF au lendemain de l'invasion de la Tchécoslovaquie, semble permettre un retour au *statu quo ante*. Mais la tentative de Guy Mollet d'effacer les années 1965-1968 échoue sans appel : aux élections de 1969, la candidature Defferre – lancée après la mise à l'écart de François Mitterrand – sanctionne la plus grave défaite électorale de l'histoire du socialisme français : 5 % des voix contre 21 % au candidat communiste. L'échec au second tour du candidat du retour au parlementarisme, le président du Sénat Alain Poher, soutenu par la SFIO, achève la déroute stratégique. Désormais, la voie est libre pour une refondation complète autour de François Mitterrand, et la désignation d'Alain Savary en juillet 1969 à la succession de Guy Mollet (qui garde le contrôle du « nouveau » Parti socialiste) n'est qu'une manœuvre de retardement. En juin 1971, au congrès d'Épinay-sur-Seine, la victoire de François Mitterrand entraîne une refondation totale du parti.

La démarche qu'imprime François Mitterrand au nouveau parti repose sur quelques convictions simples. La première est que le Parti socialiste doit conclure un accord politique avec les communistes, afin, tout à la fois, de retrouver une authenticité de gauche, de regagner l'influence perdue dans les classes populaires et de regagner – à travers cette alliance – une influence politique majeure. Mais cette alliance, imposée par le système électoral, a des limites de taille. D'abord, elle préserve l'identité de chaque parti puisqu'elle se traduit par un programme commun de gouvernement. D'autre part, ce programme s'appliquera en cas de victoire aux élections législatives : il ne concerne pas l'élection présidentielle (qui n'intéresse pas le PCF, parlementariste, mais bien François Mitterrand, qui sait que tout en dépend sous la Ve République). Enfin, l'union de la gauche vise, à terme, à réduire drastiquement l'influence du Parti communiste et à faire du Parti socialiste le parti dominant de la gauche. L'ambivalence de ce projet explique qu'il ait pu séduire tout à la fois la gauche et la droite du parti.

Tout autant qu'une stratégie, il importe de construire une « machine » politique. Le nouveau premier secrétaire du PS imprime d'entrée au fonctionnement du parti un style très présidentiel. Si, dans les fédérations et au comité directeur, l'affrontement des courants et des sous-courants (de la galaxie mitterrandiste) est la règle, au sommet du parti François Mitterrand construit rapidement un groupe dirigeant homogène, capable d'animer le parti mais aussi les campagnes électorales. Parallèlement, les nouveaux militants et cadres du parti font du PS un véritable parti « national » : la SFIO n'était plus présente que dans la moitié des départements. Très vite, les fédérations vont reprendre vie et former les cadres qui se présenteront avec succès aux élections locales dès 1976-1977 et nationales à partir de 1981. Nouveauté historique, le parti rajeuni s'ouvre non seulement à tous les milieux socioprofession-

TABLEAU 1

Évolution de l'électorat socialiste

(élections législatives en métropole)

	suffrages	% inscrits	% exprimés
21.10.1945	4 491 152	18,2	23,4
02.06.1946	4 187 747	16,9	21,1
10.11.1946	3 433 901	13,7	17,8
17.06.1951	2 744 842	11,1	14,6
02.01.1956	3 247 431	12,1	15,3
23.11.1958	3 193 786	11,7	15,7
18.11.1962	2 319 662	8,4	12,6
05.03.1967[a]	4 207 166	14,8	18,7
23.06.1968[a]	3 654 003	12,9	16,5
04.03.1973[b]	4 919 426	16,46	20,7
12.03.1978	6 412 819	18,6	22,8
14.06.1981[b]	9 376 853	26,3	37,7
16.03.1986	8 689 246	23,5	31,2
05.06.1988	8 493 702	22,4	34,7
21.03.1993[b]	5 032 727	13,2	20,1

a. FGDS.
b. PS et MRG.

nels, mais aussi à toutes les traditions : les chrétiens (et surtout les catholiques) entrent nombreux *via* les courants comme le CERES ou celui de Michel Rocard, au point de représenter dans les années quatre-vingt près de la moitié des adhérents.

A la tête d'un parti à la fois bien enraciné dans les milieux salariés et représentatif de la société française dans sa diversité, François Mitterrand va se lancer à la conquête du pouvoir dès 1974.

B. La conquête du pouvoir

En 1974, il ne manque que 400 000 voix à François Mitterrand, candidat d'union de la gauche, pour l'emporter au second tour de l'élection présidentielle, et ce notamment grâce à l'accroissement de l'électorat du PS.

Dès 1976 (élections cantonales) et 1977 (élections municipales), le Parti socialiste conquiert une influence locale sans précédent, consolidant ses bastions traditionnels du Nord et du Sud-Ouest, mais effectuant aussi une percée remarquable dans l'Ouest catholique, s'emparant notamment des grandes villes (Brest, Rennes). Cette croissance électorale est à l'origine des premiers conflits avec le Parti communiste, qui constate que l'union de la gauche profite surtout au Parti socialiste, qui, après l'avoir rejoint, tend à le dépasser : en 1977, c'est la rupture lors des négociations d'« actualisation » du programme commun de gouvernement. Cette rupture réduit l'union de la gauche aux acquêts des désistements électoraux et ouvre une phase d'affrontement PCF-PS pour l'hégémonie à gauche, qui va tourner progressivement en faveur des socialistes, et ce dès les élections législatives de 1978. Face aux attaques du PC, François Mitterrand maintient le cap à gauche, refusant (comme le suggère Michel Rocard) d'autonomiser davantage le PS par rapport au discours maximaliste du programme commun : son objectif est justement de faire endosser aux communistes la responsabilité de la rupture et de l'échec électoral qui en a résulté en 1978. Ce calcul va se révéler juste à l'élection présidentielle de 1981 : au premier tour, le candidat socialiste distance nettement le secrétaire général du PC, qui subit une érosion de suffrages sans précédent (26 % contre 15,5 %). Au second tour, François Mitterrand l'emporte nettement sur Valéry Giscard d'Estaing. Quelques semaines plus tard, les élections législatives anticipées envoient à l'Assemblée une majorité absolue de députés socialistes (le PS a obtenu le score record de 36 % des suffrages au premier tour). Le Parti socialiste accède au pouvoir pour une longue période, et ce pour la première fois de son histoire.

III. Un parti de gouvernement

La double victoire électorale de 1981, confirmée par celle de 1988 (François Mitterrand étant réélu triomphalement et le PS détenant cette fois la majorité relative au Palais-Bourbon), a profondément modifié (et sans que les deux années de « cohabitation », 1986-1988, n'infléchissent vraiment l'essentiel) la nature même du Parti socialiste. Devenu un parti de gouvernement à long terme, le PS s'est dépouillé en quelques années de son système de références traditionnel pour devenir un parti de gestion réformiste, subissant à son tour les effets de l'usure du pouvoir.

A. L'abandon des vieilles références

Il aura fallu deux ans au Parti socialiste pour renoncer à son programme des années soixante-dix et dix pour en tirer officiellement les conséquences idéologiques et programmatiques.

En fait, la victoire inattendue (par son ampleur) de

mai-juin 1981 pousse pour une part les socialistes à appliquer un programme de changement radical, qui tranche par rapport au réformisme prudent des partis socialistes européens (y compris de celui des socialistes espagnols, qui accèdent au pouvoir à la même époque) : nationalisations massives, hausse des bas salaires, relance keynésienne de l'économie. Mais ces mesures ne doivent pas faire oublier les renonciations effectuées d'entrée : pas de remise en cause des institutions (après des années de révisionnisme constitutionnel) ou de la haute fonction publique (celle-ci s'est, il est vrai, installée aux sommets du PS), abandon de l'autogestion et mise en sommeil du plan (Michel Rocard y sera exilé en 1981). C'est en fait un capitalisme d'État qui est mis en œuvre en 1981 et qui va subir le contrecoup des plans de rigueur successifs (1982, 1983, 1984). Dès juin 1982 débute la « parenthèse » des réformes et dès 1984 (arrivée à Matignon de Laurent Fabius au moment où les communistes quittent le gouvernement) les tentatives d'ajustement doctrinal (qui traversent tous les courants) au nom de la « modernisation ».

La nouvelle politique économique et financière, qui accorde la priorité aux grands équilibres plutôt qu'à l'emploi, au marché plutôt qu'au dirigisme, met à bas les croyances des années soixante-dix sur la rupture avec le capitalisme, qui sont définitivement obsolètes. Le ralliement de la droite aux thèses libérales conservatrices de Ronald Reagan et Margaret Thatcher, l'apparition de l'extrême droite populiste du Front national permettent au PS de tenir un discours de gauche « minimal », mais celui-ci ne peut masquer le vide culturel qui est désormais celui de la gauche socialiste. En 1988, François Mitterrand se représente avec un « programme » qui n'a plus rien de commun avec les cent dix propositions de 1981 et qui en appelle au rassemblement national sur des valeurs consensuelles. En décembre 1991, les socialistes abandonnent le projet socialiste marxisant de 1980 (sorti de la plume de Jean-Pierre Chevènement) pour un nouveau projet, qui fait surtout table rase des anciennes croyances et que relaiera en juillet 1992 un nouveau programme ultra réformiste, dont les seules nouveautés seront les ouvertures en direction des revendications écologistes.

B. Un parti fragile

1. L'électorat

Les doubles victoires de 1981 et 1988 ne doivent pas abuser. Largement dépendantes du succès personnel de François Mitterrand (en 1988) notamment, elles ne peuvent masquer la faiblesse structurelle du PS. Celui-ci s'est révélé, depuis 1981, incapable de stabiliser son influence électorale. Dès 1982, son électorat s'est amenuisé progressivement pour atteindre un palier de 20 % aux élections européennes de 1984. Remonté à 32 % aux élections législatives de 1986 grâce à l'intervention personnelle de François Mitterrand et conservant ce niveau (34 %) aux législatives anticipées de 1988, le PS a de nouveau régressé rapidement ensuite, pour chuter à 18 % aux élections locales de 1992. Ces variations en dents de scie traduisent

TABLEAU 2

Composition de l'électorat socialiste

Profession	1962	1978	1986	1988
Agriculteurs..........................	17	5	2	2
Patrons de l'industrie et du commerce...............	6	3	3	4
Cadres supérieurs, professions libérales........		4	10	5
Professions intermédiaires, employés..........................	18	25	27	27
Ouvriers...............................	27	21	14	15
Inactifs, retraités................	32	42	44	47

Sources : IFOP, 1962 ; SOFRES, 1978 ; BVA, 1986 ; SOFRES, 1988.

aussi l'incapacité du PS à séduire l'électorat de gauche aussi efficacement que François Mitterrand. Enfin et surtout, les années de pouvoir auront vu l'hémorragie des votes populaires compensée en faible partie par l'accroissement de la clientèle issue des couches supérieures du salariat.

2. *Le parti*

Cette fragilité électorale se retrouve au niveau de l'organisation. A la veille d'accéder à la présidence de la République, François Mitterrand avait laissé le parti, sur lequel il continuera de veiller tout au long du premier septennat, à ses fidèles, rassemblés autour de Lionel Jospin, nouveau premier secrétaire. En fait, la domination du PS sur le gouvernement et l'Assemblée est telle en 1981 que les débats qui traversent le parti se répercutent immédiatement dans les institutions. L'absence d'expérience gouvernementale de la plupart des ministres et d'expérience parlementaire de la plupart des députés explique le maximalisme verbal des premières années. Le congrès de Valence, qui suit la double victoire, est un appel au *spoils system* au profit des vainqueurs, qui peuplent les instances du pouvoir (cabinets, secteur public).

La plupart des cadres du PS ayant gagné les sommets de l'État ou le Parlement, le parti va vite tomber en léthargie. Appliquant la doctrine du « domaine réservé » chère aux « partis du président » depuis de Gaulle, le PS clôt tout débat sur les questions de défense et de diplomatie. Ce silence gagne même les autres chapitres de l'action gouvernementale puisque le tournant de 1982-1983, contesté par le CERES au congrès de Bourg-en-Bresse d'octobre 1983, ne sera plus discuté avec l'entrée de tous les chefs de courant dans le gouvernement Fabius. Désormais, plus aucun débat de fond ne secouera le PS, si l'on excepte la révolte très minoritaire de la gauche du parti contre la guerre du Golfe durant l'hiver 1990-1991 ou des chevènementistes contre le traité de Maastricht en 1992.

L'abandon du discours des années soixante-dix met en

crise les courants les plus idéologisés et redimensionne la gauche du parti, notamment l'ex-CERES (rebaptisé en 1984 Socialisme et République), abandonné par ses notables, tandis que les différents courants modérés dominent le parti (notamment les courants Rocard et Fabius).

Si débat il y a, et sous des formes particulièrement âpres, c'est sur de purs enjeux de pouvoir : la direction du parti, qui commande elle-même l'investiture pour l'élection présidentielle. Cette fois, c'est au sein du courant mitterrandiste que le conflit éclate et prend la forme d'une guerre de succession entre dauphins. La querelle Jospin (chef du parti) – Fabius (chef du gouvernement) sur la direction de la campagne électorale des législatives de 1986 est le premier acte d'une rupture qui va s'accomplir à la veille du second septennat, lorsque Lionel Jospin démissionne de la direction du PS. Alors que François Mitterrand appuie la candidature de Laurent Fabius pour lui succéder, les jospinistes font élire Pierre Mauroy. Cette élection, qui crée un fossé entre le président et son parti, va durer près de quatre ans, le conflit prenant un tour aigu au congrès de Rennes (mars 1990), où François Mitterrand bloque une majorité antifabiusienne, qui aurait fait la part trop belle à Michel Rocard, et paralyse le fonctionnement du parti. Il faudra attendre janvier 1992 pour que les coalisés anti-Fabius renoncent et acceptent que celui-ci accède à la direction du parti en échange d'un soutien présidentiel à Michel Rocard.

Dépourvu de références de substitution à celles des années d'opposition, dégarni de ses cadres passés dans les sommets de l'État et de ses dépendances, le PS a subi de surcroît l'effet dévastateur des « affaires » à partir de 1987. Celles-ci sont le résultat d'un double phénomène :

– d'une part l'impossibilité de financer des campagnes électorales rapprochées, au coût toujours plus exorbitant, par les maigres ressources du parti : le recours aux pots-de-vin et fausses factures, planifié et centralisé par la trésorerie parallèle du PS, sera dévoilé lors des différentes affaires (URBA, SAGES), qui mettent en cause de nombreux élus.

– d'autre part le développement de la corruption, liée

aux facilités d'un pouvoir exercé sans partage : délits d'initiés dans les cercles proches de l'exécutif (affaires Pechiney et Société générale en 1989), corruption d'élus (affaire Boucheron).

C. Un parti en crise

Dans de telles conditions et compte tenu du mécontentement généré par la crise économique, la défaite prévisible du PS aux élections législatives de mars 1993 a pris l'allure d'une déroute, le score très faible des socialistes (19,2 %) étant amplifié par celui global de la gauche (30 %) et l'absence d'alliances (si l'on excepte le désistement réciproque avec le PCF).

La réduction des trois quarts de la représentation parlementaire et l'échec de nombreux ténors (Michel Rocard, Lionel Jospin et la moitié du gouvernement) ne pouvaient, au terme d'une campagne qui avait illustré la division du parti et son usure, que relancer la guerre des clans.

La fin du cycle mitterrandien, commencée au niveau électoral, a été parachevée le 3 avril avec le renversement par le comité directeur du PS de la direction fabiusienne. Une coalition composée des courants Jospin et Rocard ainsi que de la gauche socialiste de Julien Dray a constitué une direction provisoire présidée par M. Rocard avec pour mission de refonder le mouvement socialiste et de le remettre en ordre de bataille pour l'élection présidentielle de 1995.

Décimé par la perte de nombreux bastions électoraux, paralysé par la violence des luttes de tendances et des rivalités, incertain sur la nature de son programme et de ses alliances, le Parti socialiste se retrouve dans la situation qui lui est familière chaque fois que s'achève le cycle d'une génération et d'un leadership.

HUGUES PORTELLI,
professeur à l'université Paris-II

*

CHRONOLOGIE

23-25 avril 1905	Unité des socialistes. Congrès constitutif de la Section française de l'Internationale ouvrière.
25-29 décembre 1920	Congrès de Tours de la SFIO. La majorité adhère à la IIIe Internationale et constitue le Parti communiste.
29 août-1er septembre 1946	XXXVIIIe congrès de la SFIO : défaite de Léon Blum. Guy Mollet secrétaire général.
11-14 septembre 1958	Le Congrès de la SFIO approuve la Constitution de la Ve République : scission de l'aile gauche, qui constitue le Parti socialiste autonome.
3 avril 1960	Congrès constitutif du Parti socialiste unifié.
Juin 1964	Constitution de la Convention des institutions républicaines de François Mitterrand.
10 septembre 1965	Constitution de la Fédération de la gauche démocrate et socialiste.
4 mai 1969	La SFIO se transforme en Parti socialiste. Gaston Defferre est candidat à l'élection présidentielle.
1er juin 1969	Gaston Defferre obtient 5,01 % des suffrages au premier tour de l'élection présidentielle.
11-13 juillet 1969	Congrès d'Issy-les-Moulineaux du PS : Alain Savary premier secrétaire.
11-13 juin 1971	Congrès d'Épinay-sur-Seine du PS : François Mitterrand premier secrétaire.
27 juin 1972	Signature du programme commun de la gauche entre le PS et le PCF.
19 mai 1974	François Mitterrand obtient 49,19 % des suffrages au second tour de l'élection présidentielle.

12 octobre 1974	Assises du socialisme : retour de Michel Rocard.
14 septembre 1977	Rupture des négociations PS-PCF sur l'actualisation du programme commun.
10 mai 1981	François Mitterrand est élu président de la République, avec 51,76 % des suffrages au second tour.
16 mars 1986	Le PS perd les élections législatives.
18 février 1988	Lionel Jospin abandonne la direction du PS.
8 mai 1988	Réélection de François Mitterrand, avec 54 % des suffrages au second tour.
16 mai 1988	Pierre Mauroy est préféré à Laurent Fabius pour la direction du PS.
16-19 mars 1990	Congrès de Rennes du PS : éclatement du courant mitterrandiste. Le PS n'a pas de majorité.
13-15 décembre 1991	Congrès idéologique de la Défense : abandon de la doctrine traditionnelle.
7 janvier 1992	Laurent Fabius remplace Pierre Mauroy à la tête du PS.
10-13 juillet 1992	Congrès de Bordeaux du PS : adoption du nouveau programme du parti.
21-28 mars 1993	Effondrement du PS aux élections législatives (19,24 % au premier tour).
3 avril 1993	Renversement de la direction du PS par le comité directeur. Michel Rocard président d'une direction collective provisoire.

*

BIBLIOGRAPHIE

Alain Bergounioux, Gérard Grunberg, *Le Long Remords du pouvoir*, Fayard, 1992.

Monique Dagnaud, Dominique Mehl, *L'Élite rose*, Ramsay, 1988.

J. Kergoa, *Le Parti socialiste*, Le Sycomore, 1983.

Jean-François Kessler, *De la gauche dissidente au nouveau Parti socialiste*, Privat, 1990.

Annie Philippe, Daniel Hubscher, *Enquête à l'intérieur du Parti socialiste*, Albin Michel, 1991.

Hugues Portelli, *Le Socialisme français tel qu'il est*, PUF, 1980.

–, *Le Parti socialiste*, Montchrestien, 1992.

Henri Rey, Françoise Subileau, *Les Militants socialistes à l'épreuve du pouvoir*, Presses de la FNSP, 1991.

Le Parti communiste français

A première vue, il y a une forte ressemblance entre l'année 1958, date inaugurale du régime de la Ve République, et l'année 1992 : l'une et l'autre sont marquées par un déclin spectaculaire de l'influence du Parti communiste français. Il serait pourtant indécent de conclure à un simple rebondissement de l'Histoire. En 1958, il s'agit d'un déclin de caractère ponctuel qui a été considérablement amplifié par la dynamique majoritaire et qui n'entame pas de manière significative les fondements de l'hégémonie communiste sur l'ensemble du mouvement ouvrier. En 1992, il s'agit d'un déclin de caractère structurel qui n'affecte plus seulement le potentiel électoral du PCF, mais l'atteint désormais dans son identité et à terme dans son existence. En l'espace de trente ans, celui qui, en 1958, était encore le « premier parti de France » et, sans contestation possible, le « premier parti de gauche », semble revenu au statut groupusculaire qui était encore le sien dans les années trente.

La concentration du déclin communiste au cours d'une même période et à l'intérieur d'un espace politique et institutionnel spécifique, celui de la Ve République, suggère immédiatement une corrélation forte entre les deux phénomènes. N'est-il pas tentant, en effet, d'en imputer prioritairement les causes aux nouvelles règles du jeu politique initiées par le régime de la Ve République et étendues avec succès à tous les aspects de la société politique ? Il convient, pourtant, de résister à l'attrait d'une telle interprétation. D'abord, parce que la simultanéité des situations n'induit jamais leur interdépendance obligée. Il serait bien imprudent d'attribuer à des facteurs exclusivement politiques et institutionnels une décadence qui puise dans des raisons beaucoup plus profondes. Ensuite, parce que le phénomène communiste en France était, beaucoup plus qu'une simple entreprise politique, un groupement social, une « contre-société » singulière, pour reprendre l'expression chère à Annie Kriegel, et qu'à ce titre il tirait sa force et son étrangeté de déterminations partiellement extérieures au seul champ politique. Les règles et les mécanismes imaginés par les fondateurs de la Vᵉ République ont certainement pesé dans la déconfiture progressive du communisme français. Ils n'ont fait, cependant, que précipiter un ensemble de tendances dont le ressort doit être avant tout recherché dans l'obsolescence du projet communiste et la décomposition progressive du mouvement ouvrier traditionnel.

I. La désarticulation progressive des dispositifs fondateurs de l'identité communiste

Il n'est pas question de retracer dans le détail les différentes étapes qui ont conduit la formation exaltée et composite issue des flancs du socialisme français en 1920 à devenir au fil des ans une puissante organisation de masse, liée organiquement et idéologiquement à l'Union soviétique et occupant au sein de la société française une position longtemps jugée indéracinable. Il semble bien, cependant, que le succès incontestable de l'entreprise communiste en France résulte de l'entrecroisement progressif de deux facteurs décisifs : d'une part l'affirmation d'un projet révolutionnaire portant en lui l'espérance d'une société nouvelle libérée de l'oppression, d'autre part l'ancrage réussi au sein d'une classe ouvrière dont le poids sociologique est alors à la mesure de l'industrialisation progressive de la société.

Il convient, cependant, d'ajouter que si l'élément « sociétal » est inséparable de l'élément « téléologique », l'alliance remarquable de ces deux éléments fournissant assurément le principal ressort de la réussite communiste, il dispose néanmoins d'une certaine prééminence explicative. La capacité du PCF à s'imposer peu à peu comme le principal défenseur et organisateur de la classe ouvrière française explique au premier chef la transformation de ce parti en une grande organisation de masse. D'autres partis communistes sont nés en Europe à la même époque, qui se prévalaient d'un messianisme similaire et qui n'en ont pas moins jamais réussi leur insertion dans la société d'accueil, y demeurant, en effet, des groupes marginaux.

On peut dire que le communisme est vraiment entré dans une « époque critique » du jour où le référent soviétique a cessé de fonctionner à l'avantage du parti et où les positions dominantes qu'il occupait au sein de la société ont été peu à peu entamées par les mutations économiques, sociologiques et culturelles caractéristiques de l'après-guerre. Si les prodromes de cette situation sont déjà perceptibles sous la IVe République, il est certain qu'ils ont pleinement mûri dans le cadre de la Ve.

A. L'éclatement du référent soviétique

On se méprend souvent sur la signification effective du lien qui s'était établi entre le PCF et l'Union soviétique. D'un côté, le PCF n'a jamais été une simple excroissance du PCUS, dont il se serait contenté de copier l'ethos, le verbe et le style. S'il s'est à ce point révélé capable de s'enraciner dans le terreau national, c'est qu'il a su s'assimiler en partie ses formes et ses traditions. Mais, en même temps, la référence à l'Union soviétique n'est pas une donnée simplement exogène, une sorte de pièce rapportée qui se contenterait d'imprimer une certaine originalité à une entreprise essentiellement nationale. Elle a, d'emblée, constitué un élément fondateur de l'identité communiste, lui fournissant ses assises idéologiques, ses ressorts mythiques et, pour partie, ses orientations stratégiques. De ce point de vue, l'involution qui frappe peu à peu le monde communiste après la mort de Staline jusqu'à l'effondrement récent ne pouvait que réagir sur le sort d'un parti dont le destin était, dès l'origine, consubstantiellement lié à celui du « camp socialiste ».

Il faut attendre la mort de Maurice Thorez, en 1964, et son remplacement au poste de secrétaire général par Waldeck-Rochet pour que la direction du PCF consente, enfin, à examiner de manière moins mimétique son rapport à l'URSS. De 1932 à 1964, en effet, et c'est là la clef majeure du « thorézisme », il n'y a pas, il ne saurait y avoir de contradiction entre les attaches internationales et les intérêts nationaux du PCF. Lorsque les uns et les autres coïncident étroitement, comme durant la guerre et la Libération, le parti est à son zénith, cumulant à plein les dividendes de son implantation nationale et de son insertion dans le mouvement communiste international. Lorsque les uns et les autres entrent manifestement en conflit – la conclusion du Pacte germano-soviétique en 1939, la guerre froide à partir de 1950 – il convient de nier l'existence même de cette contrariété et d'assurer immédiatement la prééminence de la « solidarité internationaliste » sur l'« insertion nationale ». L'« attachement indéfectible à l'Union soviétique » est une norme qui n'est pas négociable et qui ne saurait être soupçonnée par quiconque. Waldeck-Rochet sera surnommé le « Jean XXIII » du communisme français. L'analogie suggérée avec la religion n'est pas artificielle. Le PCF cesse à partir de cette époque d'être la « fille aînée de l'Église communiste ». Dirigé jusqu'alors par des ultramontains, il s'ouvre peu à peu au gallicanisme.

A partir de 1968, les nouveaux dirigeants du PCF sont dans l'obligation de gérer une référence internationaliste qui, auparavant, tenait lieu d'article de foi. Il est de plus en plus patent, effectivement, que les effets plutôt vertueux que produisait jusqu'alors l'implication dans le « système socialiste mondial » se transforment en handicaps, en boulets menaçant l'image de marque et par conséquent le développement du PCF. La référence à l'URSS fournissait un modèle prestigieux de construction du socialisme. Des hommes et des femmes d'une trempe exceptionnelle apportaient la preuve qu'il était possible d'édifier une société de liberté et de justice sur les décombres du féodalisme et que le capitalisme libéral bourgeois ne constituait pas, par conséquent, l'horizon ultime de l'humanité. De là le soin et l'obstination avec lesquels les directions successives du parti détaillaient et glorifiaient les « réalisations grandioses du socialisme ». Or comment maintenir sans encombre une telle référence dès lors que l'économie patine, que la bureaucratie prolifère et que les atteintes aux droits de l'homme se multiplient ? Comment, surtout, redonner sens à une stratégie nationale de conquête du pouvoir et de construction du socialisme si ce dernier est toujours davantage identifié au « communisme de caserne », à la « grisaille bureaucratique » ou encore au « règne de l'irresponsabilité » ? La direction du PCF s'oriente, par conséquent, vers une stratégie plus subtile, qui s'efforce de marier la fidélité aux acquis du socialisme et la prise de distance critique, tant à l'égard des intérêts spécifiques de l'Union soviétique – « la politique du parti se décide à Paris et non à Moscou » – qu'à l'endroit de ses errements et de ses turpitudes – condamnation prudente de l'intervention soviétique en Tchécoslovaquie en 1968, condamnation plus ferme des arrestations et des procès d'intellectuels dissidents. L'Union soviétique demeure un référent positif – c'est la thèse du « bilan globalement positif » – mais la voie française au socialisme – le « socialisme aux couleurs de la France » cher à Georges Marchais – empruntera des chemins et des formes spécifiques et ne sera donc point le simple décalque d'un hypothétique modèle.

L'éclatement brutal du système communiste à partir des années 1987-1990 sape une fois pour toutes ce cordon ombilical qui rattachait toujours le communisme français à la mère-patrie du socialisme. En Hongrie et en Union soviétique, c'est de l'intérieur même de la citadelle, en d'autres termes des sommets de l'appareil bureaucratique, qu'émergent les forces politiques et sociales déterminées à accélérer la sortie du communisme bureaucratique. Même si d'une démocratie populaire à l'autre les chemins sont souvent très contrastés, la passion nationalitaire dévoyant çà et là la tendance principale, celle-ci reste à la reconstruction d'une société où domineraient les principes du pluralisme dans l'ordre de la démocratie et les règles de l'économie de marché dans l'ordre de l'économie. Cette révolution souvent pacifique prive le PCF d'un argument majeur : le communisme ne peut plus être considéré comme une alternative sérieuse et viable au régime démocratique de type occidental. Elle ne l'atteint pas seulement dans ses amitiés internationales, mais dans sa substance, dans son être même.

B. La décomposition du référent ouvrier

Là gît vraisemblablement le ressort le plus efficace de la décrépitude contemporaine du communisme français. Après tout, les succès remportés par le PCI autour de 1976 – l'eurocommunisme – démontraient qu'un processus de distanciation raisonné et mesuré à l'endroit de l'Union soviétique n'était nullement préjudiciable au développement d'un parti communiste dans la partie occidentale de l'Europe. En revanche, l'érosion progressive des bases sociales et culturelles de l'hégémonie communiste ne pouvait que frapper durement le parti, l'atteignant non seulement dans son identité, mais plus encore dans son enracinement et sa quotidienneté.

Il ne faut pas oublier, en effet, que le PCF a su mettre à profit le caractère principalement parlementaire, municipal et notabiliaire de la SFIO pour réaliser en France ce que la social-démocratie réussissait dans la plupart des autres pays européens : la constitution d'un puissant parti ouvrier. Utilisant avec bonheur les distinctions établies par Louis Dumont entre « holisme » et « individualisme », Stéphane Courtois montre bien comment le PCF a progressivement construit son identité autour d'une dimension « sociétale », et pas seulement « électorale ». Dans une première période (1924-1934), il est parvenu à se greffer sur un certain nombre de communautés sociales préexistantes et traditionnellement radicalisées ; les métayers du Lot, les paysans déchristianisés du Gard, les mineurs du Valenciennois, les métallos et les typos parisiens, etc. Dans une seconde période (1936-1956), il a su mettre à profit le développement rapide de la grande industrie et les tendances à la mécanisation des tâches pour recréer de nouvelles sociabilités, dans le cadre de l'usine, de l'atelier, mais aussi *via* les conquêtes syndicales et municipales, dans le cadre de la ville, de la banlieue, de la cité HLM. Il s'est produit ainsi une territorialisation durable d'un phénomène dont l'envergure n'était plus seulement d'ordre idéologique ou stratégique.

Là encore, si la Ve République n'a nullement « produit » les tendances qui allaient peu à peu désarticuler ce second dispositif identitaire, elle a été assurément le théâtre privilégié de leur amplification. Il serait excessif d'analyser le déclin du PCF comme le reflet légèrement décalé du déclin de la classe ouvrière. Il existe, cependant, un rapport étroit entre son accroissement à partir des années soixante-dix-quatre-vingt et l'éclatement progressif de tous ces « écosystèmes » professionnels et territoriaux qui étaient au principe de sa puissance sociale. D'une part, la « classe ouvrière » est atteinte dans son homogénéité. En liaison avec l'intellectualisation des tâches et l'extension de la fonction publique, de nouvelles couches salariées émergent – la « nouvelle classe ouvrière » chère à Serge Mallet –, qui entretiennent un rapport différent à l'égard de l'activité productive et n'identifient pas leurs intérêts à ceux de la « classe ouvrière ». Simultanément, la modernisation de l'industrie et la concurrence internationale impliquent les secteurs d'activité traditionnels dans des opérations massives de restructuration et reconversion. On assiste ainsi au démantèlement de corporations professionnelles entières, qui étaient précisément les pépinières de l'influence communiste en milieu ouvrier : mineurs du Nord, sidérurgistes lorrains, ouvriers des chantiers navals, etc. D'autre part, l'entrée de la société française dans une phase d'abondance relative tend à estomper les contours de l'exploitation et à affaiblir les fondements de la solidarité ouvrière. La classe ouvrière n'apparaît plus comme la « négation vivante » de la bourgeoisie. Elle n'a plus que ses

TABLEAU 1

Composition de l'électorat communiste
(d'après des données d'enquêtes)

	1952[a] (IFOP)	1967[b] (IFOP)	1978[a] (SOFRES)	L. 1981[a] (SOFRES)
Sexe				
Homme....................	61	57	54	52
Femme....................	39	43	46	48
Age				
Moins de 25 ans	42	38	16 42	14 35
25 à 34 ans			26	21
35 à 49 ans	35	27	24	26
50 à 64 ans	19	21	21	26
65 ans et plus...........	4	14	13	13
Catégorie socio-prof.[c]				
Agriculteurs.............	13	9	4	2
Industriels et commerçants[d]......	9 8	6 8	4 8	4 9
Cadres sup., prof. libérales[e]		2	4	5
Employés, cadres moyens[f]	13	15	19	22
Ouvriers..................	38	49	49	40
Inactifs, retraités......	27	19	20	27

a. Sondage post-électoral.

b. Sondage sur les intentions de vote.

c. En 1952 : catégorie de la personne interrogée ; en 1967, 1978 et 1981 : catégorie du chef de famille.

d. En 1967 : industriels et commerçants ; en 1978 et 1981 : petits commerçants et artisans.

e. En 1967 : cadres supérieurs et professions libérales ; en 1978 et 1981 : cadres supérieurs, professions libérales, industriels et gros commerçants.

f. En 1952 : employés, fonctionnaires, cadres moyens.

SOURCE : A. Lancelot, *Les Élections de l'alternance,* Presses de la FNSP, 1986.

chaînes à perdre, accédant à son tour aux biens et emblèmes distinctifs de la société de consommation : automobiles, télévisions, réfrigérateurs, pavillons individuels, etc. Elle bénéficie de tout un ensemble de législations sociales qui la prémunissent contre les formes multiples d'insécurité et rendent ainsi beaucoup plus problématique l'aspiration à « un changement de société ». De manière plus générale, l'entrée des sociétés occidentales dans une sorte de postmodernité entame en profondeur toutes ces sociabilités dans lesquelles plongeait la permanence communiste. Une nouvelle forme de civilisation se met en place, qui tend à valoriser l'individualité, à suggérer des stratégies plus personnelles, à pousser l'individu à soigner davantage ses apparences, et qui, de ce fait, dévalorise au moins partiellement les projets et les formes d'organisation collective.

II. L'effet désagrégateur des restructurations internes au champ politique

Les raisons sociales jouent d'autant mieux qu'elles finissent par être médiatisées et activées par des raisons de caractère politique et institutionnel. De ce point de vue, l'irruption à partir de 1958 d'un nouveau type de configuration politique n'a fait que redoubler les tendances de fond qui contribuaient à l'estompement de l'influence communiste.

A. La logique moniste des institutions de la Ve République

Le PCF s'est d'emblée opposé à la Ve République, n'hésitant pas, au départ, à l'analyser comme « un régime portant en lui menace du fascisme » et à considérer le général de Gaulle, malgré ses antécédents républicains, comme l'artisan d'un pronunciamiento. Cependant, au-delà de la soudaineté de la conjoncture, les dirigeants communistes pressentirent vite que le renforcement considérable des pouvoirs du président de la République, ainsi que la mise au pas des assemblées parlementaires les priveraient des « ressources » que leur procurait depuis 1945 l'existence d'un parlement omnipotent et d'un gouvernement faible. Le PCF s'accommodait bien, en effet, des institutions de la IVe République. Par l'entremise de son groupe parlementaire et par la grâce du régime d'assemblée, il lui était conjoncturellement loisible de peser sur certaines décisions de fond, voire de conserver une faculté d'empêchement, comme on a pu le constater à l'occasion du débat sur la CED. Cette hostilité finira par s'estomper, le PCF renonçant à son mot d'ordre initial d'Assemblée constituante et acceptant peu à peu le nouveau cadre institutionnel. Il s'y résignera plus qu'il ne s'y ralliera, érigeant, en particulier, l'abrogation des dispositions jugées les plus présidentialistes de la Constitution.

En revanche, il faut attendre beaucoup plus longtemps, à savoir le recul historique du PCF à l'occasion des élections présidentielle et législatives de 1981, pour voir la direction du PCF examiner enfin les incidences négatives des institutions sur sa propre personne et son propre fonctionnement. Au cours du comité central du 28 juin, Georges Marchais avoue d'emblée un « sérieux revers » et tente d'en isoler les causes, impliquant de manière tout à fait inédite l'insuffisante maîtrise des problèmes institutionnels par la direction du parti. Il s'agit, tout d'abord, d'une mutation sémantique. Le secrétaire général n'hésite pas à puiser dans le répertoire classique du constitutionnalisme moderne : « fait présidentiel », « logique des institutions », « vote utile », etc. Il s'agit surtout d'une mutation explicative. La direction du PCF prend publiquement conscience des effets pervers des institutions de la Ve République. Il faut reconnaître, à cet égard, qu'elle se livre à une description très réaliste.

De manière générale, la construction progressive en France, entre 1958 et 1968, d'un État fort centré autour d'une présidence active et, au départ, partiellement charismatique, et associé à l'institutionnalisation du « fait majoritaire » n'a pas que peu contribué à l'isolement du PCF. Celui-ci est à nouveau renvoyé aux marges tribunitiennes du système et il ne peut plus espérer peser sur ce dernier par l'intermédiaire des assemblées parlementaires. Le trinôme constitué par un président-monarque, un gouvernement dépendant et une majorité parlementaire aux ordres aboutit nécessairement à la neutralisation et à la mise hors jeu de l'opposition... au moins tant que celle-ci demeure divisée. Plus concrètement, la présidentialisation de plus en plus accentuée du régime se révèle particulièrement défavorable au PCF. Non point que celui-ci soit par nature victime du principe même de l'élection présidentielle : le score remarquable réalisé par Jacques Duclos en 1969 montre qu'il n'en est rien. Il est certain, cependant, que la radicalité propre au phénomène communiste, si elle n'est pas nécessairement un obstacle au premier tour de l'élection présidentielle, le devient nécessairement au second tour, lorsqu'il s'agit de ratisser large et de réunir des concours extérieurs à l'électorat du parti. Même lorsqu'il demeurait une force de premier plan, le PCF ne nourrissait sans doute aucune illusion sur sa capacité à remporter une élection présidentielle. Il reste, cependant, significatif du revirement communiste qu'il prenne soin aux lendemains de 1981 d'affirmer qu'il y aura désormais un candidat du parti à chaque élection présidentielle, démontrant par là même que la reconnaissance de la « prééminence présidentielle » n'est plus une vaine parole.

Un troisième facteur a joué en défaveur du parti : l'introduction en 1958 du scrutin majoritaire à deux tours. Au cours du comité central de juin 1981, Georges Marchais dépeint avec minutie « le mécanisme institutionnel qui pousse à une marginalisation de toutes les forces politiques qui n'apparaissent pas comme les mieux placées pour figurer au second tour de cette élection ». La nécessité, pour le ou les candidats demeurant en lice au second tour, de recueillir les voix s'étant portées au premier tour sur les candidats politiques les plus proches tend à développer à l'occasion de ce premier tour l'attrait du « vote utile ». Autrement dit, on vote, dès le premier tour, pour le candidat de gauche qui semble le mieux placé pour battre au second le candidat de droite. A ce jeu de plus en plus tactique le PCF perdra vite, surtout lorsque le Parti socialiste administrera la preuve qu'il était le mieux placé pour conduire à son terme l'espérance de changement partagée par le « peuple de gauche ».

B. La logique autodestructrice de l'union de la gauche

Le système politique de la Ve République n'aurait pas été aussi pénalisant à l'endroit du communisme français si à la logique excluante du nouveau mécanisme institutionnel n'était venue s'ajouter à partir de 1965 la logique autodestructrice de la stratégie d'union de la gauche avec le Parti socialiste. Il faut se souvenir, en effet, que l'institutionnalisation du fait majoritaire, après avoir rapporté de précieux dividendes au parti dominant des débuts de la Ve République, à savoir le mouvement gaulliste, se retourne peu à peu contre lui à partir de 1963-1964. Elle stimule, en effet, une bipolarisation de plus en plus accentuée de la vie politique, marginalisant les forces centristes susceptibles de faire tampon entre la droite et la gauche, exacerbant le vieil antagonisme droite/gauche, etc., finissant par contraindre les fractions clairsemées et rivales de la gauche française à se rapprocher si elles ne veulent pas rester éternellement hors du jeu. Le gaullisme sûr et dominateur a involontairement sécrété la future union de la gauche.

Paradoxalement, le PCF a été le principal artisan de son propre déclin, prenant lui-même dès 1964 l'initiative d'une relance unitaire qui se révélera fort coûteuse politiquement et électoralement. En effet, au lendemain de la mort de Maurice Thorez, en 1964, la direction du parti, sous l'influence de son nouveau secrétaire général, Waldeck-Rochet, délaisse la facilité « tribunitienne » pour tenter à nouveau l'aventure « consulaire ». Il s'agit de réamorcer une stratégie positive de conquête du pouvoir, et, à ce titre, le nouveau secrétaire du parti réactive la seule tactique que ce dernier connaît pour y parvenir, celle de l'alliance au sommet avec le Parti socialiste. Contrairement aux apparences, ce réalignement unitaire n'est pas la simple réplique des alliances frontistes expérimentées en 1936, au moment du Front populaire, et en 1945, à la faveur de la Libération. D'une part, l'objectif d'un programme commun de gouvernement est inédit. Pour la première fois de son histoire, le PCF envisage un partage durable du pouvoir d'État entre les seuls communistes et les seuls socialistes, en vue de construire pacifiquement et progressivement une société socialiste en France. Surtout, à la différence de 1936 et de 1945, la nouvelle direction du parti consent à gager sa candidature au pouvoir sur des réformes significatives qui, sans l'arracher totalement à son ascendance stalinienne, l'impliquent malgré tout dans une perspective de social-démocratisation. La réprobation émise à la suite de l'intervention soviétique en Tchécoslovaquie en 1968, puis la dénonciation assez ferme des atteintes aux droits de l'homme en URSS illustrent la volonté très neuve de distanciation à l'égard du socialisme de type soviétique. Surtout, ceux qu'André Laurens nomme un peu imprudemment les « nouveaux communistes » s'emploient à « toiletter » l'image et la doctrine d'un parti qui, sous la conduite de Georges Marchais, revendique clairement sa volonté de bâtir un « socialisme aux couleurs de la France ». C'est entre 1965, date à laquelle le PCF décide à la surprise générale de soutenir dès le premier tour la candidature de François Mitterrand à la première élection présidentielle au suffrage universel, et 1977, date de la rupture de l'union de la gauche, que le PCF accomplit ses principales inflexions : renonçant à l'encombrant concept de dictature du prolétariat, intégrant l'acquis démocratique et pluraliste à sa définition du socialisme, établissant en son propre sein un climat inédit de discussion et de critique.

Le « malheur » a voulu que cette démarche de réinsertion dans le système politique soit parasitée très rapidement par deux sortes de phénomènes. D'une part, le mouvement de mai et juin 1968, en réactualisant les « luttes de classes » et en recréant un espace inattendu pour des groupements et des rhétoriques révolutionnaires, oblige le

Tableau 2

Le PCF et les élections législatives
sous la Ve République

Date	Suffrages	% par rapport aux exprimés	% gauche non comm.
23 novembre 1958	3 870 184	18,89	26,34
18 novembre 1962	4 010 463	21,87	21,87
5 mars 1967	5 026 167	22,45	20,50
23 juin 1968	4 423 648	19,97	21,11
4 mars 1973	5 085 356	21,41	24,43
12 mars 1978	5 791 726	20,61	29,58
14 juin 1981	4 033 418	16,25	39,32
16 mars 1986	2 663 259	9,69	32,08
5 juin 1988	2 765 761	11,32	34,76

Rappel pour les élections présidentielles :

5 et 19 décembre 1965	pas de candidat communiste
1er et 15 juin 1969	Jacques Duclos ; 4 779 539 voix ; 21,52 % des suffrages exprimés.
5 et 19 mai 1974	pas de candidat communiste
26 avril et 10 mai 1981	Georges Marchais ; 4 412 949 voix ; 15,48 % des suffrages exprimés.
24 avril et 8 mai 1988	André Lajoinie ; 2 055 995 voix ; 6,76 % des suffrages exprimés.

SOURCES : Alain Lancelot, *Les Élections sous la Ve République*, PUF, 1983 ; Robert Ponceyri, *Les Élections sous la Ve République*, Privat, 1989 ; *Le Monde*, « Dossiers et documents » (nos spéciaux élections).

parti à « gauchir » son discours et à interrompre provisoirement sa stratégie unitaire. Surtout, lorsque, à partir de 1971, celle-ci est à nouveau remise sur les rails, elle est rapidement court-circuitée par le redressement spectaculaire du Parti socialiste. Tel est, en effet, le grand élément perturbateur de la stratégie communiste : contrairement à 1936 et 1945, c'est le grand rival social-démocrate qui perçoit les dividendes de l'union. Entre-temps, en effet, le PS s'est réunifié et modernisé sous l'égide de François Mitterrand. Celui-ci ne cache pas sa volonté de « refaire un grand Parti socialiste » sur le terrain occupé par le PC, mais subordonne cette perspective à long terme à une union programmatique avec lui. Surtout, un nombre croissant d'électeurs de gauche et d'extrême gauche, préférant le réformisme sincère du PS au réformisme emprunté du PCF, font de plus en plus confiance au premier pour personnifier et conduire jusqu'à son terme une volonté de changement de plus en plus partagée.

A partir de 1974, le PCF se prend dans une sorte de nasse, de laquelle aucune tactique ne parvient à l'extraire. Entre 1974 et 1978, les élections tant présidentielle que législatives démontrent une forte poussée du PS et, surtout, un départ durable d'une fraction significative de l'électorat communiste vers les socialistes. Entre 1977 et 1981, la stratégie de rupture de l'union de la gauche et de réalignement sur des positions intransigeantes, loin d'inverser la tendance, en approfondit encore davantage les contours. A l'issue de l'élection présidentielle de 1981, malgré la campagne active de Georges Marchais, le parti est ramené à son étiage de 1932. Ni la participation contrainte des ministres communistes au premier gouvernement de Pierre Mauroy, puis leur démission, ni le retour à une stratégie d'opposition systématique au Parti socialiste, ni la volonté de défendre à nouveau tous les pauvres et tous les humiliés ne parviennent à conjurer la pente. Bien qu'elle subisse à son tour les effets douloureux de l'usure du pouvoir et du déclin général de l'idéologie socialiste, la social-démocratie française a effectivement dépossédé le PCF du titre de « premier parti de gauche » et a contribué à son isolement et à son dépérissement. L'union de la gauche, qui devait amener le parti au faîte du pouvoir, s'est transformée en son contraire et l'a, à nouveau, repoussé vers les marges du champ politique.

Si les élections de mars 1993 accentuent encore le déclin du communisme législatif revenu à son étiage de 1932, plusieurs données objectives méritent d'être signalées qui peuvent favoriser un certain redéploiement en France de l'influence du PCF. D'une part, et contrairement au PS, le PCF conserve quelques places fortes notamment en région parisienne qui lui permettent de sauver son groupe parlementaire. Surtout, la tendance continue à la « dualisation » de la société française, une France de la pauvreté et de la précarité risquant de camper durablement à la périphérie de la France riche, crée des conditions favorables au maintien voire au développement de formations exclusivement protestataires affectées à la seule expression des mécontentements. Délivré de toute hypothèque « consulaire », le PCF peut à nouveau se vouer corps et âme au « rôle » qu'il connaît le mieux : la « fonction tribunitienne », la défense des pauvres. Il va de soi, enfin, que ce regain potentiel de l'influence communiste est étroitement lié au destin particulier du Parti socialiste : selon que ce dernier réussira ou non sa mue doctrinale et organisationnelle, il sera d'une amplitude plus ou moins importante.

JEAN BAUDOUIN,
professeur de science politique
à l'université de Rennes.

*

CHRONOLOGIE

En France		*A l'Est*
Création du Parti communiste français, section française de l'Internationale communiste.	**1920**	Création de l'Internationale communiste. 21 conditions d'adhésion.

Début de la bolchévisation.	**1924**	Mort de Lénine. Troïka Staline-Zinoviev-Kamenev.
	1927	Staline seul au pouvoir.
Constitution du Front populaire PCF-SFIO-radicaux.	**1934**	
Victoire électorale du Front populaire. Refus des communistes d'entrer au gouvernement. Maurice Thorez devient officiellement secrétaire général.	**1936**	
	1939	Pacte germano-soviétique.
Entrée officielle du PCF dans la Résistance.	**1941**	Invasion de l'URSS par les troupes allemandes.
Cinq ministres communistes dans le gouvernement de Gaulle, puis participation aux cabinets Gouin et Bidault.	**1945**	
Éviction des ministres communistes par Ramadier.	**1947**	Création du Kominform. Doctrine Jdanov. Début de la guerre froide.
	1953	Mort de Staline.
Mendès France rejette les voix communistes.	**1954**	
	1956	Rapport Khrouchtchev au XXe congrès du PCUS. Invasion de la Hongrie.
Waldeck-Rochet secrétaire général du PCF.	**1964**	Leonid Brejnev à la tête du PCUS.
Le PCF soutient la candidature de François Mitterrand à l'élection présidentielle.	**1965**	
Événements de Mai : consécration des gauchistes.	**1968**	Invasion de la Tchécoslovaquie.
Georges Marchais secrétaire général du PCF. Jacques Duclos candidat du PCF à la présidentielle.	**1969**	
Programme commun de gouvernement PCF-PS-MRG.	**1972**	

Rupture de l'union de la gauche à l'occasion de la réactualisation du programme commun.	**1978**	
Élection de François Mitterrand. 4 ministres communistes au gouvernement. Départ des ministres communistes.	**1980** **1981**	Invasion de l'Afghanistan.
	1984	
	1985	Mikhaïl Gorbatchev premier secrétaire du PCUS.
Exclusion de Pierre Juquin. André Lajoinie candidat du PCF à la présidentielle.	**1988**	
Charles Fiterman leader des « contestataires ».	**1989** **1991**	Chute du mur de Berlin. Effondrement de l'URSS. Naissance de la CEI.

*

BIBLIOGRAPHIE

Pierre Gaborit, *Contribution à la théorie générale des partis politiques. L'exemple du PCF sous la Ve République*, 1973.

Annie Kriegel, *Aux origines du communisme français*, Flammarion, 1969.

–, *Communismes au miroir français*, Gallimard, 1974.

–, *Les Communistes français*, Éd. du Seuil, 1968.

Georges Lavau, *A quoi sert le PCF ?*, Fayard, 1981.

Marc Lazar, *Maisons rouges. Les Partis communistes français et italien de la Libération à nos jours*, Aubier, 1992.

Bernard Pudal, *Prendre parti. Pour une sociologie historique du PCF*, Presses de la FNSP, 1990.

Jeannine Verdès-Leroux, *Au service du Parti*, Fayard, 1983.

Claude Willard, *Socialisme et Communisme français*, Armand Colin, 1967.

Les écologistes

I. L'invention de l'environnement

Comme dans d'autres pays industriels, la prise de conscience des problèmes posés par la dégradation de l'environnement naturel ne s'est manifestée en France qu'assez tardivement. Elle a trouvé son origine dans deux milieux bien distincts : ce sont d'une part, la dénonciation savante des biologistes, naturalistes, zoologistes et ornithologues professionnels ou amateurs et, de l'autre, les protestations d'usagers de la nature (promeneurs, pêcheurs, chasseurs). Dans les deux cas ces mouvements seront peu à peu relayés par des associations, parfois très anciennes, se fixant pour but général la protection de la faune et de la flore.

En France, Roger Heim, directeur du Muséum national d'histoire naturelle, publie en 1952 un ouvrage dont les thèmes paraissent aujourd'hui d'une parfaite actualité : disparition de certaines espèces animales, amenuisement de la flore, abus des phytosanitaires, déforestation, surpopulation, désertification.

Pendant la même période, des usagers de la nature vont peu à peu se mobiliser à partir de motivations beaucoup plus pragmatiques. L'enjeu de ces luttes est constitué par la nature considérée comme espace de loisirs, c'est-à-dire soumise à des usages individuels ou collectifs.

A. Mobilisations

Au cours des années cinquante et soixante, les pêcheurs à la ligne formeront le premier groupe de protestation contre les dégâts causés par les industries.

A la fin des années soixante, deux affaires marqueront de façon exemplaire les sensibilités environnementales. Ce sont, d'une part, l'échouage du pétrolier *Torrey Canyon* le 18 mars 1967, d'autre part, la sauvegarde du parc naturel de la Vanoise dans les années 1969-1970.

Au-delà de ses péripéties juridico-politiques, l'affaire du parc de la Vanoise présente un caractère remarquable, en premier lieu parce que l'issue du combat paraît affecter la politique de préservation de la nature engagée avec la création des parcs naturels (une première dérogation pourrait constituer un précédent), ensuite parce que le conflit va mettre aux prises des adversaires qui se mesurent pour la première fois sur un enjeu de cette importance. Après bien des retournements de situation, la bataille est finalement gagnée par les défenseurs de la Vanoise, et cette première victoire d'importance contribuera sans doute à accréditer l'idée que la mobilisation pour la défense du patrimoine naturel peut être payante.

La contestation antinucléaire qui débute à la fin des années soixante contribuera enfin à forger la sensibilité environnementale et à former des militants de terrain qui se retrouveront pour beaucoup dans les mouvements écologistes naissants. A Fessenheim, le 12 avril 1971, une première manifestation réunit environ 1 000 personnes. Un peu plus tard, le 10 juillet, environ 15 000 personnes se réunissent autour du site du Bugey à l'appel du journaliste Pierre Fournier, qui dénonce régulièrement les méfaits du nucléaire dans *Charlie Hebdo*. En mai de l'année suivante, une nouvelle manifestation à Fessenheim rassemble 10 000 participants. Tout au long des années soixante-dix, d'autres manifestations antinucléaires auront lieu sur la plupart des sites projetés pour l'édification de centrales.

L'accélération du programme de construction de centrales nucléaires annoncée par le gouvernement Messmer le 14 mars 1974 en réponse à la première crise de l'énergie rendra plus actuel le débat autour de l'utilisation de l'énergie nucléaire.

L'écologie, dans cette première phase, se cantonne au terrain associatif, d'abord au sein d'associations locales de défense de l'environnement naturel, souvent regroupées au sein de la Fédération nationale des sociétés de protection de la nature (fondée en janvier 1969), puis à travers des mouvements plus généralistes, tels que les Amis de la Terre (fondé en juillet 1970 par le journaliste Alain Hervé).

B. L'entrée de l'écologie sur la scène politique

L'entrée de l'écologie en politique, ou plus précisément dans le champ électoral national, date de la candidature de René Dumont à l'élection présidentielle de 1974. L'idée de présenter un candidat portant les couleurs de l'écologie à l'élection présidentielle de 1974 est née au sein d'un petit groupe de journalistes spécialisés dans les problèmes de l'environnement : l'Association des journalistes et écrivains pour la protection de la nature et de l'environnement, née au début de l'année 1969. En liaison avec certains membres des Amis de la Terre, ils proposent à René Dumont de représenter les thèses écologistes au cours de la campagne présidentielle.

Au premier tour de l'élection présidentielle, René Dumont obtient 335 946 voix, soit 1,3 % des suffrages exprimés. Les scores de Dumont s'étagent de plus de 3 % dans la région parisienne aux environs de 0,5 % dans des départements ruraux (Cantal, Creuse). L'écologie politique est née.

II. Les trois âges de l'écologie électorale

L'organisation de la mouvance écologiste en parti politique prendra une dizaine d'années, pendant lesquelles les militants, divisés sur le choix des buts et des moyens d'action, séparés par des querelles de personnes, se retrouveront pourtant souvent à l'occasion des élections, regroupés dans des comités électoraux plus ou moins unitaires. Pendant cette période, le pourcentage des suffrages obtenus par les écologistes passera par plusieurs phases, mais n'atteindra des chiffres significatifs qu'à la fin des années quatre-vingt.

A. Des résultats encourageants...

Dans une première phase, qui débute avec la candidature de René Dumont et s'achève à la fin des années soixante-dix, on assiste à une croissance modérée du vote écologiste. Cette période correspond, pour le mouvement écologiste, à un stade d'organisation minimal : après l'élection présidentielle de 1974, les militants associatifs de tous bords se sont réunis à Montargis. Un Mouvement écologique, structure extrêmement légère de coordination et d'information, s'est créé. Parallèlement existe un réseau des Amis de la Terre, regroupant de façon très lâche des groupes locaux de militants.

Malgré cette faible institutionnalisation du mouvement, les résultats électoraux sont encourageants. Ainsi, à l'occasion des municipales de 1977, les écologistes obtiennent certains succès locaux. Aux législatives de 1978, leurs 140 candidats recueillent dans les circonscriptions où ils sont présents environ 4,5 % des suffrages exprimés. Aux élections européennes du 10 juin 1979, la liste écologiste manque de peu le seuil nécessaire pour obtenir des élus (et pour se

voir rembourser les frais de la campagne) : elle obtient
environ 880 000 voix, soit 4,4 % des suffrages exprimés.

Dès cette époque on voit se dessiner une carte du vote
écologiste bien distincte des cartes électorales de la gauche
et de la droite : à l'Est alsacien, berceau de l'écologie
associative et électorale, s'ajoutent une partie de la région
Rhône-Alpes, la région parisienne et certains départements
de l'Ouest.

B. Un déclin provisoire

Dans un second temps, qui se déroule du début des
années quatre-vingt jusqu'en 1986, on voit l'écologie
électorale décliner lentement. Paradoxalement, cette phase
est aussi celle pendant laquelle un parti écologiste unitaire
va émerger des différents groupes concurrents.

En 1979 s'est fondé dans des conditions relativement
difficiles et sans emporter la conviction de tous les militants
un Mouvement d'écologie politique qui cependant n'en-
globe pas les groupes des Amis de la Terre. Quelque temps
plus tard, une organisation concurrente, la Confédération
écologiste, se crée à son tour. Le Mouvement d'écologie
politique se transforme en 1982 en une organisation
dénommée les Verts, Parti écologiste. L'unification avec la
Confédération aura finalement lieu en 1984, au congrès de
Clichy, pour donner naissance au parti des Verts. Quant au
réseau des Amis de la Terre, il s'est dissous en tant que
réseau en 1983 et ses militants ont pris la décision de se
recentrer dans le champ associatif.

Même si elles aboutissent en fin de compte à une unité,
ces péripéties du mouvement écologiste nuisent probablement à son image. Le déclin électoral de l'écologisme
apparaît dès l'élection présidentielle de 1981. Brice Lalonde, candidat désigné par des primaires au sein du
mouvement, y représente l'écologie. Il obtient environ
1 million de voix, score qui n'est pas négligeable mais
représente pourtant un léger recul par rapport aux élec-

tions précédentes : 3,9 %, contre 4,5 % en 1979. Aux élections législatives qui suivent, un petit nombre de candidats écologistes, environ 150, obtiennent des résultats encore plus modestes : aux alentours de 3,3 %.

Le 17 juin 1984 se déroulent des élections européennes, auxquelles participent les écologistes. Ils présentent une liste dont les premiers noms sont ceux de Didier Anger, Yves Cochet et Solange Fernex. A peine son unité retrouvée, la liste des Verts doit pourtant affronter la concurrence d'une liste présentant un écologiste désormais connu nationalement, Brice Lalonde, et regroupant certaines personnalités du centre (Olivier Stirn et François Doubin).

Les résultats confirment que l'écologie électorale est dans une passe difficile. Avec 676 000 voix environ, la liste des Verts obtient 3,4 % des suffrages exprimés, c'est-à-dire à peine un peu plus que la liste écolo-centriste de Lalonde, Stirn et Doubin (3,3 %). S'il représente un très léger progrès par rapport aux élections législatives précédentes, ce résultat se situe pourtant nettement en dessous de celui obtenu aux précédentes élections européennes.

Ces résultats médiocres annoncent le score le plus mauvais de l'histoire électorale de l'écologie, celui des élections législatives de 1986. Pour ces élections c'est un mode de scrutin proportionnel qui s'applique, c'est-à-dire une règle donnant une meilleure chance aux petites forces politiques. Or le parti des Verts ne présente des listes que dans moins du tiers des départements. Pour des élections régionales, qui se déroulent en même temps, il est présent dans une cinquantaine de cas. Cette faiblesse du dispositif de candidature des Verts est peut-être due à un manque financier : au cours de l'assemblée générale des Verts de 1984, le rapport financier a fait apparaître un gros déficit dû au coût des élections européennes.

Les résultats des élections législatives sont très mauvais puisque les écologistes ne recueillent que 2,5 % des voix dans les départements où ils sont présents. Mais la règle qui veut que le caractère local de l'élection profite au vote écologiste s'applique au vote régional, pour lequel les écologistes obtiennent un résultat légèrement supérieur : 3,5 %.

C. Une réussite électorale

Mais les élections de 1986 marquent aussi le début d'une réelle réussite électorale du mouvement. Cette phase s'accompagne d'un changement important dans l'équipe qui anime le parti des Verts. A l'assemblée générale de novembre 1986, c'est une motion de recentrage sur l'identité verte présentée par Antoine Waechter – « affirmer l'identité politique des écologistes » – qui l'emporte contre la direction sortante, qui préconisait l'ouverture à certaines forces de la nouvelle gauche.

Cet infléchissement de la tactique électorale réussit en fin de compte aux Verts. A l'élection présidentielle de 1988, le candidat Waechter, inconnu de la plupart des Français, négligé par les médias, qui concentrent leurs feux sur l'affrontement entre la gauche et la droite, obtient 3,8 % des suffrages, soit 1 142 000 voix. Avec ce score il retrouve à peu près le niveau qu'obtenait le candidat écologiste à la précédente élection présidentielle. Peu de candidats écologistes sont présents aux élections législatives qui suivent, mais leur score est significatif : 4,5 % des suffrages exprimés.

Ce sont pourtant les élections municipales qui seront considérées par beaucoup comme le véritable signe de la renaissance de l'écologie électorale : présents dans 132 villes de plus de 9 000 habitants, les écologistes obtiennent plus de 8 % des voix en moyenne et la possibilité dans un certain nombre de cas de se maintenir au second tour ou de fusionner avec d'autres listes.

La même année, le résultat obtenu par la liste menée par Antoine Waechter aux élections européennes vient confirmer le succès des municipales : elle obtient 10,67 % des suffrages et envoie 9 élus au Parlement européen.

Tout indique à la fin des années quatre-vingt que l'écologie a le vent en poupe. Les sondages prédisent un succès des Verts aux élections régionales, mais ils annoncent aussi l'apparition d'un concurrent : Brice Lalonde, ministre de l'Environnement du gouvernement Rocard, préside à la

TABLEAU 1

Le vote écologiste de 1974 à 1992

Pourcentage des suffrages exprimés

Présidentielle 1974	1,34
Législatives 1978	4,53
Européennes 1979	4,46
Présidentielle 1981	3,92
Législatives 1981	3,26
Européennes 1984	3,43
Législatives 1986	2,49
Régionales 1986	3,49
Présidentielle 1988	3,83
Législatives 1988	4,50
Européennes 1989	10,67
Régionales 1992	14,70
Législatives 1993	7,8

création de Génération écologie à l'automne 1990. D'abord embryonnaire, l'organisation rivale bénéficie de ralliements et profite de la notoriété de son leader ; elle présente des candidats dans 77 départements. Les résultats des élections régionales du 22 mars confirment la nouvelle dualité de la mouvance écologiste en France : les deux formations rivales réalisent des scores assez proches, environ 7 % des suffrages exprimés. A l'analyse il apparaît pourtant que, dans les départements où les deux tendances sont présentes, la formation de Brice Lalonde surclasse les Verts d'environ un point de pourcentage (8 contre 7 % des suffrages exprimés). Aux élections législatives de 1993, les deux formations écologistes unies au sein de l'Entente écologiste présentent un seul candidat dans chaque circonscription. Le résultat qu'elles obtiennent est décevant : environ 8 % des suffrages. La modestie de ce score est due pour partie au fait que l'Entente écologiste est concurrencée par un nombre important de candidats écologistes dissidents, voire de « faux écologistes » cherchant à bénéficier de la loi de financement des partis politiques.

III. Les partis écologistes

Contrairement à ce que l'on observe dans d'autres partis politiques, les militants écologistes ne font pas référence à un texte fondateur, ils n'invoquent pas non plus l'autorité incontestée de tel ou tel personnage historique : les citations sont multiples, diverses, les origines idéologiques variées.

A. Courants

Dans cet ensemble hétérogène, trois courants peuvent être distingués : une mise en accusation des effets du développement scientifique et technique au nom de la défense de l'environnement naturel, une critique de la modernité qui organise nos sociétés, enfin un rejet de l'organisation étatique motivé par le souci d'une démocratie plus authentique.

Le premier courant critique est celui qui fonde l'originalité de la contestation écologiste. Il trouve sa source dans le courant de pensée des naturalistes, qui, dès les lendemains de la Seconde Guerre mondiale, dénonçaient la destruction de la faune et de la flore sous l'effet du développement industriel. Ce courant fut réactivé aux États-Unis par la publication, au début des années soixante, du livre de Rachel Carson, *Le Printemps silencieux*, qui dénonçait violemment l'usage immodéré des pesticides et des engrais. Plus tard, les travaux des économistes du Club de Rome complétèrent cette analyse en montrant que la poursuite incontrôlée du développement industriel menait à un épuisement des ressources naturelles non renouvelables.

La deuxième source de contestation repose sur une base plus large : elle consiste en une mise en accusation globale des structures culturelles, sociales et économiques des sociétés industrielles. Pour l'essentiel, cette attitude se résume à une critique de la modernité. Ce sont les mécanismes mêmes du fonctionnement économique de nos sociétés qui sont mis en question : l'aliénation par le travail non créatif, le déracinement induit par l'urbanisation, la manipulation des besoins par le système publicitaire, conduisant à une accumulation absurde des objets de consommation, la dégradation des relations personnelles entre les gens, induite par les modes de vie, etc. On peut invoquer ici à la fois un courant d'idées qui s'exprimait en Mai 1968 et trouvait son expression théorique dans les textes des situationnistes[1], et l'œuvre de philosophes ou de sociologues critiques de la modernité, tels qu'Ivan Illich[2], Jacques Ellul[3], Jean Baudrillard[4], ou Pierre Clastres[5].

C'est à travers cet aspect de leur idéologie que les écologistes sont parfois soupçonnés de prôner un retour vers une société rurale idéalisée, que l'on assimile à l'idéologie qui avait cours sous le régime de Vichy. Pourtant, malgré certaines homologies superficielles, cette assimilation relève davantage de la polémique idéologique que d'une démarche sérieuse d'analyse de l'histoire des idées : on ne trouve pas trace dans le discours écologiste de ce repli frileux sur la nation, les vertus familiales, ou la glorification du travail qui dominaient l'idéologie vichyste.

Le troisième pôle du discours écologiste est constitué par une critique de l'organisation étatique. Selon les écologistes, le caractère technocratique du fonctionnement des États modernes renforce la complicité du pouvoir exécutif

---

1. Cf. Raoul Vaneigem, *Traité de savoir-vivre à l'usage des jeunes générations*, Gallimard, 1967.
2. Ivan Illich, *La Convivialité*, Éd. du Seuil, 1973.
3. Jacques Ellul, *La Technique ou l'enjeu du siècle*, Armand Colin, 1954.
4. Jean Baudrillard, *Le Système des objets*, Gallimard, 1968.
5. Pierre Clastres, *La Société contre l'État*, Éd. de Minuit, 1974.

et de l'appareil scientifico-technique. La réalisation en France du programme de construction des centrales nucléaires apparaît souvent comme l'exemple même de cette collusion entre science et État qui enlève au citoyen toute possibilité réelle de choix. Mais, plus largement, la critique écologiste de l'État repose sur une analyse du « déficit démocratique » : l'État est confisqué par les représentants d'un système partisan archaïque et parfois corrompu, le fonctionnement imparfait des mécanismes de la démocratie parlementaire ne permet pas l'expression des sensibilités minoritaires, les revendications de la société civile (syndicats, groupes, associations) ne sont pas prises en compte. Pour rénover la démocratie, les écologistes soutiennent le changement des règles électorales, avec l'introduction du scrutin proportionnel à tous les niveaux, le recours au référendum élargi aux problèmes de société, l'accroissement des pouvoirs locaux (régions, communes), plus proches du citoyen, la participation des immigrés au processus électoral (aux élections locales).

Dans leurs derniers documents, l'adhésion des Verts à ces idées fondamentales se traduit par les éléments programmatiques suivants :

– restauration de la qualité de l'air et de l'eau, réhabilitation des paysages urbains et ruraux ;

– arrêt dans les dix ans de la production d'énergie nucléaire ;

– renforcement des pouvoirs et des moyens financiers des régions et transformation du Sénat en Conseil des régions ;

– réduction du temps de travail à trente-cinq heures sans perte de salaire pour les rémunérations les plus basses ;

– expérimentation d'une défense civile non violente ;

– droit de vote aux élections locales pour les immigrés après trois années de présence en France.

Il n'existe pas actuellement de document programmatique équivalent pour l'autre formation écologiste, Génération écologie. On sait cependant que l'organisation concurrente des Verts se caractérise dans l'ensemble par une attitude moins radicale. Dans le domaine de la défense de l'environnement, les convergences entre les deux organisations paraissent assez fortes, à l'exception du problème de l'énergie nucléaire, Génération écologie n'exigeant pas son abandon dans les dix ans mais une reconversion plus lente. Dans le domaine des valeurs, Génération écologie ne prône ni le vote des immigrés aux élections locales, ni le désarmement unilatéral.

Les deux formations écologistes s'opposent aussi quant à leur mode de fonctionnement. Les Verts recueillent aujourd'hui l'héritage d'une organisation marquée par le refus ostensible des mécanismes de pouvoir, la méfiance à l'égard des leaders, le souci pointilleux de la démocratie directe, la valorisation du local.

Les statuts des Verts prévoient une organisation fondée sur la prééminence des régions : celles-ci s'organisent comme elles l'entendent pourvu que leurs statuts ne soient pas contradictoires avec ceux de l'organisation nationale. C'est au niveau régional que les adhésions sont admises, les exclusions prononcées, ce sont les régions enfin qui élisent les trois quarts de l'organe parlementaire des Verts, le conseil national interrégional.

Les Verts redoutent le mécanisme de la délégation et du mandat. Pour cette raison, ce n'est pas une assemblée de délégués élus localement qui forme l'organe d'orientation de base, mais une assemblée générale à laquelle tout adhérent peut participer. Les effets de cette disposition sont contradictoires. Elle assure en théorie une participation de tous à la décision collective, mais, de fait, les obstacles matériels et l'éloignement géographique du lieu où se tient l'assemblée induisent certains effets pervers. Ainsi on observe évidemment une surreprésentation des adhérents de la région au sein de laquelle se déroule l'assemblée. Tout adhérent ayant d'autre part la possibilité de se faire représenter, certains détiennent des mandats dont le nombre et l'origine précise n'apparaissent pas clairement.

Ainsi composée, l'assemblée générale réunit chaque année les militants qui décident en son sein de l'orientation du mouvement en se prononçant sur des motions. Elle élit enfin le dernier quart du conseil national interrégional, qui vient compléter les délégués élus dans les régions. Cette élection a une valeur symbolique et pratique importante car les choix effectués au scrutin proportionnel intégral indiquent clairement où se situent la majorité et les minorités du parti. Dans la situation actuelle, issue de l'assemblée qui s'est tenue au mois de novembre 1992, les partisans d'Antoine Waechter recueillaient 36 % des suffrages, la liste menée par Dominique Voynet et comprenant Yves Cochet 24 %, et celle de Didier Anger 10 %, sept autres listes se partageant les suffrages restants.

Le conseil national interrégional, une fois élu, choisit à son tour en son sein les membres du collège exécutif, soit de 10 à 20 membres, parmi lesquels le secrétaire, le trésorier et surtout les quatre porte-parole qui représenteront collectivement le parti à l'extérieur. Cette élection s'effectue poste par poste au scrutin uninominal, les candidats devant nécessairement recueillir 60 % des suffrages. Cette règle, destinée à dégager des majorités franches, pose souvent problème car la tendance majoritaire a de fait le pouvoir de confisquer à son profit la plupart des postes du collège exécutif.

L'organisation de Génération écologie n'est pas actuellement fixée de façon définitive. Les premiers statuts rendus publics au moment de la formation officielle du mouvement, en décembre 1990, prévoyaient une organisation classique : un congrès national, réunissant des délégués élus des régions, définit l'orientation du mouvement et élit un conseil national, qui choisit lui-même un bureau national, au sein duquel le président du mouvement désigne l'exécutif, c'est-à-dire le secrétariat national. Des documents plus récents (mai 1992) indiquent une structure plus simple : un congrès élisant les membres du bureau national (parmi lesquels le président du mouvement), un conseil national regroupant les membres du bureau et des délégués locaux, et un secrétariat exécutif désigné pour l'essentiel par le président.

Quelle que soit l'organisation finalement adoptée par le mouvement, il ne fait pas de doute qu'elle diffère largement de celle des Verts et que, si les principes du vote d'orientation et de la délégation restent acquis, elle est largement dominée par l'autorité du président du mouvement.

B. Dirigeants, adhérents, électeurs

Toutes les études effectuées sur la population des militants et des électeurs écologistes font apparaître un certain nombre de spécificités culturelles, sociales et politiques, plus ou moins marquées selon que l'on passe du cercle réduit des dirigeants à la masse des électeurs.

Le noyau des dirigeants apparaît comme une population caractérisée avant tout par son appartenance aux couches intermédiaires et surtout aux secteurs de l'enseignement, de la recherche et de l'information. Près des trois quarts d'entre eux ont suivi un enseignement supérieur. Parmi ceux-ci, environ la moitié ont des diplômes de l'enseignement scientifique. Ils diffèrent par là des élites de la plupart des autres partis politiques français, généralement marquées par une formation littéraire, juridique ou administrative.

Politiquement, la plupart d'entre eux, lorsqu'ils déclarent avoir milité préalablement dans d'autres formations politiques, proviennent d'organisations de gauche, principalement du PSU de la CFDT et du Parti socialiste.

Parmi les adhérents, on trouve une même surreprésentation des couches sociales cultivées et des professions intermédiaires. Ainsi, parmi les adhérents verts actifs, 42 % appartiennent aux professions intermédiaires et 32 % aux cadres moyens. Là aussi dominent les professions consacrées à la reproduction sociale : enseignants, professions de la santé, travailleurs sociaux. De même il apparaît que 58 % des adhérents ont un diplôme de l'enseignement supérieur.

Les Verts soutiennent la participation des femmes à tous les postes électifs dans le parti. Cette règle, si elle n'aboutit pas à une parité parfaite, conduit cependant, dans l'ensemble, à une meilleure intégration des femmes que dans les autres partis politiques. A la base elles représentent un tiers des adhérents, parmi les membres du conseil national interrégional environ un tiers aussi, et au sein du collège exécutif 25 %.

On peut apprécier de plusieurs points de vue les positions politiques des adhérents verts. Le slogan « ni gauche, ni droite » incite un nombre important d'entre eux à refuser de se positionner sur une échelle gauche-droite. Selon une enquête réalisée en 1989[6], 48 % des adhérents verts se situent à gauche, 3 % à droite et 28 % refusent de se classer sur ce critère. Mais ce refus n'implique nullement une indifférence aux valeurs qui définissent le champ politique. Dans une enquête réalisée en 1989 auprès des militants présents à l'assemblée générale écologiste de 1989[7], on notait que ceux-ci se situaient sans ambiguïté dans l'univers des valeurs de gauche : pacifisme, antimilitarisme, antiautoritarisme, tolérance sur le problème de la drogue ou sur les droits des immigrés placent les militants verts à l'extrême gauche du champ politique. D'une certaine façon, les militants écologistes se réclament des valeurs d'une gauche qui s'est elle-même trahie en exerçant le pouvoir. Ils reprennent à leur compte une bonne partie des valeurs de ce que l'on désignait dans les années soixante-dix sous le terme de « nouvelle gauche ».

Les électeurs écologistes reproduisent, en plus diffus, les caractéristiques sociales, culturelles et idéologiques que l'on décèle parmi les adhérents du parti des Verts. Ils se caractérisent avant tout par un âge beaucoup moins élevé que celui de la moyenne des électeurs : selon une enquête effectuée après les dernières élections régionales, 46 % d'entre eux ont moins de trente-cinq ans. Leur niveau d'études est toujours plus élevé que celui de l'ensemble de la population : un quart d'entre eux possèdent un diplôme de l'enseignement supérieur. Enfin, ils appartiennent plus souvent aux professions intermédiaires (16 %). Mais l'électorat écologiste tend aussi, à mesure qu'il croît, à s'étendre de plus en plus vers des classes moyennes plus modestes, en particulier vers le groupe des employés (19 %).

Le partage de l'électorat entre les deux formations

6. Cf. Jean-Luc Benhamias et Agnès Roche, *Des Verts de toutes les couleurs*, Albin Michel, 1991.

7. Cf. Daniel Boy, « Le vote écologiste : évolutions et structures », *Cahiers du CEVIPOF*, n° 6, 1990.

TABLEAU 2

**Composition des électorats
socialiste, écologiste et UDF-RPR
aux élections européennes de 1989**

	Parti socialiste	Écologistes	UDF-RPR
Sexe			
Homme	52	**49**	45
Femme	48	**51**	55
Age			
18 à 24 ans	8	**15**	10
25 à 34 ans	20	**31**	12
35 à 49 ans	30	**29**	22
50 à 64 ans	23	**17**	27
65 ans et plus	19	**8**	29
Profession			
Agriculteur	2	**2**	10
Artisan, commerçant	2	**4**	6
Cadre, profession intellectuelle	5	**8**	5
Profession intermédiaire	16	**21**	6
Employé	16	**18**	12
Ouvrier	13	**10**	5
Inactif	46	**37**	56
Niveau d'études			
Primaire	39	**22**	41
Secondaire	18	**23**	19
Technique	20	**21**	22
Supérieur	23	**34**	18
Religion			
Catholique pratiquant	8	**7**	32
Catholique occasionnel	15	**14**	21
Catholique non pratiquant	56	**56**	39
Autre religion	2	**3**	5
Sans religion	19	**20**	3

SOURCE : Enquête SOFRES post-électorale réalisée auprès d'un échantillon national de 2 000 électeurs.

écologistes représentées aux dernières élections régionales semble s'être fait à la fois sur des critères idéologiques et sur des différences sociales. Plus pragmatique, plus intéressé par la politique, se situant plus nettement à gauche, l'électorat de Génération écologie regroupe davantage de classes aisées. A l'inverse, l'électorat des Verts apparaît légèrement plus jeune et rassemble davantage de couches moyennes (en particulier des employés).

L'avenir à court terme de l'écologisme électoral est désormais suspendu à la capacité des deux formations écologistes de trouver un compromis et de passer des alliances, d'abord entre elles, puis éventuellement avec d'autres partenaires politiques. Au-delà de l'alliance électorale passée pour les élections législatives de 1993, les perspectives de recomposition du Parti socialiste et l'approche de l'élection présidentielle constituent désormais pour les écologistes des enjeux décisifs.

Daniel Boy,\
chargé de recherche,\
Centre d'étude de la vie politique française,\
FNSP, CNRS.

*

Chronologie

10 juillet 1970	Fondation des Amis de la Terre français par Alain Hervé.
Juin 1974	Premières assises de l'écologie à Montargis, création d'un comité de coordination national.
9-10 novembre 1974	Création à partir du comité de coordination du Mouvement écologique.
Octobre 1977	Les Amis de la Terre se regroupent sous la forme d'une fédération, le réseau des Amis de la terre.

Juin 1978	La Coordination interrégionale des mouvements écologiques (CIME) prend la suite du Mouvement écologique.
Novembre 1979	Assises de l'écologie à Dijon. Création du Mouvement d'écologie politique.
Juillet 1981	Réunion à Toulouse d'écologistes des Amis de la Terre, de membres du MEP et d'écologistes inorganisés, qui décident la création d'une Confédération écologiste.
Novembre 1982	Assemblée générale du MEP et adoption des statuts de la nouvelle organisation, nommée les Verts, Parti écologiste.
Juin 1983	Le réseau des Amis de la Terre disparaît en tant que tel et ses militants décident de se recentrer sur le travail associatif.
28-29 janvier 1984	A Clichy, les Verts-Parti et les Verts-Confédération écologiste décident de fusionner en créant une nouvelle organisation, dénommée les Verts, Confédération écologiste-Parti écologiste.
Novembre 1986	A l'assemblée générale de Paris, les Verts choisissent le recentrage sur l'écologie plutôt que d'éventuelles alliances en adoptant la motion présentée par Antoine Waechter.
Décembre 1990	Création à Paris de Génération écologie, dont Brice Lalonde est le président.

*

BIBLIOGRAPHIE

Sur les dirigeants :

Guillaume Sainteny, *Les Verts*, PUF, 1991.
Raymond Pronier et Vincent-Jacques Le Seigneur, *Génération Verts*, Presses de la Renaissance, 1992.

Sur les militants :

Jean-Luc Benhamias et Agnès Roche, *Des Verts de toutes les couleurs*, Albin Michel, 1991.

Daniel Boy, « Enquête auprès des écologistes : les Verts en politique », SOFRES, *L'état de l'opinion 1991*, Éd. du Seuil, 1991.

Sur les électeurs :

Daniel Boy, « Le vote écologiste : évolutions et structures », *Cahiers du CEVIPOF*, n° 6, 1990.

Le Front national

Le Front national naît le 5 octobre 1972, à l'initiative des dirigeants du mouvement nationaliste Ordre nouveau. Il fédère les principaux courants de l'extrême droite française, issus de la Collaboration et de Vichy, du poujadisme, du combat pour l'Algérie française et de l'activisme étudiant. Son président est Jean-Marie Le Pen. Ancien président de la « corpo » des étudiants en droit de Paris, député poujadiste (1956-1958), puis CNI (1958-1962), fondateur du Front national des combattants, puis du Front national de l'Algérie française, animateur de la campagne présidentielle de Jean-Louis Tixier-Vignancour (1965), il est le plus à même d'assurer l'unité du rassemblement[1].

I. Le retour de l'extrême droite

L'objectif des fondateurs du FN, inspirés par le récent succès électoral du MSI italien, est de réintégrer l'extrême droite française dans le jeu parlementaire. Depuis la Libération, toutes les tentatives de cette dernière ont échoué. Quand elle tente, dans les années cinquante, de récupérer la contestation poujadiste, le retour au pouvoir

---

1. Son bureau comprend, outre le président, ses amis Roger Holeindre (secrétaire général adjoint) et Pierre Durand (trésorier adjoint), François Brigneau (vice-président) et Alain Robert (secrétaire général), d'Ordre nouveau, Pierre Bousquet (trésorier), du groupe *Militant*.

du général de Gaulle brise son élan. Entre les élections
législatives de 1956 et celles de 1958, l'UDCA de Pierre
Poujade voit son score passer de 11,6 à 1,47 % des suffrages exprimés. Dans les années soixante, son combat contre
la politique algérienne du général de Gaulle échoue également. Le non au référendum du 8 avril 1962, portant sur
la ratification des accords d'Évian, ne recueille que 9,2 %
des suffrages exprimés. Au premier tour de l'élection
présidentielle de 1965, le candidat de la droite nationale
n'attire que 5,2 % des suffrages exprimés. Les « comités
TV » éclatent alors en deux fractions rivales, l'Alliance
républicaine pour les libertés et le progrès (ARLP) et le
Mouvement nationaliste du progrès, qui présente des
candidats sous l'étiquette du Rassemblement européen de
la liberté (REL). Ensemble, ils ne réunissent que 0,56 %
des suffrages exprimés aux élections législatives de 1967.
Lors des élections législatives de 1968, le score de l'extrême
droite, tous courants confondus, tombe à 0,08 %. Après le
départ du général de Gaulle, elle rallie la majorité pompidolienne, à l'exception d'une poignée d'irréductibles[2].

Pendant dix ans, le Front national ne fera guère mieux.
Déchiré par des rivalités internes, concurrencé par son
rival, le Parti des forces nouvelles, il va d'échec en échec
électoral. Aux élections européennes de 1979, les deux
mouvements ne parviennent pas à faire une liste commune.
A l'élection présidentielle de 1981, leurs leaders respectifs
n'obtiennent pas les cinq cents signatures d'élus nécessaires
pour poser leur candidature et, aux élections législatives de
la même année, leurs candidats recueillent 0,4 % des
suffrages exprimés. L'extrême droite semble avoir disparu
de la scène politique française.

Ce sont les élections municipales partielles de Dreux qui
marquent le tournant[3]. Le 4 septembre 1983, la liste du

2. Sur la préhistoire du FN, cf. Bernard Brigouleix, *L'Extrême
Droite en France : les « fachos »*, Fayolle, 1977 ; Jean-Christian Petit-
fils, *L'Extrême Droite en France*, PUF, 1983 ; René Chiroux, *L'Extrême Droite sous la Ve République*, LGDJ, 1974 ; François Duprat,
Les Mouvements d'extrême droite en France, Albatros, 1977.
3. Cf. Françoise Gaspard, *Une petite ville en France*, Gallimard,
1990.

Tableau 1

Le vote Front national sous la Ve République

Année	Élections	Suffrages exprimés	% des suffrages exprimés
1973	Législatives (1er tour)	106 527	0,4
1974	Présidentielle (1er tour)	190 921	0,8
1978	Législatives (1er tour)	82 743	0,3
1981	Législatives (1er tour)	44 414	0,2
1984	Européennes	2 210 334	11,0
1986	Législatives	2 705 336	9,7
1986	Régionales	2 658 500	9,6
1988	Présidentielle (1er tour)	4 375 894	14,4
1988	Législatives (1er tour)	2 359 528	9,7
1989	Européennes	2 121 836	11,8
1992	Régionales	3 399 596	13,6
1993	Législatives (1er tour)	3 159 477	12,4

Source : Ministère de l'Intérieur. Champ : France entière.

Front national, conduite par son secrétaire général, Jean-Pierre Stirbois, recueille 16,7 % des suffrages exprimés. Sa fusion avec la liste RPR-UDF, avalisée par les instances nationales de ces deux formations et largement médiatisée, lui ouvre au second tour les portes du conseil municipal. C'est pour le Front national l'événement politique fondateur. L'année suivante, les élections européennes donnent une confirmation nationale à ses succès locaux. Depuis, d'une élection à l'autre, le Front national confirme son implantation, avec des scores variant entre 10 et 14 % des suffrages exprimés.

Aujourd'hui, 3 conseillers généraux, 33 maires, 239 conseillers régionaux, 1 666 conseillers municipaux portent ses couleurs[4]. S'il n'a plus d'élu à l'Assemblée nationale, il a 10 députés au parlement de Strasbourg[5], où

4. Source : ministère de l'Intérieur, 20 mai 1992.
5. Bernard Antony, Yvan Blot, Pierre Ceyrac, Bruno Gollnisch, Jean-Marie Le Chevallier, Martine Lehideux, Jean-Marie Le Pen, Jean-Claude Martinez, Bruno Mégret, Jacques Tauran.

Jean-Marie Le Pen préside le Groupe des droites européennes.

Il est tentant de trouver à cette réussite politique un
principe unique d'explication, qu'il s'agisse du charisme de
son leader et de la complaisance des médias à son égard, de
la crise économique ou du poids des immigrés. Si chacun
de ces facteurs a joué, aucun ne suffit à expliquer le
phénomène. Les qualités de tribun de Jean-Marie Le Pen
se révèlent dans les années cinquante, la crise commence en
1974 et à la même date la France ferme ses frontières. C'est
l'alternance de 1981, dans un pays dominé depuis vingt-
trois ans par la droite, qui sert de détonateur. Elle radi-
calise des électeurs de droite effrayés par l'arrivée des
« socialo-communistes » au pouvoir et déçoit des électeurs
de gauche qui, passé l'état de grâce, s'estiment trahis par le
tournant de la rigueur. Alors seulement les Français
prennent conscience de l'ampleur de la crise, de l'incapacité
de la gauche comme de la droite à y remédier. Alors
seulement le discours du FN, qui fait des immigrés le bouc
émissaire de leurs inquiétudes, trouve acquéreur sur le
marché électoral, partisan et idéologique.

II. La conquête d'un électorat

A la différence du mouvement poujadiste, qui s'appuie
principalement sur un petit patronat indépendant inquiet
pour son avenir, ou du tixiérisme, dont les scores électoraux sont étroitement liés à la présence des rapatriés
d'Algérie, le Front national obtient dès 1984 des suffrages
dans toutes les catégories de la population et dans tous les
départements. Ses zones de force se situent toutefois inva-
riablement à l'est d'une ligne Le Havre-Valence-Perpignan,
dans une France urbaine et industrialisée à forte concentration d'immigrés, plus réceptive aux thèmes sécuritaires
et xénophobes. Les agriculteurs et les ruraux y sont moins
sensibles. Les femmes, elles, se montrent toujours plus

réticentes que les hommes à l'égard d'un parti qui milite contre le droit à l'avortement et pour le retour du sexe faible au foyer.

D'une élection à l'autre le centre de gravité de cet électorat s'est déplacé. En 1984, il provient pour l'essentiel de la droite classique, surtout RPR. Plus de la moitié des électeurs lepénistes ont voté pour Giscard au deuxième tour de l'élection présidentielle de 1981. Progressivement, ils vont être remplacés par des électeurs venus de la gauche ou de l'abstention. Le poids des anciens électeurs giscardiens dans l'électorat du FN tombe à 43 % lors des élections législatives de 1986 et à 33 % dans l'électorat présidentiel potentiel de Jean-Marie Le Pen. Celui des anciens électeurs de François Mitterrand se stabilise aux alentours d'un tiers, tandis qu'affluent les électeurs moins politisés qui n'avaient pas voté en 1981[6].

La sociologie de l'électorat frontiste confirme son évolution politique. En 1984, c'est chez les patrons, les cadres supérieurs, les membres des professions libérales et les catholiques pratiquants que le FN fait ses meilleurs scores. A partir de 1986, il progresse chez les jeunes, dans les milieux populaires et détachés de la religion. Le score élevé de son leader à l'élection présidentielle de 1988 reflète la fusion des deux électorats : c'est chez les petits commerçants et les ouvriers qualifiés qu'il fait désormais ses meilleurs scores. Depuis 1989, son influence remonte également chez les catholiques pratiquants et chez les personnes âgées (tableau 2). Son électorat potentiel est plus large encore puisqu'un électeur sur trois n'exclut pas de voter un jour pour ses candidats[7].

6. Jérôme Jaffré, sondages SOFRES, *Le Monde*, 26 mai 1987. En avril 1987, il s'agit des intentions de vote pour la présidentielle recueillies au cours de trois enquêtes totalisant 3 000 interviews.

7. Cf. Nonna Mayer et Pascal Perrineau, « Pourquoi votent-ils pour le Front national ? », *Pouvoirs*, n° 55, 1990, p. 163-184.

TABLEAU 2

Les électeurs du Front national

(1984-1993)

	1984 Europ.	1986 Légis.	1988 Présid.	1988 Légis.	1989 Europ.	1992 Région.	1993 Légis.
Ensemble..............	11	10	14,5	12	10	14	13
Sexe							
Homme.................	14	11	18	12	14	15	14
Femme.................	8	9	11	7	10	13	13
Age							
18-24 ans..............	10	14	16	15	9	19	18
25-34 ans..............	11	10	17	9	8	15	10
35-49 ans..............	12	11	17	8	12	10	13
50-64 ans..............	12	9	11	10	15	15	13
65 ans et plus........	10	6	12	10	12	15	13
Profession							
Agriculteur...........	10	17	13	3	3	9	13
Artisan, commerç.	17	16	27	6	18	7	15
Cadre, profession intellectuelle......	14	6	19	10	11	7	6
Profession intermédiaire......	15	9	12	6	7	11	8
Employé..............		12	13	8	11	15	18
Ouvrier.................	8	11	19	19	15	15	18
Pratique religieuse							
Catholique prat. régulier..............	14	7	7	5	15	16	12
Catholique prat. occasionnel........	6	8	16	10	12	12	12
Non pratiquant	13	12	17	11	12	15	13
Non catholique	5	7	9	9	10	8	15

Sondages post-électoraux SOFRES auprès d'échantillons de 2 000 individus représentatifs des Français en âge de voter : 19-28 juin 1984, 22 mars-9 avril 1986, 19-25 mai 1988, 14-23 juin 1988, 21 juin-1er juillet 1989, 25-26 mars 1992 et 31 mars-2 avril 1993. En 1984, la profession des enquêtés est codée selon l'ancienne nomenclature des CSP de l'INSEE : agriculteur/salarié agricole/petit commerçant, artisan/industriel, gros commerçant, cadre supérieur, profession libérale/cadre moyen, employé/ouvrier, contremaître inclus.

III. La construction d'un parti

Au rythme de ses succès électoraux, les effectifs du FN sont passés de quelques centaines à plusieurs milliers[8]. Aux activistes de la première heure se sont ajoutés des transfuges de la droite classique et des néophytes. L'enquête menée par la SOFRES auprès des délégués au congrès de Nice est à cet égard éclairante. 15 % d'entre eux seulement ont adhéré avant 1981, 13 % en 1982 et 1983, 22 % pour la seule année 1984 et 25 % depuis 1987, avec une pointe en 1988. S'ils témoignent d'une sympathie ancienne pour la droite nationale, la grande majorité d'entre eux n'ont pas de passé politique (61 %). Quand ils en ont un, ils viennent le plus souvent du gaullisme (35,4 %) ou des comités TV (22,3 %), dans une moindre mesure de l'activisme étudiant (Occident, ON, Faire front, PFN : 9 %), du poujadisme (2,5) ou du pétainisme (Ligues, PSF, PPF : 1 %). Ces ralliements ont modifié le profil des cadres du parti. Au congrès de 1978, ils sont jeunes, étudiants ou diplômés du supérieur, détachés de la religion. Douze ans après, la proportion des moins de trente-cinq ans est tombée à 16 % (contre 52 %), ceux qui ont fréquenté l'université sont minoritaires (33 au lieu de 56 %) et les catholiques pratiquants sont passés de 24 à 41 %. La sociologie des cadres du FN tend à se rapprocher de celle d'un parti conservateur classique, à deux réserves près : la surreprésentation des travailleurs indépendants et la faiblesse du capital économique et culturel de ses cadres[9].

Victor Barthélemy, venu du PPF, donne au Front

---

8. On peut estimer à 50 000 environ le nombre de ses sympathisants et adhérents, en se fondant sur le nombre de délégués au congrès de Nice (1 pour 50 cotisants) et sur les études menées auprès de fédérations locales du FN.

9. Enquête auprès de 822 délégués élus et 180 membres de droit participant au congrès de Nice. Cf. Colette Ysmal, « Les cadres du FN », *in* SOFRES, *L'état de l'opinion 1991*, Éd. du Seuil, 1991, p. 181-197.

national ses premières structures, calquées sur celles du
Parti communiste : un bureau politique, émanation d'un
comité central, élu par un congrès où sont représentées les
sections et les fédérations locales. Jean-Pierre Stirbois va
les développer. Activiste chevronné, venu du mouvement
Jeune Révolution et du solidarisme, il entre au bureau en
1978 et devient secrétaire général en 1982. Du groupuscule
il fait un parti, localement implanté, structuré et discipliné.
Après sa mort, en 1988, son successeur, Carl Lang, agit de
même. Il visite les fédérations, encourage la création de
sections locales, crée un nouvel échelon (secrétaire de
circonscription), lance un bulletin intérieur de liaison
mensuel, met sur pied un secrétariat national à l'encadrement. Depuis sa nomination il a remplacé une trentaine de
secrétaires fédéraux.

Dans ce parti hiérarchisé et centralisé sur le modèle
militaire, où le responsable à chaque niveau est nommé et
révoqué par celui du niveau supérieur, il introduit, à
l'occasion du congrès de Nice, une touche de démocratie.
Pour la première fois, exception faite des 583 délégués de
droit (membres du bureau politique et du comité central,
parlementaires, conseillers généraux ou régionaux), les
1 022 autres délégués ont été élus dans le cadre de congrès
préparatoires régionaux ou départementaux, à bulletin
secret, par les militants à jour de leur cotisation.

Les résultats sont positifs. Le Front national a triomphalement réélu son président par acclamation et, lors de la
réélection du comité central, son secrétaire général est
arrivé en tête avec 2 073 voix. Quant au bureau politique,
l'instance dirigeante du parti, statutairement élu par le
comité central, il a été purement et simplement reconduit.

IV. La bataille des idées

Parallèlement aux fédérations et aux sections se sont
tissés des réseaux prolongeant l'influence du parti dans les

milieux les plus divers. Le plus ancien est le Front national de la jeunesse (1974), aujourd'hui présidé par Samuel Maréchal. Il est actif dans les collèges, les lycées et les universités, où le Renouveau étudiant et le Cercle national des étudiants de Paris, nés en 1990, ont réussi à faire élire quelques représentants. Les autres cercles les plus actifs sont le Cercle national des combattants, créé par Roger Holeindre (1985), et l'association Entreprise moderne et libertés (1984), présidée par André Dufraisse, qui regroupe une vingtaine de cercles dans les professions de la banque, de la santé, des transports aériens, de la RATP, de la fonction publique, etc. Citons encore le Cercle national des femmes d'Europe, présidé par Martine Lehideux (1985), le Cercle national des Français résidant à l'étranger (1986), présidé par le commandant Dore, le Cercle national pour la défense de la vie, de la nature et des animaux, animé par Alika Lindbergh (1985), le Comité national des Français juifs (1986), présidé par Robert Hemmerdinger, et depuis le 28 novembre 1990 le Cercle national des agriculteurs, dirigé à l'origine par Alexis Arette, ancien président de la Fédération française de l'agriculture aujourd'hui démissionnaire. Le FN s'appuie également sur les réseaux catholiques intégristes (revues, radios, écoles, mouvements, etc.) [10]. Le rapprochement s'est fait dans les années quatre-vingt grâce à Bernard Antony, dit Romain Marie, fondateur des centres Charlier et président de l'Alliance générale pour le respect de l'identité française. Plus récemment, la guerre du Golfe a favorisé un rapprochement entre le Front national et une extrême droite plus radicale venue de l'Œuvre française de Pierre Sidos ou de Troisième Voie, tel Jean-Gilles Malliarakis, actif au sein du Comité de défense des commerçants et artisans [11].

Des journaux comme *National Hebdo*, destiné aux militants, le quotidien chrétien traditionaliste *Présent*, le

10. Cf. le numéro spécial consacré par la revue *Golias* (nos 27-28) au « catholicisme national ».

11. Pour un panorama complet des différents courants de l'extrême droite et de leurs relations, cf. Jean-Yves Camus et René Monzat, *Les Droites nationales et radicales*, PUL, 1992.

mensuel *Le Choc du mois* et l'hebdomadaire *Minute*
contribuent à accroître l'audience du parti [12].

Si l'organisation militante relève du secrétariat général,
les problèmes de communication sont du ressort de la
délégation générale, dirigée par Bruno Mégret avec ses
amis du Club de l'horloge, comme Yvan Blot et Jean-Yves
Le Gallou. Dans le but de rallier les intellectuels à la cause
du parti, ils ont lancé une nouvelle revue de réflexion,
Identité. Un conseil scientifique a vu le jour en 1989,
réunissant une trentaine de chercheurs et d'universitaires
sous la présidence de Jules Monnerot, puis de Jacques
Robichez, professeur honoraire à la Sorbonne. La création
d'un Institut de formation nationale, celle d'un Centre
d'études et d'argumentaires regroupant les experts et les
commissions d'études du parti s'inscrivent dans la même
logique.

Sous l'effet de ces diverses influences, le discours du
Front national a évolué. Si la lutte contre l'immigration et
l'insécurité reste son principal cheval de bataille, lors du
congrès de Nice il a lancé l'offensive dans deux nouvelles
directions : la question sociale et « l'écologie, valeur de
droite ».

La percée du mouvement chez les écologistes n'est pas
acquise pour autant. Si on trouve dans le Midi quelques
spécimens d'« écolos-fachos [13] », ils sont rares. Quant au
profil de l'électeur écolo, jeune, instruit et plutôt de gauche,
il est aux antipodes de celui du FN.

Sur le plan idéologique, la percée du Front national est
spectaculaire. Un Français sur trois se déclare aujourd'hui
« tout à fait » ou « plutôt d'accord » avec les idées défendues par Jean-Marie Le Pen, soit une hausse de 14 points
en un an [14]. Cette proportion atteint 50 % chez les sympa-

12. Sur la « sous-société nationale frontiste », cf. Guy Birenbaum,
Le Front national en politique, Balland, 1992. En 1991, le nombre de
ces journaux vendus en kiosque serait respectivement : 15 400, 6 000,
9 700 et 3 200.

13. Cf. *Actuel*, octobre 1991.

14. Sondages SOFRES-RTL-*Le Monde*, 22-26 septembre 1990 et
15-17 octobre 1991, échantillons nationaux de 1 000 individus représentatifs des Français en âge de voter.

thisants du RPR (contre 20 % en 1990) et près de 40 %
chez les sympathisants de l'UDF (contre 25 %). Des
propos comme ceux de Jacques Chirac sur l'« overdose »
d'immigrés, leur « bruit » et leur « odeur » (19 juin 1991),
ceux de Valéry Giscard d'Estaing sur l'« invasion » étrangère et le « droit du sang » (21 septembre), les appels de
Michel Poniatowski à faire alliance avec le FN (12 octobre), qui banalisent et légitiment le discours du Front
national, ne sont sans doute pas étrangers à ce retournement.

V. Forces et faiblesses

Un chef charismatique, une organisation structurée, un
programme politique, un électorat diversifié, tels sont les
atouts du Front national vingt ans après sa naissance. Ils
ne sauraient toutefois masquer ses faiblesses. L'autorita-
risme de son leader, ses « dérapages verbaux » sont contes-
tés au sein même du parti. La coexistence y est difficile
entre les idéologues de la nouvelle droite, les adeptes d'un
catholicisme traditionnel et les stirboisiens. Les démissions
en cascade [15], les dissidences, comme celle de Jean-François
Touzé, fondateur d'Espace nouveau (1989), de Michel
Schneider, fondateur du club Nationalisme et République
et du magazine du même nom (1990), ou celle de l'Alliance
populaire regroupant des anciens du FN et du PFN (avril
1992), en sont la preuve. L'affaire Gaucher dessine encore
un autre clivage entre droite respectable et pétainistes [16].

L'électorat lepéniste est tout aussi instable. A un noyau

15. Entre les élections régionales de 1986 et celles de 1992, le FN a
ainsi perdu une quarantaine de conseillers régionaux.
16. A la suite de révélations dans la presse locale sur le passé
collaborationniste de Roland Goguillot-Gaucher, directeur de *National Hebdo*, élu conseiller régional sur la liste FN du Doubs, trois de ses
colistiers ont démissionné. Plusieurs responsables du parti, tels Pierre
Sergent (*Libération*, 19 mai 1992), Bruno Mégret et Martial Bild ont
demandé que les nostalgiques de Vichy soient écartés du parti.

dur d'électeurs fidèles, politisés, partisans et extrémistes, viennent se rallier, le temps d'un scrutin, des mécontents de tous bords, d'origines sociale et politique les plus diverses. La majorité ne se situe pas à l'extrême droite, ne s'identifie ni au FN ni à son leader, ne partage pas nombre de leurs idées[17]. Leur vote illustre plutôt la désaffection à l'égard d'une classe politique déconsidérée par les affaires et jugée incapable de sortir le pays de la crise. Le Front national est en train de prendre la relève de la fonction protestataire naguère exercée par le Parti communiste français.

Si l'audience de ses idées est indéniable, le Front national n'apparaît pas comme une alternative politique crédible. 28 % seulement des électeurs de Jean-Marie Le Pen à l'élection présidentielle de 1988 souhaitaient « au fond d'eux-mêmes » qu'il soit élu[18]. Les trois quarts des Français ne lui souhaitent pas d'avenir ministériel en cas de retour de la droite et pensent que son parti n'est « pas capable de gouverner la France ». Son succès même suscite en retour un tenace « front du refus » qui déborde largement l'audience des mouvements antiracistes comme SOS Racisme ou France Plus. Le FN est massivement perçu comme « raciste » (81 %) et sectaire (76 %). La proportion de ceux qui y voient un « danger pour la démocratie » passe de 38 % en 1983 à 50 % en 1985 et 55 % en mai 1987, pour se stabiliser depuis l'affaire du « détail » à 65 %. Une proportion identique refuse toute alliance électorale RPR-UDF-FN[19]. L'émotion suscitée par la profanation du cimetière juif de Carpentras au printemps 1990, le scandale des « cinquante mesures contre l'immigration » à l'automne 1991[20] ont relancé une contremobilisation dont témoignent le succès de mouvements

17. Elle est notamment plus permissive sur le plan des mœurs, hostile au libéralisme économique, attachée aux acquis sociaux. Cf. Nonna Mayer et Pascal Perrineau, art. cit.

18. Cf. Jérôme Jaffré, « Le vote exutoire », *Le Monde*, 12 avril 1988.

19. Nonna Mayer, Pascal Perrineau, « La puissance et le rejet ou le lepénisme dans l'opinion », in SOFRES, *L'état de l'opinion 1993*, Éd. du Seuil, 1993, p. 63-78.

20. Critiquées publiquement par le député européen du FN, Pierre Ceyrac (*Le Figaro*, 27 avril).

comme le Manifeste contre le Front national ou l'Appel des 250 et les perturbations systématiques des meetings du Front national, tout au long de la campagne des élections régionales de 1992. Si ce « harcèlement démocratique » n'a pas entamé l'ardeur des lepénistes, il a incité la fraction la plus jeune, la plus radicale des déçus de la gauche à aller voter, en 1992 comme en 1993, pour barrer la route à l'extrême droite. Qu'ils aient voté blanc, pour l'extrême gauche ou pour les Verts, ils ont contribué à ce que le score du FN soit inférieur à ses espérances.

NONNA MAYER,
directeur de recherche au CNRS,
Centre d'étude de
la vie politique française.

*

CHRONOLOGIE

5 octobre 1972	Création du Front national à l'initiative des dirigeants d'Ordre nouveau, mouvement nationaliste fondé en 1969 après la dissolution d'Occident.
28 juin 1973	Dissolution d'ON. Elle prive le FN de sa principale composante et permet aux lepénistes de s'imposer.
Novembre 1973-novembre 1974	Les anciens membres d'ON quittent le Front national pour créer Faire front, puis le Parti des forces nouvelles.
18 mars 1978	Mort de François Duprat dans l'explosion de sa voiture. Elle prive le FN de son principal théoricien et amorce le virage idéologique du parti, qui se détache de la mouvance nationaliste révolutionnaire.
1981	Départ des néonazis du groupe Militant pour fonder le Parti nationaliste français.
Mars-décembre 1983	Premiers succès du FN aux élections municipales à Paris (vingtième secteur),

aux élections municipales partielles de Dreux et d'Aulnay et à l'élection législative partielle d'Auray (respectivement 11,3, 16,7, 9,3 et 12 % des suffrages exprimés).

13 février 1984   Premier passage de Jean-Marie Le Pen à l'émission télévisée *L'Heure de vérité*. Il fait 17,4 % d'audience et les intentions de vote en sa faveur passent de 3,5 avant à 7 % après l'émission.

17 juin 1984   Élection de 10 députés FN au Parlement européen.

16 mars 1986   Élection de 35 députés FN à l'Assemblée nationale.

13 septembre 1987   Invité du *Grand Jury RTL-Le Monde*, Jean-Marie Le Pen qualifie les chambres à gaz de « point de détail de l'histoire de la Seconde Guerre mondiale ».

24 avril 1988   Au premier tour de l'élection présidentielle, Jean-Marie Le Pen obtient 14,4 % des suffrages exprimés, arrivant en tête de tous les candidats dans plusieurs villes du Midi, comme Nice, Marseille, Toulon.

5-12 juin 1988   Le retour au mode de scrutin majoritaire réduit le nombre des députés du FN à 1.

3 septembre 1988   A l'université d'été du FN au cap d'Agde, Jean-Marie Le Pen fait un jeu de mots douteux sur le nom du ministre de la Fonction publique, traité de « M. Durafour-Crématoire ».

3 décembre 1989   Deuxième tour de l'élection législative partielle de Dreux. La candidate du FN, Marie-France Stirbois, est élue avec 61,3 % des suffrages exprimés.

30 mars-1er avril 1990 Huitième congrès du FN à Nice, le dernier remontant à cinq ans.

18 novembre 1990   Départ de Jean-Marie Le Pen pour Bagdad, où il va rencontrer Saddam Hussein,

| | dans le cadre d'une stratégie pro-ira-kienne qualifiée de « munichoise » et très mal reçue par les militants et les électeurs. |

16 novembre 1991 Lors d'un colloque à Marseille, Bruno Mégret présente « cinquante mesures concrètes » pour régler le problème de l'immigration.

22 mars 1992 Le FN frôle 14 % de suffrages aux régionales, soit une hausse de 4 points par rapport à 1986, mais un score inférieur à celui de son leader à l'élection présidentielle.

21-28 mars 1993 Au premier tour des législatives le FN progresse de près de 3 points par rapport à celles de 1988 mais au second tour il perd son unique siège de député.

*

BIBLIOGRAPHIE

Guy Birenbaum, *Le Front national en politique*, Balland, 1992.

Jean-Yves Camus et René Monzat, *Les Droites nationales et radicales en France*, PUL, 1992.

Ariane Chebel d'Appollonia, *L'Extrême droite en France : de Maurras à Le Pen*, Complexe, 1988.

Françoise Gaspard, *Une petite ville en France*, Gallimard, 1990.

Blandine Hennion, *Le Front national l'argent et l'establishment*, La Découverte, 1993.

Nonna Mayer, Pascal Perrineau (sous la dir. de), *Le Front national à découvert*, Presses de la FNSP, 1989.

René Monzat, *Enquêtes sur la droite extrême*, Le Monde Éditions, 1992.

Birgitta Orfali, *L'Adhésion au Front national*, Kimé, 1990.

Edwy Plenel et Alain Rollat, *La République menacée. Dix ans d'effet Le Pen*, La Découverte-Le Monde, 1992.

Anne Tristan, *Au Front*, Gallimard, 1987.

Yves Zelig, *Retour du Front. A la rencontre des enfants de Jeanne d'Arc et de Jean-Marie Le Pen*, Barrault, 1985.

Michel Winock (sous la dir. de), *Histoire de l'extrême droite en France*, Éd. du Seuil, 1993.

Les syndicats sous la Ve République

Face à la montée du fascisme, le mouvement syndical en France avait montré qu'il soutenait la IIIe République, même s'il en contestait les penchants bourgeois et les enflures militaires. Les connivences avec la IVe République sont beaucoup plus fortes, comme en témoigne le préambule social de la Constitution. L'échec du front républicain face au problème algérien favorise un retour du balancier qui entraîne l'avènement d'un régime nouveau. Fasciste, bonapartiste, néocapitaliste, les diverses centrales hésitent à qualifier l'apparition du pouvoir gaulliste quand bien même le réalisme conduit certaines à s'y rallier par peur de faire le jeu des communistes. Rares sont ceux qui, à l'instar de Raymond Le Bourre et selon le titre de son livre publié en 1959, proposent de penser « le syndicalisme français dans la Ve République ».

I. Soutien et contestation de la politique gaullienne

A. 1958-1967

Au lendemain du 13 mai 1958, la CGT se place à la pointe de la lutte contre les « factieux ». FO et la CFTC adoptent une position plus circonspecte. Les deux centrales participent néanmoins le 28 mai à la manifestation de la

Bastille à la République, organisée par le Centre national d'action et de défense de la République. Gaston Tessier et des responsables parisiens de FO côtoient un moment Benoît Frachon pour s'éloigner à nouveau des cégétistes et accepter le retour du Général au pouvoir. L'hostilité de la CGT ne désarme pas et elle se prononce pour le « non au référendum constitutionnel ». Dès qu'elle a l'assurance que l'association capital-travail ne sera pas inscrite dans la charte fondamentale et que les organisations syndicales ne seront pas incluses dans le Sénat, FO laisse ses adhérents libres de leur choix. La CFTC adopte la même position, même si des fédérations (mines, bâtiment, métallurgie, cheminots, chimie) et le groupe Reconstruction s'opposent à la réforme gaulliste.

L'approbation large de la Constitution et le recul du PCF aux élections législatives de novembre 1958 affectent indirectement la CGT. Lors des consultations professionnelles, la centrale de Benoît Frachon recule, elle perd même pour la première fois depuis la Libération la majorité au comité central d'entreprise de Renault. Les conséquences des bouleversements politiques intervenus au cours de l'année 1958 tendent à s'atténuer rapidement. La politique économique et sociale du gouvernement de Michel Debré suscite un réel mécontentement et l'aide apportée à l'école privée hérisse la Fédération de l'Éducation nationale – sa récusation ne disparaîtra qu'en 1984.

Les désaccords sur la politique économique et scolaire n'empêchent pas que les syndicats ouvriers réagissent favorablement aux orientations du Général sur la question algérienne. La proclamation le 16 septembre 1959 du principe de l'autodétermination recueille l'assentiment de la CFTC et de FO. La CGT reste sur une position très critique à l'égard des atermoiements du chef de l'État. Quant à la CGC, elle laisse entrevoir une forte inquiétude devant un processus d'abandon critiqué par André Malterre.

Le durcissement du conflit algérien conduit les syndicats de gauche à apporter un soutien explicite au général de Gaulle. Lors de la semaine des barricades, CGT, CFTC, FEN et FO de manière séparée appellent à un arrêt de travail d'une heure, le 1er février 1960, pour établir qu'« à toute tentative de coup de force en France elles répondraient par un ordre de grève générale ». De même, lors du putsch des généraux, le 24 avril 1961, CGT, CFTC, FEN organisent à nouveau une grève de « défense républicaine ». Les accords d'Évian (18 mars 1962) sont salués particulièrement par la CGT et la CFTC.

Pendant le conflit algérien, la pratique gréviste avait reculé. Elle reprend, après avoir été limitée, surdéterminée par le contexte politique. Le premier grand conflit social de la Ve République éclatera dans les mines. La grève des Charbonnages de France dure trente-quatre jours (1er mars-5 avril). Le décret de réquisition signé par le général de Gaulle à Colombey-les-Deux-Églises n'est pas respecté. La fédération des mineurs CFTC, dirigée par Joseph Sauty, affiche une grande fermeté pour montrer que la référence à la doctrine sociale de l'Église ne signifie pas l'absence de combativité. Elle servira de point d'appui à ceux qui s'opposeront à la déconfessionnalisation, à la transformation majoritaire en CFDT l'année suivante. Populaires, les mineurs bénéficient d'un large soutien dans la population. Le gouvernement de Georges Pompidou est conduit à désigner la commission Massé pour examiner la situation salariale dans le secteur charbonnier. Un compromis est conclu sur une augmentation de 12,5 % en trois étapes sur un an.

La témérité des agents du métro parisien, qui déclenchent une grève-surprise le 27 juin 1963, permet une première contre-attaque du gouvernement. S'appuyant sur la colère des usagers, il soumet au Parlement un projet de loi réglementant le droit de grève dans les services publics. Présenté le 12 septembre 1963, le plan de stabilisation nourrit des inquiétudes. Au sein de la CGT, Pierre Le Brun, favorable à la politique extérieure du général de Gaulle, plaide pour une prise en compte des transformations du capitalisme. Sa position minoritaire le conduira à démissionner en 1966. La CFTC, en pleine évolution, réclame une planification démocratique. André Bergeron, nouveau secrétaire général de FO, consacre l'engagement pour la négociation et l'action paritaire.

L'année 1964 avait été calme, en raison de l'habileté négociatrice des pouvoirs publics, de la bataille au sein de la CFTC. 1965 est dominée par l'élection présidentielle. Le climat se modifie en 1966 avec le premier accord CGT-CFDT, conclu le 10 janvier. La prolongation du plan de stabilisation génère une progression du chômage et un freinage des salaires très mal ressentis. La réforme par ordonnance en 1967 de la Sécurité sociale accroît le mécontentement et le sentiment que la société française est assujettie à une logique technocratique.

Le développement du système scolaire dû à l'allongement de la durée des études et à la croissance des effectifs, les retouches incessantes apportées aux structures, aux contenus, aux examens, la recherche d'une orientation sélective, dont le livre d'Antoine Prost *Éducation, société et politiques* a établi l'inspiration gaulliste, engendrent des troubles dans les lycées et l'Université, mais aussi dans les usines. L'année 1967 a révélé une jeunesse ouvrière, à Lyon, à Caen et ailleurs, très agressive contre la maîtrise, la mauvaise utilisation de ses capacités, les bas salaires et les menaces sur l'emploi.

B. Mai 68

Après un défilé impressionnant le 13 mai, les contestations étudiantes sont relayées par des arrêts de travail dans les usines. Le mouvement s'élargit, s'intensifie et prend, dès le 18 mai, la figure d'une grève générale avec occupations des locaux. FO et la CGC s'appliquent à calmer le jeu. La CFDT et la FEN s'appuient sur les gauchistes et cherchent à favoriser une relève politique dans laquelle le poids du PCF serait réduit.

La CGT se résout à négocier les accords de Grenelle et, après une ultime offensive entre les 28 et le 30, elle vise à assurer la reprise du travail dans les meilleures conditions pour les salariés, selon ses normes.

L'arrêt de travail le plus ample de l'histoire sociale

française a mis en évidence la charge de révolte que les « trente glorieuses » avaient accumulée. Des revendications ont été satisfaites : hausse du SMIG de 35 %, reconnaissance de la section syndicale, engagement de réduire le temps de travail à quarante heures. En revanche, les élections pour la Sécurité sociale ne sont pas restaurées, ni l'échelle mobile des salaires instituée. Tentant de traduire des aspirations nouvelles ou l'intensification d'aspirations anciennes, la CFDT a lancé le thème de l'autogestion. La CGT est apparue partagée entre l'inscription dans la stratégie du PCF et le souci d'exprimer une base ouvrière qu'elle représente mieux, au total, que la centrale d'Eugène Descamps.

II. L'après-Mai 68

A. Un paysage social transformé

« Plus rien ne sera comme avant. » Lorsque la vague soixante-huitarde se retire, le paysage social est profondément modifié. Le général de Gaulle est préoccupé de rétablir l'ordre, mais il n'entend pas se laisser enfermer dans une ligne réactionnaire. Il tire, à sa manière, les leçons d'une crise « insaisissable ». Il met à l'ordre du jour la participation. Les syndicats d'enseignants approuvent la loi Edgar Faure. Sur la réforme du Sénat qu'a préparée Jean-Marcel Jeanneney et qui prévoit la présence des syndicats, une coalition assez disparate se forme. FO, CFDT, CGT condamnent le projet. Au soir du référendum négatif, l'homme qui prétendait incarner la France démissionne puisque la confiance populaire lui échappe. La problématique du pouvoir charismatique révèle ici ses limites. Charles de Gaulle avait conquis un électorat populaire sans avoir connu avec lui des liens concrets. En dehors des personnalités isolées, les militants de la CGT, de la CFDT, de FO ne se reconnaissent ni dans la personnalité du Général, ni dans les institutions qu'il a établies.

En un premier temps, le pompidolisme met en œuvre des réformes pour éteindre les braises de Mai. Jacques Delors, conseiller social de Jacques Chaban-Delmas, vise à établir de nouvelles règles du jeu. Les ouvriers sont mensualisés. Le SMIG est transformé en SMIC pour montrer que les fruits de la croissance se partagent. La formation professionnelle continue est instituée par un accord national interprofessionnel repris par une loi. Des accords salariaux sont conclus dans la fonction publique. Des contrats de progrès sont proposés dans le secteur public. Le premier d'entre eux, conclu à l'EDF le 10 décembre 1969, prévoit que les rémunérations des agents évoluent en fonction des progrès de la productivité nationale (parité), des résultats de l'entreprise (spécificité) et de la place de chacun dans l'entreprise (promotion). Le contrat de trois ans ne peut être dénoncé qu'après un préavis de trois mois. « La présente convention implique, tant qu'elle n'a pas été dénoncée, l'absence de conflit portant sur son objet. »

Le social-delorisme recueille l'assentiment de FO, dont la force est insuffisante pour lui assurer la réussite. La CGT, toujours embarrassée par les gauchistes, essaie de limiter l'emprise de la logique réformiste tout en capitalisant les bénéfices de la politique contractuelle. La CFDT est tiraillée entre la contestation soixante-huitarde et la contractualisation de la vie sociale chère aux mendésistes de la centrale déconfessionnalisée. Avec l'accession d'Edmond Maire au poste de secrétaire général, les seconds l'emportent en 1971, mais les contraintes de la conjoncture sont si pressantes qu'ils consacrent leur énergie à empêcher tout engagement irréversible dans un sens contraire au leur.

Usé, Jacques Chaban-Delmas a été remplacé par Pierre Messmer, conservateur sans éclat. Les socialistes rénovés, les communistes et les radicaux de gauche signent en juin 1972 un programme commun de gouvernement. Le mouvement syndical est confronté à la stratégie du PCG. FO rappelle son indépendance à l'égard des partis politiques et son hostilité à toute coopération, même ponctuelle, avec les staliniens. La CGT se reconnaît pleinement dans le contenu du programme commun. La CFDT se situe entre deux eaux, dans le soutien critique.

B. Réponses à la crise économique

Le remplacement de Georges Pompidou par Valéry Giscard d'Estaing à la présidence de la République ne transforme pas le rapport gauche/droite. Les perspectives économiques, en revanche, se modifient de façon importante. La croissance autocentrée laisse place à une « stagflation » hérérocentrée. Avec la montée du chômage, la mobilisation sociale chute. L'entente conflictuelle entre la CGT et la CFDT se désagrège. Quelle réponse convient-il d'apporter à la crise économique ? La centrale de Georges Séguy juge toujours actuel le PCG. S'il convient de l'actualiser, c'est en renforçant encore son caractère volontariste, en étendant le champ des nationalisations. La CFDT refuse de revenir sur l'internationalisation de l'économie française en admettant les contraintes extérieures, elle cherche à dessiner une rigueur de gauche par le partage du travail, par le développement d'une économie alternative.

L'échec de la gauche aux législatives de 1978 permet à la CFDT d'opérer un « recentrage ». Le dialogue avec les pouvoirs en place, la démarche contractuelle, le réalisme dans les revendications sont promus. Les relations avec la CGT, qui entre elle-même dans une phase de « regauchage », ne cessent de se dégrader. Un accord est encore conclu le 17 septembre 1979 sur trois objectifs prioritaires : les bas salaires, la réduction du temps de travail et le droit d'expression des travailleurs. La compréhension manifestée par la CGT envers l'intervention soviétique en Afghanistan scelle la rupture. L'évolution divergente des deux centrales est critiquée à l'intérieur de chacune d'elles. Jean-Louis Moynot, à la CGT, plaide pour l'indépendance syndicale, la démarche unitaire, le réalisme économique. Affaiblis, les minoritaires de la CFDT n'en parviennent pas moins à s'opposer à l'accord sur la réduction du temps de travail, dont la négociation s'achève en juillet 1980. Le bureau national désavoue Albert Mercier, secrétaire confédéral en charge du dossier. Un même rejet se produit à FO, où l'autorité d'André Bergeron, à cette occasion, n'est aucunement atteinte.

L'élection présidentielle de 1981 est considérée très différemment par les diverses composantes du mouvement syndical. La CFTC et la CGC n'escomptent rien de bon d'une éventuelle relève socialiste. Toujours sur la réserve, FO a habilement indiqué ses convergences avec les conceptions syndicales de François Mitterrand. La CGT met en avant un programme propre, qui ressemble comme un frère à celui du PCF. La FEN appuie le candidat Mitterrand, dont elle a obtenu qu'il inscrive parmi ses cent dix propositions l'unification du système scolaire. Dès lors que Michel Rocard n'est pas en lice, la CFDT ne cache pas son peu d'empressement à s'impliquer dans la campagne ni sa maigre confiance dans une issue positive pour la gauche. Entre les deux tours, les dispositions se transforment. La CGT convertit son opposition au candidat socialiste en soutien. La centrale d'Edmond Maire accentue son engagement en faveur du changement.

III. A l'épreuve des deux septennats mitterrandiens

A. Syndicats et pouvoir politique

L'alternance se produit. Les socialistes gagnent les élections législatives. Les communistes entrent dans le second gouvernement Mauroy. FO élève sur-le-champ une solennelle mise en garde à l'égard de la présence de staliniens au sommet de l'État. De nombreux cédétistes entrent dans les cabinets ministériels. L'apport cégétiste est moindre en nombre et en représentativité.

Pierre Mauroy est chargé de transformer les cent dix propositions en politique gouvernementale, de concrétiser les espoirs du peuple de gauche, dont les militants syndicalistes sont une composante importante et diversifiée. Il combine des mesures de court terme et des réformes structurelles. Selon les sujets, il reçoit l'approbation de telle ou telle centrale. FO marque ses distances à l'égard du pouvoir et s'évertue à rester l'interlocuteur privilégié du patronat. La CGC se dresse contre l'idée de voir reconnaître à égalité avec elle les unions de cadres confédérées à la CGT, à FO et à la CFDT. Elle se pose en opposante globale et multiplie les manifestations de masse contre l'irresponsabilité économique en général, contre la soviétisation des entreprises en particulier. La CGT porte un grand intérêt aux nationalisations et à la réforme de la Sécurité sociale. La FEN apprécie la restructuration du statut de la fonction publique d'État et l'élaboration des statuts de la fonction publique territoriale et de la fonction publique hospitalière. La composition de la Commission supérieure de la fonction publique d'État, indexée sur les scores aux commissions administratives paritaires centrales, lui confère le premier rang parmi les fédérations de fonctionnaires et place FO en quatrième position, créant chez cette dernière une volonté de revanche. Les lois Auroux, qui renforcent les pouvoirs des comités d'entreprise, établissent l'obligation annuelle de négocier et constituent le droit d'expression directe pour les salariés, rencontrent l'assentiment de la CFDT, leur principale inspiratrice à travers Martine Aubry.

L'élan réformateur s'accompagne de préoccupations immédiates portant sur l'amélioration des conditions des travailleurs. Le souci est de réduire le chômage et d'élever le niveau des salaires. Pour parvenir au premier objectif, le gouvernement Mauroy tente de conjuguer la réduction du temps de travail, l'abaissement de l'âge de la retraite, la création d'emplois dans la fonction publique et l'extension du traitement social. La relance de la demande est aussi utilisée, qui permet de satisfaire le second projet du gouvernement. Le SMIC est modérément augmenté. Les rémunérations des fonctionnaires sont améliorées, en particulier celles des instituteurs. L'appareil productif répond mal à l'accroissement de la demande qui lui est adressée. Le déficit de la balance commerciale se creuse. Le franc est dévalué et, au début du XLIe congrès de la CGT, le 13 juin 1982, le blocage des salaires et revenus est décidé. Le « social-dolorisme », comme l'appelait Alain Lipietz, s'affirme. Après une autre dévaluation, un plan de rigueur est adopté le 24 mars 1983, comportant un prélèvement de 1 % sur le revenu imposable, un emprunt obligatoire remboursable, une hausse des tarifs publics, une réduction du déficit budgétaire à 3 % du PIB, une limitation des devises touristiques. Comme en 1982, la CGT et la FEN renâclent. FO et plus encore la CGC protestent. La CFDT tempère plus ses critiques et admet la nécessité d'une austérité de gauche.

Pour donner une compensation à son électorat, Pierre Mauroy s'avise de pousser les feux de l'unification du système scolaire que réclame ardemment la FEN. Engagé dans de savantes négociations, Alain Savary accélère la confection d'un projet de loi sur lequel se mobilisent la droite, la CGC et la CFTC. Non seulement les laïques considèrent le texte comme trop favorable aux intérêts de l'enseignement privé, mais une manifestation d'un million de personnes à Paris, le 24 juin 1984, entraîne le retrait du projet. La démission de Pierre Mauroy a pour conséquence la désignation de Laurent Fabius.

Le plus jeune Premier ministre de France conduit une politique économique de flexibilisation, que la CGC et la CFDT approuvent. FO se situe plus en demi-teinte mais le départ des communistes du gouvernement libère les forces du refus à la CGT. Des actions dures sont conduites à SKF-Ivry et à Renault. Le culte de la modernisation et la sacralisation des acquis s'affrontent dans leur simplisme.

La cohabitation redonne un peu d'espace au mouvement social. Les étudiants mettent en évidence l'utilisation possible de l'antagonisme entre le président de la République et le Premier ministre, Jacques Chirac. Les cheminots prennent la suite. Leur longue grève comporte des caractéristiques assez singulières : le phénomène des coordinations apparaît dans le monde des salariés, les usagers font preuve d'une réelle tolérance à l'égard des nuisances qu'ils subissent, la revendication salariale, sans être exclusive d'autres objectifs, revient au premier plan, la volonté de la CFDT de faire cesser le conflit au plus vite s'affirme. Un autre arrêt de travail à la Snecma durant la campagne de l'élection présidentielle retient l'attention pour sa détermination, par sa conduite démocratique. Le climat social a changé. De 1976 à 1986, le contexte de la crise a été partiellement intériorisé par les salariés. A partir de 1986, l'inégalité dans les contraintes est ressentie. Le chômage freine la protestation. La pertinence des décisions sur la modernisation est relativisée à la base, voire suspectée.

Le second septennat de François Mitterrand hérite de cette situation. L'état de grâce s'est commué en option pour le moindre mal. Michel Rocard est confronté à un mouvement de revendications segmentées, que sa gestion du cas par cas conforte tout autant qu'il en prend acte. En 1988, les gardiens de prison, les infirmières, les agents du RER partent à l'attaque. En 1989, de nouveau les gardiens de prison, puis les nettoyeurs du métro, les fonctionnaires corses, ceux des impôts, les contrôleurs aériens entreprennent des actions longues, qui sont toutes taxées de corporatisme. La crise du Golfe persique (2 août 1990-28 février 1991) dissuade les salariés d'ouvrir des conflits sociaux dans une période délicate où l'appel à la cohésion nationale retentit avec force. Des minorités significatives au sein de la CGT, de la CFDT, de la FEN s'opposent à l'alignement sur la diplomatie américaine et à la montée d'un anti-arabisme et d'un anti-islamisme primaires. Nommée en mai 1991, Édith Cresson est confrontée à une poussée sociale en octobre-novembre. Le désaveu lors des élections régionales et cantonales l'emporte. Pierre Bérégovoy, qui dispose de dix mois pour redresser la situation des socialistes, pourrait s'inquiéter de l'exemple allemand. Le DGB réclame et obtient des hausses de salaire importantes dans la sidérurgie, la métallurgie, les services publics, au prix d'une grève dure en ce dernier cas. Le risque de contagion ne semble guère élevé, en raison d'une moindre mobilisation en période préélectorale et de la concurrence inter-syndicale que le scrutin pour le renouvellement des prud'hommes en décembre 1992 réactive.

B. Le renouvellement de la hiérarchie syndicale

Au tournant des années quatre-vingt-quatre-vingt-dix, les équipes dirigeantes du mouvement syndical se renouvellent. Edmond Maire, secrétaire général de la CFDT depuis 1971, est remplacé par Jean Kaspar en 1988. Avec un dirigeant moins doué que son prédécesseur, la CFDT est ancrée sur la ligne de recentrage. Des minoritaires ont été exclus des fédérations PTT et Santé et ont formé respectivement deux organisations autonomes, SUD et CRC. Au XLIIe congrès, en mai 1992, la conception d'un syndicalisme de régulation qui prévaut à la CFDT a été critiquée de manière importante mais sans que la majorité soit inquiétée. En novembre 1992, Nicole Notat supplante Jean Kaspar pour conduire plus fermement la même politique.

A Force ouvrière, la relève d'André Bergeron par Marc Blondel, en 1989, ne s'inscrit pas sous le signe de la continuité. Claude Pitous, le challenger défait, aurait, lui aussi, infléchi l'orientation antérieure par un rapprochement avec la CFDT. Pour gagner, Marc Blondel s'est appuyé sur les trotskistes lambertistes, dont l'influence est perceptible depuis. FO refuse l'austérité gouvernementale et signe moins facilement les accords avec le patronat. La construction européenne, trop libérale, est considérée avec inquiétude. Une grève générale, à l'ampleur médiocre, est organisée le 24 octobre 1991 pour manifester la volonté de concurrencer la CGT sur son terrain.

A la place d'Henri Krasucki, Louis Viannet accède à la tête de la CGT en janvier 1992. Sa désignation a été précédée d'un débat inédit dans la centrale, tant par son contenu que par sa forme. La division des communistes est apparue avec éclat. L'indépendance syndicale a été réclamée ; Henri Krasucki lui-même, au comité national de juin

1991, déplore le monolithisme de très nombreuses directions cégétistes et le rôle tenu par des militants communistes « gardiens d'une orthodoxie étrangère à la CGT ». Un travail de renouvellement s'opère dans la CGT pour mieux traduire les aspirations de la base et favoriser une dialectique de la revendication et de la proposition. Rien n'assure qu'il l'emportera sur les pratiques routinières.

Les trois premiers secrétaires généraux de la FEN ont effectué des mandats d'environ dix ans. Celui d'André Henry, de sept ans, a été interrompu en 1981 par son entrée au gouvernement. Les mandats de Jacques Pommatau et de Yannick Simbron sont encore plus brefs (1981-1987, 1987-1991). Signe de difficultés intérieures ? Assurément, la FEN, après avoir connu une croissance spectaculaire, a rencontré des échecs patents, en matière de politique salariale dans la fonction publique, d'unification du système scolaire, de décentralisation. Son ambition semi-consciente de devenir une sixième confédération a été bloquée et elle a lié son sort à un autre projet, celui de la recomposition du mouvement syndical sous la bannière de la social-démocratie. Refusant de faire éclater la fédération sans atteindre l'objectif visé, Yannick Simbron a été démis au profit de Guy Le Néouannic, qui exclut les deux plus gros syndicats minoritaires en octobre 1992.

IV. Un affaiblissement indubitable

De 1958 à 1992, l'évolution du syndicalisme français comporte deux grandes phases, l'une de renforcement, qui passe par l'épreuve de 1968, et l'autre de régression, à partir de 1976, que l'arrivée de la gauche, loin de freiner, aggrave.

A. La « désyndicalisation »

La progression numérique que chaque courant syndical enregistre pendant la première phase de la Ve République résulte de la croissance du groupe des salariés. Elle ne signifie pas une élévation du taux moyen de syndicalisation, qui tourne autour de 20 à 25 %. A partir de 1976, avec un rythme et une logique propres à chaque centrale, se produit une désyndicalisation aboutissant à un taux inférieur à 10 %. Des explications globales et monocausales sont souvent avancées : montée de l'individualisme, institutionnalisation, entrée dans la société postindustrielle ou postmoderne. En réalité, il s'agit d'un processus pluricausal. Focaliser l'analyse sur l'adhérent est une commodité. Celui-ci n'est qu'un élément dans un système concentrique qui comprend les permanents, les militants et les sympathisants. Tout affaiblissement d'un cercle retentit sur les autres. La diminution des cotisations entraîne la suppression de permanents. La surcharge de travail fatigue les militants, qui s'éloignent de leur base. Bref, la désyndicalisation relève d'une interaction de phénomènes qu'il est trop simple de subsumer sous l'individualisme (de surcroît, l'individuation moderne est identiquement un épanouissement de la socialisation). La crise du syndicalisme relève de plusieurs dimensions – politiques, économiques, sociales, organisationnelles. Tous les éléments qui concourent à l'affaissement de l'expression corporative prennent sens dans la problématique de la rupture du compromis fordiste. Le syndicalisme avait réussi à être le partenaire d'une croissance autocentrée, avec un relatif partage des gains de productivité et l'acceptation d'un certain type de division technique du travail. L'épuisement de la logique fordiste remet en cause les équilibres antérieurs. L'internationalisation de la production, la mise en place de nouvelles technologies, le rejet massif du marché du travail des ouvriers peu qualifiés, le retrait de l'État déstabilisent l'action des syndicats, tandis que leurs repères idéologiques se brouillent.

TABLEAU 1

**Évolution des effectifs déclarés
par les organisations syndicales
de 1958 à 1988**

	1958	1968	1978	1988
CGT	1 624 000	2 300 000	2 192 000	918 000
CFTC-CFDT	415 000	612 000	806 000	447 000
FO		630 000	680 000	1 000 000
CFTC		85 000	250 000	260 000
CGC	120 000	250 000	394 000	183 000
FEN	220 000	380 000	550 000	350 000
Autres autonomes				100 000
Taux approximatifs de syndicalisation	12,4	16	17,6	9,6

SOURCE : les centrales.

Critiqués pour leur faible taux de syndicalisation, les syndicats français répondaient dans les années soixante-dix que leur représentativité était établie par leurs scores aux élections professionnelles. Sans perdre toute pertinence, l'argument s'affaiblit au cours de la décennie suivante. La moindre implantation des organisations syndicales dans les bureaux, les administrations, les usines rend plus faible la mobilisation électorale. Pour les élections des comités d'entreprise de 1966-1967, dates à partir desquelles nous disposons d'une série statistique nationale, la participation a chuté de 6 points. Les listes non syndicales ont progressé de près de 14 points. Dans la fonction publique d'État, les listes sans étiquette n'ont pas cours. Lors des scrutins pour le renouvellement des commissions administratives paritaires centrales, le pourcentage des fonctionnaires prenant part au vote recule. En revanche, les grandes consultations sociales ont tendance à être boudées. Aux élections de la Sécurité sociale, la participation passe de 70,2 % en 1962 à 47,3 % en 1983, avec un collège électoral si modifié que la comparaison est délicate. Les prud'hommes ne sont guère sujets à discussion : 60,9 % des suffrages exprimés en 1979, 56,4 % en 1982, 44,1 % en 1987, 38,8 % en 1992. N'ayant pas l'intensité de la désyndicalisation, le recul de l'audience électorale des syndicats est globalement significatif. L'érosion générale s'accompagne de transferts entre les divers électorats. La CGT conserve le premier rang, mais elle est désormais talonnée par FO et la CFDT. Le score exceptionnel de la CGC aux élections de la Sécurité sociale en 1983 (15,9 % des suffrages exprimés) ne saurait masquer la pente de ses scores. Dans le collège cadres, son influence régresse au profit, particulièrement, de la CFDT.

TABLEAU 2

**Évolution des suffrages exprimés
lors des élections aux comités d'entreprise**

(en %)

	1966	1967	1976	1977	1986	1987	1989	1990
CGT	50,8	45,0	41,5	37,4	27,1	26,8	25,1	24,9
CFDT	19,1	17,7	19,1	20,2	21,2	21,3	21,0	19,9
FO	08,0	07,5	09,3	09,0	14,4	11,3	11,2	12,8
CFTC	02,4	02,1	02,7	03,0	03,8	04,8	04,6	03,6
CGC	04,2	03,9	05,3	05,4	07,5	05,9	05,5	06,5
Autres	03,5	03,9	07,1	05,7	05,0	06,0	06,3	05,8
Non-syndiqués	12,0	19,9	14,6	18,8	21,1	23,9	26,4	26,6

SOURCE : Ministère du Travail.

B. Mobiliser ?

L'affaiblissement du mouvement syndical se perçoit dans sa moindre capacité à mobiliser et à contracter. La manifestation n'a nullement disparu du répertoire de l'action collective. Une étude précise, comme celle menée par Pierre Mathiot sur le conflit Peugeot en 1989, montre l'usage des défilés à finalités internes et externes qu'ont fait les syndicats de la firme automobile. Les formes ritualisées ne subsistent que par l'adjonction d'une cause nouvelle. Le 1er Mai parisien est prioritairement investi depuis les années 1985-1986 par les communautés immigrées. La défense de la Sécurité sociale demeure un thème sensible alors que celui de la lutte contre le chômage ne rassemble que les militants. Les statistiques des journées individuelles non travaillées pour fait de grève attestent le recul de cette pratique. Le général de Gaulle et Georges Pompidou ont vraiment connu le conflit social sous sa forme ouverte. Le cycle 1976-1986 est celui de la décrue. Depuis 1986, l'activité gréviste est basse dans le secteur privé, à l'exception du cas Peugeot, et s'exerce principalement dans la fonction et le secteur public, avec les caractéristiques originales que nous avons déjà relevées. Dans ce contexte de faible pression syndicale, les données concernant la vie contractuelle doivent être considérées avec perspicacité. L'accroissement quantitatif du nombre des accords ou leur maintien ne saurait être interprété comme le développement harmonieux des relations professionnelles. Le contenu des accords conduit à penser que le point de vue patronal en matière de flexibilisation l'emporte de plus en plus. De surcroît, les accords nationaux prennent souvent la forme d'un accord cadre et il arrive, comme pour l'accord interprofessionnel d'orientation sur l'aménagement et la réduction du temps de travail de mars 1990, qu'ils ne soient pas concrétisés à l'échelon des branches.

La faiblesse du syndicalisme français, chronique, comme le montre son histoire, résulte de son pluralisme organisationnel. De 1966 à 1977, l'unité d'action CGT-CFDT a imprimé une dynamique certaine au mouvement social. A la différence de la crise de 1929, qui a favorisé un processus de réunification, face, il est vrai, au danger du fascisme, celle ouverte en 1974 a provoqué la rupture de l'entente intersyndicale. Depuis lors, le syndicalisme souffre d'une concurrence tous azimuts. Un premier rapprochement s'est opéré sous la forme d'un « front des réformistes ». De la fin 1984 à octobre 1988, FO, CFTC, CGC, CFDT se consultent avant de négocier avec le patronat. Avant même l'élection de Marc Blondel, FO rompt avec cette concertation systématique. Depuis lors, des coordinations se maintiennent entre CFTC, CGC, CFDT, FEN, mais c'est entre ces deux dernières que se nouent les relations les plus serrées autour d'un projet de recomposition syndicale d'inspiration social-démocrate, dont ne veulent ni FO, ni la CGT. Avec les exclusions du SUD et du CRC, la scission de la FEN, le mouvement syndical français apparaît au début des années quatre-vingt-dix plus fragmenté que vingt-cinq ans plus tôt. Pourtant, la nécessité d'un syndicalisme fort et uni n'a jamais été aussi évidente devant le chômage de masse et la dérégulation favorisée par la CEE.

Une économie continentale se met en place dans une logique essentiellement libérale. La coopération intersyndicale s'impose à l'échelon de la Communauté et les partenaires du syndicalisme français s'inquiètent de son état. Le président de l'IG Metall, Franz Steinküller, exprime le vœu, dans une interview accordée au *Figaro* (11 février 1992), que les salariés français se dotent d'un syndicat unique. Michaël Geuenich, responsable du DGB, exprime autrement la même préoccupation : « Les syndicats allemands respectent le pluralisme syndical existant en Europe. Le pluralisme en soi n'est pas contraire à la force et la capacité d'actions syndicales communes, comme on le voit, par exemple, en Italie, Belgique ou Espagne » (*Syndicalisme Hebdo CFDT*, 13 février 1992). L'entrée de la CGT au sein de la Confédération européenne des syndicats (CES), qui comprend déjà FO, la CFDT et la CFTC, devient une éventualité de plus en plus précise. L'avenir du syndicalisme français se joue probablement dans cette contradiction : l'insertion de ses principales composantes dans une coopération intersyndicale européenne et l'affirmation dans le cadre hexagonal de clivages entre le couple CFDT-FEN, FO et la CGT.

René Mouriaux,
directeur de recherche au CEVIPOF.

*

Chronologie

31 décembre 1958	Création de l'UNEDIC (régime de l'assurance-chômage).
1er février 1960	Grève contre les « factieux » d'Alger, qui sera suivie d'autres arrêts de travail, notamment le 25 avril 1961.
8 décembre 1961	Création de l'ARRCO (régime complémentaire de retraite pour les ouvriers).
1er mars-3 avril 1963	Grève des mineurs.
6-7 novembre 1964	Congrès extraordinaire transformant majoritairement la CFTC en CFDT.
10 janvier 1966	Premier accord CGT-CFDT.
22 août 1967	Ordonnance sur la Sécurité sociale supprimant l'élection des représentants des salariés (rétablie en 1983).
27 mai 1968	Protocole d'accord de Grenelle.
12 juin 1973	Début du conflit Lip.
31 octobre 1974	Création de l'allocation supplémentaire d'attente au profit des travailleurs licenciés pour motif économique.
24 mai 1977	Journée d'action CGT-CFDT-FEN contre le plan Barre, dernière grande manifestation de l'unité d'action syndicale.

30 juillet 1982	Loi bloquant les salaires et les prix, qui sera suivie d'un plan de rigueur le 25 mars 1983.
4 avril 1984	Grève générale en Lorraine.
19 décembre 1986-14 janvier 1987	Grève des cheminots.
5 septembre-21 octobre 1989	Grève à Peugeot.
6 octobre 1992	Congrès extraordinaire de la FEN pour l'exclusion du syndicat du secondaire (SNES).

*

BIBLIOGRAPHIE

Véronique Aubert *et al.*, *La Forteresse enseignante. La Fédération de l'Éducation nationale*, Fayard, 1985.

Alain Bergounioux, *Force Ouvrière*, PUF, coll. « Que sais-je ? », 1982.

Guy Caire, *La Négociation collective*, PUF, coll. « Que sais-je ? », 1992.

Marc Descostes, Jean-Louis Robert (sous la dir. de), *Clefs pour une histoire du syndicalisme cadre*, Éd. ouvrières, 1984.

Guy Groux, René Mouriaux, *La CFDT*, Économica, 1989.

–, *La CGT. Crises et alternatives*, Économica, 1992.

Georges Lefranc, *Le Mouvement syndical de la Libération aux événements de mai-juin 1968*, Payot, 1969.

René Mouriaux, *Le Syndicalisme en France*, PUF, coll. « Que sais-je ? », 1992.

Pierre-Éric Tixier, *Mutation ou déclin du syndicalisme. Le cas de la CFDT*, PUF, 1992.

TROISIÈME PARTIE

Citoyens et élites

Élections et référendums

Les élections constituent des temps forts de la vie politique française. Le vote est certainement un rituel, comme l'ont affirmé plusieurs politologues, mais c'est un rituel efficace, un rituel mobilisateur, qui non seulement légitime le pouvoir des gouvernants, mais influence souvent les politiques suivies. Ces rituels électoraux sont loin de tomber en désuétude. Leur importance se renforce même sous la Ve République. De plus, les règles du jeu électoral évoluent au cours de la période, ce qui incite les acteurs politiques à modifier leurs stratégies.

I. Création de nouvelles élections

L'appel au verdict du peuple est devenu plus fréquent sous la Ve République. Cela tient notamment à l'utilisation des procédures référendaires – nous y reviendrons ultérieurement – mais aussi à la création de plusieurs élections nouvelles : élections présidentielles, européennes et régionales.

La réforme constitutionnelle de 1962 modifie le mode d'élection du président de la République. Celui-ci devait, d'après le texte de 1958, être élu au suffrage indirect par un collège d'environ 80 000 personnes, semblable à celui qui choisit les sénateurs (parlementaires, conseillers généraux, délégués des conseils municipaux). Cette procédure convenait mal pour l'élection d'un président exerçant des pouvoirs très importants. La réforme crée une élection au suffrage universel direct ; celle-ci s'est révélée fortement mobilisatrice et très structurante pour le système politique, même si elle ne se déroule, en principe, qu'une fois tous les sept ans.

Depuis 1979, tous les cinq ans, se déroule aussi l'élection des parlementaires européens, au scrutin proportionnel sur liste nationale. Bien qu'il faille atteindre 5 % des suffrages exprimés pour pouvoir avoir des élus, ce scrutin permet la représentation politique de courants qui se trouvent laminés lors des scrutins majoritaires. L'Europe mobilisant peu le corps électoral et l'assemblée à élire ayant peu de pouvoirs, les enjeux de cette élection se sont révélés être surtout de politique intérieure.

Le pouvoir accru donné aux régions dans le cadre des lois de décentralisation (1982) impliquait le recours au suffrage universel pour légitimer ce nouveau niveau d'organisation et son personnel politique. Certes, le scrutin proportionnel adopté rend difficile l'émergence d'une majorité régionale stable, et l'adoption du cadre départemental pour la présentation des listes n'est pas le plus favorable pour la création d'une conscience régionale. En effet, chaque liste peut être tentée d'adapter son discours aux tendances d'une opinion facilement séduite par la défense des intérêts départementaux [1].

L'utilisation des rituels électoraux est donc de plus en plus fréquente, ce qui produit l'apparition de nouvelles élites politiques et la multiplication des tests de légitimité des gouvernants. Dans une démocratie de représentation, l'opinion publique critique facilement les hommes politiques. L'élection permet la relégitimation : celui qui est élu – même avec une faible marge – dispose de l'autorité. Y a-t-il aussi, par la multiplication des élections, légitimation plus forte du système politique lui-même ? On peut en douter car le grand nombre d'élections semble rendre plus

---

1. Cf. Pierre Bréchon et Bernard Denni, « Rhône-Alpes : la naissance politique d'une région », in *Le Vote éclaté. Les Élections régionales et cantonales des 22 et 29 mars 1992*, Presses de la FNSP-*Figaro*-Études politiques, 1992, p. 75-94.

difficile la mobilisation des électeurs. C'est d'ailleurs pour éviter la multiplication des dimanches électoraux qu'une loi de décembre 1990 prévoit un couplage des élections régionales et cantonales (avec, à partir de 1998, renouvellement complet des conseils généraux tous les six ans, ce qui supprimera les effets de lissage des évolutions électorales). Ce couplage, comme on a pu l'observer en mars 1992, aboutit à masquer les aspects les plus localistes de la campagne qu'on trouvait auparavant dans les scrutins cantonaux. Le couplage modifie aussi l'offre électorale : les forces politiques présentes à l'élection régionale essaient de s'affirmer aussi dans le scrutin cantonal.

II. Évolution des modes de scrutin

Les débats sur les modes de scrutin ont été aussi nombreux sous la V⁰ République que sous ses devancières. La tentation des hommes politiques consiste souvent à modifier les règles électorales en fonction de leurs intérêts politiques immédiats.

Pour l'élection des députés, la V⁰ République a repris la tradition dominante française du scrutin uninominal majoritaire à deux tours, appliquée dès le second Empire et très pratiquée sous la III⁰ République. Mais, alors que la circonscription électorale correspondait autrefois à un découpage administratif, l'arrondissement, on a créé en 1958 un découpage *ad hoc* à l'intérieur de chaque département. Celui-ci a été construit sur trois principes, en partie contradictoires [2] : faire des circonscriptions de taille à peu près égale, attribuer au moins deux circonscriptions à chaque département (ce qui n'est pas conciliable avec le premier principe, à moins de générer un nombre considérable de députés), créer des circonscriptions sociologiquement hétérogènes pour éviter qu'un député du peuple,

2. Cf. Frédéric Bon, *Les Élections en France. Histoire et sociologie*, Éd. du Seuil, 1978, p. 111-116.

incarnation de la volonté générale, ne soit trop dépendant d'une seule clientèle électorale. Ce vertueux principe pouvait aussi conduire à des découpages très politiciens, consistant par exemple à mêler les zones de force prévisible d'un candidat communiste avec d'autres zones où ses scores avaient toutes les chances d'être beaucoup plus bas. Quoi qu'il en soit, ce découpage avait beaucoup vieilli au début des années quatre-vingt, du fait des évolutions économiques et démographiques de la France (désertification de certaines zones rurales et des centres-villes, afflux de populations dans les banlieues urbaines). Les écarts entre les circonscriptions allaient déjà en 1973 de 1 à 6. De fortes critiques pesaient aussi sur le mode de scrutin majoritaire, qui exclut de la représentation les courants politiques petits ou même moyens. Les écarts entre les pourcentages obtenus en suffrages exprimés et en sièges se révélaient très importants.

Pour les élections législatives de mars 1986, le pouvoir socialiste a fait adopter un mode de scrutin proportionnel de liste départementale, ce qui constituait un retour au système de la IVe République. Contrairement à ce qu'on croit souvent, ce système n'assure pas une coïncidence parfaite entre le pays légal et le pays réel (la taille des circonscriptions, le département, est trop petit pour qu'il n'y ait pas de prime à la force politique la plus importante), mais il limite les inégalités dans la représentation politique. Ce nouveau mode de scrutin avait l'avantage de répondre à certaines critiques évoquées préalablement, mais il correspondait aussi aux intérêts conjoncturels des socialistes : un scrutin proportionnel évitait que leur défaite attendue ne s'accompagne d'une domination trop forte de leurs adversaires ; ainsi le président de la République pouvait garder davantage de marge de manœuvre dans le cadre d'une cohabitation politique.

La majorité parlementaire élue en mars 1986 (malgré le mode de scrutin !) s'est empressée de revenir au mode de scrutin antérieur, mais dans le cadre d'un redécoupage des circonscriptions par le ministère de l'Intérieur, avec le contrôle du Parlement et du juge constitutionnel. Ce dernier a décrété en juillet 1986 que l'égalité du droit de suffrage, inscrite dans la Constitution, devait s'apprécier à l'intérieur de chaque département : les écarts entre circonscriptions du même département ne peuvent excéder plus ou moins 20 % par rapport à l'effectif des habitants dénombrés au dernier recensement. L'égalité du système bute en fait toujours sur la volonté d'avoir au moins deux députés par département[3]. Ainsi, au premier tour des élections législatives de 1988, les écarts entre circonscriptions métropolitaines vont de 1 à 4 (26 339 inscrits dans la deuxième circonscription de la Lozère et 99 057 dans la sixième du Var). Les écarts sont encore plus importants si l'on tient compte des départements et territoires d'outre-mer : le département de la Guyane comprend deux circonscriptions d'environ 15 000 électeurs chacune, alors qu'il n'y a qu'un député pour les territoires de Mayotte (22 479 inscrits), Wallis-et-Futuna (8 316 inscrits), Saint-Pierre-et-Miquelon (4 431 inscrits).

Des projets de réforme du mode de scrutin législatif et régional ont été élaborés par le pouvoir socialiste depuis 1988, qui visaient à rechercher un système mixte entre scrutin majoritaire et proportionnel, c'est-à-dire une formule assurant à la fois l'existence d'une majorité stable et la représentation des minorités. Ces projets n'ont pas abouti, du fait des divisions des socialistes à leur sujet et de la difficulté à les faire accepter par l'opposition à la veille des élections. Le spectacle des conseils régionaux élus en mars 1992, dans lequel il n'y a souvent pas de majorité stable (ce qui laisse beaucoup de marge de manœuvre aux élus pour mettre en place des alliances que leurs électeurs n'avaient souvent pas envisagées), et la crainte d'être accusé d'opportunisme politique ont définitivement convaincu le gouvernement de ne pas modifier le mode de scrutin législatif avant l'échéance électorale de mars 1993.

---

3. Notons que l'adoption du mode de scrutin proportionnel de liste départementale à la fin de 1985 n'avait pas éliminé ce problème. Le nombre de députés avait été augmenté de 491 à 577, ce qui avait permis de ne plus sous-représenter fortement les grands départements urbains, mais laissait subsister une prime pour de rares petits départements à deux députés. Le retour au scrutin majoritaire de circonscription s'effectue sans changer le nombre d'élus par département.

Mais une commission de juristes et de représentants de toutes les forces politiques parlementaires a proposé en février 1993 d'élire à l'avenir 60 députés supplémentaires au scrutin proportionnel.

Le mode de scrutin municipal a subi plusieurs transformations au cours de la Ve République. La dernière date de 1983 et introduit une dose de proportionnalité dans un système majoritaire. Dans toutes les communes de plus de 3 500 habitants, dans le cadre d'un scrutin de liste à deux tours, une importante prime est accordée à la tendance majoritaire mais les tendances minoritaires peuvent aussi être représentées dans les conseils municipaux.

III. Évolution des règles de candidature

Certaines évolutions des règles de candidature au cours de la période ont une signification politique importante et ont modifié sensiblement les résultats des consultations concernées, à savoir les élections présidentielles et législatives. En ce qui concerne les premières, des mesures avaient été prévues dès 1962 pour limiter la candidature au premier tour à des personnalités suffisamment implantées pour recueillir 100 signatures d'élus (maires, conseillers généraux, parlementaires...) d'au moins 10 départements différents. Ces conditions s'étant révélées peu sélectives (6 candidats en 1965, 7 en 1969, 12 en 1974, dont quelques parfaits inconnus), une loi organique de 1976 élève la barre : il faut désormais 500 signatures en provenance de 30 départements, et la liste des signataires est désormais publiée, ce qui limite les engagements des maires élus sans étiquette politique. Cette modification a permis de restreindre les candidats à 10 en 1981 et à 9 en 1988. C'est une barrière assez difficile à franchir pour les petits candidats et pour les tendances extrémistes. Ainsi Jean-Marie Le Pen n'a pu franchir l'obstacle en 1981.

Les règles de candidature au second tour sont encore

beaucoup plus contraignantes puisque dès 1962 seuls ont pu se maintenir les deux candidats arrivés en tête à l'issue du premier tour. Cette règle incite les forces politiques à présenter dès le premier tour des candidats d'alliance. A défaut d'adopter cette pratique, ils risquent d'être exclus du second tour dans toute une série de conjonctures. Cette mesure a donc contribué fortement à la bipolarisation du système politique.

Les règles de candidature pour le second tour des élections législatives ont également évolué, ces modifications accompagnant le mouvement de bipolarisation. En 1966, une loi prévoit que seuls pourront se maintenir au second tour les candidats qui auront obtenu au moins 10 % des suffrages, calculés sur les inscrits (alors que la barrière adoptée en 1958 était de 5 % des suffrages exprimés). En 1975, le plancher est relevé à 12,5 % des inscrits. Il y a ainsi de nombreuses circonscriptions où seuls deux candidats peuvent se maintenir au deuxième tour. Cela empêche les éventuelles stratégies punitives contre une tendance politique ; ainsi rares sont les candidats d'extrême droite ou d'extrême gauche qui peuvent se maintenir pour faire échouer le candidat de la droite classique ou de la gauche modérée. Il y a là une prime donnée aux forces politiques les plus importantes ou à celles qui ont passé une alliance.

Bien qu'il ne s'agisse pas d'une règle portant sur la possibilité d'être candidat, il convient d'évoquer aussi la mise en place de la législation sur le cumul des mandats. La loi du 30 décembre 1985 a prévu que les élus ne peuvent exercer que deux mandats parmi les suivants : député ou sénateur, député européen, conseiller régional, conseiller général, maire d'une commune de plus de 20 000 habitants, adjoint d'une commune de plus de 100 000 habitants. Cette loi s'est appliquée progressivement à partir de 1987 : à chaque scrutin où il est élu, celui qui cumule doit abandonner l'un de ses mandats en surnombre. Cette loi a des effets importants puisqu'elle empêche la domination d'un seul notable sur un territoire. Le cumul des mandats se révélait de fait assez fonctionnel du point de vue de la défense des collectivités locales face à l'appareil administratif national.

Comme l'a fait remarquer Michel Crozier, le cumul permettait de « tirer plusieurs ficelles à la fois » et de finalement être plus efficace dans chacun des mandats exercés [4]. Mais cette pratique était choquante pour la démocratie, dans la mesure où elle instaurait des monopoles de pouvoir. On peut d'ailleurs penser que cette loi n'est pas allée assez loin et qu'il faudrait empêcher par exemple le cumul de deux fonctions exécutives importantes (par exemple, maire d'une grande ville et président du conseil général ou régional). Il faudrait aussi inclure dans les fonctions prises en compte celles de ministre et peut-être de président de communauté urbaine [5].

Notons d'ailleurs que l'analyse des mandats abandonnés est très révélatrice : très rares sont les abandons de mandat de député ou de maire d'une ville, alors qu'on sacrifie plus volontiers un siège de député européen, de conseiller régional ou général. Les stratégies des hommes politiques s'alignent sur les pôles forts de la vie politique.

IV. Évolution du corps électoral

L'augmentation importante du corps électoral depuis le début de la Ve République est due en partie à l'augmentation de la population française, mais en partie aussi à l'abaissement de l'âge électoral de vingt et un à dix-huit ans au début du septennat de Valéry Giscard d'Estaing. Cette mesure peut s'expliquer d'au moins deux manières : au début des années soixante-dix, la jeunesse est de plus en plus présente sur la scène sociale et politique comme catégorie sociale spécifique : des mouvements sociaux de jeunes se sont développés et la jeunesse semble de plus en plus mal supporter la tutelle des adultes. Donner le droit de vote à dix-huit ans, c'est reconnaître cette évolution

---

4. Cf. son article dans *Le Monde*, 22 novembre 1985.
5. Cf. Marc Dolez, « La loi sur le cumul des mandats cinq ans après », *Le Monde*, 27 mars 1991.

sociologique. Par ailleurs, on pouvait penser que donner le droit de vote plus tôt permettrait aux jeunes politisés de s'exprimer selon des formes conventionnelles plutôt que de manière contestataire et permettrait aussi une intégration plus facile au système politique des jeunes peu politisés. On peut estimer à environ 75 % le taux d'inscription des dix-huit-vingt et un ans sur les listes électorales. Ce taux est certes plus faible que pour les plus âgés, mais représente cependant un accroissement du corps électoral de près de 2 millions de personnes. Aujourd'hui le corps électoral dépasse 38 millions d'électeurs inscrits et le taux de non-inscription est environ de 8 %.

De nombreux débats ont eu lieu depuis le début des années quatre-vingt sur l'octroi du droit de vote aux étrangers pour les élections municipales. Une telle réforme, qui faisait partie du programme du candidat socialiste en 1981, ne pouvait être réalisée sans modification de la Constitution puisque l'article 3, alinéa 4, stipulait que « sont électeurs, dans les conditions déterminées par la loi, tous les nationaux français majeurs des deux sexes, jouissant de leurs droits civils et politiques ». Devant l'opposition d'une large partie de l'opinion publique à cette mesure, les socialistes affirment en 1990 y renoncer. Mais le problème a resurgi récemment avec la modification de la Constitution nécessitée par le traité de Maastricht. Dans le cadre de l'Europe politique, les ressortissants de la Communauté devraient désormais pouvoir voter et être élus dans les scrutins municipaux [6].

V. Évolution des campagnes électorales

Les campagnes électorales sont devenues de plus en plus médiatisées. Les moyens utilisés pour faire connaître les

---

6. L'article 88.2 de la Constitution stipule désormais que « le droit de vote et d'éligibilité aux élections municipales peut être accordé aux seuls citoyens de l'Union résidant en France ».

candidats et leur programme se sont diversifiés. La télévision a pris une place très importante dans les outils de campagne, à côté de la presse écrite et de la radio. Les sondages politiques, les affiches, les tracts et journaux de campagne, les appels téléphoniques se sont aussi beaucoup développés.

En 1958, le poste de télévision n'a pas encore envahi les foyers français : moins de 1 million de ménages sont équipés, mais chaque événement mondial important est l'occasion d'une poussée sensible et le développement de ce média est très rapide. L'élection présidentielle de 1965 voit l'irruption des candidats sur le petit écran, chacun disposant pour chaque tour de deux heures d'antenne. La télévision se révèle être un très bon support de communication pour cette élection-phare du système politique, qui est nécessairement très personnalisée et qui fait s'opposer les mêmes candidats dans l'ensemble de la France. Mais les règles juridiques adoptées en 1964 ont limité l'utilisation de l'outil : le candidat ne peut montrer des films réalisés en extérieur illustrant son programme ; il ne peut que le présenter personnellement, en étant éventuellement secondé par des journalistes ou des personnalités politiques. A partir de 1974, un face-à-face entre les deux candidats restant au second tour devient l'émission centrale de la campagne. Et, à partir de 1988, pour éviter un trop fort décalage avec les émissions habituelles, un pourcentage du temps d'antenne peut être utilisé pour des films.

La télévision joue également un rôle important dans les campagnes électorales à travers ses émissions d'information habituelles. Chaque candidat organise ses déplacements (meeting de campagne, rencontre d'acteurs sociaux, petites phrases...) de manière à créer des événements pour la reprise médiatique. Mais les médias publics doivent veiller à une stricte égalité de traitement entre les candidats. Les soirées électorales sont aussi devenues de grands spectacles télévisuels : estimations du résultat dès la fermeture des bureaux de vote, résultats de sondages à la sortie des urnes pour mieux apprécier les attitudes des différentes catégories d'électeurs, déclarations solennisées des vainqueurs et des vaincus, débats entre tendances politiques animent la soirée. La télévision donne ainsi à voir le monde conflictuel de la politique au moment où les urnes viennent de relégitimer les élus.

L'élection présidentielle de 1965 marque aussi l'irruption des sondages dans les campagnes électorales. Un sondage IFOP publié par *France-Soir* prévoit la mise en ballottage du général de Gaulle et mesure assez bien son score effectif. La réalisation de cette prévision, qui ne correspond pas aux attentes des observateurs, fait des sondages d'intentions de vote un outil désormais indispensable des campagnes électorales. Leur utilisation est devenue de plus en plus fréquente depuis lors, même si le législateur a, en 1977, interdit la publication des résultats dans la semaine qui précède l'élection et prévu des moyens de contrôle de la fiabilité des sondages préélectoraux. De nombreux débats ont eu lieu sur l'impact de cette irruption sur le résultat lui-même. Il semble bien que leur influence ne soit pas démontrable. Ils ne constituent qu'un élément d'information parmi d'autres dans des campagnes qui constituent « une séquence privilégiée de construction de la réalité politique à laquelle contribuent tous les acteurs selon leurs ressources et leurs intérêts [7] ». On peut d'ailleurs se demander si les sondages politiques n'ont pas plus d'influence sur les acteurs politiques que sur le public lui-même. Leur résultat est très important pour la sélection des candidats par les partis politiques et ils permettent à ces derniers d'ajuster leurs stratégies.

D'autres moyens de campagne se sont aussi développés : utilisation de plus en plus fréquente au début des années quatre-vingt des affiches électorales sauvages et sur supports publicitaires payants, même pour des élections locales, multiplication des tracts et des journaux de campagne utilisant toutes les techniques modernes, mailings sous enveloppe, appels téléphoniques personnalisés... Tout cela dénote à la fois l'augmentation des moyens financiers consacrés aux campagnes politiques et la légitimation de la publicité dans la société française. Même si le vote exprime

---

7. Cf. Jacques Gerstlé, *La Communication politique*, PUF, coll. « Que sais-je ? », 1992, p. 68.

le choix du citoyen en son âme et conscience dans le secret de l'isoloir et s'il est en large partie déterminé par des attitudes construites dans la durée, peu modifiables par la simple propagande politique, tous les moyens de persuasion semblent légitimes pour convaincre. Les pouvoirs publics se sont cependant inquiétés de cette prolifération. Elle peut générer des inégalités entre candidats et surtout elle favorise la recherche de moyens financiers douteux par les différentes forces politiques. Des lois de 1988 et de 1990 prévoient un financement public des forces politiques (sur la base du nombre de parlementaires et du pourcentage de voix obtenues aux élections législatives), mais elles réglementent les dons privés (limitation à 500 000 francs par an pour les personnes morales, interdiction des dons d'États étrangers...), elles limitent les dépenses de campagne (120 millions de francs au premier tour d'une élection présidentielle, 80 millions pour chaque liste aux élections européennes, entre 400 000 et 500 000 francs par candidat aux élections législatives...) et prévoient un contrôle des finances des partis et des comptes de campagne. Ces mesures ont permis aux partis de faire face à la baisse du militantisme et d'augmenter fortement les ressources financières, mais elles n'ont pas supprimé toutes les pratiques occultes[8].

Par ailleurs, la loi de 1990 interdit en permanence la publicité politique payante à la radio et à la télévision, elle interdit aussi l'affichage électoral hors des panneaux officiels dans les trois derniers mois avant l'élection et les campagnes institutionnelles mettant en valeur les collectivités dans les six mois qui précèdent le renouvellement de leurs élus. Toutes ces mesures devraient contribuer à redonner de l'importance aux moyens officiels de campagne et réorienter les dépenses des candidats vers les moyens

8. Une nouvelle loi, dite « anti-corruption », adoptée fin 1992, prévoit que les dons des entreprises aux partis et candidats seront publics.

qui restent autorisés : tracts, journaux, téléphone[9]. Les campagnes électorales, même limitées dans leurs moyens, restent encore des temps forts de la mobilisation politique, et la mise en application de ces nouvelles règles en mars 1992 n'a pas empêché une participation électorale sensiblement plus élevée que ce que pronostiquaient beaucoup d'observateurs. La mobilisation électorale est liée beaucoup plus à la perception des enjeux politiques qu'à la publicité. Et celle-ci ne parvient pas à manipuler artificiellement la perception des enjeux, quelle que soit l'importance des budgets mis en œuvre.

VI. La pratique des référendums

La Ve République réintroduit dans les pratiques électorales le référendum. Celui-ci n'avait été utilisé de 1789 à 1946 que douze fois, en général pour modifier la Constitution. La Constitution de 1958 prévoit bien à l'article 89 une procédure de révision constitutionnelle par référendum (après vote du projet par les deux chambres en des termes identiques), mais elle prévoit aussi la possibilité du référendum, sur initiative gouvernementale ou parlementaire, pour faire adopter directement par le peuple, sans passer par la voie parlementaire, des projets de loi « portant sur l'organisation des pouvoirs publics », pour approuver un accord de communauté ou ratifier un traité (article 11 de la Constitution). Elle ne va donc pas jusqu'à autoriser le référendum d'initiative populaire portant sur n'importe quel sujet.

9. La loi de 1990 interdit « l'utilisation à des fins de propagande électorale de tout procédé de publicité commerciale par la voie de presse ou par tout moyen de communication audio-visuelle ». Ce texte, relativement imprécis et qui devra être précisé par la jurisprudence, ne semble pas condamner l'utilisation du courrier et du téléphone pour adresser aux électeurs des messages de propagande. Par contre, la loi interdit explicitement la mise en place par les candidats de numéros d'appel téléphonique ou télématique gratuits.

Depuis 1958, le référendum a été utilisé huit fois. On peut distinguer l'utilisation gaullienne du référendum des autres. En effet, le Général utilise cette procédure pour asseoir les institutions nouvelles et mettre en œuvre certains axes majeurs de sa politique en s'appuyant directement sur la légitimité populaire et en faisant peu de cas des forces politiques traditionnelles. Il dramatise l'enjeu de ces référendums en liant son maintien au pouvoir à l'adoption du référendum, si possible avec une majorité conséquente. Le référendum gaulliste a donc toujours des aspects de plébiscite, c'est-à-dire de légitimation du président qui soumet le référendum au peuple. Ces référendums dramatisés mobilisent fortement le corps électoral puisque le taux d'abstention aux cinq référendums gaullistes se situe entre 15,1 % en septembre 1958 et 24,4 % en avril 1962.

Le premier référendum est bien sûr le plus mobilisateur puisqu'il s'agit d'adopter la nouvelle Constitution[10], ce qui est fait avec près de 80 % de oui. Le deuxième référendum se déroule en janvier 1961 et porte sur le principe de l'autodétermination en Algérie. Juridiquement organisé dans le cadre de l'article 11, ce référendum vise moins à modifier l'organisation des pouvoirs publics qu'à faire accepter par le pays la politique algérienne du général de Gaulle. Il est approuvé par 75,3 % des suffrages exprimés et, comme en 1958, le non est principalement soutenu par le Parti communiste. Le référendum d'avril 1962 porte à nouveau sur le problème algérien. Il s'agit d'accepter les accords d'Évian, qui mettent fin à la guerre d'Algérie. Le non est ici seulement soutenu par les partisans de l'Algérie française et le oui totalise 90,7 % des suffrages exprimés.

La guerre finie, de Gaulle souhaite réformer la Constitution pour donner un pouvoir décisif aux futurs présidents de la République : celui de la légitimité populaire. Sachant que cette réforme se heurtera à l'opposition parlementaire, il utilise l'article 11 plutôt que 89. Cette procédure est en

---

10. Le général de Gaulle, investi président du Conseil le 1er juin 1958, a fait immédiatement voter une loi donnant à son gouvernement le droit d'établir une nouvelle Constitution, qui doit être approuvée par référendum.

principe contraire à la Constitution puisqu'il s'agit de modifier la loi fondamentale. Mais le Conseil constitutionnel ne pouvait être saisi de ce problème qu'après le référendum et il s'est déclaré incompétent, dans la mesure où il n'a pas voulu désapprouver le suffrage universel. Toutes les forces politiques sont défavorables à ce référendum, à l'exception des gaullistes et d'une petite partie de la droite, conduite par Valéry Giscard d'Estaing. Malgré l'étendue de ce « cartel des non », qui fait d'ailleurs voter à l'Assemblée la censure du gouvernement Pompidou, le référendum est adopté avec 61,8 % des suffrages exprimés. De Gaulle répond à la censure du gouvernement par la dissolution de l'Assemblée, et les élections législatives se concluent par un succès gaulliste. Le référendum gaulliste est donc un moyen puissant pour faire évoluer les institutions et renforcer le pouvoir gaulliste. Mais il peut aussi se révéler être, dans une autre conjoncture, la cause de la chute du leader.

Alors que les élections législatives de 1968, dans la suite immédiate des événements de Mai, s'étaient conclues par une large victoire de la majorité, de Gaulle voulait vérifier sa légitimité dans un nouveau projet de réforme « relatif à la création de régions et à la rénovation du Sénat ». Ce projet, qui modifiait la Constitution et réduisait les pouvoirs du Sénat, expression d'une France rurale traditionnelle et de notables politiques locaux bien implantés, est contesté par la droite non gaulliste et une partie de la majorité (Valéry Giscard d'Estaing invite à s'abstenir ou à voter non) ; il est repoussé puisque le non recueille 53,2 % des suffrages exprimés.

Après le général de Gaulle, le référendum n'a plus la même signification. Certes, le président s'engage dans la bataille et défend le projet soumis aux Français. Mais il ne lie plus son destin politique au résultat. Le référendum, moins dramatisé, mobilise aussi moins fortement. Il n'a d'ailleurs été utilisé que trois fois. En 1972 d'abord, pour ratifier le traité d'élargissement de la Communauté économique européenne. Ce référendum devait aussi permettre de resserrer la majorité à la veille d'élections législatives et de mettre en difficulté la gauche au moment où elle négociait le fameux programme commun de gouvernement. Ce dernier objectif fut réalisé puisque le PCF se prononça, comme c'était prévisible, pour le non et les socialistes pour l'abstention. Le oui l'emporta largement (avec 67,7 % des voix) mais le sujet se révéla bien peu mobilisateur puisqu'il y eut 39,5 % d'abstentions.

Ce succès très mitigé, venant après un échec cuisant, explique peut-être que le référendum n'ait plus été utilisé jusqu'à l'automne 1988. Et cette utilisation est très particulière. Mis en œuvre à la demande des indépendantistes calédoniens, ce référendum doit engager le peuple français sur les accords Matignon et éviter qu'ils puissent trop facilement être remis en cause par les pouvoirs politiques ultérieurs. Le oui l'emporte avec 80 % des suffrages exprimés (seul le FN était pour le non, alors que le RPR encourageait l'abstention), mais l'abstention atteint le niveau record de 63 %. Cela démontre que le corps électoral français n'est pas prêt à se déplacer aux urnes pour des sujets politiques certes importants, mais qui ne lui paraissent pas devoir modifier substantiellement son mode de vie. Cela doit faire réfléchir avant d'introduire dans la Constitution la possibilité d'une pratique plus fréquente du référendum. Rappelons à ce propos qu'en 1984 une telle réforme a failli voir le jour. Le Sénat souhaitait que le projet de loi sur l'enseignement privé, alors en discussion, soit soumis à référendum. Ce n'était pas possible dans le cadre des institutions de la Ve République. Le président Mitterrand accepta alors de mettre en route une procédure de modification constitutionnelle (selon l'article 89) pour élargir le recours au référendum. Mais il se heurta à l'opposition du Sénat...

Tout récemment, le 20 septembre 1992, les Français ont été à nouveau appelés à s'exprimer par référendum [11] pour autoriser la ratification du traité de Maastricht. Le président de la République a choisi la voie référendaire plutôt que la voie parlementaire pour que cette ratification soit l'objet d'un grand débat, pour favoriser ainsi la prise de

11. Ce référendum a fait oublier le projet d'une autre consultation pour modifier la Constitution : limitation du mandat présidentiel, renforcement du rôle du Parlement et de l'indépendance de la justice.

conscience par les électeurs de l'importance de l'Europe et pour pérenniser l'engagement de la France dans ce grand dessein. Mais on peut se demander si des considérations politiques – les mêmes qu'en 1972 pour le président Pompidou – n'ont pas aussi motivé sa décision : à huit mois d'élections législatives au pronostic sombre pour les socialistes, ce référendum pouvait à la fois diviser l'opposition et peut-être faciliter certains reclassements politiques. La construction européenne s'est révélée mobilisatrice puisque l'abstention n'a pas dépassé 30,3 % des inscrits. La conscience d'une issue très serrée peut avoir contribué à la mobilisation : la ratification a été acceptée par à peine 51 % des suffrages exprimés. Les électeurs n'ont pas toujours suivi les consignes des partis et des hommes politiques. Les inquiétudes devant l'avenir – plus ou moins exacerbées selon les régions – ont pesé lourd dans le résultat final.

VII. Le vote, une norme démocratique bien instituée

Au cours de la Ve République, les rituels électoraux ont été enrichis : le vote est plus fréquent et touche un corps électoral plus large, la modification des règles électorales constitue toujours un enjeu politique important, la médiatisation des campagnes s'est développée. Le système politique entretient ainsi la norme du vote dans un système démocratique : comme le rappelle la carte adressée périodiquement à chaque électeur, « voter est un droit, c'est aussi un devoir civique ». Cette norme du bon citoyen [12] est profondément inscrite dans notre culture politique. Et l'abstentionnisme structurel, qui traduit un déficit d'inté-

---

12. Le vote est une norme sociale qui peut se transgresser. Mais, lorsqu'ils s'abstiennent, beaucoup de citoyens sont encore marqués par la norme, puisqu'ils le font avec mauvaise conscience, comme l'atteste la sous-estimation systématique de l'abstention dans les sondages.

gration sociale et d'intégration politique, ne semble pas avoir augmenté au cours de la période, contrairement à ce que certains essayistes ont affirmé. En fait, le niveau de l'abstention bouge beaucoup tout au long de la période et varie avant tout selon le degré de mobilisation générée par la conjoncture politique (type d'élection et enjeux de cette élection).

Pierre Bréchon,
professeur de science politique
(CIDSP-CERAT)

*

Bibliographie

Frédéric Bon, *Les Élections en France. Histoire et sociologie*, Éd. du Seuil, 1978.

Pierre Bréchon, *La France aux urnes. Cinquante ans d'histoire électorale*, les études de La Documentation française, 1993.

Dominique Chagnollaud (sous la dir. de), *Bilan politique de la France. 1991*, Hachette, 1991 ; devenu : *État politique de la France*, Quai Voltaire, 1992.

Jacques Chapsal, *La Vie politique sous la Ve République*, PUF, 2 tomes, 1987.

Code électoral, Journal officiel de la République française, édition janvier 1991.

Jean-Marie Cotteret et Claude Emeri, *Les Systèmes électoraux*, PUF, 1983.

Jacques Gerstlé, *La Communication politique*, PUF, 1992.

Institutions et Vie politique, « Les notices », La Documentation française, 1991.

Alain Lancelot, *Les Élections sous la Ve République*, PUF, 1988.

Robert Ponceyri, *Les Élections sous la Ve République*, Privat, 1989.

Le comportement électoral des Français

Le vote est d'abord un acte individuel. Il est le produit, à un moment donné, de l'héritage politique familial et du trajet social et idéologique personnel de l'électeur. Il traduit les préférences politiques et les systèmes de valeurs de celui-ci. Mais l'individu est inséré à la fois dans une structure sociale et dans un système politique dont l'état et les évolutions influent fortement sur l'élaboration et les modifications de ses comportements électoraux.

Les études sur le comportement électoral ont révélé que dans un pays donné un petit nombre de caractéristiques individuelles structurent le vote de manière forte et durable. On a pu ainsi montrer qu'en France l'appartenance et la pratique religieuses étaient étroitement liées au vote. De même, l'importance et la composition du patrimoine économique, le groupe social d'appartenance, l'âge, la nationalité d'origine, le sexe et l'activité professionnelle combinent leurs effets pour donner au vote sa physionomie collective.

Le vote n'est cependant pas la traduction pure et simple des orientations politiques et idéologiques des individus et de leurs demandes à l'égard des partis et du système politique. Le vote est aussi et peut-être surtout une réponse de l'électeur aux sollicitations de ces derniers. Les enjeux, la personnalité des candidats et la configuration des candidatures, les thèmes des campagnes et les programmes des candidats et des partis, le système institutionnel et le mode de scrutin, la conjoncture politique générale, enfin, déterminent un ensemble de données et de contraintes qui pèsent sur l'élaboration des choix électoraux des individus. L'offre politique oriente et réduit les choix possibles, obligeant les électeurs à effectuer des transactions entre leurs options personnelles, multiples et contradictoires, et cette offre politique relativement limitée. Le vote est donc en fin de compte la rencontre entre une demande et une offre politiques. La participation électorale traduit l'acceptation par les électeurs, lors d'une consultation donnée, de cette transaction avec le système politique.

Ces remarques préalables ont pour objet de montrer que la description de l'évolution des comportements électoraux sous la Vᵉ République, soit une période de trente-quatre années, conduit à prendre en compte simultanément les évolutions du système politique et celles de l'électorat. Les évolutions de l'un et de l'autre ne sont pas nécessairement synchronisées, mais on peut schématiquement considérer que la succession de quelques grandes périodes politiques au cours de ces trente-quatre années correspond à des états différents de rencontre de l'offre et de la demande politiques. Quatre périodes nous ont paru pouvoir être distinguées. La première correspond à la mise en place des institutions de la Vᵉ République, entre 1958 et 1962. Elle voit une mutation profonde du système politique et institutionnel et la victoire du général de Gaulle sur les formations politiques issues du régime précédent. La deuxième période, de 1965 à 1973, est celle où se développent des formules concurrentes parmi les adversaires du gaullisme pour tenter de relever le défi adressé par celui-ci au « système des partis ». La troisième période, de 1974 à 1981, est celle du triomphe de la logique majoritaire et du « quadrille bipolaire » qui organisent les oppositions selon le clivage gauche/droite. Enfin, la dernière période, qui n'est pas achevée, marque la perte d'efficacité de la logique majoritaire et la fragmentation politique et électorale du pays. La périodisation proposée ici comporte nécessairement une part d'arbitraire. En particulier, elle rompt l'unité d'ensemble de la période ouverte avec le retour au pouvoir du général de Gaulle, unité due à l'instauration d'un nouveau régime institutionnel et à la dynamique politique engendrée par celui-ci. Aussi convient-il de s'arrêter un instant sur cette dynamique nouvelle avant de revenir à la périodisation annoncée.

I. La dynamique de la Ve République

L'avènement du nouveau régime a profondément transformé les conditions dans lesquelles les Français ont exercé leur droit de vote. Les nouvelles institutions et la pratique qui a été celle du général de Gaulle et de ses successeurs ont entraîné une augmentation notable du nombre des consultations électorales (cf. *supra*, « Élections et référendums »). Entre 1958 et 1992, les citoyens ont été appelés aux urnes trente-huit ou trente-neuf fois selon les séries cantonales, soit en moyenne plus d'une fois par an. La gravité et la dramatisation des enjeux qui ont marqué la période fondatrice de la Ve République, avec la succession des référendums (quatre dans les cinq premières années), ont joué dans le sens d'une implication forte et directe des citoyens dans la vie politique. Puis l'élection présidentielle s'est imposée peu à peu, à partir de la réforme de 1962, comme l'élection clef de la Ve République. D'un côté, le fait pour les citoyens d'être amenés à trancher directement la question des majorités, par l'élection présidentielle et les élections législatives au scrutin majoritaire, la personnalisation croissante de la vie politique et le rôle de plus en plus grand des médias et des sondages ont joué en faveur de la participation électorale. Inversement, le nombre croissant des consultations électorales et la diversité des enjeux institutionnels et politiques qui leur sont liés ont joué dans le sens d'une hiérarchisation des enjeux propres à chaque type de consultation. En se banalisant, le vote est devenu plus sélectif et la participation plus variable. La hiérarchie de fait établie par les Français ressort de la moyenne des pourcentages d'abstention pour chaque type d'élections (tableau 1)[1]. Elle est la suivante : 18 % pour les élections présidentielles (premier tour), 24 % pour les élections municipales et les élections législatives (premier tour), 27 % pour les élections régionales, 29 % pour les référendums (avec des variations considérables selon qu'ils comportent ou non un enjeu plébiscitaire), 37 % pour les élections cantonales (premier tour) et 44 % pour les élections européennes. Les variations de l'abstention pour un type de consultation donné correspondent, comme nous le verrons, aux enjeux spécifiques liés à la conjoncture politique de chaque consultation.

Le rétablissement, en 1958, du scrutin majoritaire à deux tours pour les élections législatives, qui est demeuré en vigueur pendant toute la période, à l'exception des élections de 1986, l'existence de modes de scrutin majoritaires à deux tours pour les élections municipales et cantonales et l'élection présidentielle, qui ne laisse que deux candidats en lice au second tour, ont imposé une logique majoritaire à l'ensemble du système politique. Cette logique a fini par s'imposer aux électeurs et aux partis et, malgré les forces qui la contrarient depuis quelques années, elle n'a pas pour autant fini de produire ses effets. Cette logique a contribué à donner aux scrutins locaux un enjeu politique national. La « nationalisation » des comportements électoraux a été favorisée également par l'importance accrue des médias et des sondages dans les campagnes électorales. Tout cela a contribué à faire du vote, plus encore que par le passé, le mode de participation politique central des Français. Peut-être faut-il voir là l'une des raisons pour lesquelles, dans la période récente, la baisse de la participation électorale a été perçue par certains observateurs comme le symptôme d'une crise générale et grave du rapport des Français à la politique. En réalité, au cours des trente-quatre années qui nous séparent de 1958, les Français ont fait l'apprentissage des nouvelles règles du jeu électoral et ont tenté d'exprimer leurs attentes et leurs intérêts dans le cadre de celles-ci. Les acteurs politiques, pour leur part, se

1. On trouvera dans l'annexe « Élections et référendums sous la Vᵉ République », *infra*, tous les tableaux cités dans cette contribution.

sont efforcés de s'adapter aux nouvelles règles du jeu et de renouveler l'offre électorale à l'intérieur du système de contraintes généré par les transformations du système politique.

A. La période fondatrice (1958-1962)

Quatre référendums et deux élections législatives ont jalonné la courte période entre 1958 et 1962. Au cours de cette période, la vie politique s'est organisée entièrement autour de la personne et de la politique du général de Gaulle, revenu au pouvoir après le 13 mai 1958. Deux enjeux fondamentaux ont nourri le débat : l'enjeu institutionnel et l'enjeu algérien. La recomposition des forces politiques et des électorats s'est effectuée en deux temps. En 1958 se sont opposés les partisans et les adversaires du compromis institutionnel et politique de 1958. Les adversaires se situaient d'abord à gauche – les communistes, François Mitterrand et Pierre Mendès France –, mais aussi à l'extrême droite – les poujadistes et nostalgiques du régime de Vichy. Face à cette double opposition, l'ensemble des autres forces politiques ont soutenu le général de Gaulle, tandis qu'une nouvelle formation gaulliste, l'UNR, apparaissait. Les élections législatives de 1958 ont marqué la déroute électorale des opposants au nouveau régime : recul très sensible du Parti communiste, disparition du poujadisme (tableau 2). Les Français ont massivement voté lors des trois référendums, celui de 1958 sur les institutions et ceux de 1961 et 1962 sur l'Algérie (respectivement 85, 76 et 79 %). Et ils ont voté oui à 80, 75 et 91 %. Cette période est donc, malgré l'opposition communiste, celle d'un large rassemblement populaire autour du général de Gaulle.

Le référendum d'octobre 1962 et les élections législatives qui l'ont suivi ont entraîné la rupture de ce relatif consensus, les formations politiques qui avaient accepté le compromis avec le général de Gaulle en 1958 étant hostiles à la révision constitutionnelle instituant l'élection du président de la République au suffrage universel. Cette crise a accéléré les reclassements de l'électorat déjà entamés en 1958. 77 % des électeurs ont participé au référendum, mais 62 % seulement ont appuyé le général de Gaulle. Ce score n'en traduisait pas moins la défaite des partis hostiles au régime, défaite qui se transforma en déroute aux élections législatives de novembre 1962. Le vote des Français au référendum montra une correspondance entre le clivage politique et les clivages sociodémographiques, faisant ressortir la structure des soutiens au général de Gaulle dans l'opinion (tableau 5). Du côté du oui, les femmes, les retraités, les cadres moyens et les employés. Du côté du non, les ouvriers et une part importante des cadres supérieurs et professions intellectuelles. L'absence de clivage dans les différentes classes d'âge témoignait de la difficulté de l'opposition à faire passer le général de Gaulle pour un homme du passé. Lors des élections de novembre, la fragilité des opposants était encore plus grande que ne le laissaient supposer les résultats, dans la mesure où la majorité des électeurs des partis du centre et de la droite hostiles au général de Gaulle, ainsi qu'une forte minorité des électeurs du Parti socialiste et du Parti radical avaient voté oui au référendum. Les consultations de l'automne 1962 condamnaient la formule du « cartel des non » et installaient le Parti gaulliste comme parti dominant. Une stratégie efficace d'opposition au régime obligeait à faire fond sur la classe ouvrière, et donc à passer un accord avec le Parti communiste. Par ailleurs, l'irruption de l'élection présidentielle dans le jeu politique, plébiscitée par les Français, forçait l'opposition à prendre cette échéance au sérieux. François Mitterrand, en choisissant cette double option, allait, à partir de 1964, élaborer une nouvelle stratégie politique.

B. La difficile relève du défi gaulliste (1965-1973)

L'élection présidentielle de 1965 permet à François Mitterrand d'asseoir la crédibilité de sa démarche (tableaux 3 et 4). Candidat unique de la gauche, il devance nettement le candidat du centre, Jean Lecanuet, et contribue au premier chef à mettre le président de la République en ballottage. Au second tour, le général de Gaulle est largement réélu, mais les 45 % de son adversaire de gauche créent les conditions d'une bipolarisation des forces politiques entre la gauche et la droite. Outre l'appui des ouvriers, le candidat de gauche prend l'avantage chez les hommes et les jeunes et réalise sa moyenne nationale chez les employés et les cadres moyens. L'hostilité de la direction de la SFIO, la volonté du MRP et d'une partie des radicaux de privilégier une alternative centriste au gaullisme et les événements de 1968 auront raison de la première tentative mitterrandienne. Après ses succès relatifs de 1965 et 1967, le désastre électoral de la gauche en 1968 redonne l'initiative aux tenants d'autres formules politiques face au gaullisme.

L'année 1969 est capitale car elle voit les électeurs sanctionner les formules politiques qui ne s'inscrivent pas dans la logique majoritaire articulée sur l'opposition gauche/droite. Le référendum d'avril entraîne la défaite et le départ du général de Gaulle. Celle-ci résulte de la conjonction des oppositions de la gauche et de la droite non gaulliste. Elle marque l'échec de la tentative du général de Gaulle d'échapper à l'opposition gauche/droite et d'organiser la vie politique autour du soutien du peuple français à sa personne et à sa politique. Elle clôt la période plébiscitaire de la Ve République.

L'élection présidentielle du printemps est à la fois le moment du relatif succès et le chant du cygne de la tentative centriste. Alain Poher, le candidat du centre, parvient au second tour mais est nettement battu par Georges Pompidou, le successeur du général de Gaulle à la tête du mouvement gaulliste. L'écrasement du candidat socialiste et le bon score du candidat communiste au premier tour achèvent de ruiner les espoirs de ceux qui voulaient organiser l'opposition au régime sans l'appui du Parti communiste. En effet, le mot d'ordre d'abstention lancé par celui-ci pour le second tour est nettement suivi par son électorat. En particulier, 44 % des ouvriers s'abstiennent. Et parmi ceux d'entre eux qui votent, la moitié choisissent Georges Pompidou. Il est ainsi avéré que les centres ne disposent pas des bases populaires nécessaires pour l'emporter sur les gaullistes et leurs alliés. La voie est libre pour François Mitterrand, qui conquiert le Parti socialiste en 1971 et signe avec le Parti communiste en 1972 le programme commun de gouvernement. Les élections législatives de 1973 accélèrent les progrès de la dynamique majoritaire. Le centre effectue sa dernière tentative pour échapper à cette dynamique. Vainement. Entre les deux tours, Georges Pompidou élargit son alliance avec le centre, et les électeurs de celui-ci optent en majorité pour la droite. La victoire de Georges Pompidou n'est pas celle du seul gaullisme, elle est celle d'un regroupement des droites. A gauche, les résultats du Parti socialiste sont néanmoins encourageants et l'écart entre l'UGSD (socialistes et radicaux de gauche) et le Parti communiste est faible. Les conditions de mise en place de la bipolarisation sont partiellement réunies.

C. Le quadrille bipolaire (1974-1981)

L'élection présidentielle de 1974 ouvre une période nouvelle qui voit s'affronter deux coalitions, l'une, à gauche, dominée par le Parti socialiste, l'autre, à droite, où la droite non gaulliste rassemblant l'ancien centre et les modérés favorables à la Ve République équilibre le parti gaulliste affaibli par sa division, Jacques Chirac ayant dès le premier tour soutenu Valéry Giscard d'Estaing contre le candidat officiel du parti gaulliste, Jacques Chaban-Delmas. Le second tour de l'élection revêt un enjeu politique considérable, compte tenu de l'incertitude du résultat et de l'opposition profonde entre la droite et la gauche du programme commun. Les communistes, comme en 1965, n'ont pas présenté de candidat contre François Mitterrand. La période 1974-1981 sera marquée par cet affrontement serré entre les deux coalitions et par une participation très forte des électeurs aux différents scrutins (tableau 1). Elle s'ouvre par la courte victoire de Valéry Giscard d'Estaing et s'achève, sept ans plus tard, par l'élection de François Mitterrand à la présidence de la République. Ce long affrontement entre deux coalitions aux projets politiques inconciliables va modifier pour partie et aiguiser les clivages sociopolitiques au sein de la société française. Le tableau 5 montre comment les Français ont voté au second tour des élections présidentielles au cours de la Ve République selon le sexe, l'âge, la profession du chef de ménage et la pratique religieuse. Entre 1965 et la période 1974-1981, la gauche marque des points importants chez les femmes, les jeunes, les ouvriers, les employés et les cadres moyens. En 1974 et 1981, les jeunes, les hommes, les salariés, à l'exception des cadres supérieurs, les catholiques non pratiquants et les personnes sans religion se prononcent nettement en faveur de François Mitterrand, tandis que les plus de cinquante ans, les indépendants, les cadres supérieurs et professions libérales, les inactifs et les catholiques pratiquants votent en majorité pour Valéry Giscard d'Estaing. En schématisant, on peut dire que deux France s'affrontent à travers ces duels au sommet.

Les années soixante-dix correspondent à la rencontre d'une nouvelle offre politique – la gauche du programme commun et surtout le renouveau du Parti socialiste – et de nouvelles demandes. La progression démographique très rapide des couches moyennes salariées modifie profondément la physionomie de la société française. Entre 1962 et 1982, la part des salariés non ouvriers passe de 30 à 50 % de la population active, tandis que celle des ouvriers passe de 40 à 33 % et celle des patrons et travailleurs indépendants de 30 à 17 %. Après 1968, la libération des mœurs, l'évolution de la place des femmes dans la société, les transformations des modes de vie et de consommation et les modifications des rapports parents-enfants donnent à ce changement de la physionomie de la société son contenu idéologique. Le processus d'urbanisation tend à détruire ou à affaiblir les cadres sociaux, idéologiques et politiques à l'intérieur desquels s'organisait la vie sociale dans les campagnes. L'Église catholique voit son influence sociale diminuer, notamment dans la population féminine. Les couches nouvelles, jeunes, scolarisées, féminisées, partagent de manière croissante les valeurs du libéralisme culturel. Ni le Parti communiste et son « ouvriérisme », ni la droite conservatrice, malgré les réformes importantes qui ont marqué le début du septennat de Valéry Giscard d'Estaing (droit de vote à dix-huit ans et légalisation de l'avortement), n'offrent des structures d'accueil adéquates aux nouvelles demandes. L'union de la gauche, dominée de plus en plus nettement par le Parti socialiste, constitue en revanche une offre mieux adaptée à une société en pleine mutation, au croisement des aspirations culturelles de Mai 68 et des aspirations sociales portées par la tradition de gauche. La synthèse mitterrandienne doit alors son succès au fait qu'elle traduit sur le plan politique l'alliance de la classe ouvrière et des couches moyennes salariées. Si les élections législatives sont un échec politique pour les socialistes, dû largement au sabotage du Parti communiste, qui refuse d'admettre la prééminence du Parti socialiste, elles marquent néanmoins l'installation de ce dernier comme le premier parti de gauche et amènent un rééquilibrage électoral de la gauche et de la droite. La comparaison de la composition des électorats des quatre grands partis aux élections de 1978 montre les similitudes entre les électorats socialiste et communiste d'un côté et entre les électorats de l'UDF et du RPR de l'autre (tableau 6). Les électorats des deux grands partis de gauche sont plus masculins, plus jeunes, plus salariés et plus détachés de l'Église catholique, tandis que les électorats de droite sont plus féminins, plus âgés, plus catholiques et moins salariés.

Cette période qui s'achève avec l'élection présidentielle de 1981 a vu les quatre grandes formations, unies deux à deux, rassembler près de 90 % des voix des électeurs. La dynamique politique, en organisant la vie politique autour de l'affrontement des deux grandes coalitions de droite et de gauche, a entraîné une marginalisation des autres courants politiques. L'élection de François Mitterrand en 1981 va ouvrir une période nouvelle.

D. La logique majoritaire contrariée (1984-1992)

L'arrivée des socialistes au pouvoir, puis les difficultés et les échecs de leur politique, notamment sur le front du chômage, et enfin le retournement de leur politique en 1983, qui entraînera l'année suivante la fin de la participation gouvernementale communiste, vont modifier en profondeur les données de l'offre politique. La première alternance de la Ve République prive la gauche des avantages électoraux qu'elle tirait de son opposition de deux décennies au régime établi par le général de Gaulle. Les Français vont percevoir de moins en moins de différences entre les politiques menées par la gauche et celles de la droite, d'autant que la période de cohabitation, entre 1986 et 1988, contribue à brouiller plus encore les repères. Les grands partis de gouvernement perdent une grande part de leur crédit. Les nouvelles générations, qui n'ont connu que la gauche au pouvoir, appellent un renouvellement de l'offre politique. Des attentes se font jour ou progressent dans l'opinion, que ni les partis de gauche ni ceux de la droite modérée ne paraissent pouvoir satisfaire : les questions de sécurité, d'immigration, de défense de l'environnement, de formation s'imposent, derrière le chômage, comme les grandes préoccupations du moment. En outre, la seconde rupture de l'union de la gauche, en 1984, laisse le socialisme gouvernemental isolé face aux insatisfactions croissantes de l'opinion.

Le comportement électoral des Français subit alors trois grandes transformations. Entre l'élection présidentielle de 1988, qui voit la réélection de François Mitterrand, deux ans après la défaite législative de la gauche, et les élections européennes de 1989, la participation électorale baisse fortement, une période d'apaisement des passions politiques succédant à la période d'affrontement antérieure. Les votes de soutien font place aux votes « contre ». Un nombre croissant d'électeurs, mécontents de l'action des grands partis de gouvernement, donnent leur vote aux partis protestataires.

Les demandes nouvelles des électeurs vont permettre à des mouvements qui jusque-là n'avaient pas réussi à sortir de la marginalité de s'imposer sur le plan électoral. Il s'en suit une restructuration du système politique et électoral qui s'effectue en deux temps, favorisée par le mode de scrutin proportionnel qui est en vigueur pour les élections européennes, régionales et, en 1986, législatives. Les élections européennes de 1984 voient l'irruption du Front national sur la scène électorale et les élections européennes de 1989 marquent l'irruption du mouvement des Verts. Lors de ces dernières élections, les trois grands partis de gouvernement ne recueillent que 60 % des suffrages exprimés, 68 % en ajoutant les voix du Parti communiste. On mesure ainsi l'importance de la recomposition électorale en cours.

Les élections régionales de 1992 accusent les tendances observées dans la période précédente, à l'exception de celle concernant l'abstention. Contrairement aux prévisions et analyses les plus courantes, la participation est relativement élevée – près de 70 % –, inférieure, certes, à celles des premières élections régionales de 1986 – mais celles-ci étaient couplées à des élections législatives générales –, cependant très supérieure à celle des européennes de 1989. La raison de ce sursaut de mobilisation doit être recherchée dans le regain des affrontements politiques qui suit le remplacement de Michel Rocard par Édith Cresson à Matignon et dans le délai écoulé depuis les dernières consultations électorales, qui remontent à 1989. Il traduit d'abord la montée des votes contre : contre le Parti socialiste d'abord et contre le Front national ensuite.

Aux élections régionales, les trois grands partis totalisent à peine plus de 50 % des suffrages exprimés. L'effondrement du Parti socialiste (18 %) ne bénéficie pas à l'opposition modérée (33 %, contre 37 % en 1989). Quant

au Parti communiste, il stagne à son très bas niveau des
élections européennes (8 %). La percée écologiste (15 %) et
la consolidation du Front national (14 %) amplifient la
tendance à l'éclatement du système des partis. Aucun
d'entre eux ne dépasse 20 %.

Au bouleversement des rapports de forces politiques
correspond une transformation profonde de la sociologie
des comportements électoraux (tableau 7). Notons d'abord
que le profil sociologique de l'électorat socialiste est moins
contrasté que dans la période précédente. Désormais, les
femmes votent plus fréquemment en faveur du Parti
socialiste que les hommes. Les plus jeunes sont les moins
nombreux à voter socialiste et les plus de soixante-cinq ans
les plus nombreux. Surtout, le Parti socialiste perd le
soutien des couches moyennes salariées, qui avaient fortement contribué à ses succès passés. En 1978, près du tiers
de ce groupe votait socialiste, ce qui plaçait le parti
nettement en première position parmi l'ensemble des formations politiques. En 1992, les employés et les professions
intermédiaires sont respectivement 18 % et 17 % à choisir
les listes socialistes et divers gauche, soit moins que la
moyenne nationale. De son côté, l'opposition modérée
n'arrive pas à progresser là où elle était traditionnellement
faible, c'est-à-dire chez les jeunes et les ouvriers, elle voit
s'effriter en outre ses soutiens traditionnels : les personnes
âgées et surtout les cadres supérieurs. Enfin, le soutien
majoritaire des femmes ne lui est plus acquis. Face à ce
double affaiblissement des bases du PS et de la droite
modérée, les mouvements écologistes et le Front national
non seulement parviennent à obtenir des résultats significatifs dans la plupart des groupes sociodémographiques,
mais encore remportent des succès particulièrement importants dans certains secteurs de l'électorat. Les mouvements
écologistes attirent les jeunes électeurs : chez les moins de
vingt-cinq ans, ils atteignent, toutes tendances confondues,
29 %, soit la part la plus importante de cet électorat. Ils
réalisent également de très bons scores chez les salariés non
ouvriers. On mesure ainsi l'ampleur de la menace écologiste pour le Parti socialiste. A l'extrême droite, le Front
national peut également se prévaloir de succès importants :

en particulier chez les plus jeunes – qui n'ont donné au total que 37 % de leurs suffrages aux trois grands partis – et chez les ouvriers, les employés et les inactifs. La majorité des ouvriers, dont le vote est désormais éclaté, n'ont pas voté à gauche à ces élections.

Le référendum du 20 septembre 1992 sur la ratification des accords de Maastricht constitue une étape supplémentaire du processus de déstructuration politique, d'autant plus significative que la participation a été élevée (71 %). Le refus du président de la République d'engager sa responsabilité sur ce référendum, la division de l'opposition modérée et la conjonction des extrêmes, PC et FN, créaient, il est vrai, les conditions politiques d'un éclatement du clivage entre la gauche et la droite.

La multiplicité des clivages électoraux apparus à cette occasion interdit d'opposer de manière sommaire deux France dressées l'une contre l'autre, même si l'importance comparable des deux électorats (51 % de oui, favorise une telle interprétation. La coupure est d'abord psychologique : une France confiante dans l'avenir, conservant aux élites dirigeantes sa confiance et portant un jugement positif sur le fonctionnement de la démocratie (sondage BVA-*Libération*) s'oppose à une France inquiète et ayant perdu confiance dans le régime et les hommes politiques. La première a témoigné par son oui à l'Europe sa confiance en l'avenir et par son non la seconde a manifesté ses angoisses et ses frustrations.

Sociologiquement, les bacheliers et les diplômés de l'enseignement supérieur ont voté massivement oui, tandis que le non a dominé nettement chez les non-bacheliers. Les cadres, intellectuels, professions libérales et professions intermédiaires ont opté clairement pour le oui, tandis que les employés et surtout les ouvriers et les agriculteurs ont voté non en majorité.

Politiquement, les centres se sont opposés aux extrêmes (sondage SOFRES-*Le Figaro*). La relation entre le vote et l'autopositionnement sur l'échelle gauche-droite fait ressortir clairement ce phénomène : ont voté oui 18 % des « très à gauche », 57 % des « à gauche », 72 % des « plutôt à gauche », 53 % des « ni gauche, ni droite », 47 % des

« plutôt à droite », 32 % des « à droite » et 17 % des « très à droite ».

Géographiquement enfin, les villes ont voté oui et les campagnes non. Mais, surtout, chaque région a voté selon son histoire politique, son développement économique, ses traditions religieuses, les offres qui y ont ou pas été faits, le tout produisant une perception propre de la construction européenne. Ainsi, tandis que l'Alsace, la Lorraine, la Bretagne, les Pays de Loire et Rhône-Alpes, régions de forte tradition catholique et de progrès socialistes récents, se prononçaient nettement en faveur du oui, le Nord de la France, le Limousin et la bordure méditerranéenne, régions de vieille tradition républicaine et socialiste et d'ancienne concurrence socialo-communiste, votaient non.

Ainsi deux modes de relation à la nation et au monde, que le clivage gauche-droite avait enfouis, ont jailli le 20 septembre à l'occasion du référendum sur la construction européenne, confirmant l'hétérogénéité croissante de la gauche et de la droite.

Peut-on conclure de ces analyses que la logique majoritaire est condamnée par les tendances qui se sont dégagées depuis quelques années ? Rien n'est moins sûr, pour deux raisons liées l'une à l'autre. La première, fondamentale, concerne la question des modes de scrutin. La décision du gouvernement de Pierre Bérégovoy de renoncer à proposer une modification du mode de scrutin majoritaire à deux tours pour les prochaines élections législatives joue évidemment dans le sens d'une permanence de la logique majoritaire. Le seuil élevé fixé pour figurer au second tour (12,5 % des inscrits) ne permettra pas aux candidats des partis protestataires, sauf exceptions, de pouvoir figurer au second tour s'ils demeurent isolés. La période qui s'ouvre avec les élections législatives et qui comprendra l'élection présidentielle verra donc la logique majoritaire favorisée par les modes de scrutin en vigueur. Dans cette situation et face aux tendances à la destructuration du système politique, les grands partis seront poussés à se donner les moyens de conserver ou de reconquérir le pouvoir en recherchant des alliances. A droite, la situation est à la fois beaucoup plus aisée qu'à gauche et en même temps délicate. Si le RPR et l'UDF s'entendent, la victoire ne devrait pas leur échapper lors des prochaines élections législatives. Encore faut-il que les profonds désaccords surgis à l'occasion du référendum sur la ratification des accords de Maastricht, notamment au sein du RPR, ne mettent pas en cause leur unité au moment des élections législatives de 1993. A gauche, l'affaiblissement et l'isolement du Parti socialiste devraient conduire celui-ci à repenser sa conception des alliances et à rechercher des accords, en particulier avec les écologistes. La logique majoritaire peut donc, alors que se profilent des consultations décisives, législatives et présidentielle, reprendre le dessus sur les tendances centrifuges. De toute manière, la volatilité croissante des comportements électoraux montre une capacité de plus en plus forte de l'électorat à adapter son vote aux enjeux et aux conditions du scrutin. Les sondages récents révèlent une remontée de l'opposition modérée, qui demeure la seule opposition crédible au pouvoir socialiste. Les élections régionales ont montré que le Front national ne pouvait obliger l'opposition modérée à passer une alliance avec lui. Quant au mouvement écologiste, il est frappé d'une double fragilité potentielle : d'abord, sa division en deux fractions d'égale importance, les Verts et Génération écologie, ensuite la volatilité particulière du vote protestataire. Celui-ci a été d'autant plus fort aux élections régionales de 1992 qu'il s'agissait d'élections intermédiaires, c'est-à-dire sans enjeux politiques nationaux décisifs, alors que le rejet du pouvoir en place était particulièrement fort et que ces élections se faisaient à la proportionnelle.

Ainsi, bien que la période actuelle montre à l'évidence l'épuisement des grands partis et l'importance des forces qui s'opposent à la logique majoritaire dans une configuration qui demeure marquée par l'affrontement entre les socialistes et l'UDF-RPR, il est prématuré d'en conclure un bouleversement total de notre système politique pour la période à venir. Lors de la prochaine élection présidentielle, les Français auront à choisir, au second tour, entre deux candidats dont il serait étonnant qu'ils n'appartiennent pas l'un à la gauche et l'autre à la droite. Or, jusqu'à présent, c'est toujours l'élection présidentielle qui a été l'élément décisif de structuration du système politique et des électorats. Il n'y a pas de raison de penser qu'il en ira autrement tant que demeurera en vigueur le système institutionnel actuel.

GÉRARD GRUNBERG,
directeur de recherche
au Centre d'étude de la
vie politique française
(CNRS-FNSP).

*

BIBLIOGRAPHIE

Jacques Capdevielle *et al., France de gauche vote à droite*, Presses de la FNSP, 1981.

CEVIPOF, *L'Électeur français en questions*, Presses de la FNSP, 1990.

Élisabeth Dupoirier et Gérard Grunberg (sous la dir. de), *Mars 1986. La drôle de défaite de la gauche*, PUF, 1986.

Daniel Gaxie (sous la dir. de), *Explication du vote*, Presses de la FNSP, 1989.

François Goguel, *Chroniques électorales*, t. II et III, Presses de la FNSP, 1983.

Jérôme Jaffré, « Trente années de changement électoral », *Pouvoirs*, n° 49, 1989, p. 15-26.

Philippe Habert, Pascal Perrineau, Colette Ysmal (sous la dir. de), *Chroniques électorales*, Presses de la FNSP et département d'Études politiques du *Figaro*, 1992.

Alain Lancelot (sous la dir. de), *1981 : Les élections de l'alternance*, Presses de la FNSP, 1986.

–, *Les Élections sous la Ve République*, PUF, coll. « Que sais-je ? », 1983.

Nonna Mayer et Pascal Perrineau, *Les Comportements politiques*, Armand Colin, 1992.

Colette Ysmal, *Le Comportement électoral des Français*, La Découverte, 1986.

Médias et politique

I. Presse, information, médias

Les relations entre médias et politique constituent aujourd'hui un problème sempiternellement débattu par les intéressés, professionnels de la politique et journalistes[1]. Pourtant, la notion de « médias », dans son acception moderne d'ensemble cohérent de moyens de communication auxquels recourent les hommes politiques, est d'apparition récente. En 1958, on parle de « presse » et d'« information ».

La presse écrite[2] reste le premier outil de mesure et d'influence de l'opinion. Si elle n'est plus presse de parti (comme avant-guerre, à l'exception de *L'Humanité*), la presse nationale est très impliquée dans les combats politiques. Malgré le reflux qui a succédé à l'euphorie de la Libération, les tirages sont (encore) très élevés. Celui de *France-Soir*, de Pierre Lazareff, est le seul supérieur au million. *Le Monde*, fondé en 1944 sous les auspices du gouvernement de Gaulle, et dirigé depuis par Hubert Beuve-Méry, incarnation de la rigueur morale, est déjà le plus prestigieux des quotidiens. A l'exception, notable, de

1. Par ex. dans le débat « Journalistes, hommes politiques, expliquons-nous », organisé par l'Association de la presse présidentielle le 7 avril 1992. Cf. le compte rendu de *Libération*, 9 avril 1992.
2. Cf., jusqu'en 1974, Claude Bellanger, Louis Charlet, Jacques Godechot (sous la dir. de), *Histoire générale de la presse française*, t. v : *De 1958 à nos jours*, PUF, 1976. Nombreuses monographies sur les grands titres, par ex. Jean-Noël Jeanneney et Jacques Julliard, *Le Monde de Beuve-Méry ou le métier d'Alceste*, Éd. du Seuil, 1979.

Pierre Brisson, qui règne toujours au *Figaro*, la plupart des grands patrons de la presse quotidienne ont forgé leur vocation dans la Résistance. La presse quotidienne régionale représente la majorité du tirage des quotidiens. La presse magazine est un lieu d'innovations : *L'Express* a été fondé en 1953 par Jean-Jacques Servan-Schreiber.

Sur le plan des structures, la presse est plus liée à l'État qu'au marché. Entre 1944 et 1957 a été mis en place un régime fort complet et libéral d'aides à la presse (tarifs spéciaux des PTT, coût réduit du papier), maintenu depuis. Des règles empêchant les concentrations et visant à la concurrence et au pluralisme ont également été adoptés (ordonnance du 26 août 1944).

La radio ne joue encore qu'un rôle politique modeste. Née pendant la guerre, la SOFIRAD (Société financière de radiodiffusion) est immédiatement un outil de contrôle indirect des radios périphériques (dont les émetteurs sont placés hors des frontières pour respecter le monopole), dont la principale est Radio-Luxembourg. Sur la première chaîne nationale, que réveillera la concurrence d'Europe n° 1 en 1955, l'unique bulletin d'information de la journée est lu par un speaker. L'émission politique la plus écoutée est *La Tribune des journalistes parlementaires* (1946-1963). La diffusion de la radio vient cependant de connaître une véritable explosion. Deux ménages sur trois sont équipés en 1958. Le transistor va contribuer rapidement à sa généralisation. L'usage de la radio et plus encore de la télévision paraît toujours « contraire à la légalité républicaine[3] ». En 1954, les causeries radiodiffusées de Pierre Mendès France, président du Conseil, ont fait scandale.

Née en 1935, la télévision n'équipe en 1958 qu'un ménage sur dix. Créé en 1949, le journal télévisé devient enjeu politique en 1956. Il prend l'allure d'un journal officiel et subit les premiers coups d'une censure maladroite. Les ministres, dont un Guy Mollet réticent, font alors leurs premiers pas à la télévision.

---

3. René Rémond, « Les techniques de diffusion et la vie publique », in *Les Techniques de diffusion dans la civilisation contemporaine*, Chronique sociale en France, 1955, p. 115.

Débattue depuis l'avant-guerre, la notion d'« information », dont le contenu paraît très voisin de « propagande », met les responsables politiques mal à l'aise. Au ministère de l'Information, maintenu depuis 1940, est venu s'ajouter en 1956 un Service juridique et technique de l'information, placé auprès du Premier ministre [4], chargé de préparer et de coordonner l'encadrement de la presse par l'État. Seuls de rares sociologues et journalistes parlent de « Mass-communication » ou de « mass-media ».

II. Gaullisme et télécratie

Dans ce contexte, le fait politique majeur des années soixante est la croissance de la télévision et des sondages. De 1958 à 1969, le taux d'équipement des ménages en postes récepteurs de télévision passe de 5 % à 62 % [5]. Le « Général Micro » a été déçu par la presse et les journalistes. Il cherche le contact direct avec l'opinion, use très vite de « sa télévision », pour reprendre le mot d'un de ses ministres après 1968 [6]. S'il n'intervient pas directement sur le contenu des émissions (d'autres s'en chargent), il apparaît, très vite, fréquemment à l'écran. Allocutions à l'occasion des élections, nombreuses, ou des évolutions de l'affaire algérienne, cérémonie de vœux du Nouvel An (inaugurée en 1960), conférences de presse (en général deux fois par an), voyages en province : si le politique irrite ses opposants, le nouvel acteur séduit tout le monde. La « télécratie », ou l'art de gouverner par la télévision, est

4. Sur le SJTI, Bertrand Cousin et Bertrand Delcros, *Le Droit de la communication*, Éd. du Moniteur, 1990, t. I, p. 37-43.
5. Sur la télévision des années soixante, cf. Jérôme Bourdon, *Histoire de la télévision sous de Gaulle*, Anthropos-Institut national de l'audiovisuel, 1990.
6. Yves Guéna, *Le Temps des certitudes*, Flammarion, 1982, p. 280. Ce réflexe de propriétaire est abondamment illustré dans *Lettres, notes et carnets*, Plon, 1985-1987 (pour les 4 vol. couvrant la période 1958-1969).

devenue, à partir de 1962, un trait constitutif du régime et suscite les premières enquêtes des politologues [7].

L'influence gouvernementale est au fond peu affectée par des réformes qui, louées par leurs initiateurs comme libérales ou dénoncées par les opposants comme dictatoriales, ne modifient guère les réflexes ministériels. Considéré comme une condition du service public, le monopole est défendu par tous les partis. La Radio-télévision française était un service du secrétariat d'État à l'Information, rattaché à la présidence du Conseil. L'ordonnance de 1959 en fait un établissement public industriel et commercial ; mais elle demeure sous l'autorité du ministre de l'Information. Remplaçant l'autorité par la tutelle, la loi de 1964 transforme la RTF en ORTF et la dote d'un conseil d'administration impuissant.

Alain Peyrefitte, ministre de l'Information de décembre 1962 à janvier 1966, est à l'initiative de la plupart des réformes, et son cabinet une pépinière de dirigeants. En juillet 1963, il crée un Service des liaisons interministérielles pour l'information (SLII), où, chaque jour, les représentants des ministères disent leurs vœux aux responsables de l'information télévisée. Le SLII deviendra célèbre comme symbole de la censure. Sous l'intention, moderne, d'organiser l'information gouvernementale, le contrôle étroit des ondes y perdure. Il est patent dans les stations régionales mises en place en 1963 et 1964. A l'occasion des élections municipales de 1965, Alain Peyrefitte déclare, reflétant la pensée du Général : « Dans certaines régions, l'opposition détient un quasi-monopole de la presse écrite [...] ce peut être le rôle de la télévision de rétablir l'équilibre [8]. »

---

7. Dont René Rémond et Claude Neuschwander, « Télévision et comportement politique », *Revue française de science politique*, t. XIII, n° 2, juin 1963 ; Guy Michelat, « Télévision, moyens d'information et comportement électoral », *ibid.*, t. XIV, octobre 1964.
8. Cité par *Le Monde*, 4 mai 1965.

III. Lentement, le pluralisme

L'influence gouvernementale ne paraît contrebalancée que dans un magazine de grand reportage, *Cinq Colonnes à la une*. Ses deux principaux animateurs, manifestant une première alliance entre presse et télévision, sont Pierre Lazareff et Pierre Desgraupes. Le talent des reporters n'interdit pas la prudence politique[9]. L'opposition politique fait irruption à la télévision avec l'élection présidentielle de 1965. Les candidats de l'opposition bénéficient tous, lors du premier tour, de deux heures de télévision (décret du 16 mars 1964). Certains, dans la majorité, se convertissent à l'idée d'une relative ouverture, préparée antérieurement. En janvier 1966, *Face à face* est lancé par un homme de télévision, Igor Barrère, et un journaliste de presse écrite et de radio, Jean Farran. Des journalistes y interrogent en direct des hommes politiques. Le ministre des Finances, Valéry Giscard d'Estaing, y fait une apparition remarquée.

L'ouverture à la télévision, et pas seulement là, est décidément trop timide. Aussi l'ORTF prend-elle une part active aux événements de 1968. Ses journalistes passent soudain à la révolte, ce qu'ils paieront d'une vague de licenciements. A la reprise en main de l'après-68 va succéder, à la suite de l'élection de Georges Pompidou, une spectaculaire tentative de libéralisation à l'initiative de Jacques Chaban-Delmas. Premier ministre, il « décentralise » l'ORTF et met en place deux unités autonomes d'information sur chacune des deux chaînes[10]. La première est dirigée par Pierre Desgraupes, ancien gréviste de 1968, à l'indignation de beaucoup d'hommes politiques de la

9. Cf. les études de cas recueillies *in* Jean-Noël Jeanneney, Monique Sauvage (éd.), *Télévision nouvelle mémoire, les magazines de grand reportage 1958-1969*, Éd. du Seuil, 1982.
10. La deuxième chaîne, créée en 1964, conserve une audience modeste jusqu'en 1970.

majorité et malgré les plus vives réticences du président de la République lui-même.

Après la fin de l'expérience, un ministère de l'Information est remis en place et la télévision retourne au régime gaullien, ce que traduit la célèbre formule du président Georges Pompidou : « L'ORTF, qu'on le veuille ou non, c'est la voix de la France » (conférence de presse du 2 juillet 1970). Le 14 décembre 1971, Maurice Clavel, intellectuel et journaliste (il est alors critique de télévision au *Nouvel Observateur*), riposte, en un écho inattendu de Mai 68 aux heures de grande écoute : « Messieurs les censeurs, bonsoir », et quitte le plateau de l'émission de débat *A armes égales*.

IV. Sondage, audience : nouveaux visages de l'opinion

Contrôlée, la télévision contribue aussi à une essentielle mutation de l'opinion : sa mise en chiffres. A partir de l'élection présidentielle de 1965, les sondages d'opinion bouleversent la notion d'opinion publique. A l'ORTF, la mesure quotidienne de l'audience est pratiquée à partir de 1967, à l'aide de carnets d'écoute. Dans le premier mouvement de concurrence entre journaux télévisés, de 1969 à 1972, les journalistes sont les premiers consommateurs de ces chiffres, qui leur permettent de se mesurer à la fois à leurs concurrents et de produire une légitimité face aux hommes politiques.

Dans les médias, les sondages sont le moyen de mettre en scène le débat public. Les émissions politiques de radio et de télévision intègrent immédiatement (comme *A armes égales*) des sondages dans leur dramaturgie. Les journaux aussi pratiquent le sondage et ses formes dérivées, comme les référendums auprès de lecteurs (par exemple sur les vainqueurs d'un débat politique).

V. La presse, de la prospérité à la crise

Sous de Gaulle, la défiance est grande entre le pouvoir et la presse écrite. La mise en place de la télévision régionale, l'introduction de la publicité télévisée le 1er octobre 1968 sur la·première chaîne : tout paraît une déclaration de guerre. Mais le tirage des grands titres ne paraît pas affecté par la croissance de la télévision. Passé la phase algérienne et son cortège de censures et de saisies, la presse ne souffre pas du régime gaulliste. *Le Canard enchaîné* et *Le Monde* atteignent alors les tirages records de leur histoire. Donnant des leçons de démocratie au régime, certains journaux peuvent rêver de démocratie rédactionnelle. Dans les années soixante, beaucoup de grands titres constituent, sur le modèle du *Monde* en 1951, des sociétés de rédacteurs (dont *Le Figaro* et *Ouest-France* en 1965). En 1969, au faîte de sa puissance, la Fédération française des sociétés de rédacteurs rassemble 20 % des journalistes titulaires de la carte professionnelle.

A cette ère de succès éditorial (favorisé par la politisation de l'après-68) et de fermentation institutionnelle succèdent les crises économiques et politiques des années soixante-dix. Le spectre des puissances d'argent que la législation de la Libération avait voulu écarter resurgit[11]. La concentration s'accentue. Des titres disparaissent, nationaux (*Combat* en 1969) et surtout régionaux. Une baisse des tirages s'amorce. Elle touche par exemple *Le Figaro*, *Le Monde*, et, beaucoup plus dramatiquement, *France-Soir*. Robert Hersant, patron du premier groupe de presse quotidienne régionale, ancien député et proche de la majorité politique, se fait connaître en reprenant, après des conflits avec la rédaction *Paris-Normandie* (1972) et surtout *Le Figaro* (1975), *France-Soir* (1976) et *L'Aurore*

11. La « crise de la presse », il est vrai, est déjà une antienne. Les thèmes de Jacques Kayser, *Mort d'une liberté*, Plon, 1955, se retrouvent dans Jean Schwoebel, *La Presse, le pouvoir et l'argent*, Éd. du Seuil, 1968.

(1979). De l'extérieur, la presse écrite se sent menacée par la montée de l'audivisuel. Bien que le pourcentage des recettes de publicité dans l'audiovisuel public soit plafonné par la loi de 1974 (à 25 %), la part des recettes publicitaires de la presse dans l'ensemble des médias amorce un déclin, passant de 78,8 % en 1967 à 58,5 % en 1982.

VI. Après 1974 : nouvelles images du politique

L'ère giscardienne est un âge de transition. Le nouveau pouvoir va mêler les réflexes de contrôle des médias à une libéralisation relative. Par la loi du 7 août 1974, l'ORTF, jugé trop puissant par les précédents gouvernants, est divisé en sept sociétés (dont Radio-France, Télévision française 1, Antenne 2 et France-Régions 3). Le président a reculé devant des projets de privatisation, mais réalisé un autre objectif : affaiblir les syndicats, dont le Syndicat national des journalistes, premier visé des nombreux licenciements qui accompagnent l'opération.

A l'inverse de ses prédécesseurs, Valéry Giscard d'Estaing est à l'avant-garde dans l'usage des médias. En 1974, le SLII, disparu en 1968, est finalement remplacé par le SID, le Service d'information et de documentation, placé auprès du Premier ministre, qui trouve son visage actuel. Le nouveau président demeure aussi très attentif aux nominations des présidents de chaîne et des directeurs de l'information. A l'automne 1974, dans le secteur des radios périphériques, le départ de Maurice Siégel (depuis vingt ans responsable de la rédaction d'Europe n° 1), voulu par le Premier ministre, fait le plus de bruit [12].

Sous l'effet de la concurrence entre chaînes et de la croissance de la télévision, la poignée de journalistes de l'audiovisuel conquiert un pouvoir nouveau et gagne lentement la considération un peu forcée de la presse écrite.

---

12. Cf. Maurice Siégel, *Vingt ans, ça suffit !*, Plon, 1975.

Autour des présentateurs uniques, comme Roger Gicquel sur la première chaîne, les journaux télévisés deviennent des « grand-messes », indispensables outils pour les politiques, amplificateurs parfois mal maîtrisés des mouvements de l'opinion. Au monologue gaullien succède l'ère des débats et des chroniques de toutes sortes.

Les émissions politiques se multiplient. Le « duel » (l'affrontement en direct entre deux hommes politiques) recule. Inauguré par Europe n° 1 lors d'élections en 1962 et 1965, repris par la télévision en 1967 (*En direct avec*) et surtout en 1970 (*A armes égales*), il a atteint son point culminant avec l'affrontement entre Valéry Giscard d'Estaing et François Mitterrand, le 10 mai 1974, à la veille du deuxième tour de l'élection présidentielle, regardé par 81 % des Français selon un sondage de la SOFRES. Moins risqué mais attirant généralement moins d'audience, le « face à la presse » envahit la radio, avec plusieurs alliances entre la presse écrite et l'audiovisuel. Au *Club de la presse*, créé sur Europe n° 1 en 1976, s'ajoutent *Face au public* sur France-Inter le 24 octobre 1979 et *le Grand Jury RTL-Le Monde* en 1981. A la télévision, l'équivalent en est *Cartes sur table* (1977-1981), où Jean-Pierre Elkabbach, directeur de l'information d'Antenne 2, et Alain Duhamel, futur ludion multimédia, interrogent en direct les hommes politiques.

Ces émissions sont un des lieux de rapprochement entre télévision et presse écrite. Les deux partenaires ont à gagner dans cet échange. A la fin des années quatre-vingt, la presse écrite, qui voit poindre la télématique (expérience de Vélizy en 1979), peut croire son déclin irrémédiable. De la radio et la télévision il vaut mieux se faire des alliés. Pour la télévision, toujours soupçonnée de dépendance, l'alliance avec la presse et la radio, les émissions et les opérations communes (lors des soirées électorales) permettent d'obtenir une légitimité.

Le rôle des « médias » (le terme est désormais employé) dans le débat politique est discuté non sans confusion. La « mainmise » giscardiennne sur l'audiovisuel est dénoncée par l'opposition et les intellectuels avec plus de vigueur encore que dans le passé, les nominations passées au crible.

Les gaullistes, après le remplacement de Jacques Chirac au poste de Premier ministre par Raymond Barre et surtout après les élections municipales de 1977, entrent dans le concert des critiques avec vigueur[13]. Mais le président et son parti ne sont pas heureux de leur rapport avec les médias. Révélée par *Le Canard enchaîné* en octobre 1979, « l'affaire des diamants » (ces cadeaux donnés par Jean Bédel Bokassa, dictateur centrafricain, au président de la République) va empoisonner l'atmosphère « politico-médiatique » jusqu'en 1981. Dénoncé comme manipulateur, le pouvoir politique s'estime lui-même manipulé. Comment donc s'y prendre avec les médias ? semblent s'interroger, de tout bord, les politiques.

VII. 1981 : les socialistes agents de la révolution libérale

L'émergence des radios pirates, dites « radios libres », à partir de 1977, trouble le consensus en faveur du monopole. Malgré des réticences dans la majorité, le monopole est confirmé par la loi du 28 juillet 1978. En 1979, se posant en combattant de la liberté, François Mitterrand est inculpé en tant que président d'une radio pirate du Parti socialiste. Mais, sur le statut et le financement de ces radios, la gauche (ou les gauches) n'a pas de politique claire.

Arrivée au pouvoir, l'opposition de gauche va profondément évoluer, qu'il s'agisse des pratiques de communication ou des réformes législatives. Après la loi du 9 novembre 1981 autorisant les radios associatives locales et sans publicité, la loi du 29 juillet 1982 est lourde d'ambiguïtés. Elle conforte le service public et crée une Haute Autorité, nommée sur le modèle du Conseil constitutionnel. Son

13. Cf. le rapport de la commission d'enquête sur les conditions de l'information publique, *Documents de l'Assemblée nationale*, n° 1 289, 1979.

Réformes et statuts des grands médias

– Ordonnance du 26 août 1944 : dispositions sur la transparence et le pluralisme de la presse.
– Ordonnance du 23 mars 1945 : retrait des autorisations d'émettre des postes privés de radiodiffusion.
– Décret du 28 septembre 1956 : création du SJTI.
– Loi du 10 janvier 1957 : statut de l'AFP.
– Ordonnance du 4 février 1959 : transformation de l'administration de la radiodiffusion en un établissement public à caractère industriel et commercial demeurant sous l'autorité du ministère de l'Information.
– Loi du 31 juillet 1963 : création du SLII (Service des liaisons interministérielles pour l'information).
– Loi du 27 juin 1964 : création de l'ORTF (Office de radiodiffusion-télévision française), établissement public industriel et commercial placé sous la tutelle du ministre de l'Information.
– 1er octobre 1968 : premiers spots de publicité sur la première chaîne.
– Loi du 7 août 1974 : suppression de l'ORTF. Création des trois sociétés de programmes, sociétés anonymes à capitaux publics : TF1, Antenne 2 et FR3.
– Loi du 29 juillet 1982 : suppression du monopole de programmation. L'État peut créer des chaînes privées. Création de la Haute Autorité de la communication audiovisuelle.
– Loi du 1er août 1984 : autorisation des radios locales à ressources commerciales.
– Loi du 12 septembre 1984, reprenant et précisant les dispositions de l'ordonnance de 1944 sur la transparence : limitation sévère des concentrations.
– Loi du 1er août 1986, modifiant la précédente : interdiction du contrôle de plus de 30 % de la diffusion des quotidiens nationaux.
– Loi du 30 septembre 1986 : privatisation de TF1. Remplacement de la Haute Autorité par une Commission nationale de la communication et des libertés (CNCL).
– Loi du 27 novembre 1986 : limitation des concentrations multimédias.
– Loi du 17 janvier 1989 : remplacement de la CNCL par le Conseil supérieur de l'audiovisuel.
– Loi du 2 août 1989 : création d'un président commun aux deux sociétés de télévision du service public, Antenne 2 et FR3.

pouvoir essentiel est la nomination des présidents des sociétés de programmes du service public. Présidée par une journaliste, elle apparaît aussi très vite comme un recours dans les conflits entre hommes politiques et journalistes. Devenue dans une ultime version (janvier 1989) le Conseil supérieur de l'audiovisuel, cette instance a désormais une tâche plus technique : la surveillance du secteur privé de l'audiovisuel.

Pièce par pièce, la radiotélévision commerciale n'a cessé de gagner du terrain. En 1984, la publicité est autorisée sur les radios locales, tandis que la loi de 1982 a permis à l'État de confier à l'agence Havas la gestion de Canal +, une quatrième chaîne privée par abonnement qui diffuse des films. Cette même année, les deux grands courants de l'opposition (RPR et UDF) abandonnent le monopole et se convertissent à la « déréglementation » de l'audiovisuel. En 1986 sont lancées, après de violentes polémiques avec l'opposition et au sein du Parti socialiste, une cinquième et une sixième chaîne privées, financées entièrement par la publicité. Revenue au pouvoir, la droite accentue le mouvement, privatisant TF1 (loi de 1986), rachetée par l'entreprise de travaux publics Bouygues. L'État se désengage également du secteur de la radio. Jadis contrôlée par la SOFIRAD, Europe 1 est, en 1986, vendue à Hachette.

Après 1989, le gouvernement amorce une politique qui ressemble à un remords à l'égard du secteur public. La création d'une présidence commune aux deux chaînes du service public (août 1989), la diffusion sur le réseau de la cinquième chaîne disparue d'une chaîne hertzienne culturelle franco-allemande, Arte, à partir du 28 septembre 1992, et la promesse sur ce même réseau d'une chaîne éducative ne peuvent compenser le poids majoritaire du secteur privé, en audience ou en chiffre d'affaires.

Dans le domaine de la presse écrite, un projet de loi pour lutter contre la concentration, qui visait essentiellement le groupe Hersant, échoue après une bataille parlementaire épique en 1984. Une version édulcorée en est adoptée en 1986. En mars 1992, après le rachat de deux quotidiens au groupe Amaury (dont *Le Parisien libéré*), le groupe Hersant contrôle près de 25 % de la diffusion totale des quotidiens français [14]. La dynamique de la concentration reprend son cours. Hachette et le groupe britannique Pearson (rachat des *Échos* en 1988) interviennent également dans la presse quotidienne. Quel que soit le secteur des médias, les grands groupes s'imposent désormais.

VIII. L'âge de la communication politique

Au Parti socialiste, après l'échec de François Mitterrand face à Raymond Barre dans un des derniers grands débats en direct hors période électorale, le 12 mai 1977, s'amorce une réflexion sur la maîtrise de l'information politique. Dans la campagne électorale, la cellule de communication du président montre une maîtrise nouvelle de la mise en scène. Le lieu privilégié en est l'affichage, la plus ancienne zone de rencontre entre publicitaires et hommes politiques [15]. La campagne de la « force tranquille » a été conçue par l'agence de Jacques Séguéla, qui a fait des offres de service aux différents candidats. Dans les émissions préélectorales, dans le grand débat qui précède le deuxième tour, le candidat socialiste démontre qu'il a surmonté sa vieille peur de la télévision. Son équipe a également imposé des conditions très strictes au débat (choix des animateurs, modalités de tournage).

Les relations entre le nouveau pouvoir et les médias sont d'abord mauvaises. Le Parti communiste réclame des journalistes à la télévision, où ils ont été remarquablement absents. Après le départ des ministres communistes du gouvernement, après surtout le virage de l'austérité, les ministres socialistes, s'alignant sur Laurent Fabius, nouveau Premier ministre depuis juillet 1984, se dotent de conseillers en communication, scrutent les courbes des

14. *Le Monde*, 12 mars 1992.
15. A partir de 1977-1978 surtout. Cf. Jean-Marc Benoit *et al.*, *La Politique à l'affiche. Affiches électorales et publicité politique, 1965-1986*, Éd. du May, 1986.

sondages. Ce comportement moderniste n'exclut pas des réflexes autoritaires – notamment à l'égard des radios périphériques. A RTL, le gouvernement cherche successivement à obtenir le départ du chroniqueur Philippe Alexandre (1982) et le remplacement de l'administrateur délégué de la CLT (1984) par son candidat, sans succès dans les deux cas.

Malgré une sorte de honte (la plupart n'aiment pas en parler, à l'inverse de leurs conseillers), les hommes politiques de tout bord ou presque prennent le chemin des studios, notamment pour *L'Heure de vérité*, l'émission mensuelle diffusée aux heures de grande écoute sur Antenne 2 (de mai 1982 à janvier 1990). « Face à la presse » strictement mis en scène, celle-ci a été une étape obligée dans les carrières, un lieu de révélation des courants politiques. Son animateur, François-Henri de Virieu, est contesté lorsqu'il invite pour la première fois, le 13 février 1984, Jean-Marie Le Pen, le président du Front national. Seul *Sept sur sept* (TF1, dimanche à 19 heures, animé par Anne Sinclair depuis 1984), dans lequel une journaliste fait parler un invité (le plus souvent un homme politique) sur l'actualité de la semaine, peut prétendre jouer un rôle similaire aujourd'hui.

IX. Le système médiatique

Anciennes, les relations entre hommes politiques et médias ont connu des aspects multiples (la « vénalité » d'avant-guerre, les carrières croisées, la proximité des milieux). L'époque contemporaine leur donne un visage spécifique. Pour atteindre les médias, les hommes politiques s'appliquent à produire les événements adéquats, à se plier à des contraintes de mise en scène, à mesurer, comme les journalistes, les effets de leur prestation. Dans les cas extrêmes, ils participent à des émissions non politiques, moins risquées (jeux, variétés), au risque d'être vivement critiqués par leurs pairs. Ils consacrent aux médias un temps inégalé auparavant.

Cette reconnaissance de l'autonomie de la fonction des médias explique peut-être une des mutations célébrées par la plupart des journalistes politiques de l'audiovisuel à partir de 1948-1985 : l'« indépendance ». Trompeur, le mot signale le remplacement d'une « dépendance » par d'autres. Au contrôle politique ont succédé la pression de la concurrence, les contraintes de l'audience. Au pouvoir du ministre de l'Information, celui du patron de presse, qui a désormais un profil moins politique et plus gestionnaire.

X. Dépolitisation ou repolitisation ?

Reste à juger de la place des médias dans les processus de socialisation politique. Ce sont surtout les temps de campagne électorale qui ont été observés. En mars 1981, pour aider à voter, la télévision est l'instrument « le plus utile » pour 68 % des personnes interrogées, la radio pour 33 %, la presse pour 45 %. En mars 1978, la télévision est l'instrument le plus utile pour 47 %, la radio pour 32 %, la presse pour 39 %[16]. L'information politique de beaucoup de citoyens vient seulement de la télévision et de la radio[17]. Mais la presse écrite continue de jouer un rôle (déclaré) presque aussi important parmi les élites.

Il ne faut pas surestimer l'influence politique de la télévision : en dehors des journaux télévisés, des grands débats préélectoraux (1974, 1981, 1988), qui mobilisent toujours des audiences élevées, le public fidèle des grandes émissions politiques est restreint. Dans un sondage de

16. Sources : Roland Cayrol, « The Electoral Campaign and the Décision-Making Process of French Voters », in *France at the Polls, 1981-1986*, Washington Duke University Press, 1988.

17. En 1987-1988, selon l'INSEE, 41,2 % des Français lisent régulièrement un quotidien (59,7 % en 1967), 82,6 % regardent la télévision tous les jours ou presque (51,3 % en 1967), 74,2 % écoutent la radio tous les jours ou presque (67 % en 1967).

novembre 1987[18], 33 % des sondés disent s'intéresser « beaucoup ou assez » aux émissions politiques de la télévision, 66 % « peu ou pas du tout ». Deux tiers des personnes interrogées disent ne regarder « jamais ou presque jamais », ou « quelques fois par an » ces émissions.

La télévision signifie moins, semble-t-il, le recul de l'influence politique des autres médias qu'une influence nouvelle gagnée sur des populations peu politisées. La dépolitisation que susciterait la mise en spectacle du politique à la télévision est peut-être aussi une « repolitisation », une nouvelle mise en représentation du politique auprès de couches traditionnellement peu politisées.

JÉRÔME BOURDON,
responsable de recherches à l'INA.

*

BIBLIOGRAPHIE [19]

Jay Blumler, Roland Cayrol, Gabriel Thoveron, *La télévision fait-elle l'élection ?*, Presses de la FNSP, 1978.

Patrick Champagne, *Faire l'opinion*, Éd. de Minuit, 1990.

Jean-Marie Charon, *La Presse en France depuis 1945*, Éd. du Seuil, coll. « Points », 1991.

Marc Martin (sous la dir. de), *Histoire et Médias. Journalisme et journalistes français, 1950-1990*, Albin Michel, 1991.

Jean-Louis Missika et Dominique Wolton, *La Folle du logis. La télévision dans les sociétés démocratiques*, Gallimard, 1983.

18. Cité par *Le Monde*, « Radio-télévision », 29 novembre 1987.
19. Outre les ouvrages cités en note.

Les élites en France

Si l'on considère les élites en France du point de vue de leur degré d'implication dans les processus de décision politique, deux figures émergent : l'homme politique et le haut fonctionnaire. Depuis une trentaine d'années, les évolutions du système politique et de la société ont transformé, partiellement, ces élites politiques et administratives sans que toutefois celles-ci se soient beaucoup démocratisées. Ces évolutions ont surtout conduit à rendre plus incertaine la frontière qui séparait, sous les précédentes républiques, ces deux élites du pouvoir.

I. Un univers masculin

Majoritaires dans l'administration, les femmes sont très nettement minoritaires dans la haute administration. Au début des années quatre-vingt, on en dénombrait 8 % au Conseil d'État, 5 % à la Cour des comptes et 3 % à l'Inspection générale des finances, corps qui leur fut interdit jusqu'au milieu des années soixante-dix. Cependant, au cours des trente dernières années, les emplois supérieurs de la fonction publique se sont féminisés. Ainsi, la proportion de femmes admises à l'ENA passe de 6 % entre 1960 et 1971 à près de 20 % dans la décennie suivante (Kessler, 1985, p. 203-209). Autre signe de cette évolution, depuis 1988 plus du tiers des membres de l'entourage du chef de l'État à l'Élysée sont des femmes.

Le personnel politique est aussi un univers très largement dominé par les hommes. La nomination en mai 1991 d'Édith Cresson au poste de Premier ministre, la médiatisation de quelques élites politiques féminines ne doivent pas faire illusion sur la place réelle des femmes dans la vie politique française. De 1959 à 1972, les membres du gouvernement sont des hommes, à une exception près. Depuis, plusieurs femmes ont été ministres, mais leur proportion dans les différents gouvernements reste de l'ordre de 10 à 15 %. Ce monopole masculin se retrouve dans les fonctions électives nationales ou locales : moins de 3 % des sénateurs et environ 5 % des députés sont des femmes. Moins de 3 % des communes ont élu une femme à leur tête en 1983 et 5,5 % en 1989. Seul le Parlement européen se distingue, avec 19 % de femmes parmi les représentants de la France, mais ce mandat sans réels pouvoirs est le moins recherché. De même dans les organisations politiques, les femmes sont peu nombreuses aux postes de responsabilité, surtout dans les instances dirigeantes nationales.

L'exercice d'une fonction politique – comme la politisation en général – demeure donc l'apanage des hommes. La persistance de cette inégalité entre les sexes sous la Ve République est d'autant plus étonnante que, au cours de cette période, le statut social des femmes s'est rapproché de celui des hommes. Cette nette sous-représentation des femmes dans les activités politiques n'est pas propre à la France mais se retrouve dans tous les pays de l'Europe du Sud. Elle renvoie, dans ces sociétés de culture catholique, à la prégnance de la traditionnelle division sexuelle du travail social : la maison, le foyer, la famille sont les domaines de la femme qui laisse aux hommes les activités du monde extérieur. Ce modèle culturel semble si profondément ancré dans les mentalités qu'il n'est pas radicalement remis en cause, même par les femmes qui occupent un poste de responsabilité. En effet, celles-ci accèdent à l'élite politique un peu plus tard que les hommes, à un âge où, les enfants élevés, les tâches familiales deviennent moins lourdes. L'engagement des femmes dans la vie publique est donc second par rapport à leurs « obligations » domestiques traditionnelles (Sineau, 1988). Tout se passe comme si la femme devait avoir perdu les qualités les plus spécifiques de la féminité (notamment la fécondité) pour que l'opinion trouve légitime qu'elle se consacre à des responsabilités politiques. Par rapport à ce modèle culturel dominant, la maternité de deux ministres du gouvernement Bérégovoy prend une signification symbolique. En assumant simultanément des rôles éminemment féminins et masculins, Frédérique Bredin et Ségolène Royal préfigurent peut-être une évolution profonde des mentalités et des comportements, sans laquelle aucune véritable féminisation des élites ne semble possible.

II. Le poids de l'élitisme social

L'élite administrative est principalement issue des grandes écoles : Polytechnique, les Mines, les Ponts et Chaussées ouvrent les portes des grands corps techniques et l'ENA celles des grands corps administratifs. Bien que la sélection à l'entrée se fasse par concours, elle reproduit dans une large mesure la hiérarchie des professions qui structure l'espace social.

Une enquête conduite auprès des anciens élèves de l'ENA (Kessler, 1985, p. 313-315) montre que les énarques d'origine bourgeoise (36 %) ou issus de la « classe salariale supérieure » (22 %) sont fortement surreprésentés ; à l'inverse, moins de 10 % viennent des milieux modestes. Seuls les énarques appartenant aux classes moyennes indépendantes et salariées (33 %) sont présents à proportion de l'importance de leur catégorie sociale dans la population active. L'origine sociale des anciens élèves exerce également une influence tout au long de leur carrière. Ainsi toujours selon la même enquête, 50 % des énarques membres des corps les plus prestigieux de l'État sont issus d'une famille bourgeoise et 5 % de milieux modestes ; dans les autres corps, les proportions respectives sont de 24 et 10 %.

L'un des objectifs de l'ENA lors de sa création, en 1945, était l'élargissement du recrutement social des hauts fonctionnaires. Dans ce but, un concours interne permettant la promotion des fonctionnaires a été mis en place. Quarante ans plus tard, il apparaît que « l'ENA n'a pas assuré la démocratisation des grands corps de l'État. Elle n'a assuré qu'une démocratisation limitée de l'encadrement supérieur des administrations centrales » (Kessler, 1985, p. 249).

L'élection, comme le concours, ne permet pas de démocratiser le recrutement des élites. De 1958 à 1978, 72 % des députés appartiennent aux classes supérieures et 5 % aux classes populaires (Gaxie, 1983, p. 446). Au cours des trois dernières législatures, les proportions sont analogues (Ysmal, 1991, p. 88). Cet écart entre la structure socioprofessionnelle du personnel politique et celle des électeurs est encore accentué parmi les membres du gouvernement : depuis 1959, plus de 90 % des ministres viennent des classes supérieures (Gaxie, 1986, p. 72).

Alors que sous la IVe République la sociologie du personnel politique tendait à se rapprocher de celle du « pays réel », la tendance s'est inversée sous la Ve (Birnbaum, 1977, p. 27-50). Cette évolution n'épargne pas le personnel politique local : depuis 1945, la proportion des maires urbains employés ou ouvriers a diminué de moitié, alors que celle des maires cadres moyens ou supérieurs a doublé (Garraud, 1989, p. 46). En raison notamment de la montée des nouvelles classes moyennes et du déclin du PCF, l'élite politique appartient de plus en plus souvent aux catégories socioprofessionnelles caractérisées par un haut niveau de diplôme et/ou de revenu.

Toutefois, les formes de l'élitisme social sur lesquelles repose la sélection du personnel politique varient en fonction de ses orientations idéologiques. Ainsi l'arrivée de la gauche au pouvoir s'est accompagnée d'une forte augmentation du nombre des professeurs parmi les députés (de 7 % en 1968 à environ 30 % en 1981 et 1988) et parmi les membres du gouvernement (de 10 % entre 1959 et 1981 à environ 30 % en 1981 à 1985) ; en contrepartie, le nombre

des industriels, des administrateurs de société et des hauts
fonctionnaires a sensiblement diminué parmi les « élites
roses ». Au sein de la nouvelle majorité RPR et UDF élue
en mars 1993, 40 % des députés appartiennent à des
professions non salariées, contre 17 % dans l'ancienne
majorité. Reproduisant les traits dominants de la sociologie électorale et militante des deux grandes tendances de
l'esprit public, le personnel politique de droite vient principalement de la bourgeoisie économique et de la haute
fonction publique, et celui de gauche de la bourgeoisie
intellectuelle et de la fonction publique moyenne et supérieure (Gaxie, 1986, p. 74-78).

Le personnel politique et les hauts fonctionnaires se
recrutent donc principalement parmi les élites sociales.
Cette « loi d'airain » de l'élitisme tient en échec les modes
de sélection des dirigeants les plus démocratiques dans
leurs principes. De fait, on va voir que le suffrage universel
ou le concours n'empêchent pas ces élites de contrôler dans
une large mesure l'accès aux positions dominantes.

III. L'art de réduire les incertitudes du suffrage universel

Selon les principes de l'idéal démocratique, l'exercice
d'une responsabilité politique ne doit dépendre ni de la
richesse, ni de l'influence, ni de l'hérédité familiale, mais du
choix éclairé des citoyens s'exprimant librement sur des
enjeux, dans le cadre d'une élection concurrentielle. La
carrière politique, qui est presque toujours liée à une
sanction électorale, semble donc très incertaine. Or, en
réalité, les professionnels de la politique disposent de
différentes ressources pour diminuer ces incertitudes. La
longévité de leur(s) mandat(s) suffit à l'attester.

Ainsi le cumul des fonctions électives a une portée
stratégique : il donne à l'élu une position de leader national
ou local tout en lui offrant des positions de repli en cas de

défaite électorale ; surtout, le cumul lui permet de contrôler d'autant mieux le marché politique qu'il réduit la concurrence en soustrayant à d'éventuels adversaires des postes qui pourraient leur servir de tremplin politique (Garraud, 1989, p. 122-123). La loi de 1985 sur la limitation du cumul des mandats rend plus difficile la mise en œuvre de cette stratégie. Mais il n'est pas rare que des élus contraints de démissionner gardent, par procuration, le contrôle d'un de leurs mandats en choisissant un proche (épouse, fils, ami politique) pour leur succéder (Criqui, 1992, p. 199-217). Cette gestion patrimoniale des mandats n'est que l'une des formes de la transmission du pouvoir politique par héritage familial. Celui-ci se manifeste surtout par une socialisation politique précoce qui prédispose à l'engagement (Ysmal, 1985, p. 629-632). Mais la famille peut aussi intervenir plus directement dans la reproduction du personnel politique en fournissant des ressources mobilisables lors d'une élection, par exemple un nom ou un réseau de parentèle fortement enraciné dans un territoire. De fait, il existe des dynasties politiques (les familles Médecin à Nice, Bosson à Annecy, Léotard à Fréjus, Baudis à Toulouse, Barrot en Haute-Loire, etc.). Et sans être la règle, ces situations ne sont pas exceptionnelles : la transmission par héritage familial représente de 10 à 15 % de l'ensemble des successions aux conseils généraux (Criqui, 1992, p. 201). Ces pratiques, dont l'efficacité se fonde sur la respectabilité sociale des candidats et des élus, correspondent au modèle notabiliaire de sélection des élites politiques. Le prestige, l'influence, la notoriété, le réseau de connaissances, l'autorité professionnelle dont peuvent disposer les membres de professions libérales sont autant d'éléments qui concourent à influencer la décision de l'électeur.

La cooptation est une autre forme d'hérédité politique. Ainsi, parmi les maires des communes urbaines, seule une minorité (environ 45 %) accède à leurs fonctions à la suite de la défaite de la municipalité sortante. Dans la majorité des cas, il s'agit d'une succession, souvent préparée par le maire en place et qui parfois se déroule en cours de mandat, en dehors donc de tout contrôle électoral (Garraud, 1992, p. 219-234). Dans ce cas, la transmission par héritage se

fait souvent sous la tutelle des partis. Le modèle traditionnel de production des élites se combine alors avec un autre
type de ressources politiques : l'activisme social ou le
militantisme politique. Les organisations partisanes favorisent la promotion d'hommes de terrain et de militants
fidèles qui progressent dans la hiérarchie du parti, puis se
font élire, intègrent un cabinet ministériel ou sont nommés
ministres. L'élite politique s'ouvre ainsi à des personnes
généralement dotées d'un fort capital scolaire, mais dépourvues des attributs traditionnels de la notabilité. Ce
modèle de recrutement s'observe principalement dans les
partis de gauche, le modèle notabiliaire étant plus fréquent
dans les partis du centre et de la droite libérale. Près des
deux tiers des ministres socialistes étaient des « militants »
qui avaient commencé leur carrière politique dans un
parti ; la moitié des ministres giscardiens étaient des
« notables » qui avaient fait leurs premiers pas en politique
en exerçant un mandat local (Gaïti, 1985).

IV. Le monopole des grands corps de l'État

Selon Ezra N. Suleiman (1979, p. 278), l'élitisme des
grandes écoles et des grands corps provient « non pas tant
de la représentation disproportionnée qu'y détient la
bourgeoisie, mais bien du fait que ces institutions accordent pour toute une vie la certitude de faire partie de
l'élite ». Aux yeux de cette élite, ce privilège ne doit rien à
ses origines sociales mais se fonde sur la compétence,
l'efficacité et un ensemble de « mérites » attestés par la
réussite aux concours les plus difficiles. L'élite a eu l'habileté de faire accepter ce modèle méritocratique à l'ensemble
de la société française : « Ce sont les grandes écoles et les
grands corps qui non seulement créent l'élite, mais qui
établissent les conditions de sa reconnaissance. » (Suleiman, 1979, p. 279) En imposant ce modèle comme le seul
légitime, ces institutions interdisent l'ouverture d'autres

voies d'accès aux emplois administratifs les plus élevés. Cette absence de pluralisme dans les modes de sélection est sans doute la principale cause de la faible démocratisation de la haute fonction publique en France.

L'administration française est un système corporatif fortement hiérarchisé qui pèse sur le déroulement des carrières. L'accès aux fonctions les plus prestigieuses, par exemple les emplois discrétionnaires des directeurs d'administration centrale, demeure très largement la chasse gardée des grands corps. Ainsi, quarante ans après leur création, les administrateurs civils ne sont pas parvenus à rivaliser avec eux, même si depuis une dizaine d'années une nouvelle élite, issue du ministère des Finances, s'est constituée en leur sein (Quermonne, 1991, p. 170-175). Ce système pérennise au sein de la haute administration une sorte d'élitisme à deux vitesses (Bodiguel, 1978). D'un côté, les fonctionnaires « gestionnaires » – la majorité des énarques – qui, ne dépassant pas le niveau des sous-directions, n'appartiennent pas à l'élite proprement dite mais forment l'encadrement supérieur de l'administration. De l'autre, le petit groupe des « dirigeants », hauts fonctionnaires appartenant presque toujours à un corps prestigieux de l'État. Cette élite occupe les emplois discrétionnaires des différents ministères, est présente dans les cabinets et les administrations d'état-major. Appartenant au « milieu décisionnel central », elle se situe à la charnière de l'administratif et du politique.

V. La fonctionnarisation du personnel politique

La présence de fonctionnaires dans la vie politique ne date pas de 1958 (Chagnollaud, 1991, p. 214-230). Mais, au cours des dernières décennies, la pénétration de la classe politique par les fonctionnaires a pris une ampleur nouvelle. Sur les quatre présidents de la Ve République, seul François Mitterrand n'est pas issu de la fonction publique.

De même, parmi les quatorze Premiers ministres nommés depuis 1958, seule Édith Cresson n'est pas fonctionnaire, Pierre Bérégovoy venant du secteur public. Sur l'ensemble des ministres de la Ve République, un sur deux environ est fonctionnaire, au lieu d'un sur trois dans la période précédente. Les ministres étaient alors principalement recrutés au Parlement, c'est-à-dire parmi des notables ou des professionnels de la politique.

L'ENA a largement participé à cette évolution en donnant un président de la République, quatre Premiers ministres (Laurent Fabius, Jacques Chirac, Michel Rocard et Édouard Balladur), sept sénateurs et soixante-dix députés, dont près des trois quarts sont devenus ministres. Dans le même temps, les énarques ont investi les cabinets ministériels, dont l'importance politique s'affirmait : ils occupaient moins de 10 % de ces fonctions à l'aube de la nouvelle république et 35 % en moyenne depuis 1958, avec une présence encore plus marquée aux postes stratégiques (plus de 50 % des directeurs de cabinet). La fonctionnarisation concerne aussi, on le sait, les élus, y compris au niveau local. Par exemple en 1988, le conseil général de la Dordogne, présidé par un professeur d'université, était composé pour moitié de fonctionnaires, dont trois étaient issus de la haute fonction publique.

L'augmentation du nombre des fonctionnaires dans la population active, le statut de la fonction publique permettant la mise en disponibilité, l'arrivée au pouvoir de partis de gauche bien implantés dans ce groupe social expliquent pour une part le phénomène. Mais, fait plus important encore, depuis le retour aux affaires du général de Gaulle, la haute administration est devenue une sorte de vivier dans lequel les gouvernants successifs viennent puiser pour remplacer ou encadrer les élites politiques traditionnelles, notables ou militants. La présidentialisation du régime, en rendant plus attractif le métier politique aux yeux des hauts fonctionnaires, a facilité cette évolution (Quermonne, 1991, p. 242-244). Ainsi, le passage dans un cabinet ministériel est souvent devenu la première étape d'une carrière politique : de 1959 à 1981, 46 % des ministres ont suivi cette « filière politico-administrative », celle-ci incluant le plus souvent l'exercice d'un mandat (Gaxie, 1986, p. 69). Si de 1981 à 1993 elle a été largement supplantée par les filières partisanes et électives, le pouvoir socialiste n'en a pas moins préservé des relations étroites avec la haute fonction publique : en 1981 comme en 1988, de 65 à 70 % des membres des cabinets ministériels des gouvernements de gauche sont des hauts fonctionnaires (Dagnaud et Mehl, 1989, p. 142).

VI. La politisation accrue de la haute administration

Bien que cette réalité soit choquante au regard de la tradition de loyauté et de neutralité politique de l'administration, celle-ci ne peut jamais être tout à fait indépendante du pouvoir. Selon une pratique qui ne souffre guère d'exceptions, les périodes de trouble appellent des épurations et les alternances politiques favorisent le système des dépouilles. Élu président de la République, Valéry Giscard d'Estaing interviendra personnellement dans la nomination des hauts fonctionnaires. Cette pratique sera amplifiée avec l'arrivée de la gauche au pouvoir : de mai 1981 à fin 1983, 73 % des directeurs d'administration centrale ont été remplacés. Cette accélération du rythme des mutations concerne également les préfets ou les recteurs. Le gouvernement de Jacques Chirac en 1986 n'agira pas autrement. De même, la gauche a largement utilisé la procédure dite du « tour extérieur » pour promouvoir de nouvelles élites administratives politiquement plus favorables, ou pour récompenser les loyaux services de militants (Quermonne, 1991, p. 226-238). Cependant, à la différence des États-Unis, ce système des dépouilles fonctionne pour l'essentiel en circuit fermé, au sein de la haute administration.

La politisation de la haute fonction publique est également liée à la forte croissance de l'entourage des ministres. Le développement des cabinets ministériels remonte au

septennat de Valéry Giscard d'Estaing. Il « tient pour une
grande part à la nécessité de contrôler de très près les
bureaux jugés politiquement hostiles, ou peu sûrs, recrutés
et formés par un régime antérieur : c'est la suite naturelle
du jeu de nos révolutions politiques de 1814 à 1958
(Thuillier, 1982, p. 17). Il est donc dans la nature des
membres des cabinets d'être politiquement engagés : de
1981 à 1986, 69 % de l'élite rose adhère à un parti de
gauche ; l'alternance de 1986 ne remettra pas en cause cette
pratique. On considère souvent que cette imbrication entre
la haute fonction publique et l'univers partisan date de
l'arrivée de la gauche au pouvoir. Cependant, faute d'enquêtes suffisamment précises sur les périodes précédentes,
il est difficile de savoir si 1981 introduit réellement une
rupture, ou bien si cette interpénétration du politique et de
l'administratif a été sous-estimée tout au long de la
Vᵉ République (Dagnaud et Mehl, 1987, p. 137-153).

« État UDR », « État UDF », « État PS ». Ces expres-
sions, qui reviennent de façon récurrente dans le discours
politique depuis une trentaine d'années, soulignent, au-
delà de leur contenu polémique, que la frontière entre
l'administration et le pouvoir politique est devenue d'autant moins nette que l'on se rapproche des sommets de
l'État. En associant étroitement les hauts fonctionnaires au
pouvoir politique, la Vᵉ République se différencie nettement de ses devancières.

VII. Haute fonction publique et classe dirigeante

Le renforcement, sinon l'apparition depuis 1958 d'une
élite politico-administrative s'accompagne d'une migration
des hauts fonctionnaires vers le monde de l'économie et des
affaires. Sans doute le phénomène n'est pas nouveau : dès
la IIIᵉ République il affecte de façon importante les grands
corps techniques de l'État (Chagnollaud, 1991, p. 231-
251). Depuis 1958 il s'est poursuivi, voire amplifié, du fait

du redéploiement des activités économiques de l'État. La planification, le contrôle de la modernisation de l'appareil productif, l'extension du secteur public ont créé des conditions particulièrement favorables au départ des hauts fonctionnaires vers le monde de l'économie et des affaires. Les réseaux de relations et de solidarité constitués par les grands corps prouvent alors leur efficacité en permettant à leurs membres de se placer dans des emplois de haut niveau en dehors de l'administration. Ainsi l'Inspection des finances, les Mines et les Ponts et Chaussées, qui sont les plus touchés par le « pantouflage », ont des liens étroits avec le secteur bancaire, la recherche minière ou le domaine de l'énergie, les sociétés d'études et d'aménagement.

Par rapport aux périodes précédentes, cette circulation des élites prend une signification nouvelle en raison de l'interpénétration des élites politiques et administratives. Cette situation, propre à la Ve République, n'est sans doute pas étrangère au fait que, de 1958 à 1974, les anciens ministres obtiennent beaucoup plus souvent que ceux de la IVe République une participation dans des conseils d'administration d'entreprises de dimension nationale (Birnbaum, 1977, p. 81). Toutefois, la constitution d'un groupe dirigeant socialement homogène résulte d'une circulation très inégale des élites : l'orientation des flux se fait toujours du public vers le privé, de l'administration vers l'économie ou le politique. Ce phénomène confirme la position centrale de la très haute fonction publique dans la structure du pouvoir en France, sous la Ve République.

L'appréciation que l'on peut porter sur la nature des élites en France dépend des limites que l'on assigne à ce groupe. Si par le terme « élite » on désigne l'ensemble des fonctions électives et des emplois supérieurs dans l'administration et dans l'économie, assurément le groupe dirigeant présente une certaine diversité sociologique et de recrutement, malgré une nette tendance à son homogénéisation culturelle. Mais si le regard se porte de façon plus restrictive là où s'exerce réellement le pouvoir, on découvre

que les élites administrative, politique ou économique
proprement dites se composent d'hommes issus des mêmes
milieux sociaux aisés, partageant une même formation
intellectuelle de très haut niveau et reliés par un « esprit de
corps ». Ces traits témoignent de l'existence d'une classe
dirigeante qui s'est largement constituée autour de la très
haute fonction publique. Cette singularité française ne
risque-t-elle pas d'être remise en cause par les transformations à venir du rôle de l'État et de l'administration dans
notre société, liées notamment à l'accélération de la
construction européenne ?

Bernard Denni,
professeur à l'IEP de Grenoble
(CIDSP-CERAT).

*

Bibliographie

Francis de Baecque, « Les fonctionnaires à l'assaut du pouvoir
politique ? », *Pouvoirs*, n° 40, 1987, p. 61-80.
Pierre Birnbaum, *Les Sommets de l'État*, Éd. du Seuil, 1977.
Jean-Luc Bodiguel, *Les Anciens Élèves de l'École nationale d'ad-
ministration*, Presses de la FNSP, 1978.
Pierre Bourdieu, *La Noblesse d'État. Grandes écoles et esprit de
corps*, Éd. de Minuit, 1989.
Dominique Chagnollaud, *Le Premier des ordres. Les hauts fonc-
tionnaires, XVIIe-XXe siècle*, Fayard, 1991.
Étienne Criqui, « Le canton en héritage » *in* Claude Patriat et
Jean-Luc Parodi (sous la dir. de), *L'Hérédité en politique*,
Économica, 1992, p. 198-217.
Monique Dagnaud, Dominique Mehl, *L'Élite rose, Sociologie du
pouvoir socialiste 1981-1986*, Ramsay, 2e éd., 1986.
–, « L'élite de la cohabitation. Enquête sur les cabinets ministériels
du gouvernement Chirac », *Pouvoirs*, n° 42, 1987, p. 137-153.
–, « L'élite rose confirmée », *Pouvoirs*, n° 50, 1989, p. 141-150.
Brigitte Gaïti, « Politique d'abord », *in* P. Birnbaum (sous la dir.
de), *Les Élites socialistes au pouvoir, 1981-1985*, PUF, 1989.
Philippe Garraud, *Profession : hommes politiques. La carrière
politique des maires urbains*, L'Harmattan, 1989.

–, « La ville en héritage », in *L'Hérédité en politique, op. cit.*, p. 219-234.

Daniel Gaxie, « Les facteurs sociaux de la carrière gouvernementale sous la Ve République, 1959-1981 », *Revue française de sociologie*, 24 (3), juil.-sept. 1983, p. 441-465. – « Immuables et changeants : les ministres de la Ve République, *Pouvoirs*, n° 36, 1986, p. 61-78.

Jean-François Kessler, *L'ENA, la Société, l'État*, Berger-Levrault, 1985.

Jean-Louis Quermonne, *L'Appareil administratif de l'État*, Éd. du Seuil, 1991.

Mariette Sineau, *Des femmes en politique*, Économica, 1988.

Ezra N. Suleiman, *Les Élites en France. Grands corps et grandes écoles*, Éd. du Seuil, 1979.

Guy Thuillier, *Les Cabinets ministériels*, PUF, 1982.

Colette Ysmal, « Élites et leaders », *in* M. Grauvitz et J. Leca (sous la dir. de), *Traité de science politique*, t. III, PUF, 1985, p. 603-642.

–, « Les élites politiques », in *Institutions et Vie politique*, La Documentation française, 1991, p. 87-90.

Conclusion :
Réapprendre la politique ?

La « crise du politique » relève aujourd'hui du poncif. Il faut cependant se méfier de ce type d'évidences déclinées sur le mode de la nouveauté. Déjà, voici plus de trente années, on s'inquiétait – à tort – de la « dépolitisation » des Français[1]. Beaucoup d'indices – fragiles – étaient égrenés à l'époque pour donner consistance au sujet : recul de la participation électorale, chute d'audience des partis, poussée de l'extrême droite *(sic !)*. Et l'on attribuait, en vrac, ce phénomène à l'élévation du niveau de vie des Français, plus tentés par les loisirs et las de la « technicité » croissante des problèmes politiques, à des individus séduits par un repli sur la sphère privée, à la personnalisation du pouvoir, aux « mass media », sans oublier, naturellement, les sondages... Et Georges Vedel, doutant fortement de la réalité de ce « désintérêt », annonçait justement non le « retour » de la politique – qui n'était jamais partie –, mais une politisation autre de la société française. L'éclosion des clubs, la vivacité du syndicalisme, notamment étudiant, allaient lui donner raison. Aujourd'hui, les indices sont plus affûtés mais leur accumulation – élections, enquêtes, sondages – rend finalement plus difficile à déchiffrer cette crise tant sa vision demeure brouillée.

1. Georges Vedel, *La Dépolitisation : mythe ou réalité ?* AFSP, Armand Colin, 1960.

I. Vision brouillée d'une crise

Pour les uns, la « crise » serait éminemment subjective, oubliant d'ailleurs les effets de réalité qu'infère justement la subjectivité. Sans doute, le constat journalistique mais aussi scientifique (!), à la manière de l'autoprophétie réalisatrice, ou de la rumeur, peut aider à donner consistance au phénomène qu'il décrit ou annonce. Les sondages ou la presse qui « rendent compte » ainsi de manière répétée d'une réalité présumée aident aussi à lui donner vie. Ce constat relève de l'évidence mais pourrait s'appliquer à bien d'autres médiateurs. Aussi la « déconstruction » de la crise aide sans doute à comprendre sa mise en forme mais ne nous apprend pas grand-chose sur son degré de réalité. Si l'on préfère, la mise à plat de la mise en scène ne nous éclaire pas sur le succès du film...

Les sondages sont-ils aussi parfois jugés – au sens fort du mot – responsables de cette illusion d'optique. Que ceux-ci soient l'« agrégation statistique d'opinions privées », nul ne le conteste. Mais que dire alors des résultats électoraux ? Derrière cette critique radicale des sondages s'en cache une autre, bien plus ancienne, celle de la démocratie représentative[2]. Il serait plus juste alors de s'interroger sur l'hypertrophie des sondages, sur leur influence parfois démesurée – au sens propre –, sur les leaders politiques, sur ce qu'Éric Dupin nomme l'« indexation trop systématique du commentaire politique sur les indications fournies par les sondages[3] ». Plutôt que de voir dans leur multiplication une cause du « malaise », il faut au contraire en déduire un symptôme, celui d'une démocratie où l'expression d'un débat public, notamment la médiation parlementaire, reste étroite. Quant au rôle de la télévision, où le débat s'est

2. Gérard Grunberg, « Les ennemis de l'opinion », *Le Débat*, n° 66, septembre-octobre 1991.
3. Éric Dupin, « Abus de sondages et faiblesses démocratiques », *in* Dominique Chagnollaud (sous la dir. de), *L'état politique de la France 1991*, Quai Voltaire, 1992, p. 198.

transporté, il mérite mieux qu'une dénonciation. L'évolution des années quatre-vingt a permis une mutation sans précédent de l'audiovisuel, en particulier sous l'effet de la concurrence et de l'émergence d'une autorité de régulation. Quelques médiateurs journalistiques ont ainsi accédé à la fonction d'interprètes de la *vox populi* et acquis une autorité parapolitique qui les place parfois dans une position inverse de celle qui était la leur dans les années soixante, voire soixante-dix. L'« explosion » de la communication a fait le reste. Nombre d'hommes politiques, en particulier de la « jeune » génération, ont vu dans cette petite révolution un accélérateur potentiel de carrière et un instrument de contournement de leurs aînés, moins à l'aise sur ce terrain (?). Et d'utiliser toutes les ressources de la communication politique. Dans sa version moderniste, celle-ci épouse en effet parfaitement le média télévisé et valorise le maniement des symboles, des mots clefs, de l'*impression*, au sens photographique du terme. Le discours politique dominant a eu tendance à s'aligner sur ce schéma. La *croyance* traditionnelle de beaucoup d'acteurs politiques en la toute-puissance des médias a conforté cette évolution. Dès lors a semblé se creuser un fossé entre ceux aptes à participer à la circulation médiatique et d'autres réduits à l'enquête de terrain. Inférant sa capacité à exister par l'éphémère, voire angoissée par la mort médiatique qui pourrait la surprendre (ou de la perte d'influence dans les sondages au baromètre de popularité – qui, comme leur nom l'indique, nous font connaître l'air du temps), une partie de la classe politique a surévalué l'influence de la télévision. Elle a aussi accru la distance avec les citoyens, tout en essayant justement de la rompre en apparence, en s'enfermant dans un discours décalé largement du quotidien. En s'attachant à cette course-poursuite médiatique, elle a un peu plus fonctionné en vase clos et renvoyé l'image caricaturale d'elle-même. La théâtralisation et la mise en scène sont inhérentes à la politique, où la forme est, d'une certaine manière, le fond. Mais elle supporte mal une dramaturgie excessive, destinée, en fait, à un public d'avertis.

Ces éléments sont ici encore des symptômes de la crise

du politique en tant que régulateur et expression des conflits. Il en est d'autres plus remarquables : dégradation indubitable de l'image de la classe politique, de partis déjà faiblement enracinés dans la société française, montée des forces « hors système », des écologistes au Front national, sans omettre les chasseurs, poussée de l'abstentionnisme.

La baisse de la participation électorale de 1988 à 1992 est incontestable mais à nuancer. Certes, l'abstentionnisme varie en fonction des consultations, de leur capacité de mobilisation, de leurs enjeux. Le référendum de novembre 1988 sur un enjeu lointain en est une bonne illustration. Il faisait ainsi suite à deux élections nationales, et l'accord scellé auparavant entre les protagonistes en Nouvelle-Calédonie, sous l'égide du gouvernement, l'abstention du RPR sont autant d'éléments à prendre en compte pour apprécier les 63 % d'abstention. Les législatives de 1988, consécutives à l'élection présidentielle, font apparaître un taux de 34 % au premier tour. C'est un « record », mais les législatives de novembre 1962, suivant le référendum d'octobre, avaient connu un taux de 31,3 %. De même le record (depuis 1947 !) de 27 % aux municipales de mars 1989 est proche des 25 % de celles de 1959. Ce type d'élections mobilise plus lorsqu'elles sont « intermédiaires » entre deux consultations nationales. Le regain de participation aux régionales et aux cantonales de mars 1992 s'inscrit partiellement dans cette perspective. Quant au taux de 51,1 % d'abstention aux européennes de juin 1989, il est aussi « historique ». Mais après trois consultations nationales, la mobilisation ne pouvait qu'être limitée. Le taux de participation dans la Communauté a d'ailleurs baissé (61 % en 1984, 58,5 % en 1989) et additionne des situations fort diverses (36 % en Grande-Bretagne, 61,5 % en RFA...). Enfin, la forte participation électorale au référendum sur Maastricht relativise encore la « chute ». Ramenée aux taux d'abstention sensiblement supérieurs qu'on connaît traditionnellement aux États-Unis ou en Suisse, la démocratie française est-elle une exception ?

II. Une crise objective

La faible insertion sociale, liée à un niveau socioculturel tout aussi faible, demeure une variable explicative de l'abstentionnisme, mais ne peut suffire à l'expliquer pour les dernières années, même marquées par la croissance du chômage. L'exemple américain[4] suggère ainsi son lien étroit avec l'absence de concurrence électorale et idéologique. De ce point de vue, l'alternance « douce » de 1988, précédée de la cohabitation et suivie par l'œcuménisme gouvernemental d'un Michel Rocard, a atténué les clivages, brouillé les repères. Ceux qui attendaient le « changement » et la solution à leurs problèmes par le biais d'un renouvellement d'équipes ont sans doute été déçus. L'alternance – et ses fantasmes de résolution immédiate (comme en 1978 ou 1981) des questions du jour par l'application d'un programme clef en main – semble avoir vécu, sauf pour ceux des électeurs du Front national vivant ou se représentant une exclusion sociale à la mesure du chômage, de la crise urbaine et de l'immigration. Mais le référendum sur Maastricht a rappelé que les Français se mobilisaient lorsqu'une réelle alternative leur était proposée.

La « droite » et la « gauche » n'en ont pas pour autant disparu. Plus de 9 Français sur 10 continuent de se situer sur cette échelle[5], mais doutent en même temps de plus en plus de sa réalité tant le choix semble réduit. Pour autant, les organisations politiques qui, à l'instar du Parti communiste, veulent encore défendre un projet collectif de société – et de changement supposé radical – perdent leur influence. Sans doute, ce « déclin » dans le cas précité tient-il aux mutations de la « classe ouvrière », aux restructura-

---

4. Marie-France Toinet, *Le Système politique des États-Unis*, PUF, 1980.
5. « A la recherche de la gauche et de la droite », *in* Daniel Boy et Nonna Mayer (sous la dir. de), *L'Électeur français en questions*, CEVIPOF-Presses de la FNSP, 1990, p. 127 s.

tions industrielles qui ont fait éclater les solidarités. Mais la poussée des valeurs individualistes, de l'hédonisme, en fait du « repli sur soi », atteint tous les mouvements sociaux attachés à promouvoir des idéaux dépassant l'individuel. L'Église elle-même, voire les syndicats sont atteints de plein fouet par ce culte du chacun pour soi, reconverti parfois, il est vrai, dans l'humanitaire.

III. La rétraction du politique

Cette évolution n'est pas seulement le fruit de la crise économique, mais d'une modification sensible des mentalités (accentuée sans doute par l'effondrement de l'idéologie communiste). Moins nombreux sont ceux finalement qui croient en la « providence », en particulier lorsqu'elle vient de l'État, soumis à une critique radicale dans les années quatre-vingt. Les difficultés à assumer ses missions ou à réguler la société sont patentes. L'État s'épuise à courir après son objet, sans toujours pouvoir le rattraper. Aussi la tentation est grande de se défausser sur une kyrielle de commissions de « sages », de comités en tout genre, d'autorités administratives indépendantes, supplétives du politique. Cette démocratie de l'expertise aux allures parfois scientifiques n'annonce pas cependant la fin du politique. Mais son champ d'action devient à la fois plus limité et moins ambitieux, tandis que les politiques ont aussi eux-mêmes parfois renoncé à leur mission. Les « services votés » dans le budget en constituent un saisissant exemple parmi d'autres. Cette limitation, outre le « repli » de l'État, s'entend aussi à l'aune d'une régulation croissante des conflits politiques par le droit, constitutionnel et européen. Sa production n'est évidemment pas étrangère aux rapports de forces politiques, nationaux ou transnationaux. Mais le droit se construit aussi selon des logiques propres, autonomes, voire séparées *in fine* du débat politique. Quant à l'ambition globalisante, elle doit céder la place à des projets plus concrets, spécialisés. Le succès relatif des écologistes en témoigne et constitue l'envers de cette crise [6] (« amateurisme » de ses dirigeants, façon autre de faire de la politique, vocation particulière à gérer un enjeu spécifique – l'écologie –, même s'il tend à se transformer en vision globale de la société).

Dans un autre style, tandis que l'engagement partisan ou syndical s'effrite, la « réussite » des associations, des coordinations s'attachant à gérer par elles-mêmes leurs revendications confirme cette mutation qui affecte l'ensemble des mécanismes traditionnels de la représentation.

L'intérêt pour la politique n'en faiblit pas pour autant. De nouvelles demandes articulées autour des valeurs « postmatérialistes » se font jour et ne sont pas satisfaites par l'offre politique [7]. Mais que dire des valeurs matérialistes ? Il ne faudrait pas croire qu'elles ont disparu par enchantement.

L'ajustement sera certes difficile mais n'est pas impensable. Encore faudrait-il que les élites politiques apportent des réponses adaptées à cette situation. Elles ont pris conscience de l'ampleur de cette mutation mais l'ont pour l'essentiel ramenée à la question de la révision des institutions, qui n'a jamais soulevé les passions françaises, sauf lorsqu'elle redoublait une contestation d'envergure du régime. Le révisionnisme en France n'est ainsi porteur d'aucun projet idéologique cohérent en dehors de son objet même. Mais il suscite des propositions tant des acteurs au pouvoir que des opposants, signe, contrairement aux idées reçues, que les exclus de la gestion politique ne sont pas seuls favorables à une modification de l'équilibre institutionnel. L'intérêt n'est pas l'unique mode de gestion des passions politiques et la croyance y trouve aussi son compte. Le régime présidentiel séduit ainsi bien des socialistes, des centristes ou des gaullistes, comme Philippe Séguin. Une Ve République *bis* trouve les faveurs d'un

6. Colette Ysmal, *Le Comportement électoral des Français*, La Découverte, 1991.
7. Nonna Mayer et Pascal Perrineau, *Les Comportements politiques*, Armand Colin, 1992.

ancien Premier ministre, Jacques Chirac, voire d'un ancien président de la République, Valéry Giscard d'Estaing.

IV. Vraies et fausses solutions

Le face-à-face entre un chef de l'État, assisté d'une multitude d'experts, et son peuple ne date pas des dernières années. Mais cette structure autoritaire – et paternelle – semble de plus en plus décalée par rapport aux mutations de la société. Elle a détruit ou affaibli les médiateurs traditionnels (assemblées, partis) en un temps où l'État demeurait une figure tutélaire. Son crédit s'est érodé à la mesure d'un intérêt général qui de séparé du commun est de plus en plus perçu comme la résultante de la confrontation des intérêts particuliers. La réémergence de la « société civile » comme concept (flou !) en est un signe parmi d'autres. Aussi ce décalage entre la constitution politique et la constitution sociale de la France est-il la toile de fond de la crise de la représentation. Pour y remédier sur ce plan institutionnel, plusieurs solutions sont envisagées. Ainsi de l'adaptation à la France du régime présidentiel. Elle pourrait avoir des effets paradoxaux. Les partis américains sont aussi structurés à la base qu'ils le sont faiblement au sommet. C'est cette souplesse – le Congrès ignore la discipline de groupe – qui garantit un jeu équilibré dans lequel la domination du parti du président du Congrès n'est pas synonyme de celle du président sur le parti. Il doit dans tous les cas négocier, marchander l'appui du législatif et constitue, à lui seul, un lobby, puissant, parmi d'autres. La situation française est exactement inverse. Les partis sont aussi structurés au sommet qu'ils sont faibles à la base. Dans le cas d'une concordance entre majorités présidentielle et parlementaire, la domination du chef de l'État ne disparaîtrait pas.

Nombre de propositions ont été aussi émises dans le sens d'un rééquilibrage des institutions dans le cadre de l'actuel système. Le quinquennat est un élément majeur du dispositif. Mais en alignant la durée du mandat sur celle de l'Assemblée, on risque de lier un peu plus le destin du chef de l'État à celui d'une majorité parlementaire qui devra à terme émaner des urnes dans la foulée des présidentielles. En cas de concordance, la domination présidentielle sera assurée. Dans le cas inverse, le conflit sera inévitable, à moins que la représentation proportionnelle rende le chef de l'État gagnant à tous les coups. Faute de majorité parlementaire nettement dessinée, il pourrait rester le maître du jeu partisan par le dosage gouvernemental et les marchandages parlementaires. Au-delà d'un rééquilibrage bien incertain, le quinquennat aurait sans doute pour effet de faire perdre au président sa dimension de garant d'une certaine continuité institutionnelle, en fait d'une certaine idée *française* de l'État, conçu comme instance arbitrale. Cette conception, nous l'avons dit, a perdu beaucoup de sa crédibilité et semble caduque. Faut-il pour autant l'éradiquer totalement de notre système politique pour laisser place, jusqu'à son sommet, au libre jeu des conflits d'intérêts ? Même sous l'aspect « symbolique », les démocraties européennes ont préservé cette dimension.

La revalorisation du Parlement est sans doute un projet plus assuré dans ses effets, autant d'ailleurs que l'idée de placer hors jeu la loi électorale en l'inscrivant dans la Constitution, en interdisant ainsi sa manipulation à la veille de l'élection suivante. Une « modernisation » sensible du statut de l'institution parlementaire et une reconsidération de ses missions aideraient à le relégitimer. Les députés et sénateurs constituent localement des médiateurs irremplaçables dans la société française et, à l'inverse des partis, en phase avec la conception qu'ont les citoyens de l'action politique. C'est sur ce socle qu'il convient de rebâtir leur rôle national. Une série de propositions ont été émises. En vrac : vote personnel pour les textes importants, allongement des sessions, renforcement des pouvoirs des commissions d'enquête et de contrôle, limitation de l'usage de l'article 49.3, examen obligatoire d'un certain nombre de propositions parlementaires, etc. Les élus devraient aussi pouvoir mieux apprécier, grâce à l'évaluation des politiques publiques, l'application des lois. Au total, le Parlement devrait redevenir un lieu de débat, ne s'articulant pas systématiquement autour du clivage opposition/majorité, mais d'un dialogue entre le gouvernement et les assemblées. Elles devraient aussi pouvoir suivre et contrôler les conséquences normatives sur le droit français de la construction européenne. Une prise de conscience salutaire s'est opérée lors du débat sur le traité de Maastricht. Outre les éléments contenus à ce sujet dans la révision constitutionnelle [8], la création d'une commission des Affaires européennes compléterait utilement le dispositif.

Le référendum constitue une deuxième voie de rénovation, notamment quant à l'élargissement du champ d'application de ce procédé. Il permet de débattre sur la place publique de questions « cogérées » par l'État et les intérêts corporatistes. Le projet présidentiel de 1984 pourrait trouver aujourd'hui plus d'adeptes. Mais cette consultation directe du peuple continue de susciter les réserves des élus, qui voient en elle le moyen de les court-circuiter dans leur rôle de médiation. Nombreux sont ceux qui se souviennent de la pratique gaullienne, abandonnée depuis, liant la question posée au sort du chef de l'État. Pourtant, les référendums sur la Nouvelle-Calédonie et surtout sur le traité de Maastricht laissent présager une réhabilitation de ce procédé. Certes, le référendum à la suisse est un doux rêve en France, compte tenu de son histoire politique. Mais on en peut imaginer dans les années à venir un apprentissage différent, plus conforme à la « norme » occidentale.

Il est cependant de fait que la réponse engage toujours, même indirectement, l'autorité qui pose la question. On peut penser contourner le problème par le biais de l'initiative populaire. Mais on imagine alors, ici et là, les « dérives » possibles sur des sujets sensibles comme l'immigration ou la peine de mort. Toute question est-elle bonne à poser en démocratie ? La question est aussi ancienne que la démocratie. Même le garde-fou du Conseil constitutionnel – triant les questions – pourrait réveiller les craintes du « gouvernement des juges ». Au niveau local, l'utilisation

---

8. Cf., *supra*, Alain Prate, « La Ve République et l'Europe ».

du référendum pourrait, sans doute, susciter moins de sages inquiétudes. Mais il pose en fait les mêmes questions qu'au niveau national. Quelles que soient les modalités de mise en œuvre de ce procédé, on ne peut cependant s'inquiéter de l'éloignement des citoyens à l'endroit de la démocratie représentative tout en lui interdisant l'accès à la démocratie directe.

V. Réhabiliter la politique

Outre ces voies de régénération de la démocratie française, qui passe aussi par la lutte contre la corruption, il en est d'autres, moins brillantes dans leur manifestation intellectuelle, mais plus effectives. En particulier, le statut et les moyens de l'appareil judiciaire continuent de peser lourd dans le « déficit démocratique » des institutions. Réconcilier les citoyens avec leur justice devrait être la première urgence. Elle passe naturellement par une réforme au sommet du Conseil supérieur de la magistrature, rendu plus autonome dans sa composition quant à la gestion de la carrière des magistrats. Seul le chef de l'État en nomme aujourd'hui les membres. Mais la gestion corporative de la justice présente aussi des inconvénients. C'est déjà en amont, par une revalorisation morale et matérielle sans précédent des carrières, que pourrait, en pratique, s'amorcer une solution. Alors que beaucoup plaident en faveur de l'exception d'inconstitutionnalité, il est utile de rappeler que l'« État de droit » n'est pas seulement une idée noble, bonne à peupler l'imaginaire d'initiés, mais doit aussi être vécu par les citoyens au quotidien.

Enfin, ces réformes envisageables laissent en suspens la question même du statut et du recrutement du personnel politique. On aiderait à revivifier la démocratie en limitant le cumul des mandats pour tendre à l'unité. A tout le moins pourrait-on interdire le cumul d'un mandat « exécutif » (président du conseil régional, général, maire de grande ville) avec un mandat délibératif. Ce système aurait en outre l'avantage de corriger localement les excès de la concentration du pouvoir, induits par la décentralisation, en instaurant la concurrence ou des contrepoids. De plus, pourrait-on aussi à l'inverse faire exister une « classe politique » locale, réellement distincte de la classe politique nationale, ce qui est loin d'être le cas aujourd'hui. Enfin, les députés retrouveraient un rôle plein de législateurs, même si l'on pourrait recevoir des exceptions au « cumul » par les sénateurs, représentants des collectivités territoriales.

La question du *recrutement* du personnel politique est sans doute plus périlleuse. Il est un fait incontestable que la fonction publique monopolise largement les mandats électifs à mesure qu'on s'élève dans la hiérarchie politique. Les efforts pour aider les salariés à accéder à la fonction politique ont été dérisoires. Aussi faut-il envisager le problème à l'autre bout de la chaîne et réfléchir aux moyens d'un rééquilibrage. La Grande-Bretagne a expérimenté depuis longtemps un système, source d'inspiration. Il existe ainsi une corrélation étroite entre la hiérarchie politique et la hiérarchie administrative. Les incompatibités deviennent plus sévères à mesure qu'on grimpe l'échelle. Sans calquer ce système, les fonctionnaires élus députés devraient devoir démissionner, sans espoir de retour. Le mélange des genres et des carrières n'est pas en effet étranger à la politisation des fonctions publiques en France. Dans un autre ordre d'idées mais sur le même registre devrait être envisagée une limitation impérative du nombre des emplois à la discrétion du pouvoir politique. La réhabilitation de la politique passe aussi par une redéfinition claire de son champ d'intervention au sein de l'administration.

Enfin, la réforme la plus difficile à opérer serait celle des partis politiques, s'ils veulent redevenir, à moyen terme, des médiateurs plus autorisés. Des restructurations internes aptes à les rendre moins élitistes dans leur fonctionnement, plus populaires dans leur recrutement (sans oublier la présence des femmes) y aideraient puissamment. Une reformulation sensible des alternatives qu'ils proposent est aussi urgente. Faut-il pour autant que les organisations politiques se modèlent strictement sur les mutations sociales dites de longue durée ? Depuis la fin des années soixante, le clivage gauche/droite tend à redoubler très grossièrement le clivage social, salariés/non salariés, mais ne le résume pas simplement. Au contraire, la politique tend à le sublimer, et son effacement laisse place aujourd'hui à un clivage autrement plus inquiétant entre « ceux d'en haut » et « ceux d'en bas »[9], confirmé grossièrement par le référendum de Maastricht. Cette dangereuse partition entre un peuple et ses élites révèle que la question demeure politique. Sans doute, l'émergence massive de la classe moyenne salariée tend à brouiller les clivages sociaux traditionnels. Mais sauf à penser que celle-ci épuise les fins du possible en politique irrésistiblement attiré vers un centre sociologique – parce qu'elle constitue l'arme de la participation électorale –, les partis devraient tendre à diversifier leurs bases sociales, non à mettre de côté ceux qui, exclus socialement, se réfugient dans l'abstentionnisme ou nourrissent le « populisme ». L'honneur de la politique et sa raison d'être sont aussi de penser en termes « irrationnels » l'unité et la cohésion d'une collectivité nationale. C'est aussi ce qu'ont peut-être voulu dire maints citoyens à l'occasion du référendum de Maastricht. Et les 31 % d'abstentions au premier tour des législatives de mars 1993, comme les 1,4 M. de bulletins blancs ou nuls au second, confirment aussi la distance qui s'est créée entre maints citoyens et le « jeu » politique. L'urgence est donc de les réconcilier avec un art mais aussi une passion.

DOMINIQUE CHAGNOLLAUD

9. Selon l'analyse de Jean-Luc Parodi.

Annexes

Élections et référendums
sous la Ve République

*

Chronologie politique

TABLEAU 1

L'abstention sous la Ve République

(métropole)

%	Présid. 1er et 2e tours	Légis. 1er tour	Munic. 1er tour	Région.	Réf.	Canton. 1er tour	Europ.
Moyenne des moyennes **1958-1992**	18 / 18	24	24	27	29	37	44
1958		23 (2)			15 (1)		
1959			25 (1)				
1960							
1961					24 (1)	44 (2)	
1962		31 (3)			21 (1)		
					23 (2)		
1963							
1964						43 (1)	
1965	15/15 (2)		22 (1)				
1966							
1967		19 (1)				43 (2)	
1968		20 (1)					
1969	22/31 (2)				19 (1)		
1970						33 (1)	
1971			25 (1)				
1972					40 (1)		
1973		19 (1)				47 (2)	
1974	15/12 (1)						
1975							
1976							35 (1)
1977			21 (1)				
1978		17 (1)					
1979						35 (1)	39 (2)
1980							
1981	19/14 (1)	29 (2)					
1982						32 (1)	
1983			22 (1)				
1984							43 (1)
1985						34 (1)	
1986		22 (1)		22 (1)			
1987							
1988	19/16 (1)	34 (2)		.	63 (4)	51 (3)	
1989 ·			27 (1)				51 (2)
1990							
1991							
1992			.	31 (1)	29 (2)	30 (1)	

Les chiffres entre parenthèses indiquent le rang du scrutin dans l'année. Les pourcentages sont arrondis à l'unité.
SOURCE : CEVIPOF.

TABLEAU 2

Résultats des élections législatives sous la Ve République, des élections européennes de 1989 et régionales de 1992

(métropole)

% des suffrages exprimés	Législatives									Europ.	Région.
	1958	1962	1967	1968	1973	1978	1981	1986	1988	1989	1992
Extrême gauche[a]	1,2	2	2,2	4	3,3	3,2	1,3	1,5	0,4	2,4	1,5
Parti communiste	18,9	21,9	22,5	20	21,6	20,6	16,1	9,7	11,2	7,8	8
Parti socialiste	15,4	12,4	18,9	16,5	21,7	25,7	38,3	32,8	37,6	23,6	20,3
Radicaux de gauche et divers gauche											
Écologistes						2,6	1,1	1,3	0,4	10,7	14,7
Parti radical	9,7	7,4	1,3	0,8							
Démocratie chrétienne[b]	11,1	7,9	14,1	10,5	13,7						
Centre et droite modérée favorable à la Ve République		2,3	6,4	8,4	10	20,8[c]	19,1[c]	42,1	38,5	37,1	33,5
Gaullisme	20,6	33,7	32,1	38	25,6	22,6	20,9				
Modérés et divers droite	20	11,5	1,9	1,2	3,6	3,8	2,9	2,7	2	1,2	4,6
Extrême droite	2,6	0,7	0,6	0,1	0,5	0,7	0,3	9,9	9,9	11,8	14,1
Divers	0,5	0,2		0,5						5,2	3,4
Total gauche	45,2	36,3	43,6	40,5	46,6	49,5	55,7	44	49,2	33,8	29,7

a. Dont PSA et PSU. b. MRP puis Centre démocrate. c. UDF.
SOURCES : CEVIPOF et A. Lancelot, *Les Élections sous la Ve République*, PUF, coll. « Que sais-je ? », 1993.

TABLEAU 3

Résultats des élections présidentielles sous la Ve République (1er tour)

(métropole)

% des suffrages exprimés	1965	1969	1974	1981	1988
Extrême gauche		1	2,7	2,3	4,5
Communisme		21,5 (J. Duclos)		15,5 (G. Marchais)	6,9 (A. Lajoinie)
Socialisme et radicalisme	32,2 (F. Mitterrand)	8,8 (G. Defferre 5,1 M. Rocard 3,7)	43,4 (F. Mitterrand)	29,4 (F. Mitterrand 26,1 H. Bouchardeau 1,1 M. Crépeau 2,2)	33,9 (F. Mitterrand)
Centre	15,9 (J. Lecanuet)	24,4 (A. Poher)			
Droite	43,7 (C. de Gaulle)	44 (G. Pompidou)	50,6 (V. G. d'Estaing 32,9 J. Chaban-Delmas 14,5 J. Royer 3,2)	48,9 (V. G. d'Estaing 27,8 J. Chirac 18 M. Debré 1,7 M.-F. Garaud 1,4)	36,3 (J. Chirac 19,8 R. Barre 16,5)
Extrême droite	5,2 (J.-L. Tixier-Vignancour)		0,8 (J.-M. Le Pen)		14,6 (J.-M. Le Pen)
Écologisme				3,9 (B. Lalonde)	3,8 (A. Waechter)
Divers	2,9	1,3	2,5		

SOURCE : CEVIPOF et A. Lancelot, *op. cit.*

TABLEAU 4

Résultats des élections présidentielles
sous la Ve République (2e tour)

(métropole)

% suffrages exprimés	1965	1969	1974	1981	1988
François Mitterrand	45,5		49,3	52,2	54
Alain Poher		42,4			
Charles de Gaulle	54,5				
Georges Pompidou		57,6			
Valéry Giscard d'Estaing			50,7	47,8	
Jacques Chirac					46

SOURCE : CEVIPOF et A. Lancelot, *op. cit.*

TABLEAU 5

**Sociologie du vote en faveur de François Mitterrand
au 2ᵉ tour des élections présidentielles**

(1965, 1974, 1981 et 1988)

	1965	1974	1981	1988
Ensemble	**45**	**49**	**52**	**54**
Sexe				
Homme..............................	51	53	56	53
Femme	39	46	49	55
Age				
18-21 à 34 ans...............................	51	59	63	62
35 à 49 ans	45	49	51	51
50 à 64 ans	45	46	47	51
65 ans et plus...............................	35	40	40	47
Profession du chef de ménage				
Agriculteur....................................	41	31	33	35
Commerçant, artisan	33	36	40	37
Cadre sup., profession libérale	37	34	38	36
Cadre moyen et employé	45	51	58	61
Ouvrier	55	68	67	68
Inactif...	40	44	45	52
Religion				
Catholique pratiquant régulier		23	20	27
Catholique pratiquant occasionnel.................................		49	40	44
Catholique non pratiquant............		74	61	58
Sans religion.................................		86	88	75

SOURCE : SOFRES.

Tableau 5 bis

Sociologie du vote en faveur de la droite
au 2ᵉ tour des élections présidentielles
(1965, 1974, 1981 et 1988)

	1965 C. de Gaulle	1974 V. G. d'Estaing	1981 V. G. d'Estaing	1988 J. Chirac
Ensemble	**55**	**51**	**48**	**46**
Sexe				
Homme......................	49	47	44	47
Femme.......................	61	54	51	45
Age				
18-21 à 34 ans	49	41	37	38
35 à 49 ans.................	55	51	49	49
50 à 64	55	54	53	49
65 ans et plus..............	65	60	60	53
Profession *du chef de ménage*				
Agriculteur	59	69	67	65
Commerçant, artisan	67	64	60	63
Cadre sup., profession libérale......................	63	66	62	64
Cadre moyen et employé	55	49	42	39
Ouvrier	45	32	33	32
Inactif	60	56	55	48
Religion				
Catholique pratiquant régulier.....................		77	80	73
Catholique pratiquant occasionnel		51	60	56
Catholique non pratiquant..........		26	39	42
Sans religion		14	12	25

Source : SOFRES.

TABLEAU 6

**Structure des électorats des quatre grands partis
aux élections législatives de 1978**

(sondage post-électoral CEVIPOF-SOFRES)

	PCF	PS	UDF	RPR	Total
Sexe					
Homme..............................	53	52	46	46	48
Femme..............................	47	48	54	54	52
Age					
18 à 24 ans........................	19	13	8	8	13
25 à 34 ans........................	26	25	17	17	22
35 à 49 ans........................	25	26	25	26	25
50 à 64 ans........................	19	21	23	23	21
65 ans et plus....................	11	15	27	25	19
Profession					
de la personne interrogée					
Agriculteur	2	4	11	9	6
Commerçant, artisan	2	4	6	9	5
Cadre sup.,					
profession libérale	3	5	5	4	4
Profession intermédiaire..	9	10	6	6	9
Employé	10	11	7	7	9
Ouvrier,					
personnel de service	32	22	10	13	18
Inactif	42	44	55	52	49
Situation professionnelle					
A.son compte	6	11	24	25	17
Salarié privé	56	49	45	43	47
Salarié public...................	31	31	18	18	25
Sans profession................	5	6	10	10	7
Religion					
Catholique pratiquant					
régulier...........................	2	8	33	30	17
Catholique pratiquant					
occasionnel	8	13	19	21	15
Catholique					
non pratiquant...............	56	60	40	41	50
Sans religion,					
autre religion.................	34	19	7	8	18

TABLEAU 7

Vote aux élections régionales de 1992

(sondage post-électoral SOFRES)

Sur 100 suffrages exprimés	PCF + extrême gauche	PS + divers gauche	Écolo-gistes	Droite modérée	FN	Divers
Total	**9**	**20**	**15**	**38**	**14**	**4**
Sexe						
Homme....................	12	18	12	38	15	5
Femme....................	7	22	17	38	13	3
Age						
18 à 24 ans.................	9	17	29	22	19	4
25 à 34 ans.................	8	21	18	32	15	6
35 à 49 ans.................	10	17	16	41	10	6
50 à 64 ans.................	10	20	11	42	15	2
65 ans et plus............	9	26	7	41	15	2
Profession de l'interviewé						
Agriculteur	9	7	7	58	9	10
Commerçant, artisan, industriel.................	0	12	6	73	7	2
Cadre, profession intellectuelle	5	21	24	38	7	5
Profession intermédiaire...........	8	17	21	38	11	5
Employé	9	18	22	31	15	5
Ouvrier	21	22	10	25	15	7
Inactif	9	23	13	37	16	2
Situation professionnelle						
A son compte	7	10	8	59	9	7
Salarié privé	10	19	20	30	14	7
Salarié public.............	13	21	17	36	10	3
Inactif	9	23	13	37	16	2
Religion						
Catholique pratiquant régulier	4	12	11	56	16	1
Catholique pratiquant occasionnel.............	3	14	13	51	12	7
Catholique non pratiquant........	11	23	13	34	15	4
Sans religion.............	23	26	27	13	8	3

TABLEAU 8 : **Les six référendum**

(total métropo

Date	Objet	Inscrits	Votants	Abstention
08.01.1961	Approbation de la politique d'autodétermination en Algérie.	32 520 233	23 986 913	8 533 320 (26,24 %)
08.04.1962	Approbation des accords d'Évian sur l'avenir de l'Algérie.	27 582 072	20 779 303	6 802 769 (24,66 %)
28.10.1962	Révision de la Constitution (élection du président de la République au suffrage universel).	28 185 478	21 694 563	6 490 915 (23,02 %)
27.04.1969	Création des régions et réforme du Sénat.	29 392 390	23 552 611	5 839 779 (19,86 %)
23.04.1972	Élargissement de la Communauté économique européenne.	29 820 464	17 964 607	11 855 857 (39,75 %)
06.11.1988	Adoption du nouveau statut de la Nouvelle-Calédonie.	38 025 823	14 028 705	23 997 118 (63,11 %)
20.09.1992	Ratification du traité sur l'Union européenne	38 305 534	26 695 951	11 609 951

N.B. – Le référendum du 28 septembre 1958, portant sur l'approbation des insti votants, 38 893 979 ; suffrages exprimés, 36 486 251 ; oui, 31 066 502 (67,77 crits et 14,85 % des suffrages exprimés).
SOURCE : Yves Mény, *Textes constitutionnels et Documents politiques,* Montchr

e la Ve République

t outre-mer)

Suffrages exprimés	Oui	% des inscrits	% des suffrages exprimés	Non	% des inscrits	% des suffrages exprimés
23 265 444	17 447 669	53,65	74,99	5 817 775	17,88	25,00
19 675 497	17 866 423	64,77	90,80	1 809 074	6,55	9,19
21 125 054	13 150 516	46,65	62,25	7 974 538	28,29	37,74
22 908 855	19 901 753	37,09	47,58	12 007 102	40,85	52,41
15 878 488	10 847 554	36,37	68,31	5 030 934	16,87	31,68
2 371 046	9 896 298	26,09	79,99	2 474 743	6,50	20
25 786 574	13 162 992		51,04	12 623 582		48,95

ns de la Ve République, avait donné les résultats suivants : inscrits, 45 840 642 ;
s inscrits et 85,14 % des suffrages exprimés) ; non, 5 419 749 (11,82 % des ins-

n, 1989, p. 102.

TABLEAU 9 : **Élections**

21 mars : 1er tour

	Total			
		% par rapport aux inscrits	% par rapport aux suffrages exprimés	Nombre d'élus
Inscrits	38 881 564			
Votants	26 796 142	68,91		
Abstentions	12 085 422	31,08		
Blancs et nuls	1 417 984			
Suffrages exprimés	25 378 158			
UPF	10 074 796	25,91	39,69	
dont RPR	5 032 496	12,94	19,83	42
et UDF	4 731 013	12,16	18,64	38
Majorité prés.	4 874 978	12,53	19,20	
dont PS	4 415 495	11,36	17,39	
Extrême droite	3 187 954	8,19	12,56	
dont FN	3 152 543	8,10	12,42	
Écologistes	2 716 313	6,98	10,70	
dont Verts	1 022 196	2,62	4,02	
et GE	917 228	2,35	3,61	
et Nouveaux Écolo.	635 244	1,63	2,50	
Communistes	2 331 399	5,99	9,18	
Divers droite	1 118 032	2,87	4,40	
Extrême gauche	423 282	1,08	1,66	
Divers	329 275	0,84	1,29	
Divers gauche	234 462	0,60	0,92	
Nationalistes	70 920	0,18	0,27	
Régionalistes	16 747	0,04	0,06	

SOURCE : *Le Monde*.

législatives de mars 1993

28 mars : 2ᵉ tour

	Total			
		% par rapport aux inscrits	% par rapport aux suffrages exprimés	Nombre d'élus[a]
Inscrits	33 714 568			
Votants	22 775 879	67,55		
Abstentions	10 938 689	32,44		
Blancs et nuls	2 159 346			
Suffrages exprimés	20 616 533[b]			
UPF	11 347 846	33,65	55,04	
dont RPR	5 741 623	17,03	27,84	200
et UDF	5 178 039	15,35	25,11	171
Majorité prés.	6 459 723	19,16	31,33	67
dont PS	6 143 179	18,22	29,79	53
FN	1 168 160	3,46	5,66	–
Écologistes	37 491	0,11	0,18	–
Communistes	951 213	2,82	4,61	24
Divers droite	588 455	1,74	2,85	34

a. Plus un divers : 26 274 voix.
b. Nationalistes : 36 971 voix.

Chronologie politique

Histoire constitutionnelle

1789   5 mai   Ouverture des États généraux.

17 juin   Le tiers-état se proclame Assemblée nationale, puis Constituante le 11 juillet.

14 juillet   Prise de la Bastille.

4 août   Abolition des privilèges et du régime féodal.

26 août   Déclaration des droits de l'homme.

1791   20-21 juin   Fuite du roi à Varennes.

3 septembre   Vote de la Constitution.

1792   9-10 août   Commune insurrectionnelle de Paris. La monarchie est renversée, la Constitution suspendue.

21-22 septembre   Abolition de la monarchie et proclamation de la République.

1793   21 janvier   Exécution de Louis XVI.

6 avril   Création du Comité de salut public.

24 juin   Adoption de la Constitution de l'an I ; ratifiée par référendum le 4 août, elle ne sera jamais appliquée.

27 juillet   Robespierre entre au Comité de salut public

1794   27-28 juillet   Chute et exécution de Robespierre.

1795   22 août   Constitution de l'an III qui instaure le Directoire.

1799   9 novembre   Coup d'État du 18 Brumaire.

	12-15 décembre	Constitution du Consulat approuvée par référendum le 7 février 1800. Bonaparte est Premier consul.
1802	2 août	Consulat à vie.
1804	18 mai	Le gouvernement de la République est confié à un empereur. Bonaparte prend le nom de Napoléon 1er, il est sacré le 2 décembre.
1814	7 avril	Abdication de Napoléon 1er.
	24 avril	Retour en France de Louis XVIII.
	4 juin	Charte constitutionnelle.
1815	20 mars	Retour de Napoléon à Paris, il abdiquera de nouveau le 22 juin, après Waterloo.
	8 juillet	Louis XVIII revient au pouvoir.
1824	16 septembre	Mort de Louis XVIII, Charles X lui succède.
1830	27-29 juillet	Les Trois Glorieuses, fuite de Charles X.
	7 août	La chambre des députés appelle Louis-Philippe d'Orléans au trône et révise la Charte.
	9 août	Louis-Philippe prête serment comme roi des Français.
1848	24 février	Proclamation de la République à la suite de la journée parisienne qui a renversé Louis-Philippe.
	4 novembre	Constitution de la IIe République.
	10 décembre	Louis Napoléon Bonaparte remporte la première élection présidentielle au suffrage universel.
1851	2 décembre	Coup d'État de Louis Napoléon Bonaparte, qui dissout l'Assemblée.
1852	14 janvier	Constitution impériale. Rétablissement de l'Empire le 7 novembre. Le 21 novembre un plébiscite approuve très largement cette Constitution.
1870	21 mai	Nouvelle Constitution.
	4 septembre	Proclamation de la République après la défaite de Sedan le 2 septembre.
1871	17 février	Thiers devient chef du pouvoir exécutif.

	18 mars-28 mai	Commune de Paris.
	31 août	Réunion de l'Assemblée constituante, Thiers est président de la République.
1873	24 mai	Démission de Thiers et élection de Mac-Mahon.
	23 octobre	Le comte de Chambord refuse le drapeau tricolore.
	20 novembre	Loi du septennat.
1875	30 janvier	Le vote de l'amendement Wallon « instaure » la République.
	30 janvier-16 juillet	Vote des lois constitutionnelles.
1877	16 mai	Mac-Mahon renvoie J. Simon.
	25 juin	Dissolution de la Chambre des députés.
1879	30 janvier	Mac-Mahon se démet. Le 6 février, J. Grévy, élu président de la République, s'engage à « ne pas entrer en conflit avec les chambres ».
1887	2 décembre	S. Carnot remplace J. Grévy, démissionnaire.
1894	27 juin	C.-Perier succède à S. Carnot assassiné le 24.
	22 décembre	A. Dreyfus est condamné à la déportation.
1895	15 janvier	Démission de C.-Perier. F. Faure, qui lui succède, meurt en 1899.
1899	18 févier	É. Loubet est élu président de la République.
	22 juin	A. Millerand est le premier socialiste à entrer dans un gouvernement.
1905	5 juillet	Séparation de l'Église et de l'État.
1906	18 janvier	A. Fallières, président de la République.
	12 juillet	Réhabilitation de Dreyfus.
1912	10 juillet	Adoption de la représentation proportionnelle pour les élections législatives.
1913	17 janvier	R. Poincaré est élu président de la République.
1914	10 mai	Le Bloc des gauches remporte les élections législatives.
	31 juillet	Assassinat de J. Jaurès.

	1er août	Mobilisation générale en France.

<table>
<tbody>
<tr><td></td><td>1er août</td><td>Mobilisation générale en France.</td></tr>
<tr><td></td><td>3 août</td><td>L'Allemagne déclare la guerre à la France.</td></tr>
<tr><td></td><td>26 août</td><td>Ministère d'Union sacrée avec R. Viviani. J. Guesde entre dans le gouvernement.</td></tr>
<tr><td>1917</td><td>12 septembre</td><td>Rupture de l'Union sacrée.</td></tr>
<tr><td></td><td>16 novembre</td><td>Clemenceau devient président du Conseil.</td></tr>
<tr><td>1918</td><td>11 novembre</td><td>Signature de l'armistice à Rethondes.</td></tr>
<tr><td>1919</td><td>28 juin</td><td>Signature du traité de Versailles.</td></tr>
<tr><td></td><td>16 novembre</td><td>Victoire du Bloc national aux législatives (la chambre bleu horizon).</td></tr>
<tr><td>1920</td><td>17 janvier</td><td>P. Deschanel est élu président de la République contre G. Clemenceau. Il démissionnera le 23 septembre pour « ennuis de santé » et sera remplacé par A. Millerand.</td></tr>
<tr><td></td><td>24-31 décembre</td><td>Le Congrès de Tours marque la scission au sein de la SFIO et la naissance du Parti communiste français.</td></tr>
<tr><td>1923</td><td>14 octobre</td><td>Dans un discours à Évreux, A. Millerand se prononce pour un renforcement de l'autorité présidentielle et prend position en faveur du Bloc national. Il est forcé de démissionner le 11 juin 1924 après la victoire du Cartel des gauches en mai.</td></tr>
<tr><td>1924</td><td>13 juin</td><td>G. Doumergue succède à A. Millerand.</td></tr>
<tr><td>1925</td><td>23 juillet</td><td>R. Poincaré fait voter une loi de délégation législative sur les questions économiques : naissance des décrets-lois.</td></tr>
<tr><td>1927</td><td>12 juillet</td><td>Rétablissement du scrutin majoritaire à deux tours.</td></tr>
<tr><td>1931</td><td>13 mai</td><td>P. Doumer est élu président de la République.</td></tr>
<tr><td>1932</td><td>6 mai</td><td>Assassinat de P. Doumer. A. Lebrun lui succède le 10 mai.</td></tr>
<tr><td>1934</td><td>8 janvier</td><td>Compromis dans des scandales politico-financiers, A. Stavisky se suicide.</td></tr>
</tbody>
</table>

	6 février	Place de la Concorde, une manifestation des ligues et mouvements d'anciens combattants, dirigée contre le Parlement, fait 12 morts.
	24 décembre	La loi de finance reconnaît à la présidence du Conseil un local (l'hôtel Matignon), des services et un budget.
1936	5 mai	Victoire du Front populaire aux législatives.
	5 juin	Gouvernement L. Blum, soutenu sans participation par le PCF.
	7 juin	Accords de Matignon.
1937	21 juin	Le Sénat lui refusant les pleins pouvoirs financiers L. Blum démissionne.
1938	29 septembre	É. Daladier signe les accords de Munich.
1939	5 avril	Réélection d'A. Lebrun.
	3 septembre	La France et l'Angleterre déclarent la guerre à l'Allemagne.
1940	5 juin	Offensive allemande sur l'Aisne et la Somme.
	10 juin	Le gouvernement quitte Paris pour Bordeaux.
	14 juin	L'armée allemande entre dans Paris.
	16 juin	Démission de P. Reynaud.
	17 juin	Appel au maréchal Pétain qui ordonne de cesser les combats et propose l'armistice aux Allemands.
	18 juin	Le général de Gaulle lance de Londres un appel à poursuivre la lutte jusqu'à la libération du territoire.
	22 juin	Armistice franco-allemand.
	10 juillet	Les deux chambres votent les pleins pouvoirs à Pétain (569/80) pour promulguer la nouvelle Constitution de l'État français.
	24 octobre	Pétain rencontre Hitler à Montoire et engage la France dans la « voie de la collaboration ».
1944	2 juin	De Gaulle président du gouvernement provisoire de la République.

	24-26 août	Libération de Paris.
	5 octobre	Ordonnance donnant le droit de vote aux femmes.
1945	21 octobre	Élections à la constituante et à l'assemblée législative, le PCF, le MRP et la SFIO obtiennent les trois quarts des suffrages.
	21 novembre	De Gaulle prend la présidence d'un gouvernement d'union nationale.
1946	20 janvier	Démission du général de Gaulle.
	5 mai	Le référendum repousse le projet de Constitution.
	2 juin	Élection d'une nouvelle constituante.
	13 octobre	Un nouveau référendum ratifie la Constitution.
1947	16 janvier	V. Auriol devient président de la République.
	28 janvier	P. Ramadier est investi. Naissance de la double investiture.
	14 avril	Création du RPF.
	5 mai	P. Ramadier renvoie les ministres communistes.
1951	7 mai	Loi électorale sur les apparentements.
1953	22-23 décembre	R. Coty est élu à la présidence au treizième tour de scrutin.
1954	7 mai	Défaite de Diên Biên Phu.
	19 juin	P. Mendès France devient président du Conseil. Il signe le 20 juillet les accords de Genève qui mettent fin à la guerre d'Indochine.
	1er novembre	Le dimanche de la Toussaint marque le début de l'insurrection algérienne.
	30 novembre	Révision constitutionnelle sur l'investiture et la réforme du Conseil de la République.
1955	5 février	P. Mendès France est renversé par l'Assemblée nationale.
	29 novembre	Chute du gouvernement E. Faure.
	2 décembre	Les conditions constitutionnelles étant

réunies (article 51), E. Faure dissout l'Assemblée nationale.

1958 13 mai   Soulèvement à Alger et formation d'un Comité de salut public.

19 mai   Conférence de presse du général de Gaulle.

29 mai   R. Coty fait appel à C. de Gaulle.

1er juin   Le gouvernement de Gaulle est investi (329/224).

3 juin   Vote de la loi constitutionnelle (350/161).

28 septembre   La Constitution est approuvée par référendum (79,25 % de oui). Elle est promulguée le 4 octobre.

1er octobre   Naissance de l'UNR qui fédère divers mouvements gaullistes.

23 octobre   De Gaulle évoque « la paix des braves ».

23/30 novembre Les élections législatives marquent un succès de l'UNR (20,4 % des voix) et un net recul du PCF et de la SFIO.

21 décembre   De Gaulle est élu président de la République par le collège des grands électeurs.

Vᵉ République

1959 9 janvier   Au lendemain de sa prise de fonction, le général de Gaulle nomme M. Debré Premier ministre.

16 septembre   Discours sur l'autodétermination de l'Algérie.

1960 24 janvier-
1er février   Semaine des barricades à Alger.

2 février   L'Assemblée nationale vote les pouvoirs spéciaux en Algérie.

14 juin   Appel aux dirigeants algériens qui aboutit aux discussions de Melun avec le GPRA, du 25 au 29 juin.

4 novembre   De Gaulle parle de l'Algérie algérienne et annonce un référendum sur l'autodétermination.

1961 8 janvier   Au référendum, l'autodétermination l'emporte, en métropole, avec 75,2 % de oui.

20 février	Nouveaux contacts secrets avec le GPRA.
22-25 avril	Putsch des généraux Challe, Jouhaud, Salan et Zeller à Alger.
23 avril	Le général de Gaulle décide de l'application de l'article 16. Il reste en vigueur jusqu'au 29 septembre 1961.

1962

8 février	Manifestation anti-OAS à Paris, huit morts au métro Charonne.
18 mars	Signature des accords d'Évian qui instaurent le cessez-le-feu en Algérie.
8 avril	90,70 % de oui au référendum sur la ratification des accords d'Évian qui mettent fin à la guerre d'Algérie.
14 avril	M. Debré démissionne de son poste de Premier ministre. Il est remplacé par G. Pompidou.
15-16 mai	Après la conférence de presse de De Gaulle sur l'Europe, démission des ministres MRP.
3 juillet	A la suite du référendum en Algérie, le général de Gaulle déclare l'indépendance de l'Algérie.
22 août	Attentat du Petit-Clamart contre le général de Gaulle.
12 septembre	Le Conseil des ministres adopte un projet de loi de référendum introduisant l'élection du président de la République au suffrage universel.
5 octobre	Pour protester contre l'utilisation de l'article 11, adoption d'une motion de censure (280 pour) contre le gouvernement Pompidou. C'est la seule votée à ce jour sous la Ve République. Le général de Gaulle reconduira G. Pompidou le jour même.
10 octobre	Dissolution de l'Assemblée nationale.
28 octobre	Référendum sur la révision des articles 6 et 7. Le oui obtient 62,25 % des suffrages exprimés.
6 novembre	Le Conseil constitutionnel se déclare incompétent sur l'utilisation de l'article 11.
18-23 novembre	Les élections législatives voient une importante victoire de l'UNR-UDT avec

233 élus et un échec du PCF et de la SFIO.

1963 18 décembre   A la suite de la campagne de M. X, lancée par *L'Express* à l'automne, G. Defferre annonce sa candidature à la présidence de la République. Après l'échec de la Grande Fédération (SFIO, MRP, Parti radical) en mai 1965, il renoncera le 18 juin 1965.

1964 31 janvier   Conférence de presse du général de Gaulle sur les institutions.

7-10 mai   J. Lecanuet devient président du MRP.

14-17 mai   Au XVIIe congrès du PCF, W. Rochet remplace M. Thorez au secrétariat général.

6-7 juin   Naissance de la Convention des institutions républicaines, issue de divers clubs.

1965 9 septembre   F. Mitterrand annonce sa candidature à l'élection présidentielle. Il recevra le soutien de la SFIO et du PCF le 23.

10 septembre   Naissance de la Fédération de la gauche démocrate et socialiste (FGDS) qui regroupe la SFIO, la CIR, le Parti radical et des clubs.

19 octobre   Candidature de Jean Lecanuet.

4 novembre   Le général de Gaulle annonce qu'il brigue un second mandat.

5-19 décembre   Première élection au suffrage universel d'un président de la République sous la Ve. Six candidats sont en présence. Le 5, le général de Gaulle est en ballottage (44,65 %) devant F. Mitterrand (31,72 %). La participation est de 85,01 %. De Gaulle est réélu au second tour avec 55,20 % des suffrages contre 44,80 % à F. Mitterrand.

1966 2 février   Fondation du Centre démocrate qui regroupe le MRP, le Rassemblement démocratique de J. Duhamel et une partie du CNI.

7 mars   La France se retire du commandement unifié des forces atlantiques.

	5 mai	Création du « contre-gouvernement » de la FGDS. Son programme réaffirme le principe de « la discipline républicaine » et du désistement à gauche, concrétisé par un accord avec le PCF le 20 décembre.
	4 septembre	V. Giscard d'Estaing fonde les Républicains indépendants.
1967	10 janvier	V. Giscard d'Estaing qualifie de « oui... mais » son soutien à la majorité.
	5/12 mars	Élections législatives, au premier tour, les candidats uniques de la majorité obtiennent 37,7 % des suffrages. Au second, de par le bon report des voix entre le PCF et la FGDS, la majorité sortante n'est reconduite que de justesse (244 sièges).
	17 août	V. Giscard d'Estaing dénonce « l'exercice solitaire du pouvoir ».
1968	22 mars	Alors qu'une certaine agitation est sensible dans les universités depuis janvier, le Mouvement du 22 mars est créé à Nanterre.
	3 mai	La police fait évacuer la Sorbonne à la suite de la multiplication des manifestations étudiantes.
	10-11 mai	Nuit de violences au Quartier latin.
	11 mai	G. Pompidou, de retour d'Afghanistan, rouvre la Sorbonne et fait libérer les étudiants emprisonnés.
	14 mai	Premières grèves chez Renault et chez Sud Aviation à Nantes.
	24 mai	De Gaulle annonce un référendum sur la participation.
	27 mai	Accords de Grenelle.
	28 mai	F. Mitterrand propose un gouvernement provisoire.
	29 mai	De Gaulle quitte l'Élysée, il se rend secrètement à Baden-Baden puis à Colombey.
	30 mai	Dans une allocution à la radio, le président de la République annonce la dissolution de l'Assemblée nationale. Une manifestation de soutien au général de

Gaulle rassemble un million de personnes sur les Champs-Élysées.

23/30 juin   Les élections législatives voient une victoire sans précédent de l'UDR qui détient à elle seule la majorité absolue des sièges.

10 juillet   N'ayant pas été reconduit dans ses fonctions, G. Pompidou est remplacé à Matignon par M. Couve de Murville.

3 octobre   A. Poher est élu président du Sénat.

6 décembre   Dans son Manifeste de Champigny, le PCF choisit le passage pacifique aux socialisme et reconnaît le pluripartisme.

1969   17 janvier   A Rome, G. Pompidou se déclare prêt à être candidat à la présidence de la République si les circonstances l'exigeaient.

2 février   Dans un discours à Quimper, le général de Gaulle annonce un référendum sur le Sénat et la régionalisation.

14 avril   V. Giscard d'Estaing se déclare « avec regret, mais avec certitude » contre le projet de référendum.

25 avril   De Gaulle rappelle qu'en cas de réponse négative il quittera ses fonctions.

27 avril   Le non l'emporte avec 53,2 % des suffrages exprimés. Le général de Gaulle avise le Conseil constitutionnel qu'il démissionnera le 28. A. Poher assure l'intérim.

29 avril   G. Pompidou déclare sa candidature, l'UDR le soutient le jour même et les Républicains indépendants le 30. Le 22 mai, J. Duhamel se rallie à lui.

4 mai   La SFIO désigne G. Defferre à la suite de l'échec d'une candidature commune à la FGDS. Le 15 mai, il présente P. Mendès France comme son futur Premier ministre.

5 mai   Pour la première fois, le PCF se lance dans la bataille des présidentielles avec J. Duclos.

12 mai   A. Poher, président par intérim, annonce sa candidature.

1er/15 juin   L'élection présidentielle voit au premier tour le large score de G. Pompidou (44,47 %), le bon résultat de J. Duclos et

		l'effondrement du candidat de la SFIO (5 %). Au second tour, G. Pompidou (58,21 %) l'emporte sur A. Poher (41,79 %).
	20 juin	G. Pompidou entre à l'Élysée. Il nomme J. Chaban-Delmas Premier ministre.
	11-13 juillet	Le congrès d'Issy-les-Moulineaux entérine la disparition de la SFIO et le projet d'un nouveau parti socialiste avec A. Savary.
	16 septembre	Dans sa déclaration de politique générale devant l'Assemblée nationale, J. Chaban-Delmas lance « la nouvelle société ».
1970	9 novembre	Décès du général de Gaulle à Colombey-les-Deux-Églises.
1971	11-13 juin	Le congrès de l'unification des socialistes, à Épinay fédère la SFIO, la Convention et des clubs. Naissance du Parti socialiste (PS) avec F. Mitterrand comme premier secrétaire.
	16 juillet	Le Conseil constitutionnel déclare contraire à la Constitution une loi sur les associations au motif qu'elle contrevient au préambule de 1946.
1972	23 avril	Référendum sur l'extension de la Communauté européenne. Le oui l'emporte (67,71 %) mais les abstentions atteignent 39,52 %.
	27 juin	Signature du programme commun de la gauche entre le PCF et le PS. Les radicaux de gauche le ratifient le 12 juillet.
	5 juillet	G. Pompidou demande sa démission à son Premier ministre et le remplace par P. Messmer.
	13-17 décembre	G. Marchais devient secrétaire général au XXᵉ congrès du PCF.
1973	4/11 mars	Élections législatives, au premier tour le Parti socialiste et le PCF font pour la première fois jeu égal (20,82 contre

21,41 %). Au second la majorité sortante est reconduite avec 268 sièges.

3 avril   G. Pompidou annonce son intention de réviser la Constitution par l'article 89 en instaurant le quinquennat. Le projet de réforme du mandat présidentiel est adopté par l'Assemblée nationale (270/211) et le Sénat (162/112), mais la majorité des trois cinquièmes ne pouvant être atteinte, G. Pompidou ne convoquera pas le Congrès pour la ratification.

1974 **2 avril**   Décès de G. Pompidou.

3 avril   Le Conseil constitutionnel ayant constaté la vacance de la présidence de la République, le président du Sénat, A. Poher exerce l'intérim.

4 avril   J. Chaban-Delmas se déclare candidat. Après la tentative avortée d'une candidature Messmer, l'UDR lui apportera son soutien.

8 avril   V. Giscard d'Estaing annonce sa candidature, il reçoit le 10 l'appui du CDS.

8 avril   Un congrès extraordinaire du PS investit F. Mitterrand. Le PCF soutient sa candidature.

13 avril   43 membres de l'UDR dont 4 ministres (J. Chirac entre autres) et 33 députés signent un manifeste où ils se désolidarisent de la candidature de J. Chaban-Delmas.

5 mai   Au premier tour de l'élection présidentielle, le candidat unique de la gauche obtient 43,24 % des suffrages, V. Giscard d'Estaing 32,6. Avec seulement 15 % des voix, J. Chaban-Delmas est éliminé.

19 mai   Le second tour de l'élection voit la courte victoire de V. Giscard d'Estaing (50,81 %) sur F. Mitterrand (49,19 %).

27 mai   V. Giscard d'Estaing entre à l'Élysée. Il nomme J. Chirac Premier ministre.

5 juillet   Le Parlement votre l'abaissement de la majorité électorale à 18 ans.

12-13 octobre   Assises du socialisme qui voient l'adhésion au PS d'une minorité du PSU avec

		M. Rocard, de militants de la CFDT, de personnalités dont J. Delors.
	21 octobre	Adoption par le Congrès de la Réforme de la Constitution qui ouvre la saisine du Conseil constitutionnel à 60 députés ou 60 sénateurs.
	14 décembre	J. Chirac prend la tête de l'UDR.
1975	10 juin	Pour la première fois depuis 1958, le Premier ministre demande au Sénat l'approbation d'une déclaration de politique générale (article 49, §4).
1976	4-7 février	Le PCF abandonne, lors du XXIe congrès, la référence à la dictature du prolétariat.
	21-23 mai	Réunification des centristes qui donne naissance au CDS.
	14 juin	Le Congrès, par 490 voix contre 258, modifie l'article 7 de la Constitution et les modalités de report des élections en cas de décès d'un des candidats. Une loi organique porte à cinq cents le nombre des parrainages pour être candidat à l'élection présidentielle et institue leur publicité.
	25 août	Considérant « qu'il n'a pas les moyens d'assurer sa fonction », J. Chirac démissionne de son poste de Premier ministre, il avait averti le président de la République de son intention dès le 26 juillet. R. Barre lui succède.
	5 décembre	Naissance du Rassemblement pour la République (RPR) dont J. Chirac devient président.
1977	19 janvier	J. Chirac se porte candidat à la mairie de Paris où ses listes affronteront celles du candidat UDF M. d'Ornano.
	13/20 mars	Les élections municipales voient une nette poussée de la gauche qui remporte 58 villes de plus de 30 000 habitants. A Paris, les listes RPR devancent largement celles de M. d'Ornano dès le premier tour. J. Chirac sera élu maire de Paris le 25 mars.

	19 mai	Les Républicains indépendants se transforment en Parti républicain.
	22 septembre	Rupture des négociations sur la réactualisation du programme commun.
1978	27 janvier	Dans un discours à Verdun-sur-le-Doubs, V. Giscard d'Estaing annonce qu'en cas de victoire de la gauche aux législatives il appliquera son programme.
	1ᵉʳ février	Sous l'impulsion du président de la République, naissance de l'UDF qui regroupe le Parti républicain, le CDS et le Parti radical, plus des adhérents directs.
	12/19 mars	Élections législatives. Au premier tour le PS (22,79 %) et le RPR (22,54 %) s'imposent. Grâce au respect du « code de bonne conduite » à droite et aux mauvais reports à gauche la majorité sortante est reconduite.
	6 décembre	Appel de Cochin où J. Chirac s'élève contre la politique européenne de V. Giscard d'Estaing.
1979	16-18 février	Premier congrès de l'UDF qui décide d'une liste unique pour les élections européennes, menée par S. Veil.
	6-8 avril	Congrès du PS à Metz qui voit s'affronter les lignes politiques représentées par F. Mitterrand et M. Rocard.
	10 juin	Premières élections européennes marquées par une forte abstention (38,8 %) et le bon résultat de la liste UDF menée par S. Veil (27,39 %) face au RPR (16,09 %).
1980	12 octobre	La conférence nationale du PCF désigne G. Marchais comme candidat à l'élection présidentielle.
	19 octobre	De Conflans-Sainte-Honorine, M. Rocard se déclare candidat.
	8 novembre	F. Mitterrand annonce sa candidature, M. Rocard, conformément à l'engagement qu'il avait pris à Metz, se retire.
1981	24 janvier	Un congrès extraordinaire à Créteil investit F. Mitterrand candidat du PS et ap-

		prouve son programme, « les 110 propositions ».
	3 février	J. Chirac lance sa candidature, un congrès extraordinaire du RPR la ratifiera.
	2 mars	Le président de la République annonce qu'il sollicitera un second mandat.
	26 avril	Au premier tour de l'élection présidentielle, F. Mitterrand obtient 26 %. V. Giscard d'Estaing (28,31 %) devance J. Chirac (17,99 %) et le PCF chute à 15,48 %.
	27 avril	J. Chirac indique qu'il votera « à titre personnel » pour V. Giscard d'Estaing.
	28 avril	G. Marchais et le PCF décident de se désister en faveur de F. Mitterrand.
	10 mai	F. Mitterrand est élu président de la République avec 51,7 % des suffrages exprimés contre 48,44 à V. Giscard d'Estaing.
	21 mai	Entrée en fonction de F. Mitterrand. P. Mauroy est nommé Premier ministre.
	22 mai	Dissolution de l'Assemblée nationale.
	14/21 juin	Élections législatives. Le PS obtient la majorité absolue à l'Assemblée nationale avec 285 pièges.
	23 juin	Le second gouvernement Mauroy voit l'arrivée de quatre ministres communistes.
	18 septembre	L'Assemblée nationale vote l'abolition de la peine de mort.
1982	3 mars	Promulgation de la loi Defferre sur la décentralisation.
	30 mai	P. Méhaignerie remplace J. Lecanuet à la présidence du CDS.
	25 septembre	F. Léotard devient secrétaire général du PR.
	27-28 septembre	Le congrès de l'UDF marque le retour de V. Giscard d'Estaing.
	20 novembre	Promulgation de la loi sur un mode de scrutin mixte pour les élections municipales.
1983	6/13 mars	Les élections municipales voient un succès de l'opposition : le PS perd 31 villes de

		plus de 30 000 habitants (dont Grenoble au premier tour) et le PCF, 15.
	6 avril	P. Mauroy engage la responsabilité de son gouvernement sur le « plan Delors » qui marque le tournant de la rigueur.
	11 septembre	Grâce à une alliance avec le Front national, l'opposition gagne l'élection municipale de Dreux.
1984	17 juin	Les élections européennes marquent la percée du Front national (10,95 %), le bon score de la liste unique menée par S. Veil (43,02 %) et confirment le recul du PS (20,75 %) et du PCF (11,6 %). Les abstentions s'élèvent à 42,78 %.
	24 juin	Un million de personnes manifestent à Paris pour la défense de l'école privée et contre le projet de loi Savary sur l'école publique.
	12 juillet	F. Mitterrand annonce le retrait du projet Savary et propose la révision de l'article 11 en élargissant le champ d'application du référendum aux libertés fondamentales.
	17 juillet	Démission de P. Mauroy et nomination de L. Fabius.
	19 juillet	Le PCF refuse de participer au gouvernement.
	8 août	Le Sénat vote la question préalable sur la réforme de l'article 11. L'Assemblée nationale adoptera le projet le 23. Le 5 septembre, le vote au Sénat d'une nouvelle question préalable mettra fin à la révision.
1985	12 janvier	État d'urgence en Nouvelle-Calédonie à la suite de la mort du leader indépendantiste É. Machoro.
	3 avril	Le Conseil des ministres adopte la représentation proportionnelle départementale pour les législatives de mars 1986. En désaccord, M. Rocard démissionne le 4.
	10 juillet	Sabotage du bateau le *Rainbow Warrior*, par des agents français. « L'affaire Greenpeace » contraint C. Hernu, ministre de la

		Défense, à démissionner le 20 septembre.
	17 juillet	Adoption du nouveau statut de la Nouvelle-Calédonie.
1986	16 janvier	Plate-forme commune RPR-UDF pour gouverner ensemble qui prévoit des listes communes dans les deux tiers des départements.
	19 février	R. Badinter, garde des Sceaux depuis 1981, est nommé président du Conseil constitutionnel par F. Mitterrand.
	16 mars	Aux élections législatives, avec 40,09 % des voix, le RPR et l'UDF atteignent juste la majorité absolue. Le Front national a 34 élus, le PS 212.
	18 mars	Conformément aux engagements qu'il avait pris en cas de victoire de l'opposition, F. Mitterrand se tourne vers la nouvelle majorité et demande à J. Chirac de former le premier gouvernement de cohabitation.
	14 juillet	Le président prévient qu'il ne signera pas les ordonnances sur les dénationalisations. Il fera de même pour le rétablissement du scrutin majoritaire (2 octobre) et sur des mesures sociales (17 décembre).
	4-17 septembre	Une série d'attentats terroristes font une dizaine de morts à Paris.
	22 octobre	Rétablissement du scrutin majoritaire.
	27 novembre	Premières manifestations étudiantes contre le projet de réforme universitaire. La mort d'un manifestant, le 6 décembre, entraîne la démission d'A. Devaquet et le retrait du projet par J. Chirac.
1987	26 avril	J.-M. Le Pen se porte candidat à l'élection présidentielle.
	14 juin	La conférence nationale du PCF ratifie la candidature d'A. Lajoinie.
	13 septembre	Le référendum d'autodétermination en Nouvelle-Calédonie est un succès pour les anti-indépendantistes (98,30 %) mais l'abstention est de 59,9 %.

	13 septembre	J.-M. Le Pen qualifie de « point de détail » l'existence des chambres à gaz.
	8 octobre	L'Assemblée nationale vote la traduction en Haute Cour, de C. Nucci, ancien ministre de la Coopération, à la suite de l'affaire du Carrefour du développement.
1988	16 janvier	J. Chirac déclare sa candidature à l'Élysée.
	8 février	Après avoir reçu le soutien du PR et de l'UDF, R. Barre annonce sa candidature.
	22 mars	F. Mitterrand confirme qu'il est candidat à un second mandat, il reçoit le soutien du PS le 27.
	22 avril	Des gendarmes sont pris en otages par des indépendantistes à Ouvéa (Nouvelle-Calédonie). L'assaut donné le 5 mai fera 19 morts chez les indépendantistes et 2 chez les forces de l'ordre.
	24 avril	Au premier tour de l'élection présidentielle F. Mitterrand obtient 34,09 % des voix, il devance J. Chirac (19,94 %) et R. Barre (16.54 %). J.-M. Le Pen fait un score remarqué de 14,49 % tandis qu'A. Lajoinie s'effondre à 6,76 %.
	8 mai	Réélection de F. Mitterrand (54,01 %) contre J. Chirac (45,98 %).
	10 mai	M. Rocard devient Premier ministre.
	14 mai	Le président de la République dissout l'Assemblée nationale.
	5/12 juin	Avec 276 élus, le PS n'obtient pas la majorité absolue aux élections législatives. L'UDF remporte 2 sièges de plus que le RPR, le PCF n'a plus que 28 députés et le FN un seul.
	26 juin	M. Rocard négocie les accords de Matignon sur l'avenir de la Nouvelle-Calédonie.
	30 juin	V. Giscard d'Estaing président de l'UDF.
	6 novembre	Le « oui » l'emporte au référendum ratifiant les accords de Matignon (80 %). Mais le taux d'abstention atteint le record de 62,96 %.

1989 12/19 mars   Les élections municipales sont marquées par une forte abstention (plus de 30 %), une poussée du FN et des écologistes qui seront présents dans de nombreux conseils municipaux. Si le PS gagne 35 villes, l'opposition et le PCF marquent un certain recul.

14 juin   Aux élections européennes, succès de la liste RPR-UDF, menée par V. Giscard d'Estaing (28,87 %). Les Verts (10,59 %) entrent au Parlement européen.

14 juillet   F. Mitterrand propose d'étendre la saisine du Conseil constitutionnel aux particuliers.

3 décembre   M.-F. Stirbois est élue député FN de Dreux, avec 61, 3 % des suffrages.

7 décembre   Un amendement voté lors de la discussion du projet de loi sur le financement des partis politiques prévoit l'amnistie des délits politico-financiers, mais en exclut les parlementaires.

1990 11 février   Pour la première fois lors d'un congrès du RPR, deux motions sont proposées aux militants : celle d'A. Juppé et J. Chirac (68,32 %) et celle de C. Pasqua et P. Séguin (31,68 %).

15/18 mars   Le congrès de Rennes voit l'affrontement de six motions, dont celles de L. Fabius, L. Jospin et M. Rocard, et se termine sans majorité ni synthèse.

26 juin   Création de l'Union pour la France (UPF), confédération du RPR et de l'UDF.

28 juin   En refusant de voter la révision constitutionnelle instituant un contrôle de constitutionnalité par voie d'exception, les sénateurs bloquent la procédure engagée depuis le 28 mars.

1991 17 janvier   Le président de la République engage les troupes françaises aux côtés des alliés contre l'Irak. La guerre durera jusqu'au 28 février.

15 mai   M. Rocard quitte Matignon où il est remplacé par É. Cresson.

	12 juin	Signature de la charte de l'UPF qui organise des candidatures communes à toutes les élections et fixe l'organisation des primaires pour un candidat unique à la présidentielle.
	9-10 décembre	Le traité signé au sommet européen de Maastricht prévoit, entre autres, une monnaie unique pour 1999 et l'avènement d'une citoyenneté européenne.
1992	9 janvier	Le comité directeur du PS élit L. Fabius premier secrétaire, en remplacement de P. Mauroy.
	2 avril	Après les mauvais résultats du PS aux élections régionales (18,3 % des voix), É. Cresson quitte Matignon. P. Bérégovoy lui succède.
	23 juin	Réunion du Congrès à Versailles qui adopte (592/73) la révision de la Constitution rendue nécessaire par les accords de Maastricht.
	20 septembre	Le traité sur l'Union européenne est approuvé par référendum. Le oui l'emporte avec 51,05 % des suffrages. La participation est de 70 %.
	2 octobre	R. Monory est élu président du Sénat.
	30 novembre	F. Mitterrand précise ses propositions constitutionnelles. Il souhaite « assurer un meilleur équilibre des pouvoirs, améliorer les garanties d'indépendance des magistrats et renforcer les droits des citoyens ». Un comité consultatif constitutionnel est chargé de faire des propositions.
	19-20 décembre	L'Assemblée nationale et le Sénat votent la mise en accusation devant la Haute Cour de L. Fabius, G. Dufoix et E. Hervé dans l'affaire du sang contaminé par le virus du sida.

Marie-Hélène Bruère,
Ingénieur d'Études
(CACSP-Université Paris-I).

Table

COMPOSITION : AISNE COMPO À SAINT-QUENTIN (AISNE)
IMPRESSION : MAURY-EUROLIVRES À MANCHECOURT (LOIRET)
DÉPÔT LÉGAL : JUIN 1993. N° 15978 (93/05/M1644)